“十三五”职业教育国家规划教材

高等职业教育新形态系列精品教材

物流市场营销

（第2版）

旷健玲　张小桃　李炫林　编著

電子工業出版社
Publishing House of Electronics Industry
北京•BEIJING

内 容 简 介

本书以学习任务为导向，按照营销规律，将物流市场营销、物流市场分析、物流目标市场营销、物流营销组合策略制定、物流产品销售这五个学习情境层层推进，实现了一个完整的物流营销过程。每个学习情境又分为不同的学习任务，每完成一个学习任务，即可掌握物流市场营销的某方面知识和职业技能。书中不仅有大量的任务实施范例，而且有大量的练习题供教师和学生使用。

本书适合于物流管理专业、物流营销专业的师生学习和使用，也适合于物流营销工作者、物流营销管理者和资深物流销售人员阅读和使用。

图书在版编目（CIP）数据

物流市场营销 / 旷健玲，张小桃，李炫林编著. —2版. —北京：电子工业出版社，2020.8

ISBN 978-7-121-38078-5

Ⅰ. ①物… Ⅱ. ①旷… ②张… ③李… Ⅲ. ①物流市场－市场营销学－高等学校－教材 Ⅳ. ①F252.2

中国版本图书馆 CIP 数据核字（2019）第 256483 号

责任编辑：张云怡　　　特约编辑：田学清
印　　刷：大厂聚鑫印刷有限责任公司
装　　订：大厂聚鑫印刷有限责任公司
出版发行：电子工业出版社
　　　　　北京市海淀区万寿路 173 信箱　　　邮编：100036
开　　本：787×1092　1/16　印张：16.5　字数：422 千字
版　　次：2016 年 2 月第 1 版
　　　　　2020 年 8 月第 2 版
印　　次：2022 年11月第 7 次印刷
定　　价：49.80 元

凡所购买电子工业出版社图书有缺损问题，请向购买书店调换。若书店售缺，请与本社发行部联系，联系及邮购电话：（010）88254888，88258888。

质量投诉请发邮件至 zlts@phei.com.cn，盗版侵权举报请发邮件至 dbqq@phei.com.cn。

本书咨询联系方式：（010）88254485；zyy@phei.com.cn。

前 言

21 世纪以来，物流在人类经济活动中的地位越来越重要，物流业已经成为一个充满生机且蕴含着巨大发展潜力的产业。随着我国改革开放政策力度的不断加大，国际物流巨头纷纷携巨资投资中国市场，国内知名物流企业也纷纷加速资源整合，无数小物流企业踊跃参与其中，更有大量闲置资本蓄势待发，这一切均预示了我国物流业的竞争将非常激烈。然而，我国许多物流企业侧重于物流业务的具体操作，却忽视了物流业务该如何进行营销。事实上，物流企业所有的物流业务需要进行很好的营销，以使物流业务获得真正的价值，从而真正实现物流企业的经营目标。因此，懂得怎样进行物流市场营销，已经成为物流企业一个至关重要的课题。本书正是基于这样的认知来编写的。

本书对物流市场营销的主要内容（完整的物流营销流程或物流营销的思路）进行了阐述，并具有以下特色。

（1）以学习任务为导向，以培养职业能力为本位。本书以学习任务为导向，以物流活动中常见的物流市场营销为载体，加强实践性教学，培养职业能力。在每个学习情境中，首先设立了学习目标并安排了学习任务，然后展示了任务实施范例，对本学习情境应掌握的知识点进行了展示，最后展开理论研讨并准备了实践操作练习题，实实在在地将“教、学、做”有机地结合为一体，使学生带着学习任务积极、主动地学习和训练，直至掌握相关的岗位知识和岗位技能。

（2）以物流企业需求为基本依据，以就业为导向。本书主要讲述物流企业的物流市场营销，以满足物流企业的市场营销的工作需求为出发点，增强了教学的针对性和适应性，为探索和建立根据物流企业用人需求进行教育和培养的机制提供帮助。

（3）适应行业技术发展，体现教学内容的先进性。本书力求突出物流行业的新知识、新技术、新材料、新方法，结合物流管理专业、物流营销专业人才培养的要求，强调物流企业开展物流市场营销的基本知识和基本技能，使学生了解、掌握、拓展该领域的技术发展动向及相关技能。

本书是物流管理专业国家级职业教育教师教学创新团队“物流市场营销”核心课程的教材。本书既可作为物流管理专业、物流营销专业的教材，也可以作为物流营销工作者的入门读物，还可以作为资深物流销售人员提升自我和物流营销管理者培训营销人员的参考书。

在本书的编写过程中，湖南现代物流职业技术学院的邓德艾校长、陈建华副校长，湖南省市场学会副会长、吉首大学科研处处长王兆峰教授，湖南现代物流职业技术学院物流管理学院的钟静院长、段圣贤副院长、肖和山处长（湖南省物流与采购联合会副秘书长）等人对本书给予了莫大的关注和支持，湖南现代物流职业技术学院的邓攀老师提供了技术支持。在此对他们的大力支持与帮助表示衷心的感谢！本书由旷健玲、张小桃、李炫林编著。

由于篇幅有限，本书难免存在不足之处，恳请业内专家、学者及广大师生提出宝贵意见，以使本书不断修订完善。

旷健玲

目 录

学习情境1 物流市场营销

学习目标

专业能力目标：了解市场营销和物流的基本知识；掌握物流市场营销的相关知识。

方法能力目标：初步运用物流营销观念等知识分析企业的物流市场营销活动。

社会能力目标：培养学生的交流、表达能力、团队精神及协作沟通能力、认真的学习态度、良好的职业道德和敬业精神。

学习任务

<table>
<tr><td>学习任务</td><td colspan="2">进行关于物流市场营销观念的案例分析</td></tr>
<tr><td>要　求</td><td colspan="2">1．能通过各种渠道收集关于物流市场营销观念的案例
2．能通过对物流市场营销观念案例的分析，从物流营销观念的角度，推断物流企业成功与失败的原因
3．能根据案例分析结果，提出个人建议
4．能制作 PPT，并进行 PPT 演示</td></tr>
<tr><td>应具备的知识</td><td colspan="2">市场营销的基本知识、物流的基本知识、物流市场营销的基本知识、物流营销观念</td></tr>
<tr><td>应具备的能力</td><td colspan="2">收集信息的能力、案例分析的能力、制作 PPT 的能力</td></tr>
<tr><td rowspan="5">质量标准</td><td>评价项目</td><td>分值／分</td></tr>
<tr><td>1．收集到的信息应具有真实性</td><td>20</td></tr>
<tr><td>2．分析情况应以收集的信息为依据，不能脱离实际情况</td><td>40</td></tr>
<tr><td>3．分析时要有逻辑，思路清晰，无错别字</td><td>30</td></tr>
<tr><td>4．PPT 制作清晰</td><td>10</td></tr>
</table>

任务实施范例

▶ 学习任务　案例分析　发展绿色物流是物流企业的发展趋势之一

↘ 任务描述

随着“线上、线下+物流”新零售的迅速发展，“线上、线上+快递”也正在形成完美组合，快递速度越来越快，快递服务越来越方便，人们的生活已经离不开快递。不过，在快递快速发展的同时，会出现如下问题：快递包装包含很多纸箱、泡沫板、塑料袋、胶带等，收快递的人很多，被扔掉的快递垃圾也会很多，快递包装很快就会形成垃圾堆，影响环境，“快递垃圾”问题已经越来越严重。

据中华人民共和国国家邮政局发布的数据显示：2018 年，我国的快递业务量已经达到了 507.1 亿件。在此基础上，相关研究机构估算：2018 年，我国快递业已消耗快递运单超过 500 亿个，编织袋超过 53 亿袋，胶带超过 430 亿米；塑料袋、封套、包装箱分别超过 245 亿、57 亿、143 亿个。海量的快递包装，都将成为快递消费者丢弃的“垃圾”，对居民环境产生了巨大的压力。

实际上，快递业不仅仅出现了“快递垃圾”这个有目共睹的问题，还出现了大量的资源浪费问题。据调查，我国每年因快递包装而过度浪费的瓦楞纸板有 18.2 万吨左右，这个数据非常惊人——相当于森林被砍伐了 15.47 平方千米。同时，快递包装中经常使用透明胶带和塑料袋等，这些产品的主要原材料是聚氯乙烯，这种物质埋在土壤中，需要上百年才能降解，因此如果不进行合理的处理，这种物质会对环境造成不可逆转的损害。此外，快递（物流）仓储、运输、配送等各个环节也都有不同程度的资源浪费问题。这些问题，都亟须解决。

那么，如何解决这些问题呢？

一、政府引导绿色发展

政府已经从源头来引导绿色物流的发展，提出“绿水青山就是金山银山”，不断倡导发展绿色和低碳物流。对于物流的绿色发展，我国政府非常重视，并出台了一系列政策，在宏观上进行布局和大力引导：2015 年，颁布了《国务院关于促进快递业发展的若干意见》；2017 年，出台了《快递业发展“十三五”规划》《关于协同推进快递业绿色包装工作的指导意见》；2018 年，发布了《关于推进电子商务与快递物流协同发展的意见》《快递暂行条例》《中华人民共和国电子商务法》；2019 年，国家发展和改革委员会、交通运输部等 24 个部门联合发布了《关于推动物流高质量发展促进形成强大国内市场的意见》。以上政策的发布和实施，说明政府对快递业绿色物流的推进力度非常大，这些政策正在现实生活中逐步实施并逐渐见到成效。

二、企业积极推进绿色物流

在国家政策的推动下，我国各大快递企业陆续展开了绿色物流工作。其中，菜鸟网络的绿色物流工作尤其明显：2016 年，菜鸟网络和其他我国主要快递公司共同发起了菜鸟绿色行动，开始推动行业绿色升级。2017 年 3 月，更是由菜鸟网络、阿里巴巴公益基金会、中华环境保护基金会发起，联合了中通、圆通、申通、百世、韵达等快递公司，共同出资成立了我国第一个物流环保公益基金——菜鸟绿色联盟公益基金。该基金专门用于开展绿色物流、绿色消费、绿色供应链等方面的倡导、推动和研究工作。

多年来，菜鸟网络从上游到下游，从仓库到最后 100 米，都在积极探索通过创新技术和模式，推动整个行业绿色升级。在仓储环节，菜鸟网络创新推出“未来园区”，并投入自动化仓库，采用机械臂、分拣机器人、自动化流水线等数字化、智能化、自动化技术，大大提高了作业效率，降低了能耗；在打包环节，菜鸟网络通过大数据和 AI 算法，帮助快递包裹“瘦身”，改变“大材小用”、过度包装的现象。据悉，菜鸟网络装箱算法可以平均减少 15%的包材，据统计，菜鸟网络的仓库一年就瘦身了 2.9 亿个快递包裹，目前，这项技术已经面向全行业开放。为让快递包装更绿色、更环保，菜鸟网络推广原箱发货和回收纸箱发货，让天猫超市和零售通 70%的包裹不再使用新纸箱，这项举措一年可以节省数亿个新纸箱；在运输环节，菜鸟网络和合作伙伴共同推广新能源物流车，让"包裹在途"更加环保；在配送环节，为了提高配送效率，菜鸟网络联合快递公司建设末端综合服务站点——菜鸟驿站，实现共同配送、集约配送，构建了打通快递"最后 100 米"的绿色创新模式。

2019 年 5 月 28 日，菜鸟网络联合快递公司发起"绿色快递日"，并宣布在全国的菜鸟驿站和快递网点铺设 5 万个绿色回收箱，推动快递纸箱分类回收、二次利用。目前菜鸟绿色回收箱已经覆盖了全国 34 个省级行政单位中的 31 个省，每年预计可以循环再利用上亿个快递纸箱，减少的碳排放量相当于种下 74 万棵梭梭树所能实现的碳吸收量。

与此同时，我国其他快递公司也在绿色物流的道路上快速发展，如京东物流和苏宁物流等都在积极推动快递业的绿色物流发展。

京东物流在快递包裹材料、运输时所使用的新能源车、仓储操作等方面全方位地落实了快递业的环保工作。

据悉，在 2018 年的"双 11"购物节，京东物流联合新能源产业链的主机厂、充电运营商、车辆运营商等 20 家龙头企业共同启动了"绿色双 11"，在全国 7 个大区、40 多个城市，投放新能源车近 5000 辆。京东物流预计，到 2020 年京东将减少一次性包装纸箱使用量 100 亿个，具体在供货端，将实现 80%的商品包装耗材可回收；在用户端，将实现 50%以上的塑料包装使用生物降解材料制作。

苏宁物流推行共享快递盒。据悉，共享快递盒更加轻便、易于携带、可重复使用，代替了传统的纸质快递箱。快递员送货上门后，再将共享快递盒回收。这种共享快递盒可循环使用 2000 次以上，全过程大约可节约 1 棵 10 年树龄的树木。苏宁物流表示，10 万个共享快递盒，一年至少可节省 700 万个纸箱。在 2018 年"双 11"期间，共享快递盒已经从北上广等 8 个城市拓展到 14 个城市。除此之外，苏宁物流的共享快递盒还将投放 1 亿个绿色循环产品，可减少胶带使用量。在运输方面，苏宁物流还将增加新能源车的投放。

通过政府与企业的共同努力，绿色物流进展显著。菜鸟网络工作人员表示，通过在全行业推广电子面单、装箱算法、智能路径规划、环保袋、循环箱、绿色回收箱、新能源物流车、太阳能物流园等绿色工程，数百亿个快递包裹"绿"了起来，中国物流开始"轻装简行"。

虽然国家在倡导、企业在行动，但整体效果仍不明显，"快递垃圾"围城现象依然存在。"我同事说他们家小区已经有快递箱智能回收柜了。但我们小区还没有"，家住北京市丰台区马家堡 XX 号的张女士对《中国信息界》记者说，"我们小区每栋楼下都摆放有 6 个垃圾箱，即使有捡垃圾的将有价值的纸箱、塑料等'垃圾'捡走后，泡沫板、胶带等垃圾还是堆成了堆。你说，快递包装不是不让过度包装吗，怎么收快递时还这么多层。"

对于市民感觉绿色物流进展缓慢的问题，菜鸟网络表示，目前中国快递包裹量已经超过每天 1.6 亿件，未来我们会迎来一天 10 亿件快递包裹。从这个角度来说，中国的绿色物流发展还在起步阶段，要全面实现物流业绿色升级任重道远。

另外，绿色物流刚刚起步，同任何一件新生事物一样，也有很多亟待解决的困难和问题。一位不愿透露姓名的基层环保工作人员告诉《中国信息界》记者，从政府层面来讲，相关政策缺少强制性规定。国家在法律法规、标准等方面缺少针对快递绿色包装的强制性规定，出台的政策文件大多是鼓励和引导性的。行业管理部门只能靠鼓励和引导快递企业自觉使用绿色包装材料。例如,《快递封装用品》系列国家标准是推荐型标准，缺乏强制性，缺乏对使用绿色包装的企业、商家的激励机制，绿色包装材料推广存在一定困难；从企业层面来讲，绿色包装技术的引进和开发对企业来说成本较高，短期内也看不到收益。新修订的《快递封装用品》系列国家标准的实施，对企业影响最大的就是生物降解塑料包装袋的规定，使用该类包装袋的成本是现有包装袋的 2 倍以上，这对快递行业的成本控制提出了新挑战。对此，很多企业负责人反映，"我们商家对于推行绿色包装持支持态度，但是绿色包装成本增加太大。希望国家能够给予差额补贴，抵消企业因使用绿色包装而上涨的差额成本"。另外，低碳环保设定污染物排放标准，也增加了物流企业运营成本。因此，如果没有实际的激励政策，推行绿色物流会较难。

菜鸟网络也对《中国信息界》记者表示，行业绿色发展比较突出的难点是，绿色包装成本高，难以普及推广。因为快递包裹总量大、种类复杂、绿色包材价格高，快递企业和商家替换绿色包装的成本很高，市面上无胶带纸箱、环保快递袋的价格是普通纸箱和快递袋的数倍，如果全部替换，将给商家和企业带来很大的成本压力。快递物流绿色化，需要全社会共同参与，不只是快递企业的事，涉及包装材料供应商、电商平台和商家、快递企业、消费者等方方面面，需要政府支持、各界参与、多方共治，只有产业链上的相关方都联动起来，才能实现整体快递物流绿色化。

而国家发展和改革委员会综合运输研究所的谢雨蓉则认为，影响物流绿色发展的首要原因是物流运输整体格局不合理，要加强绿色物流宏观管理，调整运输整体结构。

《中国信息界》杂志社社长尚进认为，借助现代信息技术，推进智慧化发展，将促进绿色物流高质量发展。

不管如何，"绿水青山就是金山银山"，希望物流行业不要只算眼前账，更不要不算长远账，要牢记只有绿色发展，才有"金山银山"。

[资料来源：马红丽.物流亟需绿色发展[J].中国信息界，2019（10）.原文经过改写。]

问题：

1. 请从物流营销观念的角度，分析为什么发展绿色物流是物流企业的发展趋势之一。
2. 我国目前的物流企业会发展绿色物流吗？如果会，为什么？

➘ 任务实施

1. 从物流营销观念的角度可知，社会市场营销观念要求物流企业发展绿色物流。因为社会营销观念关注的是社会、企业和消费者的利益。绿色物流关注的正好是这些方面的利益。如果企业不发展绿色物流，则势必首先影响社会的利益，给消费者及社会造成不利影响，从而最终影响企业自身的利益。其原因在于：首先，在这样的情况下，国家法律法规是不允许这么做的，物流企业在违反国家法律法规的情况下，将会受到处罚，甚至有可能面临倒闭；其次，如果物流企业不发展绿色物流，必然在公众心目中形成不好的印象，这也将会使消费者不愿购买其产品和服务，尤其是当企业面临困境时，消费者更不会选择此类物流企业；再次，当物流产品和服务无法达到发达国家设定的绿色壁垒标准时，就无法参与国际竞争，这势必会使物流企业的产品和服务的销售受到很大的限制。因此，物流企业要得到发展，就必须发展绿色物流，发展绿色物流也就成了物流企业的发展趋势之一。

2. 目前，我国有的物流企业会发展绿色物流，有的企业不会发展绿色物流。发展绿色物流的企业已经意识到了只有奉行社会营销理念，才能使自己的企业得到长足的发展。不发展绿色物流的企业，过于注重短期利益而长期利益考虑不足，其很快将会发现，其在经营物流业务的过程中，随时可能面临困境。因此，发展绿色物流会成为我国物流企业的发展趋势之一。

本学习情境应掌握的知识点

物流市场营销是使物流企业获得成功的法宝。在进行物流市场营销之前，物流企业的营销人员必须对市场营销、物流、物流市场营销方面的知识进行准确的了解和把握。在物流企业的营销人员真正具备扎实的营销基础后，营销成功将成为必然。

1.1 市场营销概述

物流市场营销是在市场营销的基础上发展起来的，是市场营销在物流行业的运用。因此，在学习物流市场营销之前，首先应对市场营销和物流的基本知识进行了解。

小案例 营销需要规范吗？——摘自一位具有丰富营销经验的员工的日记

很多人都说，营销谁不会做啊？能有点子就行，思想灵活就行。但是，怎样才能有点子，怎样才算灵活呢？总之，这个点子从哪里来？

我的营销工作做到 2009 年时已经是第十个年头了。当初走出校门，一头扎进销售海洋中的那种“不知者无畏”的生动画面依然历历在目。好奇、艰辛、郁闷、孤独、痛苦、喜悦，各种味道一股脑激荡在心中，综合了所有的感觉就是一句话：痛并快乐着！

最近，很多刚刚从事销售的人不断地问：我刚做销售，但不知道从什么地方开始，两个月过去了，没有业绩，我也不知道怎么才能完成销量，等等。我跟他们有过交流，但隐约感觉他们有点“剑走偏锋”了。主要表现是，有的人对销售（先不说营销）理解过于简单，认为背一个袋子出去卖东西就是销售；还有的人认为销售就是跟客户吹嘘一番，让客户掏钱买产品，买了固然好，不买也没办法。当然，他们中也有理解较为深刻的，但完全按照自己的想法来做销售，奇思妙想一番，另起炉灶，似乎跟公司没有关系，或者认为公司销售工作做得太差，对公司的销售策略基本没有认同感，一番销售下来，最后效果不好，黯然走人。销售尚且如此，何况营销呢？

这时，我的脑海里闪现了一句话：营销需要“规范”吗？换句话说，营销怎样才能有点子，怎样才能灵活呢？总之，营销点子从哪里来？

我总感觉是他们的营销“野史”学得太多了，而“正史”学得太少。这里的“正史”指的就是营销的“规范”。任何“点子”、想法，不落实在具体的市场里，都是没有意义的。

实际上，我在从事销售的第一年也干了很多“傻事”，记得刚从学校毕业的那一年，公司有一个新产品要上市，产品比较贵，按照当时的情况看，产品应该主要投放餐饮和夜场（当然公司也没有整个产品的推广思路和指导意见，完全需要自己决断），不知道深浅的我，蹬着经销商的三轮车和经销商的业务员一起进行市区小店（杂货店、小超市）的铺货，共进行了三天，铺了 30～40 家，一星期以后进行回访，发现产品基本没有销售，后来就收回来了。幸好这是一个小城市，如果是大城市该怎么办？

现在看起来当然觉得"很傻"，但是从那件事情以后，我就明白了一个道理：销售工作并不是盲干的，大多时候需要分析和智慧。对刚从事营销工作的销售人员来说，首先要有一套"规范"的营销框架和流程，否则，做了多年以后我们会发现自己还在原地打转。

我希望刚进入销售行业的年轻人不要着急，磨刀不误砍柴工，要打好基础。这跟学习是一样的，不懂 ABC 怎么学好英文，不懂 $x+y$ 怎么学好数学？营销工作也一样，如果你只是着急着想卖东西，那么你每天累死累活也卖不出几样东西。

营销当然需要"规范"，但营销要怎么进行"规范"呢？

第一，要在观念上改变。不要以为营销就是自己去推销，天马行空，挖空心思让消费者付费购买就万事大吉了。实际上，每一个产品必须有固定的消费群体才能持续下去，一次销售的成功只是"战术"的成功，而不是"战略"的成功和持续的成功。

第二，营销要讲究方法。先要学习营销的基本框架和流程，在此基础上才能开展创新和应用。没头没脑的发散思维大多会与公司的现有战略战术和方法冲突。不要一去就想着改变什么，而是要想着能学习什么，在充分了解了情况后才能有更好的营销思路和方法。但方法来源于最基础的理论和框架。就同数学上的一些公式一样，我们要借助它才能证明一些未知的东西。

第三，掌握营销知识。为什么很多人不知道怎样分析市场，出现问题也不会有很敏锐的发现？为什么很多人会束手无策？原因是他们不知道缺乏营销知识才是最大的"问题"，更不用说怎样才能去解决具体问题。营销知识有很多，掌握最经典的是基础，销售人员刚入行的时候要少学营销的"野史"，多学营销的"正史"，这样才能避免"误入歧途"，因为"野史"是"术"，"正史"才是"道"。道可道非常道，从"道"的角度可以发散得到很多"术"。

需要注意的是规范不是目的。规范只是告诉你不做错事情，要取得业绩或更好的成绩单，只靠规范是不够的，规范是基础，只有在规范之后才有更大更广阔的提升空间。

如果你现在还不知道营销包含什么内容，基本的框架是什么，怎样进行市场分析、怎样进行渠道设计，那么你就应当好好学习营销管理或营销学的知识。不要以为这件事情非常简单，简单的事情往往具有深刻的含义。举个简单的例子，在初中阶段没有把课本内容吃透的学生，特别是理科的学生，到了高中阶段，学起来基本上会很吃力，考试成绩会不太理想。为什么？因为学科学习是非常系统的事情，没有基础，越往前发展，感觉会越吃力。

营销也是一样的道理，它也是很系统的。如"营销 4P"的框架，只有全面了解了这项内容，在开发一个市场时，才会不遗漏要素，当然，营销绝对不仅仅是"营销 4P"那么简单，但这是基础。

举例而言，假设你不能达成销售目标，你就要问自己：是产品不好吗？还是与同类产品比较没有优势（如价格）、品牌的知名度、形象方面消费者不认可（如综合性价比不高、档次感、价值感不够）？还是现有渠道商能力不足、网络覆盖面小，终端推荐力度偏弱（如利润空间少、销量差等）、对消费者的拉动很少（如竞争对手活动很多，抢占、拦截了你的消费者）？找到关键问题，也许是一个主要问题，也许是综合性的问题，你便可以找到最关键的一环进行营销突破。

假设产品和价格出现了问题，这很可能是产品质量或产品老化造成的，价格的渠道穿帮也会产生销售的渠道阻力，你可以更换新产品，并进行合理的渠道价格体系设定，这样基本可以解决问题。如果是经销商问题，则要看具体情况，区别是经销商能力问题，还是经销商经营竞争品牌冲突造成的问题。如果是经销商能力问题，你可以考虑另外选择一家经销商进行培养，或者进行扶持，强化；如果是经销商经营竞争品牌造成的问题，你可以进行考核和激励，制定更为完善的激励标准和目标达成绩效考核，也可以培养另外的经销商进行“竞争”。

当然完不成营销任务，还可能因为存在其他问题，比如品牌形象很差，没有知名度，以及人员问题、资源投入问题，等等，虽然有的问题你也无法解决，但你要知道问题出在什么地方，并反馈给总部。你也可以发散思维向其他方面思考，这也是有益的。

有了基础就好办了，也不至于面对问题束手无策，你将会有一个解决的方向和思路。所以，不知道从什么地方开始的销售人员，一定要打好基础，更完整、更系统地、沉下心来学习基本的理论，这样你才会有更大的发展空间。

营销需要“规范”，要“规范”你的营销系统，而不是“规范”你的思考方式；要“规范”你思考营销问题的框架，而不是“规范”你思考问题的内容。这样，你“不知道该怎么办”的情形就会减少，你将更有希望在营销道路上突飞猛进。

因此，“磨刀不误砍柴工”，学好营销知识，打好基础，对于刚刚进入营销行业的人来说是极其重要的。

（资料来源：① 王桂姣. 物流营销[M]. 重庆：重庆大学出版社，2009.② 蒋军：营销需要规范吗？金泉网，2009 年 4 月 1 日。原文经过改写。）

1.1.1　市场营销的产生和发展

“市场营销”一词源于英语的“marketing”，市场营销学萌芽于 19 世纪末 20 世纪初，形成于 20 世纪中叶，成熟于 20 世纪 80 年代，是一门建立在经济科学、行为科学和现代管理理论基础上的应用科学，是 20 世纪发展最快的管理学科之一。它是市场经济发展到较高阶段的产物，并随着社会和经济的发展而不断深化、创新、丰富和完善。

1. 市场营销的产生

市场营销理论产生的背景是：（1）市场规模迅速扩大，给产品的大规模生产带来了机会；（2）工业生产急剧发展，卖方市场开始向买方市场转化；（3）分销系统发生变化，出现了百货商店、邮购商店和连锁商店等分销渠道；（4）传统的“自由竞争在市场上必然有效”的论断已经过时，市场迫切需要一门新的学科或理论来对市场的发展变化做出解释。

2. 市场营销的发展

市场营销理论的发展过程可分为以下七个阶段。

（1）萌芽时期（1900—1920）。美国资本主义迅速发展，竞争日趋激烈，传统理论面临挑战，市场营销理论开始萌芽。

（2）职能研究时期（1921—1945）。这一时期最突出的特点是对市场营销职能（如对销售职能）的研究。

（3）形成和巩固时期（1946—1955）。对营销职能的研究仍占据重要地位，但市场营销理论开始形成。

（4）市场营销管理导向时期（1956—1965）。市场营销理论开始迈向市场营销管理导向阶段，对市场营销管理的实质和任务的研究较为深入。

（5）协同和发展时期（1966—1980）。市场营销学逐渐从经济学中独立出来，又吸收了行为学、管理学、心理学、社会学等学科的若干理论，开始统合。市场营销概念和原理的运用日益普及。

（6）分化和扩展时期（1981—1993）。市场营销领域又出现了大量的丰富的新概念，市场营销学出现了变形和分化的趋势，其应用范围也在不断扩展。例如，市场营销、市场营销网络、政治市场营销、市场营销决策支持系统、市场营销专家系统等理论与实践问题开始引起学术界和企业界的关注。

（7）信息和创新时期（1994—现在）。随着以互联网为代表的信息技术的普及和应用，世界范围内的生产方式、生活方式正在发生着前所未有的深刻变革，以信息科学为代表的一大批学科正在崛起，并已渗透到市场营销学中。新观念、新方法、新理论也正在推动市场营销学更深入地运用到各行各业中。

1.1.2 市场营销的含义

1. 市场营销的概念和内容

市场营销是通过创造、交换产品和价值，从而使个人或群体满足需求的社会和管理过程。市场营销的核心是交换，市场营销的起点是消费者的需求，简单地说，市场营销就是认识需求、确定需求及满足需求，是“有利益地满足需求”。市场营销分为三步走：第一步，调查了解消费者的需求；第二步，根据消费者的需求生产（创造）产品；第三步，销售产品。

小故事 如何巧妙运用营销手段

一位优秀的商人杰克，有一天告诉他的儿子——

杰克：我已经决定了要你娶一个女孩子。

儿子：我自己会决定我要娶谁做我的新娘。

杰克：但我要你娶的女孩可是比尔·盖茨的女儿，你是否重新考虑一下？

儿子：哇！……要是这样，可以！

在一次聚会中，杰克走向比尔·盖茨——

杰克：我来帮你女儿介绍个好丈夫。

比尔：我女儿还小，还没想嫁人呢。

杰克：但我说的这个年轻人可是世界银行的副总裁，您是否重新考虑一下？

比尔（沉思片刻）：……要是这样，可以！

紧接着，杰克又去见世界银行的总裁——

杰克：我想推荐一位年轻人来当贵行的副总裁。

总裁：我们已经有很多位副总裁，不需要了。

杰克：可我说的这个年轻人可是比尔·盖茨的女婿，您是否重新考虑一下？

总裁（沉思片刻）：……要是这样，可以！

最后，杰克的儿子娶了比尔·盖茨的女儿，又当上了世界银行的副总裁。

（资料来源：王桂姣. 物流营销[M].重庆：重庆大学出版社，2009.原文经过改写。）

【分析】

杰克通过优秀的市场营销成功地使自己的儿子娶了比尔·盖茨的女儿，又当上了世界银行的副总裁。其在认识需求（获得极大的尊重）、确定需求（与比尔·盖茨的女儿结婚及当世界银行副总裁）后，通过创新（有谋略地拜访比尔·盖茨与世界银行总裁），推动了市场营销的成功，最终满足了需求。可见，在市场营销过程中，要有勇于走进“禁区”、打破条条框框的束缚、敢为天下先的创新精神和打破自己惯性思维的心理准备，只有这样，才能采撷到丰硕的果实。（注：杰克的这则小故事为市场营销假设案例。）

由市场营销的定义可以看出，市场营销包含了以下几个方面的内容。

（1）营销是一种创造性行为。其不仅生产和创造各类产品或服务以满足显在的需求，还会在消费者需要的基础上创造或引领消费者新的需求。

小故事　市场营销创造需求

美国一个鞋业公司的总经理派他的财务主管到一个非洲国家了解公司的鞋能否在那里找到销路。一星期后，这位主管打电报回来说：“这里的人不穿鞋，因此这里一点市场都没有。”接着，该鞋业公司的总经理决定派最好的推销员到这个国家进行仔细调查。一星期后，这位推销员打电报回来说：“这里的人不穿鞋，是一个巨大的市场。”鞋业公司总经理为弄清情况，再派他的市场营销副总经理去做详细调查。两星期后，市场营销副总经理打电报回来说：“这里的人不穿鞋，但是他们有脚疾，穿鞋对脚有好处。他们的脚比较小，所以我们必须重新设计我们的鞋子，而且我们必须在教育他们懂得穿鞋有益健康方面花一笔钱，在开始之前还必须得到部落首领的同意。这里的人没有什么钱，但他们生产有我未曾尝过的最甜的菠萝。我估计鞋的潜在销售期在 3 年以上，因而我们的一切费用包括推销菠萝给一家欧洲连锁超级市场的费用都将得到补偿。总地算起来，我们还可赚取 30%的利润。我认为，我们应该毫不迟疑地去干。”

于是，该公司迅速行动，果然取得了巨大成功。

[资料来源：任晓园. 从“小岛卖鞋”看市场营销[J]. 合作经济与科技，2007（7）.原文经过改写。]

（2）营销是一种自愿的交换行为。交换是营销实现的基础，买卖双方通过自由交换，使各方通过交换某种东西取得回报。

（3）营销是一种满足人们需求的行为。充分了解消费者的需求，以需求为导向是市场营销的根本。

小案例　邮政速递物流如何在“互联网+”风口立足？

当前，“互联网+”已经上升为国家战略，“互联网+”成为各行各业转型升级的重要驱动力，成为大众创业、万众创新的重要风口。站在“互联网+”风口，要么顺势而为“飞起来”，要么被“吹走”。对于处在转型升级关键时期的邮政速递物流来说，如何运用“互联网+”，改造原有的运作模式，最大限度地方便客户生活、提升客户体验、创新宣传形式、实现精准营销，成为当务之急。

在 2015 年全国两会的政府工作报告中，李克强总理首次提出“互联网+”行动计划，且总理在记者招待会上又特意为“互联网+”推销，说道：“我想，站在‘互联网+’的风口上顺势而为，会使中国经济飞起来。”

“互联网+”代表一种新的经济形态，即充分发挥互联网在生产要素配置中的优化和集成作用，将互联网的创新成果深度融合于经济社会各领域，提升实体经济的创新力和生产力，形成更广泛的以互联网为基础设施和实现工具的经济发展新形态。简单而又直白地说就是，运用互联网的思维改造企业的运营流程、管理及服务模式，提升企业生产服务效率，从而实现企业规模、效益的大幅提升。阿里巴巴、京东、小米俨然是运用“互联网+”的典范企业，他们只用了几年的时间就达到了传统企业二三十年发展的体量。为此，在“互联网+”的浪潮下，邮政速递物流也应抓住机遇，找准定位、顺势而为。

坚持中高端的市场定位

在“互联网+”时代，电商市场飞速发展，快递行业以年均 40%的速度增长。2014 年，我国快递业务量接近 140 亿件，业务收入超过 2 000 亿元，我国快递业务量已超过美国成为全球第一。说到底，快递行业始终是劳动密集型行业，门槛低、市场大、前景广，这决定了不可能存在一家快递企业能做到一家独大的局面。

国有企业固有的刚性成本高于民营企业，且邮政速递物流的体制机制决定了其不可能通过民营企业那样的方式来降低人工成本。为此，快递市场上“以价换量”“低价竞争”的经营策略并不适合邮政速递物流。企业的运营成本决定了邮政速递物流只能去细分市场、选择差异性经营策略，去做那些附加价值高、市场空间广、增量业务大的中高端业务。从目前的快递市场竞争格局来看，邮政速递物流在党政机关、国有企业、跨境电商寄递领域仍具有明显优势。邮政速递物流必须守住自身的优势市场，找准市场定位，积极拓展潜力巨大的商务、个人、电商中高端寄递市场，着力打造为客户提供优质服务的中高端价值品牌。

客户至上，运营为先

正所谓兵马未动，粮草先行。在推出任何一项业务或产品之前，相关的网络运行、售后服务等运营服务配套措施一定要提前落实到位。只有先把运营服务做好了，才能推出新的业务产品，确保不辜负客户的期待，实现“一炮打响”的良好效果。

邮政速递物流作为全程全网的网络服务型企业，网络运营质量是安身立命之本。良好的客户服务感知、完善的服务运营质量是网络型企业可持续经营发展的核心竞争力，更是应对市场竞争、实现市场领先的必经之路。因此，邮政速递物流在理念上和行动上都必须坚守客户至上、运营为先的原则。

建立平台，精准营销

传统的邮政速递物流营销方式是每个项目、每个业务都需要营销人员想方设法拉客户、找关系、寻门路，使尽全公司上下的力量去拼抢客户，业务收入来之不易。这种营销方式，营销时间长、见效慢、成本高、受众面窄、效率不高。

对于传统的政务类、大型 B2C、商务业务邮政速递尚且可以如此去做，但面对迅速增长的小众商务企业、电商、个人寄递类业务，这种营销模式就走不通了：一个月两三百元的小众商务和电商客户寄递业务，十多元、二十多元的个人寄递业务，让企业的营销人员去营销？显然，其投入产出比将很不理想，因此企业必须借助“互联网+营销”的力量。

“互联网+营销”的前提是要建立提供客户服务、获取服务数据和传递信息的平台和媒介。邮政速递物流要加大对微信平台、App 客户端的应用力度，引导客户通过移动互联网下单、消费。微信平台、App 客户端不仅能极大地方便客户使用邮政速递，而且可以积累足够的客户数据，进而分析出客户的喜好与消费行为习惯、真实需求与潜在需求等，甚至做到比客户更了解他们自己。那么，邮政速递的业务产品推出与营销也就更有针对性。通过大数据库的筛选分析，自动寻找目标客户，实现智能化的精准营销，是提高营销的效率和成功率的关键。

创新思维，注重品牌宣传

众所周知，在消费者每天的生活中，被动接触到的信息量是非常大的。包括各种 App 客户端的固定信息推送以及微信、QQ、短信、车辆移动广播、路边的平面媒体广告等信息，甚至走在路上还会被塞到宣传单。在移动互联网引爆的信息冗余时代，民众和客户注意力稀缺，客观导致了消费者对信息递送的审美疲劳。消费者每天都要接收海量的信息，只会把注意力停留在热点和自己喜欢的信息上。

目前，各级邮政速递物流企业采取的广播、电视、报刊等广告宣传形式，不仅成本高，宣传效果也不理想。

我们没有见过小米在传统的媒介上打过广告，但其品牌却可以在短短的几年间得到广泛宣传和推广。这主要是因为小米擅长抓住互联网热点去营销和宣传自己，以客户和网民喜闻乐见的方式引爆宣传热点，从而实现业务宣传和品牌推广的目的。一封“世界那么大，我想去看看”的求职信，刷爆了朋友圈、占据了各大门户网站的头条，让全国的小伙伴都记住了那位最具情怀的女教师。这个例子同样可以给邮政速递物流的宣传工作带来启示。要达到类似小米和“世界那么大，我想去看看”的营销效果，按照传统的宣传手段，需要投放很多电视广告才能够做到，而这一切，“互联网+宣传”却以低廉的成本做到了。

（资料来源：吴新春. 在“互联网+”风口，邮政速递物流如何立足[N]. 中国邮政报，2015-09-01.原文经过改写。）

（4）营销是一个系统的管理过程。市场营销过程是远远超出流通范围而涉及生产、分配、交换和消费的总循环过程。

（5）营销是一种企业参与社会活动的纽带。营销实现了企业利益、消费者利益和社会利益的有机结合。

（6）营销的本质是要营造一种从各方面都有利于销售的氛围。

2. 市场营销不能被狭隘地理解为广告和销售

许多人认为市场营销就是广告和销售。事实上，这种观点是错误的。广告和销售只是众多市场营销活动中的两个环节，且还不是最重要的。市场营销的含义比较广泛，其重视广告和销售，但它更强调的是，企业在对市场进行充分认识和分析的基础上，以市场需求为导向，规划从产品设计开始的全部经营活动，以确保企业的产品和服务能够被市场所接受，从而顺利地销售出去，并在市场上占据一席之地。如果市场营销人员能够准确地理解消费者的需要，提供具有较高价值的产品，并能够有效地定价、分销和促销，那么，他们将能够很容易销售这些产品。因此，广告和销售只是广泛的“营销组合”中的一部分。

小知识 让销售变得多余

市场营销学泰斗菲利普·科特勒指出："市场营销最简短的解释是，发现还没有被满足的需求并满足它。……你的成功不是跟着做别人已经做成功的事，而是找到人们想买却只有你能卖的东西。"他指出，今天商家的问题是世界上大多数行业生产的产品比消费者能够购买的要多，因而导致了超常竞争和价格战。市场营销就是让公司在别的方面进行竞争，而不是在价格方面。

彼得·德鲁克的《经营权威》里有句话说得好："市场营销的目标是让销售变得多余。"意思是，如果你真能找到没有被满足的需求并做好满足需求的工作，你就不用在销售上下太多工夫。换句话说，市场营销的目的不是为了把已经生产的产品销售出去，相反，制造产品是为了支持市场营销。公司其他职能，如研发、采购、制造和财务，也是为了支持公司在市场的运作而存在的。

［资料来源：黄瑞敏.科特勒：让销售变得多余[J].网际商务，2003（9）.原文经过改写。］

1.1.3 营销观念的演变

营销观念是企业进行经营决策、组织管理市场营销活动的基本指导思想，是企业的经营哲学。它是经济发展的产物，是一个复杂的社会过程，在一定程度上反映了市场经济发展规律的客观要求。从市场营销的发展历史来看，营销观念的演变大致经历了以下几个阶段。

1. 以企业为中心的营销观念——生产观念、产品观念、推销观念

以企业为中心的营销观念，是指以企业利益为根本取向和最高目标来处理营销问题的观念，它包括生产观念、产品观念、推销观念三类。

（1）生产观念。生产观念是生产力发展水平不高的产物，是在卖方市场条件下产生的一种营销观念，其存在条件是供给相对不足、卖方竞争有限。生产观念以生产为中心，以产定销，认为"企业能生产什么，就销售什么"。在此阶段，企业的产品供不应求，是典型的"卖方市场"，即企业只要能生产出具有一定使用价值的产品，就不愁卖不出去，因而企业经营的中心问题是怎样提高劳动生产率来满足社会需要。在这种观念指导下，消费者的需要是被动地得到满足的，消费者购买产品没有选择余地。

小案例 生产观念的成功与失败

福特汽车公司的创始人亨利·福特是持有生产观念的典型代表。当时，福特公司生产的"T型车"供不应求，亨利·福特便采用了流水生产线，使得产品的产量迅速提高，以满足市场对该型车的需求。随着社会生产力的发展，市场实现了快速扩张，市场的供求形势发生了很大变化，人们的消费需求由单一化转向多样化。但亨利·福特仍傲慢地宣称："不管顾客需要什么颜色的汽车，我只有一种黑色。"结果"T型车"销量锐减，被通用汽车推出的新样式和多彩的雪佛兰汽车赶超。

（资料来源：王桂姣.物流营销[M].重庆：重庆大学出版社，2009.原文经过改写。）

（2）产品观念。当市场开始由卖方市场向买方市场转变时，消费者已不再仅仅满足于产品的基本功能，而是开始追求产品在功能、质量和特色等方面的差异性，此时便出现了

产品观念。坚持产品观念的人往往以为，“酒香不怕巷子深”，消费者喜欢高质量、多功能和有特色的产品，只要提供这样的产品，消费者就会购买，所以企业应致力于提高产品质量。但是以产品观念作为经营思想的企业过于注重自己的产品质量，而不适时地“走出去”研究如何使自己的产品适应不断变化的市场形势，以便更好地满足消费者的需要和愿望。其结果是，由于长期“故步自封”“孤芳自赏”而患上了“营销近视病”，从而制约了自身的发展。

小案例　美国铁路运输业的产品观念

美国的铁路运输业曾盛极一时，但是铁路公司仅仅看到自己从事的是“铁路运输”，忽视了顾客需要的是“运输服务”这一实质差异，将自己的经营业务局限于铁路运输这一特定的运输形式上，过分注重争夺和强化铁路运输优势，没有考虑顾客需求的变化。当运输市场情况发生变化，汽车、卡车、大型货车、飞机、管道等运输形式快速发展起来后，铁路公司就只有眼睁睁看着顾客被其他公司分流了。

（资料来源：王桂姣. 物流营销[M]. 重庆：重庆大学出版社，2009.）

生产观念和产品观念都属于以生产为中心的经营思想。其相同点在于二者都没有将市场需求放在首位。其区别在于前者注重以量取胜，而后者注重以质取胜。

（3）推销观念。推销观念产生于 20 世纪 30 年代初世界性的经济危机之后。当时，全球市场出现了生产过剩、供过于求的局面。在这种形势下，企业开始致力于推销的研究，以努力推销产品。

推销观念认为，消费者不会主动选择和购买商品，只有经过强有力的推销、刺激、诱导，才能使消费者产生购买行为。因此，企业注重通过一定的推销术或推销策略，去说服和诱导消费者产生购买行为。推销观念与生产观念、产品观念相比有了很大的进步，即企业开始注重宣传，把重点放在销售环节。但是推销观念实质上与生产观念、产品观念一样，仍不注重市场调研，也不注重了解消费者真正的需求，其仍然以生产为中心，仍然属于“以产定销”的范畴。

小案例　美国皮尔斯堡面粉公司的推销观念

美国皮尔斯堡面粉公司在推销观念的导向下，曾提出“本公司旨在推销面粉”，从而导致了消费者的反感。

（资料来源：叶青，谢舸燕. 物流营销[M]. 北京：化学工业出版社，2009.）

2. 以消费者为中心的营销观念——市场营销观念

以消费者为中心的营销观念又称市场营销观念。随着生产力的迅猛发展和社会的不断进步，产品的品种更加多样化，消费需求也呈现复杂化、多样化的趋势，消费市场也形成了买方市场。在这种市场形势下，以企业为中心的营销观念转变为以消费者为中心的营销观念——市场营销观念。

以消费者为中心即以满足消费者的需要为导向，认为“消费者需要什么，就提供什么，就卖什么”。由于其注重选择目标市场，注重发现目标市场中消费者的内在需要，并能运用整体营销手段在满足消费者需要的同时使企业盈利，因而其兼顾了消费者与企业两方面的利益。市场营销观念是企业经营思想上的一次革命。

小案例 美国皮尔斯堡面粉公司的市场营销观念

在推销观念导向的经营失败后，20 世纪 50 年代，美国皮尔斯堡面粉公司经过调查了解到，第二次世界大战后美国人民的生活方式已经改变，家庭主妇在采购食品时，想要的是多种多样的半成品或成品食品。针对消费者需要的这种变化，他们开始生产和销售成品和半成品食品，且着眼于长期研究消费者的消费趋势，不断设计和制造新产品来满足消费者不断变化的需要。在满足消费者需要的过程中，公司销售量迅速增加，不断获利，终于实现了消费者与公司的“双赢”。

（资料来源：叶青，谢舸燕. 物流营销[M]. 北京：化学工业出版社，2009.）

3. 以社会长远利益为中心的营销观念——社会营销观念

社会营销观念是以社会长远利益为中心的营销观念，其认为企业的运营活动不仅要以消费者为中心，兼顾企业自身利益，而且要符合社会利益。社会营销观念不是对市场营销观念的取代，更不是否定，而是发展。它不仅包含市场营销观念的积极因素，而且关注企业的活动和产品对消费者的长期影响，关注企业活动对经济、社会、生态环境的宏观作用。

小案例 DHL 在中国的社会营销观念

中国第一家国际航空快递公司——中外运-敦豪国际航空快件有限公司（简称“中外运敦豪”）是由全球快递、物流业的领导者 DHL（敦豪航空货运公司）与中国对外贸易运输集团总公司各注资 50%于 1986 年成立的，是中国成立最早、经验最丰富的国际航空快递合资公司。DHL 通过中外运敦豪开展并扩大了其在中国的业务。DHL 品牌的知名度不仅仅来自其优质服务，还来自其奉行的社会营销观念。

在中国的发展历程中，DHL 利用自己物流企业的运输优势开展了如下公益活动：① 2003 年“非典”期间，在上海启动“爱心传递”服务，免费为因起程匆忙而未能携带充足生活用品的第二军医大学赴北京小汤山“非典”定点医院医疗队提供快递服务；② 2004 年秋，参与世界宣明会发起的“足球箱子”秋季活动，义务将 70 箱体育用品送到中国的新疆、贵州等 7 个偏远地区；③ 2004 年东南亚海啸期间，通过包机为东南亚 5 个受灾国运输急需的生活必需品；④ 2008 年汶川地震后，又投身抢险救灾的工作之中，为灾后重建贡献自己的力量；⑤ 2008 年 8 月 11 日，DHL 志愿者日首次在中国启动，活动围绕“小书包，大未来 · DHL 爱心背包行动”主题展开，募集了 10 000 份汇聚爱心的学习用品，送给了四川、陕西、甘肃地震灾区的学生。

关于汶川地震后的公司举动，中外运敦豪总经理吴东明说：“作为一个合格的企业，它的责任不仅在于社会遭受自然灾害时为社会提供物资和资金的援助，更应该对灾区的救援、重建给予持续的支持，建立企业社会责任发展战略以保证回馈社会的长期性、稳定性和可持续发展性。同时，员工是企业最宝贵的资源，鼓励他们认同、参与社会公益活动也是企业对社会做出的重要贡献。”

DHL 用实际行动阐释了企业承担社会责任是企业发展战略的重要组成部分，其通过以上公益活动提升了公司形象，传播了公司理念，从而在为消费者提供服务时很好地实现了社会、企业和消费者三方利益的“多赢”，有利于企业的长期发展。

（资料来源：郭伟业，郭景春. 物流服务营销[M]. 北京：北京师范大学出版社，2011. 原文经过改写。）

小案例　汉堡包快餐业受到了舆论批评

汉堡包快餐尽管给人们提供了美味可口的快餐食品，可以满足消费者方便、快捷的需要，但是后来大家逐渐意识到了它的缺点：缺乏营养，脂肪含量过高，对身体健康不利；使用的包装产生了很多包装废弃物，污染了环境。这使得汉堡包快餐背上了“没有奉行社会营销观念”的罪名而受到了舆论的批评。

物流企业强调社会营销观念，就是要注重生态环境的保护，重视社会、企业、消费者三方面的利益。如实施绿色物流，进行绿色设计、绿色生产、绿色宣传，避免在企业开发和发展过程中引起资源性破坏和垃圾污染、空气污染等综合性社会与环境问题，以促进经济、社会、生态环境的和谐发展。

小案例　陕西重汽荣获“最佳物流商用车供应商”称号

“第二届中国（苏州）国际物流与供应链合作发展峰会”于 2008 年 5 月 24 号在苏州国际博览中心隆重揭幕，在这个集物流装备制造、先进物流科技、现代物流服务为一体的国际物流盛会上，陕西重汽（简称“陕汽”）被表彰为“最佳物流商用车供应商”。陕汽荣获这项称号与其社会营销观念是分不开的。

长期以来，陕汽不断推出高可靠性、省油、安全、适应法规的重卡系列车型，确保为消费者实现最大价值保驾护航。陕汽 08 款国Ⅲ系列重卡一经上市便在市场上掀起了“节能风暴”，该系列重卡覆盖牵引车、自卸车、载货车、专用车全系列车型，技术成熟，整车集动力性、安全性、燃油经济性、可靠性、低噪声等优点于一身，为物流企业提供了高可靠性的成熟物流装备，也受到了消费者的高度认可。

（资料来源：马文祥. 物流服务营销[M]. 上海：上海交通大学出版社，2010.原文经过改写。）

1.2 物流概述

1.2.1 物流的基本概念

物流是为物品及其信息流动提供相关服务的过程，是物品从供应地向接受地的实体流动过程。根据实际需要，物流将对运输、储存、装卸、搬运、包装、流通加工、配送、回收、信息处理等基本功能实施有机结合。

1.2.2 物流的分类

社会经济领域中到处都存在物流活动，许多领域都有适应自身特征的物流活动。虽然物流的基本要素是共同的，但是由于物流发挥作用的不同、物流系统涉及领域的不同、物流业务活动范围的不同，物流仍可划分为不同类型。

（1）根据物流发挥作用的不同，物流可分为供应物流、销售物流、生产物流、回收物流、废弃物物流。

（2）根据物流系统涉及领域的不同，物流可分为宏观物流和微观物流。

（3）根据物流业务活动范围的不同，物流可分为社会物流和企业物流。

1.2.3 物流企业

1. 物流企业的定义

《中华人民共和国国家标准物流术语》（修订版，GB/T18354—2006）中对物流企业的界定是："物流企业是指从事运输（含运输代理、货运快递）或仓储等业务，并能够按照客户物流需求对运输、储存、装卸、搬运、包装、流通加工、配送等进行组织和管理，具有与自身业务相适应的信息管理系统，实行独立核算、独立承担民事责任的经济组织。"由此可见，只要是负责物流活动的，实行独立核算、独立承担民事责任的经济组织都是物流企业。

2. 物流企业的类型

根据物流企业服务功能的不同，物流企业可分为以下几类。

（1）基础型物流企业。基础型物流企业是指为客户提供供应链中某一特定环节中某一项或某几项物流服务，如供应物流中的运输、仓储、配送、装卸或者生产物流中的订单管理、库存控制或者销售物流中的国内配送、区域分拨的物流企业。基础型物流企业可以分为操作型和资产型两种。

操作型基础型物流企业主要是一些传统的仓储、运输、货运代理、市内配送的企业以及实力不够雄厚、只能提供单一物流服务的新企业。资产型基础型物流企业主要是一些专业经营仓库租赁的企业，这种企业资金雄厚，根据市场需求，建造各种类型的仓库，将仓库租赁给其他的物流企业使用，但其自身并不投入仓储项目的营运。

基础型物流企业对技术和管理水平的要求不高，行业市场门槛较低，企业之间竞争激烈，对信息技术的应用要求不高，服务涉及的环节单一而简单。这类企业多以低成本、完成服务任务为客户服务的目标，与客户的关系以偶然性的、一次性的居多，很难拥有长期合作的客户，很少涉及供应链管理，在整个供应链中缺乏话语权。为实现自身竞争优势（主要是降低成本）的最大化，基础型物流企业必须拥有较大规模的物流资产和熟练的专业操作水平。

（2）综合型物流企业。综合型物流企业是指不仅能提供基础的物流服务，还能提供诸多增值物流服务且服务涉及多个环节物流活动的物流企业。其特点是最大限度地满足客户的个性化需求，提供客户化服务和增值服务。例如，为制造业提供贴标签服务和产品组装服务、供应商管理、货运付费、支持 JIT 制造等。

物流市场上的综合型物流企业大多是从基础型物流企业通过拓展、提升业务发展而来的，除了少数领先的大型第三方物流企业具备提供全部综合物流服务的实力，多数第三方物流企业只能承担部分环节的综合物流服务。这些综合物流服务一般集中在销售物流领域，涉及生产物流和原材料供应物流的较少。综合型物流企业行业经验丰富，重视信息技术应用，资金实力雄厚，提供的物流服务成本最低、效率最高，能为供应链中的一部分环节（如供应物流、生产物流）提供物流服务，而不仅局限于销售物流。相应地，综合型物流企业的市场壁垒较高。

在日益显著的物流外包的趋势下，综合型物流企业的存在及发展是市场经济发展的必然，也是物流市场发展的必然。

小贴士 综合型物流企业需要具有的能力

- 资产能力：强大的资产运作能力、完备的物流基础设施、完善的硬件设备、先进的信息技术。
- 物流网络能力：全球化网络整合与支持能力、先进的信息技术能力。
- 非资产能力：全面的基础物流服务能力、丰富的物流行业运作经验、增值服务能力、一定的咨询服务能力。

（3）高端物流企业。高端物流企业是指自身资金实力雄厚、全球物流服务网络健全、运作经验丰富、整合能力强的物流企业，其不但能在整条供应链甚至供应链网络中为物流服务需求方提供基础物流服务、综合物流服务，还能为需求方提供诸如物流管理咨询，供应链解决方案的设计、实施与改进，大型物流项目的管理，一体化的信息服务等服务，甚至能为需求方提供供应链的管理、集成与规划方面的服务。第四方物流服务是典型的高端物流企业服务。

对于高端物流企业而言，以下五种能力非常重要：①业务流程管理能力、业务流程具体运作能力、物流运作行业经验、全球化网络和网络支持能力等物流实施运作能力；②多个供应商的关系管理及协调组织能力；③信息技术能力；④管理咨询能力；⑤物流培训能力。

当然，即使高端物流企业拥有极其强大的资源和能力，也不大可能满足客户的所有需求。物流行业始终是一个充满竞争的行业。

小贴士 我国物流企业的构成

目前，我国大小物流企业约有73万家，主要由以下三部分构成。①国际知名物流企业，如马士基物流、美集物流、UPS、联邦快递等。这些国际知名物流企业一方面为其客户——跨国公司进入中国市场提供延伸物流服务，另一方面为中国市场正在形成和发展的专业化物流服务需求提供服务。②由运输、仓储及批发贸易企业转变而成的物流企业。其依托原有物流业务基础和其在客户、设施、经营网络等方面的优势，不断拓展和延伸物流服务，逐步向现代物流企业转化。这类企业以中远物流、中海物流、中外运物流等国有企业为主。③新兴的专业化物流企业，此类企业以宝供物流、宅急送物流、锦程物流等民营企业为主。它们依靠灵活的竞争战略和对专业物流的认知，在市场竞争中发展较快，成为我国物流产业发展过程中一支不可忽视的力量。

（资料来源：马文祥. 物流服务营销[M]. 上海：上海交通大学出版社，2010.原文经过改写。）

3. 物流企业的特征

（1）规模化。随着物流社会化和专业化的发展，现代物流企业的规模日益趋向大型化，已经出现了具有规模化的大型物流企业。例如，UPS 投资 22 亿美元，在美国肯塔基州路易斯维尔建设了航空转运中心，即著名的世界港。世界港是全世界最大的物流中转中心，也是 UPS 机队的航空基地，其营运面积有 40 万平方米，航站机位 44 个，传送带 1.9 万条约 200 千米长。同时，UPS 在世界各地有 15 000 多辆汽车，300 多架飞机，并且还租用了超过 300 架飞机，实现了在每个工作日投递 1 300 万个邮包的创举。此外，在 21 世纪初的近 10 年中，UPS 在现代物流的投入中仅技术方面就达 20 亿美元，配置了主机、PC、手提电脑、无线调制解调器、蜂窝通信系统等，并网罗了 4 000 名左右的程序工程师及技术人员。这种投入，使 UPS 实现了与 99%的美国公司和 96%的美国居民之间的电子联系。规模化的物流企业，其竞争力逐渐提升到了一个新的高度。

（2）专业化。专业化表现为市场上出现了专业从事物流服务的物流企业，如第三方物流企业。第三方物流在欧、美、日等国家和地区发展得十分迅速。在发达国家，越来越多的企业将物流作业转交给第三方物流企业，由第三方物流企业为之提供越来越多的专业化物流服务。

（3）社会化。物流最初是由生产商或销售商自己承担并完成的，但是在长期的生产实践中，他们逐渐发现自己经营物流不但成本高，而且质量难以得到保证。于是，他们希望利用外部资源、借助第三方的力量来完成物流。这直接催生了第三方物流。为了确保有一个稳定而可靠的物流系统的支持，生产商与销售商又希望以法律的形式将这种关系固定下来。因此，第三方物流也有契约物流之称。社会化的物流企业直接面向市场，为社会提供物流服务；同时，也拓展了物流企业自身的生存与发展空间。

（4）一体化。一体化是指物流企业将原本相互联系却又被分割开来进行管理的各种物流活动整合为一个整体。例如，在德国，制造商要求其托运的零部件能准时到位；在美国，一些有新生婴儿的家庭要求物流公司将宝洁公司的一次性尿布送到家。面对这种日益增长的客户需要，分开管理的物流体制已经无法满足。因此，要高效率地满足客户需要，物流作业必须实现一体化。第三方物流企业可运用自身的专业物流功能，或者通过一系列的代理服务，为客户提供优质高效的“一条龙”物流服务。

（5）全程化。全程化以“门到门”甚至“桌到桌”为特征。全程化的物流是通过运输系统的革新与信息通信技术的结合来实现的。全程化的物流不主张建造仓库、大型分销中心或市场，而是主张消除这些仓库、大型分销中心或市场。其主要目的是消除原材料、零部件和制成品存放的成本和风险，消除成品多层分销网络的成本和风险。

（6）综合化。现代物流企业综合化的趋势已经越来越明显。欧、美、日等国家和地区第三方物流企业提供的物流服务越来越多的事实表明，单一的运输或仓储等物流功能已经无法满足物流市场的需要，物流企业必须提供多功能的物流服务。例如，中华人民共和国交通运输部下达的《关于促进运输企业发展综合物流服务的若干意见》中就明确指出，交通运输企业要转变经营战略，从传统、单一的货物运输转向为用户提供综合物流服务。

4．物流企业常规性物流业务

常规性物流业务是物流企业根据客户的实际需要，为客户提供物流基本作业的服务，即仓储业务、运输业务、装卸搬运业务、配送与流通加工业务、包装业务、物流信息处理业务等。

（1）仓储业务。仓储是指利用仓库及相关设施设备进行物品的入库、存储、出库的活动。它是物流系统的一个子系统，在物流系统中起着缓冲、调节和平衡的作用。仓储和运输长期以来被看作物流系统活动的两大支柱。仓储的目的是克服商品生产与消费在时间上的差异，使商品产生时间效果，实现其使用价值。商品从生产领域进入消费领域之前，往往要在流通领域停留一定时间，通过仓储，可使商品在最有效的时间段发挥作用，实现商品的“时间价值”和“使用价值”。利用仓储这种“蓄水池”和“调节阀”的作用，市场还能调节生产和消费的失衡，消除过剩生产和消费不足的矛盾。

（2）运输业务。运输是指通过专用运输设备将物品从一地点向另一地点运送的活动。其中包括集货、分配、搬运、中转、装入、卸下、分散等一系列操作。运输是物流最基本的业务活动之一。随着现代物流的产生与发展，运输业也日益完善并发挥更重要的作用。作为物流工作的重要环节，运输在物流企业中有着十分重要的地位。

运输业务具体包括以下工作环节。

① 货物发运。货物发运是指发货单位按照与运输单位的合同要求，通过一定的运输方式，将货物从发运地运达目的地的具体业务。

② 货物接运。货物接运是指货物从发运地运到收货地后，收货单位同承运部门办理的物品点验接收工作。

③ 货物中转。货物中转是指货物从发运地到收货地的运输过程中，受购销数量、自然地理位置和交通线路的影响，必须经过运输工具换装才能到达收货地的运输作业。

（3）装卸搬运业务。装卸是指物品在指定地点以人力或机械实施垂直位移的作业。搬运是指在同一场所内，对物品进行水平移动为主的作业。在运输的全过程中（包括运输前后的装卸搬运），装卸搬运所占的时间为全部运输时间的50%。装卸搬运由于作业对象复杂、劳动强度大，花费的时间也多，对安全性要求高，因此在物流作业过程中，要特别注意避免不合理的装卸，必需的装卸也应尽可能实现机械化、自动化。

（4）配送与流通加工业务。具体内容如下。

① 配送业务。配送是指在经济合理区域范围内，根据客户要求，对物品进行拣选、加工、包装、分割、组配等作业，并按时送达指定地点的物流活动。配送有许多种类和形式，可以从以下三个角度加以分类。

- 按配送的数量和时间划分，可分为定量配送、定时配送、定时定量配送、定时定量定点配送和即时配送。
- 按配送的品种和数量划分，可分为少品种大批量配送、多品种少批量配送和成套配套配送。
- 按配送的组织形式划分，可分为分散配送、集中配送和共同配送。

② 流通加工业务。流通加工是指物品在从生产地到使用地的过程中，根据需要施加包装、分割、计量、分拣、刷标志、拴标签、组装等作业的总称。

流通加工与一般的生产加工在加工方法、加工组织、生产管理方面并无显著差别，但是在加工对象和加工程度方面区别较大，主要表现在以下几个方面。

- 加工对象的区别。流通加工的对象是进入流通过程的商品，具有商品的属性，而生产加工对象不是最终产品，是原材料、零配件、半成品。
- 加工程度的区别。流通加工程度大多是简单加工，而不是复杂加工。一般来讲，如果必须进行复杂加工才能形成人们所需的商品，那么，这种复杂加工应专设生产加工过程，生产加工过程理应完成大部分加工活动，流通加工对生产加工则是一种辅助及补充。特别需要指出的是，流通加工绝不是对生产加工的取消或代替。

- 加工附加值的区别。从价值观点看，生产加工的目的在于创造价值及使用价值，而流通加工的目的则在于完善其使用价值并在不做出大改变的情况下提高价值。
- 加工责任人的区别。流通加工的组织者是从事流通工作的人员，能密切结合流通的需要进行加工活动；从加工单位来看，流通加工由商业或物资流通企业完成，而生产加工则由生产企业完成。
- 加工目的的区别。生产加工是为了交换和消费进行的加工，流通加工不仅是为了消费（或再生产）进行的加工，也是以自身流通为目的，为流通创造条件的加工。

（5）包装业务。物流的包装业务的目的不是要改变商品的销售包装，而是要通过对销售包装进行组合、拼配、加固，形成适合物流和配送的组合包装单元。

（6）物流信息处理业务。由于现代物流系统的运作已经离不开计算机，因此将各个物流环节各种物流作业的信息进行实时采集、分析、传递，并向货主提供各种作业明细信息及咨询信息，是相当重要的。

5. 物流企业增值性业务

物流企业增值性业务是由常规性业务延伸出来的，是指物流企业根据客户的特殊需求，为客户提供的超出常规的服务，或者是采用超出常规的服务方法为客户提供的服务。

小案例　龙星物流的增值性业务

“我们所有的仓库门口都有这个可升降防雨装置，即使在下雨天集装箱卸货、倒箱时，货物也不会被淋湿。还有，这铁板也可以升降，不同吨位的集装箱车都能安全顺畅地把货物卸到堆场。”宁波龙星物流有限公司人力资源部经理王蕾说。龙星物流的服务质量也可以在这些“细节”上得到充分体现。公司投资的 300 万元无线终端扫描装置已正式投入使用，这让公司在软件配备上又提高了一个档次。

“为更好地服务客户，我们请美国著名设计企业对公司的仓储、堆场管理进行了前瞻性并具有国际水准的设计；在仓储管理系统方面，我们结合现代化的条码扫描技术，对货物进行编码，建立货物信息数据库，大幅度提高了仓库的管理水平和运转效率。公司还计划引进一系列一体化的先进物流设施，聘请专业的培训机构。”王经理介绍说，龙星物流的服务质量更侧重细节，照顾到客户每一个细微的需求。

“我们是宁波第一家采用立体式货架的进出口物流企业。”据介绍，采用这种立体式货架不仅可以增加仓库的储货量，而且可以使货物摆放更加准确，降低发货出错率，仅这些立体货架，公司就投入了 300 多万元。公司新投入 300 万元添置了无线扫描系统，在现场，工作人员只要拿着一个类似手机的扫描枪，扫描货场的条码，就可以完成输入货物信息进入数据库、清点货物两个工序。新系统让公司整个业务部的工作效率大大提高。

（资料来源：郭伟业，郭景春. 物流服务营销[M]. 北京：北京师范大学出版社，2011. 原文经过改写。）

物流企业增值性业务包括以下四部分的内容。

（1）增加便利性的服务。一切能够简化手续、简化操作的服务都是增值性服务。例如，物流企业推行一条龙到门服务，提供完备的操作或作业提示，免培训，免维护，省力化设计或安装，代办业务，一张面孔接待客户，24 小时营业，自动订货，传递信息和转账（利用 EOS、EDI、EFT），物流全过程追踪等。

（2）加快反应速度的服务。快速反应已经成为物流发展的动力之一。例如，优化物流企业的配送中心、物流中心网络，重新设计合适的流通渠道，以此来减少物流环节、简化物流过程，提高物流系统的快速反应性能。

（3）降低成本的服务。例如，采取物流共同化计划；采用比较适用但投资比较少的物流技术和设施设备；推行物流管理技术，如运筹学中的管理技术、单品管理技术、条码技术和信息技术等。

（4）延伸服务。物流服务向上可以延伸到市场调查与预测、采购及订单处理；向下可以延伸到配送、物流咨询、物流方案的选择与规划、库存控制决策建议、货款回收与结算、教育与培训、物流系统设计与规划方案的制作等。以上这些延伸服务最具有增值性，也是物流企业最难提供的服务，能否提供此类增值服务现在已成为衡量一个物流企业是否真正具有竞争力的标准。

小案例 易宝公司的增值性服务——承担安吉汽车物流仓储管理系统的设计、开发

2000 年 8 月，上海汽车工业销售总公司刚刚转型成立“安吉汽车物流有限公司”（现名“上汽安吉物流股份有限公司”）时，就决定以最快的速度重新配置一套符合客户业务需求的物流信息技术系统。经过论证，安吉汽车物流决定一期工程先配置三个增值性模块：调度管理系统、仓储管理系统和数据分析系统。

易宝公司被选中担任“仓储管理系统”的设计、实施、服务合作伙伴。易宝公司提供的解决方案是以“易宝仓储管理软件”为基础搭建起系统的框架结构。针对整车物流的特点，进行了必要的客户化定制，同时与调度管理系统、数据分析系统有数据接口，最为重要的是，易宝公司承担了把安吉汽车物流原有系统数据整合到新系统，并完成新老系统切换的实施任务。

易宝仓储管理软件的基本功能主要有：支持条码/无线网技术；采用局域网连接与数据集中式结构，便于管理、维护与服务的一体化；提供与调度管理系统和数据分析系统的数据接口；提供多报表；为适应系统功能增长的需求，把许多应用功能设计、开发成“用户可设置方式”，在应用功能有扩展、变化时，无须每次都重新开发，只要由用户重新设置即可。

实践证明，易宝公司做的仓储管理系统非常有用，系统运行也非常稳定，极大地提高了仓储管理效率。

（资料来源：马文祥. 物流服务营销[M]. 上海：上海交通大学出版社，2010.）

6. 物流企业服务的方式与内容

（1）物流企业服务的方式。物流企业服务的方式主要有以下几种。

① 签订长期合作伙伴协议。从部分区域、业务或产品入手，逐步为客户提供全方位的物流服务。例如，万络（MENLO）物流公司与 IBM 公司的合作，就经历了从对美国中央物流中心的运输服务，到增加对美国中央物流中心的管理服务，再到增加对欧洲市场的物流服务，最后到提供全球一体化物流服务的过程，双方建立了长期合作伙伴关系。

② 系统接管。全盘买进客户的物流系统，接管其拥有的车辆、场站、设备和接受原公司员工。接管后，物流系统可以单独为此企业服务，也可以与其他公司共享，以提升利用率并分摊管理成本。这种形式主要出现在传统大型企业的物流外包中，如 USCO 物流公司系统接管了北方电讯（NORTEL）公司卡尔加里物流中心。

③ 合资。客户保留配送设施的部分产权，并在物流作业中保持参与。对客户而言，与物流企业的合资提供了注入资本和专业知识的途径，同时保留了对物流过程的有效控制。这种形式在汽车、电子等高附加值行业较为普遍，如莱德（RYDER）物流公司与通用汽车（GM）公司的合作。

④ 签订管理型合同。对希望自己拥有物流设施（资产）的客户提供物流管理服务。这种形式在商业企业的物流服务中比较常见。

（2）物流企业服务的内容。目前的物流企业大多定位于根据客户要求提供一体化物流解决方案，其服务内容十分广泛，可以覆盖企业的整个商务后端。归纳起来，有以下几个方面。

① 订单履行。包括以运输为特征的运输模式选择与组织、集货、转运、配送等服务，以及以仓储为特征的存储、分拣、包装、装配、条码及其他增值服务。

② 信息管理。包括订单处理与跟踪查询、库存状态查询与决策、货物在途跟踪、运行绩效（KPI）监测、管理报告等。

③ 客户交互。包括呼叫中心服务，最终客户的退货处理、安装、调试、维修等销售支持服务等。

④ 相关服务。包括物流系统设计、报关、支付、费用结算、客户销售预测、客户商品促销等服务。

近年来，物流企业越来越关注物流规划、管理与咨询层面的服务功能，以实现提升客户经济效益、服务水平及企业竞争力的三大使命。客户使用专业物流公司的绩效体现，也从着重于实体货物的合理流动转到着重于从物流系统规划、管理以及信息服务方面获取利益。

7. 物流企业服务的特征

（1）服务关系契约化。物流企业根据契约规定的要求，提供多功能乃至全方位一体化的物流服务，并以契约来管理所有物流服务活动及其全过程。

（2）服务方式个性化。物流企业根据客户在企业的形象、业务流程、产品特征、客户需求特征、竞争需要等方面的不同要求，提供针对性强的个性化物流服务和增值物流服务；物流企业不断强化所提供物流服务的个性化和特色化，以增强在物流市场的竞争能力。

（3）服务功能专业化。物流企业提供的是专业化的物流服务，从物流设计、物流操作过程、物流技术工具、物流设施到物流管理，必须体现专业化和专业水平。这既是物流客户的需要，也是物流企业自身发展的基本要求。

（4）服务管理系统化。物流企业建立现代化管理系统来满足运行和发展的基本要求。

（5）服务信息网络化。物流企业将自动化与信息化进行有效结合，以实现信息适时共享，促进物流管理的网络化，提升物流效率和效益。

8. 现代物流企业的资质

现代物流企业一般必须具有如下资质：（1）有一定规模的运输工具；（2）有一定的揽货网点；（3）有一定的仓储能力；（4）有开展国际集装箱多式联运的经验；（5）有先进的物流管理水平；（6）有自己的信息平台；（7）有高素质的物流人才。

1.3 物流市场营销概述

1.3.1 物流市场营销的概念

物流市场营销是市场营销在物流行业的运用，是指物流企业以物流市场的需求为核心，通过采取整体物流营销行为，以提供物流产品和服务来满足客户的需要和欲望，从而实现物流企业利益目标的过程。

小案例 邮差弗雷德的物流市场营销

弗雷德是美国联合包裹运送服务公司（UPS）一个普通的邮差，他负责为小区的住户收送邮件。

小区内有一位职业演说家，叫桑布恩先生。桑先生一年有 160～200 天在外出差，于是弗雷德向他索要一份全年旅程表。桑先生很奇怪，问："您有什么用？" 他回答说："以便您不在家时，我暂时代为保管您的信件，等您回来时再送过来。" 这让桑布恩很吃惊。因为他从未碰到过这样的邮差。桑先生回答说："没必要这么麻烦，把信放进邮箱就好了，我回来再取也是一样的。"

弗雷德解释说："窃贼经常会窥探住户的邮箱，如果发现是满的，就表明主人不在家，那住户就可能要深受其害了。" 弗雷德想了想，接着说："这样吧，只要邮箱的盖子还能盖上，我就把信放到里面。塞不进邮箱的邮件，则搁在房门和屏栅门之间。如果那里也放满了，我就把其他的信留着，等您回来。" 弗雷德的建议无可挑剔，桑先生欣然同意了。

两周后，桑先生出差回来，发现门口的擦鞋垫跑到门廊的角落里，下面还遮着个什么东西。

原来事情是这样的：在桑先生出差期间，一个快递公司把他的包裹投到别人家了。弗雷德看到桑先生的包裹送错了地方，就把它送回桑先生的住处藏好，还在上面留了张纸条，解释事情的来龙去脉，并费心地用擦鞋垫把它遮住，以避人耳目。

不同的邮政公司之间竞争市场份额，比的就是服务。由于有一批弗雷德式的职业化员工，他们所提供的人性化服务，创造了无形价值，使美国联合包裹运送服务公司在中国的竞争者中脱颖而出。

（资料来源：马文祥. 物流服务营销[M]. 上海：上海交通大学出版社，2010.原文经过改写。）

20 世纪 90 世纪以来，经济全球化和区域经济一体化的进程不断加快和深化，物流对社会经济及企业经营的强大影响力，受到世界许多国家的关注和重视，越来越多的企业开始意识到物流在战略管理中的重要性，物流市场营销也越来越受到重视。

1.3.2 物流市场营销的基本特征与主要特点

1. 物流市场营销的基本特征

（1）无形性。无形性是指物流服务是无形的，客户很难感知和判断其质量和效果。由于客户的感知不同，即使是对相同的服务质量，他们也会做出不同的满意评价。因此，物流企业的营销人员要通过营销企业做过的服务项目以及企业拥有的服务设施和环境等反映服务能力的“信号”，让客户感受物流企业的服务。

（2）不可分割性。不可分割性是指物流服务的生产过程与消费过程同时进行，即服务人员向客户提供服务的时刻，也正是客户消费服务的时刻，二者在时间上不可分离。服务的这一特性表明，客户只有而且必须加入服务的生产过程才能最终消费服务。例如，只有在客户的物品交给物流企业运输时，才能完成物品移动的服务过程。

（3）不可储存性。有形产品是有形的，因而可以储存，而且有较长的使用寿命；服务则无法储存。运输、仓储等服务，都无法在某一年生产并储存然后在下一年进行销售或消费。

（4）缺乏所有权。缺乏所有权是指在物流服务的生产和消费过程中不涉及任何物品的所有权转移，物流服务产品在交易完成后便消失了，物流企业并没有实质性地拥有服务产品。以仓储服务为例，通过物流公司提供的仓储空间，客户将手里的物品暂时储存在仓库里，物品的存放地点改变了，但这并没有引起物品的所有权转移，只不过是“借”给物流企业一段时间而已。在这期间，物流企业负责对物品的保管，以保障物品的质量和数量的完好无损，并未实质拥有该批物品的所有权。缺乏所有权会使客户在购买服务时感受到较大的风险。如何克服此种消费心理，促进服务销售，是营销人员要面对的一个严峻挑战。

2. 物流市场营销的主要特点

与一般工商企业市场营销相比，物流市场营销具有以下几个主要特点。

（1）物流营销的是服务产品。物流企业为客户提供的产品是使物品在时间、空间发生位置移动和形状性质变动，通过物品和信息的流动过程，实现物流价值最大化的无形的、特殊的服务产品。物流市场营销的无形性使得客户难以触摸服务产品并予以评判，物流企业和客户之间相互作用的重点也从直接的交易转向关系的协调。

（2）物流服务的质量由客户感受决定。物流企业提供的服务的质量并不是由企业决定的，它与客户感受有很大关系，需要让客户感受到如场所气氛、人员素质、价格水平、设备的先进程度和强大的供应链整合能力等反映服务能力的信息，以此决定物流服务的质量。

（3）营销的对象广泛，市场的差异程度大。受供应链全球化影响，物流活动变得更加复杂。工商企业为了将资源集中于自己的核心业务上，往往将其他非核心业务外包。工商企业急剧上升的物流外包需求为物流企业提供了广阔的市场营销范围和服务对象，物流市场营销涉及了各行各业。营销对象的广泛性导致了市场的差异性，因此，物流企业面对的是一个差异程度很大、个性化很强的市场，其在进行营销工作时，必须根据目标市场客户企业的特点为其量身定制物流服务，并建立一套高效合理的物流解决方案。

小案例　深圳深九国际物流为松下公司建立高效、合理的物流解决方案

松下公司在珠三角生产的产品没有自己的物流体系，而是由深圳深九国际物流有限公司全权处理，深圳深九国际物流承揽松下公司在珠三角区合资企业的物流服务，做到了“松下的产品下了生产线以后就都是我们的事了”。该公司为松下公司服务，在全国建立了 20 多处中转仓库，建立了一揽子运输、仓储、中转、货物整体包装、重新贴签，甚至中途拆换部分零件、报关等物流解决方案。

（资料来源：叶青，谢舸燕. 物流营销[M]. 北京：化学工业出版社，2009.原文经过改写。）

（4）营销服务能力强。随着市场需求的演变，客户的个性化需要越来越突出，客观上要求物流企业具备强大的营销服务能力。一个成功的物流企业，必须具备较大的运营规模，建立有效的地区覆盖，具有强大的指挥和控制中心，兼具高水平的综合技术、财务资源和经营策略。

小案例　UPS 强大的营销服务能力

美国联合包裹运送服务公司（UPS）是全球最大的速递机构，也是世界上主要的物流服务提供商。该公司提供物流服务，每个工作日能为 180 万家客户送递邮包，收件人数目高达 600 万人次。该公司的主要业务在美国国内，业务遍及 200 多个国家和地区。它已经建立起了规模庞大、可信度高的全球运输基础设施，开发出了全面、富有竞争力并且有担保的服务组合，并不断利用先进技术来支持这些服务。

（资料来源：叶青，谢舸燕. 物流营销[M]. 北京：化学工业出版社，2009.）

1.3.3　物流市场营销的核心概念

1. 物流市场

物流市场是指某种物流服务所有现实购买者和潜在购买者需求的总和。简而言之，物流市场=人口+购买能力+购买欲望。即物流市场包含三个因素：有某种需要的人、满足这种需要的购买能力和人的购买欲望。物流市场的这三个因素是相互制约、缺一不可的。只有这三者结合起来才能构成现实的物流市场，才能决定物流市场的规模和容量。

2. 需要、欲望与需求

人们的各种物流需求是物流市场营销活动的起点。

（1）需要。需要是指人类没有得到某些基本满足的感受状态。人为了生存，需要食物、衣服、房屋、安全感、受人尊重等，这些需要是存在于人本身的生理需要和自身状态之中的，物流营销者可以去满足它，但不能凭空创造。

小贴士　马斯洛的需要层次理论

马斯洛的需要层次理论将需要分为五种，分别为生理需要、安全需要、社交需要、尊

重需要、自我实现需要，认为其像阶梯一样从低到高，按层次逐级递升。每个需要层次上的消费者对产品的要求都不一样，即不同的产品满足不同的需要层次。营销方法需要建立在消费者需要的基础之上，不同的物流需要也产生不同的营销手段。

根据这五个需要层次，可以划分五个物流市场。

（1）生理需要——消费者只要求物流产品具有一般功能的物流市场。

（2）安全需要——消费者关注物流产品对身体的影响的物流市场。

（3）社交需要——消费者关注物流产品是否有助于提高自己的交际形象的物流市场。

（4）尊重需要——消费者关注物流产品的象征意义的物流市场。

（5）自我实现需要——在这种物流市场中，消费者对物流产品有自己的判断标准，他们拥有固定的品牌需要。需要层次越高，就越不容易被满足。

（资料来源：斯蒂芬·P. 罗宾斯，玛丽·库尔特.管理学[M]. 孙健敏等译.北京：中国人民大学出版社，2004.内容经过改写。）

（2）欲望。欲望是指人们想得到某种具体的东西以满足或部分满足某种需要的愿望。例如，为了满足“到达目的地”的需要，人们可以选择坐飞机、火车、汽车、轮船、自驾车或步行。人的需要是有限的，但欲望是没有止境的。营销人员无法创造需要，但可以引导欲望，也可以开发或销售特定的物流产品来满足人们的欲望。

小案例　亚马逊物流促销极大地激发了消费者购买在线商品的欲望

多年来，网上购物价格昂贵的现实是使消费者摒弃电子商务而坚持选择实体商店购物的主要因素。在电子商务举步维艰的日子里，亚马逊推出了创新、大胆的促销策略——为消费者提供免费的送货服务，并且不断降低免费送货服务的门槛。到目前为止，亚马逊已经三次采取这种促销手段。前两次免费送货服务的门槛分别为 99 美元和 49 美元，2002 年 8 月亚马逊又将免费送货的门槛降低了一半，开始对购物总价超过 25 美元的消费者提供免费送货服务，以此来促进销售业务的增长。免费送货极大地激发了人们的购物欲望，使那些对电子商务心存疑虑、担心网上购物价格昂贵的网民们迅速加入了亚马逊消费者的行列，从而使亚马逊的客户群扩大到了 4 000 万人。由此产生了巨大的经济效益：2002 年第三季度书籍、音乐和影视产品的销量较上年同期增长了 17%。物流对销售具有重大的促进和影响作用、“物流是企业竞争的工具”在亚马逊的经营实践中得到了最好的诠释。亚马逊创始人贝佐斯得以自信地对外宣称：“或许消费者还会前往实体商店购物，但绝对不会是因为价格的原因。”

（资料来源：郭伟业，郭景春. 物流服务营销[M]. 北京：北京师范大学出版社，2011.）

（3）需求。需求是指人们对特定产品的欲望，这种欲望必须满足两个条件：有购买能力，且愿意购买。或者说，如果有购买能力支持，欲望就可以变成需求。

需求=购买能力+购买欲望

区分需要、欲望、需求三者的意义在于明确营销者的作用，即物流营销人员并不创造需要，需要先于物流营销人员而存在，但物流营销人员可以影响消费者的欲望，并使产品对目标消费者而言更加富有吸引力、价格更合适且可轻易获取，以此达到影响需求的目的。

小案例　麦考尔公司准确把握消费者的需求

1974年，美国政府为清理给自由女神像翻新扔下的废料，向社会广泛招标。但好几个月过去了，没人应标。正在法国旅行的麦考尔公司的董事长听说后，立即想到了人们的社交需要和尊重需要，于是迅速赶赴纽约，看过自由女神像下堆积如山的铜块、螺丝和木料后，未提任何条件，当即签了合同。

可纽约运输公司对他的这一愚蠢举动暗自发笑。因为在纽约州，垃圾处理有严格规定，做不好会受到环保组织的起诉。就在一些人要看他的笑话时，他开始组织工人对废料进行分类。他让人把废铜溶化，铸成小自由女神像；他把木头等加工成底座；废铅、废铝做成纽约广场的钥匙。最后，他甚至把从自由女神像身上扫下的灰尘都包装起来，出售给花店。不到三个月的时间，他就充分地抓住了中上层人士的社交需要和尊重需要，生产出了人们需要的产品，并进行大肆宣传和以较高价格出售，最终成功地将这堆废料卖出了350万美元，使得每磅（注：1磅约合0.45千克）铜的价格整整翻了1万倍。

[资料来源：卡洛琳·李. 犹太人的智慧两则[J]. 农村财务会计，2010（9）.原文经过改写。]

【分析】

"需求=购买能力+购买欲望"。首先，本案例中，麦考尔公司的董事长发现了社会中上层人士具有购买能力；其次，他又发现了中上层人士有强烈的社交需要和尊重需要，因此，他对具有象征意义和能提高他们交际形象的产品进行大肆宣传，从而成功激发起中上层人士的购买欲望，进而使得"需求=购买能力+购买欲望"成为可能，最终实现了成功营销。

3. 物流产品

从物流市场营销的角度看，任何可以满足人们物流需求的东西都可以称为物流产品。物流市场营销中的有形产品或无形服务是相互融合、不可分割的有机体。例如，物流服务提供商在提供物流服务的同时，会根据客户的需要提供相应的有形产品如包装物、简单加工等。

4. 效用、费用、满足

（1）效用。效用是消费者从物流产品的购买和使用中获得的主观上的满足程度，是消费者对某物流产品满足其需要的整体评价。例如，物流产品的速度、安全性、方便性、美观性、节约性、性能可靠性等。

效用具有主观性、非伦理性和差异性三大特征。

① 主观性。主观性是指消费者的主观感受。

② 非伦理性（中性）。非伦理性是指效用是中性的，没有伦理学的含义。例如，物流产品满足的欲望可以是运送求知、求美的书籍等有益的欲望，也可以是运送烟、酒等产品的欲望，甚至可以是运送走私物品、赌具等背离道德、违反法律的产品的欲望。

③ 差异性。差异性是指效用作为一种主观感受，因人、因时、因地而异。

- 因人而异。例如，仓库对一个已经拥有大量闲置仓储设施的企业而言，其效用等于零；而对于一个急需仓库的企业而言，其效用就很大。
- 因时而异。例如，客户在有紧急服务请求时，物流服务的效用大，如零售店开展假口促销出现断货时；而在非特殊情况下，同样的物流服务的效用一般。

- 因地而异。例如，当某地水体被污染后，水的配送对居民的效用很大；而在其他地区，水的配送的效用一般。

物流企业要不失时机地利用好这些差异性，加大力度进行营销。

（2）费用。费用是消费者获得、使用和享受物流产品效用的费用，即消费者付出的代价，包括货币成本、时间成本、精力成本和心理成本。例如，刘先生为解决每天上下班的交通需要，他会对可能满足这种需要的产品组合（如步行、骑自行车、自驾车、乘出租车或公交车等）和他的需要组合（如方便性、快捷性、安全性、舒适性、节约性等）进行综合评价，以决定哪一种产品能使其获得最高的满足度。假设刘先生可以不花钱而得到任何一种产品，我们可以预测他一定会选择自驾车或乘坐出租车，但这种假设是不存在的，因为他将必须为此支付比步行、骑自行车或乘公交车多得多的费用。所以，刘先生会全面衡量每种产品的费用和效用，以购买能使每一元费用都能实现最大效用的物流产品。

（3）满足。满足是指物流产品的效用与费用之比，即通常所说的性能与价格之比，性价比越高，消费者满足度越高。消费者在做出购买决策时，既要考虑效用，又要考虑费用，这取决于消费者从产品中获得的效用与所支付费用的比值。

5. 核心竞争力

小案例 聪明地工作

从前有个小村庄，除了雨水没有任何水源。为了解决用水问题，村里的人决定对外签订一份送水合同，以便每天都能有人把水送到村子里。有两个人愿意接受这份工作，于是村里的长者把这份合同同时给了这两个人。

得到合同的两人中一位叫艾德，他立刻行动了起来。每日奔波于 500 米外的湖泊和村庄之间，用他的两只桶从湖中打水并运回村庄，并把打来的水倒在由村民们修建的一个大蓄水池中。每天早晨，他都必须起得比其他村民早，以便当村民需要用水时，蓄水池中已有足够的水供他们使用。由于起早贪黑地工作，艾德很快就开始挣钱了。艾德很高兴，他对能够拥有两份专营合同中的一份而感到满意。

另外一位获得合同的人叫比尔。令人奇怪的是，自从签订合同后比尔就消失了。这令艾德兴奋不已，由于没人与他竞争，他挣到了所有的水钱。

比尔干什么去了？他做了一份详细的商业计划书，并凭借这份计划书找到了四位投资者，他们一起开了一家公司。六个月后，比尔带着施工队和一笔投资款回到了村庄。花了整整一年的时间，比尔的施工队修建了一条从湖泊通往村庄的大容量的不锈钢管道。

这个村庄需要水，其他类似环境的村庄一定也需要水。于是，他重新制订了他的商业计划，开始向全国甚至全世界的村庄推销他的快速、大容量、低成本并且卫生的送水系统，每送出一桶水他只赚 1 便士（注：1 便士约合 0.09 元人民币），但是他每天能送几十万桶的水，赚取的海量金钱便流入了比尔的银行账户中。他不但开发了使水流向村庄的管道，而且开发了一个使金钱流向自己的钱包的管道。

从此以后，比尔富足地生活着。而艾德在他的余生里仍拼命地工作。

在营销过程中，我们应时常问自己："我究竟是在修管道还是在运水？""我只是在拼命地工作还是在聪明地工作？我的核心竞争力在哪里？”

[资料来源：聪明地工作 [J]. 中国乡镇企业技术市场，2005（7）.原文经过改写。]

十余年来，关于企业竞争力的研究开始逐渐转移到企业核心竞争力领域。所谓核心竞争力，是指企业可借以在市场竞争中取得优势并扩大优势的决定性力量。例如，联邦快递公司的追踪及控制全世界包裹运送的能力使其在本行业及相关行业的竞争中立于不败之地。

企业核心竞争力的表现形式多种多样，这些不同形式的核心能力，存在于人、组织、环境、资产、设备等不同的载体中。由于信息、专长、能力等在本质上仍是企业 / 组织内部的知识，属于组织的特有资源，因此，可以认为企业核心竞争力的本质就是企业特有的知识和资源。

小案例　联邦快递改变营销策略来培养核心竞争力

联邦快递在与其他公司竞争时，曾提出了三种类型的服务：①投递时间为一夜；②投递时间为两天；③投递时间为三天。联邦快递在广告中说：“本公司自备飞机和载货汽车，更可信赖、更为价廉。”然而，事实证明，这是个错误，联邦快递在头两年就亏损了将近 3 000 万美元。痛定思痛，他们掂量了自身的资源和能力后，改变了营销策略，把重点放在第一类服务上，只投递小型包裹和信件，并确保在最快的时间里送达目的地。结果，联邦快递培养出了“只要有需要，本公司肯定在一夜之间投递包裹”的核心竞争力，迅速占领了小型包裹客运市场，实现了数亿美元的年营业额。

（资料来源：叶青，谢舸燕. 物流营销[M]. 北京：化学工业出版社，2009.原文经过改写。）

1.3.4　物流市场营销观念

物流市场营销观念是指物流企业在一定时期、一定生产经营技术和一定的市场营销环境下进行全部营销活动，正确处理企业、客户和社会三方面利益的指导思想和行为的根本准则。物流企业应在营销过程中始终强调客户满意观念、物流客户服务观念等观念，始终奉行社会营销观念。

1. 客户满意观念

小贴士

根据调查，一个对你满意的客户会将其满意传递给 6 个人，而一个对你不满意的客户会将其不满意传递给 12 个人，营销学上称之为扩散定理。

客户满意是一种心理感受状况，是客户对某一产品在满足其需求方面实际感受到的效用与期望程度的比较与综合评价。当实际效用大于期望时，客户会很满意；当实际效用等于期望时，客户会满意；当实际效用小于期望时，客户会不满意。客户满意既是客户本人再购买的基础，也是影响其他客户购买的要素。对企业而言，前者关系到能否保持老客户，后者关系到能否吸引新客户，客户满意已成为企业最宝贵的资源。

小案例 唐明主动为碧莲公司考虑微波炉的仓储问题

唐明是一家百货商场的团购经理，刘同是唐明的老同学，与唐明在业务上的合作一直很愉快。

一天，唐明收到了刘同的一份邮件：“我换单位了，现任碧莲化妆公司市场部经理。公司通过加盟连锁方式，在众多城市设立了省级代理和办事处，零售点数量接近 800 家。最近筹划了一个为期三个月的以‘美丽自己，美丽家人’为主题的全国促销活动，凡购买碧莲化妆品达到 500 元，就能获赠微波炉一台。微波炉的事情，我想请你帮我解决。”刚看完邮件，刘同就打来电话，询问唐明是否可以接下这个业务，如果唐明认为交易难度不大，他就直接向公司汇报由唐明处理这个业务。唐明回复刘同说可以接下此业务。但放下电话后，唐明感觉不对：刘同怎么没有告知数量呢？他谨慎地再看了一遍邮件：全国举行，为期三个月，化妆品的单价这么高，达到 500 元的消费额就可以获赠，那得需要多少台微波炉？唐明不想辜负老同学的拜托，也想在和碧莲公司洽谈时做好准备工作。于是，他根据多年经验对碧莲公司的需求量进行了评估，认为碧莲公司的需求量将接近 5 000 台微波炉。那么，唐明需要先了解清楚是否能在合约期内保证货源的供应。另外的问题是仓储，碧莲是一家制造外包的公司，不一定拥有仓库。唐明必须充分考虑到这一点。

随即，唐明安排业务员提前与熟悉的电器厂家联系，询问货源是否充足、提货需要多长时间、一次购买 3 000 台微波炉的价位（包含运费）、一次购买 1 万台微波炉的价位。得到的答复是货源充足，可以随到随提货。另外，厂家最近重点推广电脑控制的微波炉，老式的机械式微波炉的价格目前比较低廉。

为了避免碧莲公司一旦真的没有仓库存放货物的尴尬问题，唐明提前找到了备用仓库。

一切事宜准备好后，唐明来到碧莲公司，最终确认交易数量是 6 800 台微波炉。碧莲公司自己并没有想到货物存放问题，但唐明替客户想到了，并提前做好了准备。于是唐明轻松拿下了这笔交易，还因此成了碧莲公司的签约供应商。

（资料来源：王桂姣. 物流营销[M]. 重庆：重庆大学出版社，2009.）

物流企业要识别客户的具体需求，然后把资源集中起来去满足客户的需求，当其所有的活动都致力于满足客户需求时，物流企业就会获得成功。

2. 物流客户服务观念

物流客户服务是指物流企业为支持工商企业核心产品销售而向客户提供的物流服务，是工商企业创造竞争优势的决定因素之一。具体说来，物流客户服务观念包括以下部分。

（1）动态的物流服务观念。物流营销环境处在一个不断变化的过程中，物流客户的需求也会随环境的变化而变化，因而物流服务并不是一成不变的，它必须根据物流营销环境的变化而变化。例如，从 2006 年开始，对外资进入中国物流市场的限制已经全面放开，给中国传统物流造成了巨大冲击：我国消费者的消费倾向已从追求基本物流服务转向追求增值物流服务转变。因此，物流企业必须根据这个物流营销环境的变化趋势，调整和修正自己的营销策略。

（2）增值服务观念。物流服务必须以增值为根本，既为客户提供增值服务，也为自己带来增值。物流企业的增值服务具有如下特点。

① 增值服务是一种深层次的物流服务，物流企业必须对客户的物流需求和客户同物流需求相关的所有活动有深入的了解，这样才能提出适宜的增值服务方案。因此，增值服务通常是物流企业为客户提供的一种特殊服务方案。

② 对于社会流通企业而言，增值服务需要在基本服务和高水平服务的前提下，增加投入，这样才能实现产出的增值。所以，增值服务对于客户来说，费用的支出要超出基本服务。

③ 增值服务具有时效性。随着物流服务水平的逐步提高，原来的增值服务在经过一段时间之后，可能变成物流企业的基本服务，不再是增值服务的范畴。

④ 增值服务是不断发展的动态服务。随着整个社会经济的进步，会出现新的增值服务方式，物流企业必须为此不懈奋斗才能够不断提高物流服务的水平。

（3）关系营销观念。关系营销观念是指为了建立、发展、保持长期的、成功的交易关系而进行物流市场营销活动的一种营销观念。物流企业关系营销的核心是正确处理物流企业与消费者、竞争者、供应商、分销商、政府机构和社会组织等相关利益者的关系，以追求各相关利益者的利益最大化。

小案例　波音公司的关系营销

波音公司曾经接到意大利某航空公司的紧急订单。该公司的一架飞机在地中海失事，急需一架新的飞机保证现有航线的正常运行。按照惯例，波音公司在接到订单后，最快也要两年才能交货，况且公司正在进行其他订单的生产。但波音公司考虑到这种特殊的需求，在不影响其他订单交货的情况下加班加点，于一个月内为这家航空公司送去了所订机型的飞机。虽然成本相对较高，但定价并不高。波音公司很快就得到了回报，该航空公司主动取消了与其他公司的订货合同，为波音公司送去了 9 架大型客机的订单，成交额高达 6 亿美元。

（资料来源：叶青，谢舸燕. 物流营销[M]. 北京：化学工业出版社，2009.）

物流企业必须建立专门的职能部门来负责企业与相关利益者的关系及展开关系营销管理。这个职能部门的职责就是通过技术投资建立收集、跟踪以及分析物流用户信息的系统，增加物流用户联系渠道、物流用户互动、物流用户平台整合的功能模块（包括客户服务支持、呼叫中心等），以了解和把握相关利益者的动态，并采取积极措施及时消除关系中的不稳定因素和不利于各方关系的因素，从而与相关利益者建立起长期、稳定、良好的关系。

（4）绿色物流观念。随着全球环境恶化、资源短缺、人口大爆炸和忽视社会服务等问题的日益严重，要求物流企业顾及社会整体利益的呼声也日益高涨，倡导绿色营销也已成为物流企业营销观念的发展方向。所谓绿色营销，是指物流企业把物流客户利益、企业利益、环保利益三者有机地结合起来，在考虑企业利益和客户利益的同时，充分考虑资源利用与环境保护问题，从而在提供物流服务时注重资源的节约和环保，做到安全、卫生和无公害。

绿色营销要求物流企业构建绿色物流，通过提供绿色服务，满足客户的绿色需求，使客户在环境保护和提升自身生活质量中坚持绿色消费。同时，物流企业一方面可以通过自身的绿色形象提高产品在国际市场中的环境竞争力，另一方面基于自身的社会责任，对公众的绿色消费行为起到引导和强化作用。因此，绿色物流观念可以促进物流企业绿色产品市场的开拓，实现物流系统的整体最优化和对环境的最低损害，不仅有利于环境保护和经济可持续发展，还有利于我国物流管理整体水平的提高。

小贴士　绿色物流发展迅速

德国物流产业的绿色化表现为控制物流系统的污染，即在物流系统的规划与决策中采用对环境污染小的方案，如长距离运输尽可能以铁路、水路为主，采用近距离配送和夜间运货的方式，以减少交通拥堵、节省燃料并降低排放。另外，德国注重绿化和环保建设，建立了工业和生活废料分类回收处理的循环系统。例如，德国规定物流园区内绿化面积不得少于 20%，对园区内的洗车污水进行处理后循环使用等。

（5）合作营销观念。合作营销指的是两个或两个以上的品牌或物流企业，为了实现资源的优势互补，增强市场开拓、渗透与竞争能力，达成了长期或短期的合作联盟关系，共同开发和利用市场机会。

小案例　美国花店、快递公司和农场主的合作营销

美国有一个卖花的商店，销售状况很不理想，成本却很高，因为涉及房租与花卉保养等支出。为了提高花店的销量，花店老板把当地的快递公司的负责人与种花的农场主找来，三个人策划出了一个新的商业模式。

花店负责销售，农场负责种植，快递公司负责送花。花店建立了一个网站，把花的照片贴在网站上，并注明花的单价及其物流成本。客户可以自己插花，也可以买花店已经插好的花，然后把地址、电话、邮箱都告诉花店，花店就可以把这个订单发给农场主，农场主按照客户的要求把花准备好，通知快递公司，快递公司把花送给订货的客户并代为收费，最后与花店和农场分成。

这个方便客户且不提高价格的模式，调动了所有人的积极性。花店销售量大大增加，节省了店面和人员的成本；快递公司产生了大笔订单，物流服务量增加了；农场生产规模不断扩大，花农收入也提高了。

（资料来源：马文祥. 物流服务营销[M]. 上海：上海交通大学出版社，2010.）

小案例　像送鲜花一样送啤酒

“像送鲜花一样送啤酒，以最快的速度、最低的成本让客户品尝最新鲜的啤酒。”青岛啤酒人这样说。为了实现这一目标，青岛啤酒股份有限公司与香港招商局共同出资组建了青岛啤酒招商物流有限公司，双方开始了物流领域的全面合作。自从合作以来，青岛啤酒运往外地的速度比以往快了 30%以上，山东省省内 300 千米以内区域的客户都能喝到当天的啤酒，300 千米以外区域的客户也能喝到出厂一天的啤酒，而后者之前需要三天左右才能喝到青岛啤酒。

（资料来源：郭伟业，郭景春. 物流服务营销[M]. 北京：北京师范大学出版社，2011.）

合作营销的兴起与当今物流市场的激烈竞争有着密切关系。现代物流要求物流企业在更大范围内进行资源的合理配置，单个物流企业本身并不一定拥有完成物流业务的所有功能；同时，面对众多水平更高、实力更强的对手，任何一个物流企业都不可能在所有方面具有优势。在这种形势下，具有优势互补关系的物流企业便纷纷联合起来，实施合作营销。

选择很好的合作伙伴不仅能使物流企业实现内部资源的最佳整合和最大限度的利用，开辟新的利润增长点，还可以促成物流企业之间共同开发新产品、共享人才和资源，共同

提供服务等，从而可以有效降低竞争风险，增强物流企业的竞争能力。

小案例 国泰货运的合作营销

在中国香港至德国法兰克福的货机航线上，只有国泰货运和汉莎货运两家公司运营。于是，两家公司实施合作营销，以保持运价的稳定。

国泰还和 DHL 合作，DHL 可以利用国泰客运飞机运送其快件货物。在客机中，国泰限制了旅客人数，将部分仓位让给快件货物。因为通过仔细核算，国泰发现承运快件的收入要高于满座情况下的机票收入。因此，国泰管理层同意和 DHL 合作时“重货轻客”，并且这类航班利用的都是夜航飞机。通常是在凌晨一两点在香港国际机场运作。

国泰还将代理人视为合作伙伴，以平等的地位对待大、中、小代理人。国泰一般不直接和真正货主打交道，而是与代理人建立了长期的合作关系。国泰根据代理人每年发货量的大小，选定 30～50 家公司组建俱乐部，然后每家公司确定 1～2 人为俱乐部成员，成员可以享受一系列优惠政策。例如，在乘机时，可以优先登机，可以免收逾重行李费。此俱乐部的目的主要是让代理人感受到一种被尊重的地位。国泰货运销售人员经常拜访代理人，而不是等着代理人上门。货运销售人员是专线专管，每人专门负责某一航线，并且负责和所有利用这条航线的代理人打交道。这样做极大地激励了代理人为国泰货运销售物流产品的服务热情。

（资料来源：叶青，谢舸燕. 物流营销[M]. 北京：化学工业出版社，2009.原文经过改写。）

3. 文化营销观念

文化营销观念是指物流企业成员集体认同并在行动上付诸实施，从而使企业营销活动形成文化氛围的一种营销观念。物流企业的营销活动不可避免地包含着文化因素，物流企业应善于运用文化因素来实现其占领某个目标市场的营销目的。

文化营销观念认为，在物流企业的整个营销过程中，文化因素渗透于过程始终。一是物流产品中蕴含着文化。物流产品中凝聚着审美价值、知识价值、社会价值等文化价值的内容。二是经营中凝聚着文化。众所周知，当当网、联邦快递、西南航空、UPS 等公司的经营之所以能够获得巨大成功，主要得益于其企业内部全体职工共同信奉和遵从的价值观、思维方式和行为准则，即所谓的“企业文化”。在营销活动中尊重人的价值、重视企业文化建设、重视管理哲学，已经成为当今物流企业营销发展的新趋势。

小案例 联邦快递的文化营销——万事以“人”为主

在弗雷德·史密斯看来，联邦快递的品牌管理秘诀是万事以“人”为主。在联邦快递内部，无论是新来的速递业务员还是高级的管理人员，都一律称呼他们的董事长为弗雷德，在联邦快递中国公司，这一称呼是充满了中国味道的“施伟德”。弗雷德·史密斯认为，一名成功的企业家必须做到能够与员工顺畅地交流。他说：“我可不想让员工整天盘算着怎样做最少的工作而又不被解雇。我希望他们想的是怎样尽全力把工作做得最好，能达到这一目的的关键是沟通和反馈。员工们想知道公司对自己的期望和自己应该怎样去做。他们必须拥有鉴定表，而且他们希望知道那里面记载了什么，以及那对自己意味着什么。因此，我们制订了许多奖励计划、许多利润分成，以及许多内部提升。这些事情都很简单，只是为了告诉员工他们干得不错。同时，你必须与你的员工沟通，并且保证他们理解他们正在做的事情的意义。我们总是告诉我们的雇员，你所从事的是历史上最重要的商业，你每天运送着的物品不是沙子和瓦砾，它可能是某个心脏病患者的起搏器、治疗癌症的药品、F/A-18 战斗机的零部件，或者是决定一件案子审判结果的法律证据。”他认为完善的企业制度正帮助他成为一名成功的企业家。

（资料来源：郭伟业，郭景春. 物流服务营销[M]. 北京：北京师范大学出版社，2011.）

4. 全员营销观念

全员营销观念是指物流企业内部各个部门应协调一致，全过程、全方位地参与整个企业的营销活动，使物流客户满意度最大化的一种营销观念。在全员营销观念指导下，企业需要做到以下三点。

（1）全员参与营销。全员营销观念的关键是协调物流企业内部的所有职能来满足客户的需求，要求物流企业内部所有部门、全体员工都为物流客户着想，为物流客户提供优质服务，从而进一步提高客户的满意度。

（2）内部营销与外部营销配合一致。全员营销观念要求物流企业由内及外地实行全方位营销。物流企业的内部营销是指其管理者应视员工为客户，通过培训、激励来提高员工的满意度。只有员工满意了，才能更好地为物流客户服务。物流企业内部营销还要求树立相互服务意识，上道工序视下道工序为客户，强化内部环节服务。只有内部营销与外部营销相互配合，才能形成全员营销的优势。

小案例 UPS 公司的内部营销

UPS 公司认为：一个物流企业要实现快节奏的工作效率，员工的因素是最主要的。因此，公司在管理中关注的焦点是对员工的管理。UPS 的管理原则是既严格又充满人情味的，其把为员工服务、给员工公平的报酬和福利作为企业的重要目标。

在员工分配上，UPS 从 20 世纪 50 年代起即在公司内部实行员工持股制。每年年底，公司拨出年利润的 15%作为股份，按职级高低进行配股，其额度相当于员工自己两个月的工资。这些股票并不上市，只说明员工已是公司的股东之一。股票随着公司的发展而增值，等到员工离职或退休时，公司则按增值后的面额收回股票并折成现金退给员工。所以，一个为 UPS 工作了一辈子的员工，退休后可以得到颇为可观的金额来保障晚年生活。

员工持股制在很大程度上提高了员工的工作热情。因为员工知道，企业效益越好，自己所配股份的价值越高；自己工作越卖力，升迁的机会就越多，分得的股份也就“水涨船高”。于是，员工们视公司的事情为自己的事情而努力工作，效率得以大大提高。

因此，到 UPS 求职的大都是大学生、硕士生、博士生，他们宁愿从驾驶员干起，因为他们感到在 UPS 有前途。当然，持股的只是 34 万员工中真正的固定员工（约 3.5 万人），内部持股的主要是各级行政和业务管理人员，而其余近 30 万员工都是钟点工，公司对他们计时付酬，不承担其他义务。不过，近年来，UPS 在员工持股问题上已有所开放，钟点工也可购买适量股份，此举用以提升所有员工对 UPS 的向心力。

（资料来源：郭伟业，郭景春. 物流服务营销[M]. 北京：北京师范大学出版社，2011.）

（3）职能部门配合一致。只有当物流企业内部的研发、采购、生产、财务、人事等各部门能协调一致地配合营销部门争取顾客时，才能真正称得上是全员营销。职能部门配合一致包括：各部门协调地分配资源；相互沟通，共同协作；有时甚至能以某个部门必要的让步来实现整个企业利益的一致。

1.3.5　物流市场营销的主要内容

物流市场营销的主要内容即物流市场营销的思路或完整的物流市场营销流程，其遵循着“物流市场分析—物流目标市场营销—物流营销组合策略制定—物流产品销售”这一顺序进行。物流营销人员只有把握好物流市场营销的主要内容，才能具有系统的战略眼光，才能在物流营销过程中获胜。

1. 物流市场分析

物流市场分析是对物流市场营销环境进行分析。物流市场营销总会受到各种各样物流市场营销环境因素的影响，环境的变化必然直接影响物流市场营销格局和竞争优势的变化。研究物流市场营销环境，就是为了使物流企业更好地适应环境的变化而得到持续发展。物流企业要想在目标市场上开展有效的服务，就要做好市场调研，准确掌握市场需求状况和顾客行为多样化的需求，并对竞争者进行深入细致的分析。

2. 物流目标市场营销

物流目标市场营销是指物流市场细分、目标市场营销与市场定位。从物流市场营销的角度看，物流市场表现为物流消费需求的总和，客户成千上万，分布十分广泛，需求千差万别。物流市场营销的范围很大，无论实力多么雄厚的物流企业都不可能承揽所有的业务，不可能满足各个方面的有差异的市场需求。所以物流企业必须进行物流市场细分，然后结合企业自身的资源条件和特定的市场营销环境选择适合企业发展的物流目标市场，并进行合理的物流市场定位，提供恰当的物流服务，使自己的优势得到充分的体现。例如，一个具体的物流企业可以将市场划分为家电类、日用化妆品类、纺织服装类、食品医药类等，物流企业可选取其中某类作为目标市场，并进行市场定位，集中人力、财力、物力资源做好物流市场营销服务。

3. 物流营销组合策略制定

物流市场营销活动是一个整体营销活动，即物流企业要根据市场变化，使用营销组合将产品策略、价格策略、渠道策略、促销策略等进行有机组合，顺利完成营销服务项目，为客户提供满意的服务。

（1）产品策略。产品策略是指与物流企业提供的产品有关的决策。物流企业提供的产品是无形产品即物流服务：从简单的帮助客户安排一批货物的运输，到复杂的设计、实施和运作一个公司的整个分销和物流系统。物流企业应该站在客户的角度去考虑提供什么样的服务。物流服务主要是借助运输工具和信息技术帮助客户实现货物在空间上的位移。不同种类、品性、包装的产品以及产品生命周期的不同阶段，都需要给予不同的物流服务。例如，珠宝属于贵重物品，附加值高，物流企业在运输方式上的可选择余地大。而沙子这类普通用料，价值很低，物流企业便要选择低成本的运输方式。即使同类产品，如粮食，包装的差别也会造成物流企业在运输工具、装卸设备、仓型、装具等方面的选择利用上的不尽相同。

（2）价格策略。价格策略是指企业根据客户的需求与成本提供一种合适的价格来吸引客户的策略。它包括基本价格、价格的折扣与折让、付款方式等。价格优势对企业分享市场和增加利润至关重要。物流企业应该根据客户的需求，合理地对运输工具、路线、运距、费率等进行系统优化，并根据企业针对的目标市场和客户群体，结合客户期望值和竞争者提供的服务水平，制定适当的服务标准和价格水平。物流企业常运用以满意为基础的定价策略。

（3）渠道策略。渠道策略是指物流企业选择产品从供应商顺利转移到客户的最佳途径的策略。物流企业的分销渠道根据渠道拥有成员的多少分为直接分销渠道和间接分销渠道。和实体产品的分销渠道相比，直接分销渠道是目前大多数物流企业首选的渠道模式。物流企业通过推销人员、广告、电话及互联网等方式拓展业务。基于互联网的迅速发展，物流企业纷纷利用这一先进的媒介推广服务。例如，美国的联邦快递公司在 1995 年即已开通网站，使客户能实时提交业务、跟踪运输情况、得知抵达时间等。

（4）促销策略。促销策略是指物流企业利用各种媒体向客户传递对自己有利的信息，以引起客户的兴趣，提高企业知名度的各种措施。它包括广告、人员推销、营业推广、公关等各种营销沟通方式。例如，TNT 物流在中国国内电视传媒领军单位中央电视台第二套王牌栏目——《绝对挑战》的黄金时间档做的广告宣传及通过节目招聘人才扩大企业知名度；DHL 通过在中国国内媒体均广泛关注的法国网球公开赛、世界乒乓球锦标赛等体育赛事中的高价广告牌位宣传来提升企业的影响力。

4. 物流产品销售

物流市场营销是提供服务的营销，为客户提供物流服务，是满足客户需求所进行的一项特殊、典型的服务。计算机和信息技术在物流客户服务中的应用，使企业可以用电子数据交换技术，在订单处理、产品跟踪、客户反映等许多领域与客户加强联系，实现高满意度的优质服务。因此，物流企业应在营销过程中构建物流营销组织结构来保证物流产品销售，同时进行良好的物流客户关系管理来达到营销的目的。

1.3.6 物流市场营销的研究方法

物流企业从事物流市场营销活动，有其自身的特点和相应的研究方法。

1. 产品研究法

该方法是以某种或某类产品为主体，着重分析这些产品的物流市场营销问题。例如，运输产品市场营销以运输产品为主体，研究运输产品市场需求变化趋势、服务标准、场站布局、客货源组织渠道、价格与促销手段等问题。

2. 组织机构研究法

该方法着重分析渠道系统中的各种运输生产者、各种运输代理商、各种货运场站、各种装卸搬运仓储机构等市场营销机构的物流市场问题。

3. 职能研究法

该方法通过详细分析运输、保管、装卸搬运、包装、流通加工、配送、信息服务等职能来研究和认识物流市场营销问题。这是目前物流企业普遍采用的方法。

4. 管理研究法

该方法从管理决策的角度来研究物流市场营销问题。要求物流企业在进行市场营销管理决策时，既要按目标市场的需要，全面分析研究外部环境因素的影响，又要结合自身的条件，权衡利弊，选择最佳的市场营销组合，以满足目标市场的客户需要。

5. 系统研究法

该方法是物流企业在做营销管理决策时，把与企业相关的环境和营销活动过程看作一个系统，统筹兼顾物流市场营销系统中各个相互影响、相互作用的部分，促使各部分协调行动、密切配合，共同满足客户需要。

管理研究法和系统研究法是物流市场营销研究方法的发展趋势。其中，系统研究法将尤为有效。

学习情境小结

本学习情境的知识点部分对市场营销、物流以及物流市场营销进行了概述。市场营销概述中重点介绍了市场营销的含义和营销观念的演变；物流概述中主要对物流企业进行了了解；物流市场营销概述中对物流市场营销的概念、物流市场营销观念进行了重点阐述。这些知识，将为日后的学习打下良好的基础。

本学习情境的练习题环节对基础知识进行了巩固，并进行了实操训练，以便我们进一步理解与深化本学习情境的知识。

练 习 题

▶ 基础训练

一、单项选择题

1. 根据调查，一个对你满意和不满意的客户都会将信息向外传递，并且不满意的客户与满意的客户相比，往往会传递给（　　）的人，营销学上称为扩散定理。

A．较少　　B．较多
C．相等　　D．无法比较，因人而异

2.“企业能生产什么，就销售什么”奉行的是（　　）。

A．生产观念　　B．产品观念　　C．推销观念
D．市场营销观念　　E．社会营销观念

3.（　　）是一种以消费者的需要和欲望为导向的营销观念。

A．生产观念　　B．产品观念　　C．推销观念
D．市场营销观念　　E．社会营销观念

4.（　　）=人口+购买能力+购买欲望。

A．物流市场　　B．需要
C．需求　　D．效用

5.（　　）是指为了建立、发展、保持长期的、成功的交易关系而进行物流市场营销活动的一种营销观念。

A．关系营销观念　　B．绿色物流观念
C．合作营销观念　　D．全员营销观念

二、多项选择题

1．以下（　　）是物流市场营销的研究方法。

A．产品研究法　　B．组织机构研究法　　C．职能研究法
D．管理研究法　　E．系统研究法

2．根据物流企业服务功能的不同，物流企业可分为（　　）。

A．基础型物流企业　　B．综合型物流企业
C．高端物流企业　　D．管理型物流企业

3．以企业为中心的营销观念包括（　　）。

A．生产观念　　B．产品观念　　C．推销观念
D．市场营销观念　　E．社会营销观念

4．物流客户服务观念包括（　　）。

A．动态的物流服务观念　　B．增值服务观念　　C．关系营销观念
D．绿色物流观念　　E．合作营销观念

5．物流企业增值性业务包括（　　）。

A．增加便利性的服务　　B．加快反应速度的服务
C．降低成本的服务　　D．延伸服务

三、判断题

1．物流市场营销是指物流企业以物流市场的需求为核心，通过采取整体物流营销行为，以提供物流产品和服务来满足客户的需要和欲望，从而实现物流企业利益目标的过程。（　　）

2．“没有不合格的产品，只有不合格的推销员”奉行的是一种推销观念。（　　）

3．“某某机器，环保动力”奉行的是一种市场营销观念。（　　）

4．需要是存在于人本身的生理需要和自身状态之中的，物流营销者可以去满足它，也可以凭空创造。（　　）

5．物流营销的核心观念是如何让物流企业赚取更多利润。（　　）

6．物流市场营销就是推销和广告。（　　）

四、简答题

1．从市场营销的观念看，什么是物流市场？

2．营销观念的演变是怎样的？

3．什么是效用？效用具有什么特征？对物流营销有何启示？

4．什么是企业核心竞争力？其本质是什么？

5．什么是物流市场营销观念？有哪些物流市场营销观念？

▶ 实操训练——课后学习任务演练

↘ 实训一 案例分析

案例分析一 德国邮政“绿色运输”走向纵深

到 2020 年，全球最大的邮政和物流公司德国邮政世界网（简称“德国邮政”）将把自己 90%的飞机更新为更加节油的新型飞机，这一涉及数百架飞机的“大胆”行动，是该公司为实施业内首推的“绿色运输项目”（GOGREEN）而采取的核心举措之一。

2008 年 6 月 13 日下午，正在中国访问的德国邮政公共政策和可持续发展执行副总裁 Monika Wulf-Mathies 说，尽管更新机队会花费大量资金，但如果从一个较长的时间段来考虑，使用新型飞机不仅能减少噪音和温室气体排放，对环境更为友好，还能帮助公司降低燃油成本，在商业上产生回报。

德国邮政的机队更新计划已经开始实施，其在欧美航线上，使用了新型的波音 757、767 飞机，在欧亚航向上，则使用了更为节油和噪音更低的波音 777 飞机。Monika 表示更换飞机是迟早要做的事情。2011 年起，航空公司需要为自己排放的二氧化碳“买单”，更新机队就显得更有必要。

德国邮政大量引进新型飞机的目的还在于在航空业推行“绿色运输”，减少对环境影响的同时促进行业的可持续发展。该公司宣布，到 2020 年将集团的碳能效提高 30%，其中，到 2012 年，包括转包服务在内，将公司递送的每件包裹、运输的每吨货物和公司不动产每平方米的碳排放量减少 10%。

德国邮政是全球邮政和物流行业首家对减少二氧化碳排放量设定量化目标的企业，它在航空运输、陆路运输、不动产、产品及服务四个主要的业务部门采取了有针对性的措施。德国邮政已经启动了“绿色运输项目”，核心是帮助客户减少它们的碳排放量。具体举措包括使用混合动力汽车、优化网络设计、建议一部分客户将空运改为海运、将汽车运输改为铁路运输等。

德国邮政旗下的快递和物流子公司 DHL 已将“DHL 绿色快递”从欧洲推广到亚太地区的 17 个国家和地区。在中国，DHL 已推出“碳中和”服务。在这项增值服务中，客户可以选择将其全球范围的全部或部分业务加入“DHL 绿色快递”并支付投递费用的 5%作为“绿色基金”。DHL 将计算每票快件在整个投递过程中产生的碳排放量并通过对相关碳管理项目，如汽车替代燃料技术、太阳能电池板和重新造林等再投资，来削减和抵消全球快件运输中的碳排放量。客户每年会收到 DHL 颁发的证书，标明以其名义削减或抵消的碳排放量，以示公司在降低碳排放量方面做出的努力。“碳中和”服务已在欧洲推行，获得了很多世界级公司的响应。

（资料来源：郭伟业，郭景春. 物流服务营销[M]. 北京：北京师范大学出版社，2011.）

问题：

1. 德国邮政奉行的是什么物流营销观念？为什么？
2. 你认为德国邮政奉行的营销观念正确吗？为什么？

案例分析二 马士基的成功秘诀

马士基是班轮运输业最成功的承运商之一，也是全球最大的综合物流服务提供商。1997

年在大多数班轮公司亏损严重的情况下，它却盈利丰厚。它成功的秘诀之一就是严格执行安全规则。马士基对于船舶载运危险品规定了最大容许量。有一次，有一批危险品货物要由马士基的船舶装运，但是货物没装完就达到了最大容许量。于是他们拒绝装运。这批货是他们公司的一位重要客户托运的。这位愤怒的货主找到马士基理事托马斯·安德森，要求将这批货全部装船，并警告说若不同意发出就是违反合约，必须承担一切法律后果。安德森回答说，他非常遗憾，基于“安全第一”的思想，如果他屈服于客户的压力而装船，会将全部货物和船舶置于危险之中，将会影响社会安全，受到所有人的谴责。所以，这些未装船的集装箱必须搬走，不得装船。听到此话后，这位货主的态度立即改变了，他同意安德森不得装船的决定，并说，假如马士基破坏了自己定下的安全规则的话，那它就犯了错误。马士基严格执行安全规则，不仅没有得罪客户，反而赢得了客户的信任，使它获得了意外的利益。

（资料来源：叶青，谢舸燕. 物流营销[M]. 北京：化学工业出版社，2009.）

问题：

1. 马士基公司的“安全第一”规则遵循的是物流营销观念的哪一种？请描述它的含义。
2. 安德森的做法有没有违反客户满意观念？从中我们可以得到什么启示？

案例分析三　神秘而又亲和的“联邦快递之盒”

1914 年美国国会通过决议，把每年 5 月的第二个星期日定为母亲节，以示对所有母亲的崇敬与感激。庆祝母亲节的人通常送花、糖果和各式各样的礼物给自己的母亲，或者是全家请妈妈到餐厅用餐，表达对母亲的感恩。

每逢母亲节，花店、礼品店和餐馆就是最繁忙的一天，也是无数家庭表达其亲情与和睦的一天，但许多家庭却会因临时找不到餐馆空位而驻足久等，或在一家又一家的餐馆前徘徊。

联邦快递制作了充满人情味的“联邦快递之盒”：联邦快递急客户之所急、想客户之所想，与一家全美最大的餐馆调查公司联手，运用其智能系统，根据各餐馆订座、距离、家庭人数等情况为客户编排出应去哪家餐馆、使用哪个餐位的计划，将其连同公司祝贺词一道灌录在那个著名的绿色小盒中，递送到千家万户，真正体现了“礼轻情意重”的服务要旨，也很好地解决了无数家庭对餐馆空位的需求。

联邦快递利用自己的服务网络资源，用“联邦快递之盒”这一富含人情味和亲和力的音乐盒送去对母亲的问候和对众多家庭的关爱，适时解决了客户的需求，这种别具一格、以智取胜、新颖的营销策略受到了客户的青睐。

（资料来源：王桂姣. 物流营销[M]. 重庆：重庆大学出版社，2009.）

问题：

1. 联邦快递为什么会制作“联邦快递之盒”？
2. 联邦快递奉行了什么物流市场营销观念？这种观念对联邦快递有何帮助？对你的启示是什么？

实训二　了解你身边的物流企业

了解你身边的物流企业，调查以下内容。

（1）他们的主要产品有哪些？

（2）他们的产品（服务）满足了人们哪方面的需要？

（3）他们推行的是什么物流营销观念？有什么依据？

（4）从现代物流观念出发，请给这些企业一些建议。

实训步骤

（1）由全班同学自由分组，每组 6~8 人。

（2）各组分别进行集体讨论，明确组内分工。

（3）按照分工进行资料收集、整理、讨论并记录。

（4）提交调查记录。

（5）各组分别选一个代表在班级内宣读本小组的调查记录。

考核评分表

考评班级		考评时间	
考评小组		被考评小组	
考评内容	了解你身边的物流企业		
考核标准	内　　容	分值 / 分	实际得分 / 分
	工作分工	20	
	工作演示	40	
	工作成果	40	
合　　计		100	

注：考评满分为 100 分，60～74 分为及格，75～84 分为良好，85 分及以上为优秀。

实训三　模拟建立一家第三方物流企业

实训内容

建立第三方物流企业。

实训目的

模拟建立一家第三方物流企业，旨在明确物流企业建立中应有的物流营销观念和业务服务范围，从中体会建立一家物流企业需要多方面的人才，还要有团队合作的精神。

实训人员

（1）实训指导：任课教师。

（2）实训编组：学生按 6 人一组分成若干组，每组选出总经理、营销主管、财务主管、业务主管、业务员 2 名。

实训步骤

（1）由教师将全班同学分组。

（2）每个小组的成员集中围着一张桌子坐下。

（3）每个小组选出总经理、营销主管、财务主管、业务主管、业务员 2 名。

（4）每个小组给自己的物流企业命名，确定企业物流营销观念，设计企业的标志。

（5）分别由各个小组的总经理进行讲述。

（6）模拟为超市进行配送开展物流服务的竞标。

实训要求

根据超市物流配送服务的具体要求，让每个小组参加竞投标，通过各个小组的投标方案，由同学们互评，最后由教师进行总评。应认识到：为超市提供配送业务的专业物流企业，一定是既要能满足客户需求又要能实现双赢的物流企业。

实训认识

作为未来的物流企业员工，深悟企业物流市场营销内容，对我们在未来的工作中树立正确的物流营销观念、做好本职工作是有很大帮助的。

学习情境2 物流市场分析

学习目标

专业能力目标：掌握物流市场营销调研方法、物流市场调研报告撰写的相关知识；掌握物流市场营销环境涵盖的范围。

方法能力目标：初步运用物流市场营销文案调研法、问卷调研法进行物流市场营销调研；进行物流市场调研报告的撰写；运用 SWOT 分析法进行物流市场营销环境的诊断和分析。

社会能力目标：培养学生的交流、表达能力、团队精神及协作沟通能力、认真学习的态度、良好的职业道德和敬业精神。

学习任务

<table>
<tr><td>学习任务 2.1</td><td colspan="2">设计物流市场调查问卷</td></tr>
<tr><td>要　求</td><td colspan="2">1．在设计物流市场调查问卷前必须采取文案调研等调研方法
2．能制作物流市场调查问卷
3．能将物流市场调查问卷作品制成 PPT，并进行 PPT 演示</td></tr>
<tr><td>应具备的知识</td><td colspan="2">物流市场调查问卷的内容、调查问卷的设计技巧、调查问卷设计的步骤及原则</td></tr>
<tr><td>应具备的能力</td><td colspan="2">收集信息的能力、从众多信息中准确抽取所需信息的能力、把握调查问卷内容和设计技巧的能力、制作 PPT 的能力</td></tr>
<tr><td rowspan="4">质量标准</td><td>评价项目</td><td>分值 / 分</td></tr>
<tr><td>1．调查问卷内容设计准确</td><td>50</td></tr>
<tr><td>2．调查问卷设计技巧高超</td><td>40</td></tr>
<tr><td>3．PPT 制作清晰</td><td>10</td></tr>
</table>

<table>
<tr><td>学习任务 2.2</td><td>撰写物流市场调研报告</td></tr>
<tr><td>要　求</td><td>1．能通过各种渠道收集调研报告所需资料
2．能制作物流市场调研报告
3．能将物流市场调研报告作品制成 PPT，并进行 PPT 演示</td></tr>
<tr><td>应具备的知识</td><td>物流市场调研报告的功能、类型、特点；调研报告的结构；调研报告的内容</td></tr>
</table>

续表

学习任务 2.2	撰写物流市场调研报告	
应具备的能力	收集信息的能力、从众多信息中准确抽取所需信息的能力、撰写物流市场调研报告的能力、制作 PPT 的能力	
质量标准	评价项目	分值 / 分
	1．收集到的资料应具有真实性和说服力	30
	2．调研报告的结构正确	20
	3．调研报告的内容全面	40
	4．PPT 制作清晰	10

学习任务 2.3	物流市场营销环境 SWOT 分析	
要　求	1．能通过各种渠道收集 SWOT 分析所需资料 2．能根据 SWOT 分析的结果来进行营销策略的制定 3．能制作 SWOT 分析作品 4．能将 SWOT 分析作品制成 PPT，并进行 PPT 演示	
应具备的知识	物流市场营销外部环境的内容；物流市场营销内部环境的内容；SWOT 分析法的定义与步骤；企业营销环境应对战略	
应具备的能力	收集信息的能力，从众多信息中准确抽取所需信息的能力，S、W、O、T 识别与分析的能力，制定企业营销环境应对战略的能力，制作 PPT 的能力	
质量标准	评价项目	分值 / 分
	1．S、W、O、T 识别准确	40
	2．SWOT 组合分析到位	20
	3．营销环境应对战略合理	30
	4．PPT 制作清晰	10

任务实施范例

▶ 学习任务 2.1　设计物流市场调查问卷

↘ 任务描述

假设你是国家发展和改革委员会经济运行调节局和南开大学现代物流研究中心的调研人员，请你为调查中国现代物流发展情况进行调查问卷设计。

↘ 任务实施

《中国现代物流发展报告》（2013）——工商企业调查问卷

本问卷调研结果仅用于国家发展和改革委员会经济运行调节局和南开大学现代物流研究中心共同编写《中国现代物流发展报告》（2013 年）。请帮助填写此问卷，衷心感谢您的支持！

联系地址：国家发展和改革委员会经济运行调节局交通与物流处

北京市西城区月坛南街 38 号　　邮编：100824

国家发展和改革委员会联系人：刘希龙　电话：010-6850××××

南开大学联系人：刘　军　电话：022-2350××××

请您在最符合贵公司情况的方框内画√，另有说明的题目除外。

一、企业基本信息

1. 企业全称为_________________________，位于______省（直辖市、自治区），所有制性质为：

□ 国有企业　□ 民营企业　□ 外商独资企业　□ 中外合资 / 合作企业

2. 企业员工总数约为______人。

3. 企业所属的行业类型：

□ 农产品加工　□ 食品饮料　□ 烟草　□ 纺织服装

□ 家具　□ 建材　□ 金属制品　□ 印刷

□ 化工　□ 医药　□ 装备制造　□ 交通运输设备

□ 家用电器　□ 电子设备　□ 其他（请注明_________）

4. 2012 年，企业销售收入为______万元，物流总费用占销售收入的比例为______%。

5. 企业采购的范围是_________，产品销售的范围是__________。

a. 本市　b. 本省（直辖市、自治区）　c. 本省及周边省区

d. 全国　e. 跨国境（国际）

6. 公司有没有开始通过电子商务网站销售产品?

a. 有　b. 没有　c. 正准备开拓电子商务

公司已经开展的电子商务业务中，采用的模式为__________。

a. 自建电子商务平台，自营物流配送

b. 自建电子商务平台，第三方物流公司完成配送

c. 自建电子商务平台，经营服务类产品，无须配送

d. 借助其他电子商务平台开展业务，自营物流配送

e. 借助其他电子商务平台开展业务，第三方物流配送

f. 借助其他电子商务平台开展业务，经营服务类产品，无须配送

二、物流运营状况

1. 企业是否设有独立的物流与供应链管理部门：□ 是　□ 否

如设有独立的物流与供应链管理部门，该部门员工数量为______人，部门职责是：【可多选】

□ 仓储管理　□ 库存管理　□ 配送管理

□ 运输管理　□ 采购管理　□ 物流信息管理

□ 物流计划　□ 供应链管理　□ 其他（请注明______）

2. 企业原材料的平均库存期是______天，产成品的平均库存期是______天（工业企业填写）。

3. 企业商品的平均库存期是______天（商业企业填写）。

4. 目前企业外包的物流业务为及其相应比例为：【可多选】

□ 仓储保管　□10%以下 □11%～30% □31%～50% □51%～70% □ 70%以上

□ 干线运输或配送　□10%以下 □11%～30% □31%～50% □51%～70% □ 70%以上

□ 采购管理　□10%以下 □11%～30% □31%～50% □51%～70% □ 70%以上

☐ 包装与流通加工 ☐10%以下 ☐11%～30% ☐31%～50% ☐51%～70% ☐ 70%以上

☐ 产品装配与安装 ☐10%以下 ☐11%～30% ☐31%～50% ☐51%～70% ☐ 70%以上

☐ 库存管理 ☐10%以下 ☐11%～30% ☐31%～50% ☐51%～70% ☐ 70%以上

☐ 物流信息管理 ☐10%以下 ☐11%～30% ☐31%～50% ☐51%～70% ☐ 70%以上

☐ 物流系统设计 ☐10%以下 ☐11%～30% ☐31%～50% ☐51%～70% ☐ 70%以上

☐ 其他(请注明____) ☐10%以下 ☐11%～30% ☐31%～50% ☐51%～70% ☐ 70%以上

5. 请评价企业外包物流服务的满意度，在相应选项上画√：

	极不满意	不满意	基本满意	满　意	非常满意
☐ 仓储保管	☐	☐	☐	☐	☐
☐ 干线运输或配送	☐	☐	☐	☐	☐
☐ 采购管理	☐	☐	☐	☐	☐
☐ 包装与流通加工	☐	☐	☐	☐	☐
☐ 产品装配与安装	☐	☐	☐	☐	☐
☐ 库存管理	☐	☐	☐	☐	☐
☐ 物流信息管理	☐	☐	☐	☐	☐
☐ 物流系统设计	☐	☐	☐	☐	☐
☐ 其他（请注明____）	☐	☐	☐	☐	☐

6. 物流外包后，企业的物流运作水平有何变化：

☐ 成本降低，服务质量提高　　☐ 成本增加，服务质量提高

☐ 成本降低，服务质量下降　　☐ 成本增加，服务质量下降

7. 请评价企业物流外包目的的重要程度，在相应选项上画√：

	弱				强
☐ 专注于核心业务	☐	☐	☐	☐	☐
☐ 提高生产效率	☐	☐	☐	☐	☐
☐ 降低物流成本	☐	☐	☐	☐	☐
☐ 提升物流服务水平	☐	☐	☐	☐	☐
☐ 减少资本投资	☐	☐	☐	☐	☐
☐ 其他（请注明__________）	☐	☐	☐	☐	☐

8. 请评价企业选择物流供应商标准的重要程度，在相应选项上画√：

	弱				强
☐ 企业信用	☐	☐	☐	☐	☐

□ 服务价格　□ □ □ □ □
□ 服务水平　□ □ □ □ □
□ 网络覆盖范围　□ □ □ □ □
□ 信息系统兼容性　□ □ □ □ □
□ 其他（请注明__________）　□ □ □ □ □

9. 企业在选择物流服务提供商时，倾向于选择下面哪类企业：【可多选】

□ 国有企业　□ 民营企业　□ 外商独资企业
□ 中外合资 / 合作企业　□ 无倾向

10. 企业目前委托的物流服务提供商共有______家，其中物流外包服务超过一年的有______家。

11. 企业已使用第三方物流服务的时间为：

□ 不到 1 年　□ 1～3 年　□ 3～5 年　□ 5 年及以上

12. 企业与物流供应商的合作主要采取哪种形式？【可多选】

□ 签订合同　□ 战略联盟　□ 客户持有本公司股份
□ 相互持股　□ 其他（请注明______）

13. 企业与主要物流供应商签署合同的期限一般为：【可多选】

□ 临时合同　□ 季度合同　□ 半年合同
□ 年度合同　□ 长期合同（一年以上）

14. 请评价企业物流业务外包中面临问题的严重程度，在相应选项上画√：

弱　　　　强

□ 企业文化和物流系统存在差异　□ □ □ □ □
□ 服务水平和服务能力具有不确定性　□ □ □ □ □
□ 失去对物流活动的直接控制　□ □ □ □ □
□ 仓储保管信息系统整合与维护的难度较大　□ □ □ □ □
□ 外包物流成本难以估量，价格谈判困难　□ □ □ □ □
□ 物流管理人员需要再培训　□ □ □ □ □
□ 本企业物流人员安置困难　□ □ □ □ □
□ 其他（请注明__________）　□ □ □ □ □

15. 企业最紧缺的物流人才是：【可多选】

□ 综合型物流管理人才　□ 物流信息管理人员　□ 库存管理人员
□ 运输管理人员　□ 仓储操作人员　□ 其他（请注明______）

三、物流设施使用情况

1. 自有车辆______辆，利用率为：

□ 30%以下　□ 31%～50%　□ 51%～70%　□ 71%～90%　□ 90%以上

2. 自有仓库面积______平方米，利用率为：

□ 30%以下　□ 31%～50%　□ 51%～70%　□ 71%～90%　□ 90%以上

3. 自有仓库的运作方式是：【可多选】

□ 以手工作业为主　□ 机械化作业，信息处理用人工

□ 机械化作业，信息处理计算机化 □ 全自动无人作业

4. 企业信息系统中可以实现的物流功能包括：【可多选】

□ 运输管理 □ 仓储管理 □ 财务管理 □ 设备管理

□ 订单处理 □ 配送管理 □ 销售管理 □ 采购管理

□ 装配和包装管理 □ 车辆监控 □ 客户管理

□ 其他（请注明＿＿＿＿＿＿）

5. 企业采用了哪些物流信息技术与装备：【可多选】

□ EOS（电子自动订货系统） □ BCT（条码技术）

□ ASS（自动分拣系统） □ EDI 系统（电子数据交换系统）

□ GPS（全球卫星定位系统）与 GIS（地理信息系统）

□ RFID（射频识别） □ 其他（请注明＿＿＿＿＿＿）

6. 企业未来计划投资哪些物流信息技术与设备：【可多选】

□ EOS（电子自动订货系统） □ BCT（条码技术）

□ ASS（自动分拣系统） □ EDI 系统（电子数据交换系统）

□ GPS（全球卫星定位系统）与 GIS（地理信息系统）

□ RFID（射频识别） □ 其他（请注明＿＿＿＿＿＿）

再次感谢您对本调查问卷的大力支持！如果方便，请您留下联系方式，谢谢！

姓　　名：

联系电话：

电子信箱：

［资料来源：国家发展和改革委员会经济运行调节局，南开大学现代物流研究中心. 中国现代物流发展报告（2013 年）[M]. 北京：北京大学出版社，2013.］

▶ 学习任务 2.2　撰写物流市场调研报告

↘ 任务描述

假设你是中共马鞍山市委党校第 44 期处干班工业转型专题班调研组人员，请你针对马鞍山市的现代物流业发展情况撰写一份调研报告。

↘ 任务实施

马鞍山市现代物流业发展调研报告

现代物流业是将运输、仓储、装卸、包装、加工、整理、配送、信息等环节有机结合，形成完整的供应链，为用户提供多功能、一体化的综合性物流服务的产业，其已成为国民经济发展的重要产业。就我市而言，优越的交通区位优势和不断加大的基础设施建设投入，以及工业产业集群的逐渐形成，对发展现代物流业提出了迫切要求。本调研组采取实地调研和书面调查相结合的方式，对我市现代物流业的发展情况进行了调研，现将调研有关情

况报告如下。

一、我市现代物流业的现状及问题

（一）物流企业及交通运输业基本情况

截至 2013 年年底，全市从事交通运输、仓储及邮政的企业注册数为 708 家，其中公路、水路及港口货运企业分别为 151 家、70 家和 30 家，拥有港口集团等 4 家 4A 级物流企业。全市拥有载货车 19 392 辆，拥有 100 台以上货车的货运单位 20 家，拥有运输船舶 2 000 余艘。2013 年，全市物流总量约 2.87 亿吨，其中铁路货运量 1 573.8 万吨、公路货运量 16 747 万吨、水路货运量 2 993 万吨、港口货物吞吐量 7 400 万吨。但总体来看，我市物流业的现代化、市场化程度还不高，缺乏综合性的现代物流领军企业，既有的车站、运输公司等基本上都从事单一的运输装卸活动。

（二）从三次产业分类来看物流业

1. 农业物流。我市农产品物流市场发育程度和物流技术水平较低，以市场为导向的农产品规模生产加工企业少。农民呈无组织分散状态进入市场，以挑箩摆摊的居多。农产品物流还是以常温物流或自然物流形式为主，鲜活农产品流通过程损失大、成本高。农资和农产品的物流流向带有盲目性，缺乏市场竞争力和自我保护能力。

2. 工业物流。我市有良好的工业基础，工业产品的产量大，所需的原材料量也大。物流品类相对集中，便于组织大批量运输。据有关资料统计，支柱产业钢铁企业 80%的原材料购进和约 70%的产品销售在省外及国外。工业物流发展存在的主要问题：一是缺乏供应链物流、第三方物流发展意识，工业品在产销过程中自营物流比重大，既生产又交易的传统模式没有根本改变，物流社会化程度不高；二是运输市场没有有效整合，第三方物流企业规模小，专业化程度低，且我市工业品的供销均两头在外，运距长，物流成本相对较高，降低了产品的市场竞争力；三是信息化程度低。信息技术在我市企业中的应用仍处于低级阶段，在实际工作中还没有真正采用互联网或信息技术进行相互之间的业务往来。物流企业间的信息资源不能共享，缺乏一个有效的物流公共信息平台。

3. 商贸物流。商业网点布局不合理，规划不科学：小规模市场多，大规模市场少；零售市场多，批发市场少。物流配送业滞后，流通现代化水平较低，没有专业化的配送中心。几家大型综合连锁超市（大润发、欧尚、苏果等）设有系统内的配送中心，第三方物流配送、专业化配送中心则几乎为零。现代新型零售业态比重低，大部分是传统的店铺式销售，无店铺的电子商务企业（如淘马鞍山）才刚刚起步。

（三）从发展模式来看物流业

我市已形成三大类型的物流业发展模式。

1. 以交通枢纽为基础的货物中转型物流业。我市临江近海，紧邻长三角地区，区域位置及交通设施基础条件十分优越。公路、铁路、水运全面发展，交通基础设施日趋完善，综合交通网络已经基本形成。市港口集团、长运集团等物流企业依托我市港口、公路等交通节点建设物流中心，承担着基于区域内外中转枢纽功能的物流活动，运输总量快速增长。但这类物流企业从事的基本上是单一的运输装卸活动，仍属于传统物流范畴。

2. 以产业集聚为基础的专业型物流业。依据发展规划和产业集聚的发展需求，我市已分别在慈湖开发区和马鞍山市经济技术开发区形成了以服务钢铁、金属制品加工、化工、建材为主体的钢铁生产交易园区（马钢配售、马物实业、快捷等物流企业入驻），形成了以汽车制造、机械制造等为主要产业的汽车及零部件生产交易产业园区（嘉恒储运、三和仓储、瑞马钢材等物流企业入驻），形成了依托电子通信设备、光伏光电等产业建立的电子信息生产交易产业园区。这三大专业型物流园区建设初具雏形。但从我市的产业布局来看，与产业相配套的物流业还未完全形成，如博望区的刃模具制造业、全市精细化工产业以及农业现代物流体系都未完全建立起来。

3. 以商贸市场为基础的综合型物流业。这类物流业态将市场交易服务与物流活动结合起来，具有交易量大、品种多等特点，逐步形成专业的以电子交易平台为基础的实物商品交易市场。如南部示范园区的绿色装饰材料产业园，就是一个集研发、检测、销售、综合物流服务、电子商务交易于一体，配套服务完善的绿色建筑装饰材料市场交易园区。但此类型的物流业在我市比重很小，市场的辐射功能、服务功能及推动市域经济发展的促进功能还比较脆弱。

从现代物流的概念来看，我市货物运输与商品流通仍沿袭传统流通方式，并未形成真正意义上的现代物流体系，主要表现在三个方面。一是从供应商到批发商，再到经销商、机构消费者及最终用户的过程是传统的点线模式，没有形成系统的供应链网络。二是供应、生产和销售各环节不能实现实时联动，物流信息滞后，供、产、销活动尚不能形成连续物流系统。三是物流设施技术落后，大多数企业仓保技术落后、机械化程度不高，尚不具备较大规模的公共仓储、流通加工的市内配送中心。

二、我市现代物流业的发展策略

发展现代物流业的思路与对策、优越的地理位置和交通基础设施为我市发展现代物流业提供了良好的基础条件，如果能将物流业和自身经济特点相结合，那么我市的经济发展将更具竞争力。

（一）合理定位布局

我市现代物流业的发展应定位为立足本地，兼顾辐射服务皖江城市带、南京都市圈、合肥经济圈和长三角经济圈，打造江海联运枢纽中心，提供以钢铁、汽车及零部件、机械制造、精细化工、电子信息、新材料等六大支柱产业为重点的专业化物流服务，形成对周边区域范围内物流资源的集聚。在产业布局上，要结合三大类型的物流业发展模式谋划产业发展规划。一是交通枢纽型的货物中转型物流业，发展的关键因素在于交通基础设施建设和国家及省级地方政策的支持。当前要完善江海联运基础设施和综合交通体系，以郑蒲港建设为抓手，建设区域性港口物流基地和面向长三角经济圈的生产性物流枢纽，并将此上升为安徽省发展战略层面，争取得到交通运输部的支持。马鞍山市与（安徽）省交通运输厅共建马鞍山江海联运枢纽中心，打造安徽东部及合肥经济圈通江达海的现代物流服务业集聚区。二是产业集聚型的专业型物流业，发展的关键因素在于对主导产业和市场的需求。要根据区域产业发展规划，加强现代物流业与制造业的良性联动发展。此外，通过积极引进境内外的专业化物流企业（如新加坡的普洛斯物流公司专门做产业型园区）建设产业园区。未来除了要建设好“一基地四园区”，还要根据各园区的主导产业发展相配套的专业型园区，如博望的机床刃模具装备产业园、含山的陶瓷产业园、和县的精细化工产业园等。三是商贸型的综合型物流业，发展的关键因素在于经济基础、市场需求和要素市场方面。依托现有的钢铁交易、绿色装饰材料交易、蔬菜农产品交易等构建特色商贸物流枢纽。

（二）培育市场主体

一是整合现有物流企业资源，改造提升传统物流：通过市场手段对现有物流企业进行资产重组和业务整合，发展一批大型化、专业化物流企业，筛选一批运作灵活的小型企业，满足社会不同的物流需求；改变传统运输、仓储、装卸、配送各个环节分割运作的观念，促进物流基本功能的有机整合，推动传统物流企业转型。二是引进大型现代物流企业：鼓励和支持有条件的物流企业通过项目融资、股权转让等方式与先进物流企业联合，吸引境内外大型专业型和综合型的物流企业，提升我市整体物流业发展水平。三是鼓励企业实行物流的外包服务，推进第三方物流发展：以马钢为重点，将其原材料采购供应、产品终端销售分离出来，组建抱团式的第三方物流企业，将其培育为市场上独立的法人单位。

建立电子商务及业内销售体系，最终形成一个完整的钢铁物流供应链，从而实现降低物流成本，以及把终端客户和大型钢铁企业直接联系起来的目的。此项改革转型的关键是要攻克传统生产经营模式和体制性障碍，以及起步三年内财税、用地、技术创新等方面政策资金的支持。

（三）完善基础设施

现代物流发展的基础平台是综合运输网络和物流信息网络。一是要完善我市综合交通体系：构筑北沿江铁路、淮南铁路、宁芜铁路交通网；完善合马高速、合巢芜高速、宁芜高速、北沿江高速、宁和高速等快速公路交通体系。二是加快物流信息网络建设：继续大力推进“智慧城市”建设，构建由物流公共管理信息、物流业信息交换和行业、企业物流信息处理三个层次组成的公共物流信息平台，实现资源共享、数据公用，使公共物流信息平台成为我市现代物流中心的神经中枢。

（四）优化政策服务

一是制定合理的发展政策：对符合现代物流发展规划要求的重点建设项目，在用地指标使用上给予大力支持；积极向上争取和筹措现代物流业发展专项资金，鼓励和引导外资、民间资本以独资、合作、联营、参股等方式投资物流领域，实现投资主体多元化。二是积极实施人才引进和培养战略：鼓励企业与物流咨询机构、科研院校等进行多种形式的资本与技术融合，积极吸引省内外物流管理、技术等高层次人才来我市；组织对物流从业人员的岗前培训、在岗培训，提高物流企业管理水平。

（五）政府协调、市场运作

一是制定我市现代物流业发展规划：明确规划项目的数量、规模、位置及相关要求等内容，引导社会投资的合理投向；组建我市物流业发展领导小组，建立政府部门联动机制；成立物流行业协会，制定行业规范与标准；通过市场化运作，建立企业之间合理的既竞争又合作的关系。

二是通过物流信息平台的运作，在实体市场运作基础上构建由“原材料供应商+物流公司+企业（农户）+销售商+市场”组成的虚拟企业和市场，扩大交易规模和辐射范围。将原来分离的商流、物流、信息流和采购、运输、仓储、代理、配送等环节紧密联系起来，形成完整的供应链，发挥第三方物流的主导作用，带动物流业的跨越式发展，促进区域经济腾飞。

［资料来源：中共马鞍山市委党校第 44 期处干班工业转型专题班调研组. 马鞍山市现代物流业发展调研报告[J]. 中共马鞍山市委党校学报，2014（2）.］

▶ 学习任务 2.3　物流市场营销环境 SWOT 分析

↘ 任务描述

假设你是安得物流公司的营销人员，请你对安得物流的市场营销环境进行 SWOT 分析。

↘ 任务实施

安得物流的 SWOT 分析

1. 优势（Strength）

（1）有比较丰富的第三方物流操作经验，很好地运用了现代物流的各种先进方法及理念，能适应现代物流业的发展规律。

（2）建立了先进的信息管理系统，在运输、仓储、配送等各个运营业务上获得了比竞争者更多的优势。

（3）在全国建立了合理的网点分布，与信息系统相互配合，构建了优秀的物流规划及调配能力。

2. 劣势（Weakness）

（1）公司目前在资本运营和资源控制方面基本属于空白，主要靠管理进行运营，这对公司的长期发展十分不利。

（2）公司目前的综合运输服务能力比较弱，在国际物流服务方面也还没有起步，对市场前瞻性的把握缺乏准备。

3. 机会（Opportunity）

（1）国家在铁路、海运和空运等市场有放开的趋势，公司可以适时地进入这些市场。

（2）零担业务市场空间比较大，毛利相对较高，有规模的公司不多，市场空间十分巨大。

（3）在冷链行业，冷冻、冷藏食品的需求越来越大，这一块的市场空间比较大。

（4）在城市配送方面，市场空间也比较大，整体的市场规模很大，但配送资源比较零散，有很大的整合空间。

（5）在汽车物流方面，市场空间很大，行业竞争不充分。

（6）中国已经成为世界的加工中心，在进出口贸易方面逐年大幅增长，在外贸业务方面大有可为。

（7）物流技术投资增大和更新速度加快，将迫使更多的企业选择物流外包。

（8）国外竞争者出于本土化战略需要，为公司提供了与国内外物流公司合作或合资的潜在机会。

（9）家电、建材和快消品的需求会加大，而且消费地域也扩大到城乡，增加了物流服务需求，同时对提高服务质量也提出了新的要求，有利于公司操作。

4. 威胁（Threat）

（1）同类型的第三方物流企业快速成长。

（2）国际竞争者加入。

（3）由于目前服务的客户都是家电、快速消费品等行业的大型公司，一般都是先服务后付款，造成公司应收和应付之间的差值越来越大，给公司的资金流带来了很大的压力。

（4）油价上涨和计重收费等因素的影响，造成物流企业的盈利空间变小。

（5）部分中小型物流企业依靠准确的市场定位和资本运营手段迅速抢占了部分细分市场。

（6）国有大型物流企业有比较好的业务和资产基础，同时在不断进行改革，显示出越来越强的活力和竞争能力。

（7）煤、电、油供应紧张及原材料成本急剧上升，直接增加了客户的成本压力，从而产生客户向我公司传递压力的诱因。

（8）地方政府在宏观政策理解上有不同程度的差异，尚未完全抛弃地方保护主义，执行跟进不够及时，在税制、工商等行政管控上与传统行业等同的局面未得到完全改观。

（9）地方政府管控比较僵硬，对安得物流的全国性物流公司网络建设约束较大。

（10）物流市场全面开放，竞争压力增大。

综合以上分析，总结如下。

安得物流 SWOT 分析

外部条件	内部条件	
	优势（S） 1. 丰富的第三方物流操作经验 2. 先进的信息管理系统 3. 全国众多的服务网点	劣势（W） 1. 缺乏资本运营经验 2. 缺乏资源控制经验 3. 综合运输服务能力比较弱
机会（O） 1. 海运、空运等市场逐渐开放 2. 零担业务、城市配送发展 3. 冷链、汽车、外贸行业需求 4. 物流外包及行业合作发展	SO 策略 整合全国各个分公司的资源并以信息系统作为调配中心，拓展潜力行业的各项潜力营运模式	WO 策略 借助吉宝讯通先进的资本和资源管理理念，融合安得物流对于中国市场的良好把握，依托行业经验开展新型业务
威胁（T） 1. 外资、国有、民营等企业的成长 2. 油价上涨及计重收费影响 3. 客户本身成本控制的转移 4. 地方政府行政约束较大	ST 策略 学习吉宝讯通公司的管理运营经验，适应市场竞争；通过多式联运，共同配送等物流运作方法，降低成本	WT 策略 发挥核心竞争力，选对并做好细分市场；学习物流法律、法规，争取良性发展；通过管理方法及运作方式降低成本

（资料来源：郭伟业，郭景春．物流服务营销[M]．北京：北京师范大学出版社，2011．原文经过改写。）

本学习情境应掌握的知识点

物流市场营销调研是物流营销的第一步。物流企业的营销人员只有对物流市场营销环境进行调研，才能对物流市场进行精准的了解和展开正确的 SWOT 分析，采取的营销策略也才能具有针对性和有效性，也只有这样，才能真正寻找到商机。

2.1 物流市场营销调研概述

2.1.1　物流市场营销调研的含义

物流市场营销调研以物流产品为对象，用科学方法收集消费者购买和使用这种产品的事实、意见、态度、动机等相关信息，并进行统计分析。物流市场营销调研除了要对消费者进行调查，还要对物流企业的营销状况和其他营销环境等进行全方位的调查；除了要调查物流产品的现有或潜在的消费者，还要调查物流营销渠道、物流促销手段、竞争者情况和基础设施情况等。也就是说，物流市场营销调研是以科学方法收集物流产品从物流供应商转移到消费者的过程中一切与物流市场营销问题有关的资料，并运用科学的手段进行研究。

2.1.2 物流市场营销调研的基本原则

1. 系统性原则

系统性原则要求调查者调研时要注意事物之间的内在联系和因果规律性。例如，人们对物流产品的态度会对其购买行为产生很大影响，而购买行为与人们的购买力有内在的联系。

2. 科学性原则

科学性原则主要是指物流市场营销调研及其结论要注重实证性和逻辑性。其要求物流市场营销调研人员从调查的设计、抽样设计到资料的收集、数据的分析和统计处理等整个过程都必须严格按照科学规律进行。

3. 客观性原则

客观性原则要求调查者采取实事求是的态度对待客观事实，不能带有个人的主观偏见，更不能歪曲或虚构事实。

4. 针对性原则

针对性原则要求调查者应明确调研目的。物流市场营销调研的最终目的是为有关部门和物流企业进行预测和做出决策提供科学的依据，所以应该有的放矢。

5. 时效性原则

只有最新的调查资料，才能反映市场的真实情况，才能成为物流企业制定物流市场营销策略的客观依据，因此物流市场营销调研必须坚持时效性原则，即要求调查者的调查资料是最新的。否则不但会增加物流企业的费用支出，而且会使物流企业做出的物流市场营销决策出现滞后，失去物流市场营销时机或对物流市场营销不利。

6. 保密性原则

物流市场营销调研时要注意保密。一是为客户保密。许多物流市场营销调研是由客户委托市场调查公司进行的，市场调查公司以及从事物流市场营销调研的人员必须对调查获得的信息保密，不能将信息泄露给第三者。二是为被调查者提供的信息保密，不论被调查者提供的是什么信息，也不论被调查者提供的信息的重要程度如何，都不能泄露被调查者提供的信息。如果被调查者发现自己提供的信息被泄露，一方面可能给他们带来某种程度的伤害，另一方面也会使他们失去对物流市场营销调研的信任，泄露者甚至会承担法律责任。

2.1.3 物流市场营销调研的作用

1. 有利于物流企业明确目标市场和发展方向

小案例 奥运会物流需求预测

早些年前，北京交通大学经济管理学院汝宜红教授等人运用科学方法对北京奥运会的需求总量进行了预测。他们认为，与 2008 年北京奥运会直接相关的物流需求量为 417.2 亿元；间接相关的商品物流需求量为 4.91 亿元；直接相关的废弃物物流需求量为 10.8 亿元。三项相加，预计 2008 年北京奥运会有关的物流需求总量约为 433 亿元。

北京奥运物流体系规划研究课题组组长、北京交通大学经济管理学院张文杰教授对 2008 年北京奥运会的物流需求定量预测的数据主要显示了以下信息。第一，为了及时快速地迎接各国代表团的到达，应该至少提供 1 100 个车次的接运车辆，来接运他们的私人器械和旅行包。第二，北京奥运会总的运输量至少是 7 500 吨，主场馆的储存面积至少是 1 万平方米，提供的特殊场馆如皮划艇、赛艇分场馆的面积至少是 1 万平方米。第三，北京奥运会总的运动场馆至少需要提供 1 200 万人次的用餐，平均每天需要提供大约 40 万人次的用餐。第四，奥运村每天要消耗大约 100 吨的食品。第五，奥运会期间，北京至少有 25 万名国外游客和 75 万名的国内游客。为国外游客提供的旅游服务、旅游观光，能够产生 3 500 万美元的餐饮和购物消费。每天需要为这些游客提供 450 吨的食物和 10 万吨的生活用品。第六，整个北京奥运会期间在奥运村产生的固体废物垃圾，每天约 30 吨，这期间约 600～900 吨的废弃物需要处理。

显然，这些预测，为诸多将奥运物流作为目标市场的物流企业明确了北京奥运会期间服务的发展方向。美国联合包裹运送服务公司（UPS）圆满完成了北京奥运会物流与快递服务就是在此基础上运作的一个很好的例子。

北京奥运会期间，作为物流与快递服务赞助商，UPS 负责指定场馆、奥林匹克公园、运动员村和媒体村的物流和快递服务。该公司采取多种措施，为盛会的顺利进行提供每周 7 天、每天 24 小时不间断的物流与快递服务，北京奥运会期间递送货物总量达到 1 900 万余件，特别是 UPS 出色完成了竞赛器材的运送以及高时效要求的影像胶片和感光材料的递送任务。UPS 负责运营北京奥运会物流的“中央枢纽”——奥运物流中心（OLC），对所有竞赛场馆、非竞赛场馆及训练场馆物资入库和出库进行仓储、库存管理和递送服务。截至 2008 年 8 月 28 日，UPS 共为比赛场馆处理了 109 600 立方米的货件，为运动员村处理了 58 500 立方米的货物，递送了约 8 万件运动员行李。在高峰期，公司为服务北京奥运会专门投入了 217 辆卡车和包裹递送货车，递送的最大货物为 58.75 立方米的船艇架。在涉奥快件服务方面，UPS 共投入了 24 名专职司机和 19 辆快递车辆，为 39 个竞赛与非竞赛场馆派送进口快件 782 件、本地快件出口 2 653 件，派送奖牌盒 7 015 件，运送磁盘 26 件。

此外，UPS 还通过分布在欧洲的 4 个枢纽点，为 61 个国家的奥组委递送了 254 艘皮划艇和赛艇。

像 UPS 这样的物流服务公司，均在市场调研的基础上，事先合理地安排好了自己的人力、物力、财力，做好了为 2008 年北京奥运会进行良好物流服务的准备，从而为中国成功举办 2008 年北京奥运会做出了自己的贡献，也为自己公司赢得了可观的利润。

（资料来源：王桂姣. 物流营销[M].重庆：重庆大学出版社，2009.原文经过改写。）

物流市场营销调研是了解物流营销环境的一种关键手段。了解物流营销环境，可以帮助物流企业确定自己的目标市场，还能帮助物流企业确定其在目标市场的发展方向。

2. 有利于培养忠诚的顾客

物流市场营销调研有利于物流企业对顾客需求进行详细了解并采取针对性营销措施，从而有利于增强物流企业留住顾客、培养忠诚顾客的能力。例如，在经过详细的物流市场营销调研后，英国航空公司改变了它在跨大西洋航线头等舱上的服务。在调研之前，该公司在跨大西洋航线头等舱上强调的是高档服务，但调研之后，英国航空公司发现大多数头等舱的乘客希望的仅仅是能够睡安稳觉。于是，该公司马上调整了营销策略。如今，在飞机起飞前，该公司头等舱的乘客可以在头等舱休息室就餐；登机后，他们可以穿上公司提供的睡衣、盖上毯子，享受一次免受打扰的旅行；到达目的地前，他们可以吃早餐，进行梳妆和洗浴，并且可以在离开前穿上熨烫平整的衣服。这些举措，受到了大多数乘客的欢迎，对英国航空公司培养忠诚的顾客起到了决定性作用。

3. 有利于物流企业提高营销管理水平

物流企业可以通过调研来充分了解物流产品销售数量、增长变化趋势、普及率、物流产品的使用情况、物流消费的潜在需求、物流产品的供求关系、消费需求的类型和数量、购买力总量和购买水平、消费习惯和偏好、竞争与垄断的格局、政府干预、产品特征等诸多因素，为做出正确的产品策略和价格策略提供依据；也可以通过调研来充分了解渠道设计的历史因素、产品因素、顾客特点、销售区域、竞争、中间商、国家政策与法律法规、交通运输等多种因素，从而正确地做出渠道策略的决策；也可以通过调研了解物流用户的购买行为和购买动机，从而选择最优的促销策略。这些工作，均有利于物流企业提高营销管理水平。

2.1.4 物流市场营销调研的类型

物流市场营销调研的主要目的是更好地进行物流营销决策服务。物流市场营销调研的主要目的一般包括：了解市场需求、识别发展机会、找出与主要竞争者的差距、衡量顾客或客户的满意度等。

根据物流市场营销调研的主要目的，可以把物流市场营销调研分为探索性调研、描述性调研、因果关系调研三种类型。

1. 探索性调研

探索性调研的基本目的是提供一些资料以帮助调查者认识和理解所面对的问题，主要是为了发现问题或寻找市场机会，解决的问题是“可以做什么”。例如，某物流企业发现最近一段时间某物流产品销售量下降了，那么企业就要寻找销售量下降的原因，如调研是否出现物流产品质量下降、价格问题、销售渠道问题、广告宣传力度不够、有新的物流竞争产品问世、消费者的消费观点发生了变化等情况。

2. 描述性调研

描述性调研主要进行事实资料的收集、整理，对物流市场的客观情况如实地进行描述和反映，主要解答“是什么”“有谁”“什么”“什么时候”“哪里”“怎样”等一些问题。它比探索性调研更深入、更细致。描述性调研要求调查者事先已掌握许多与问题相关的知识，并能够事先拟订正规化和结构化的调研方案，事先构思具体的假设。

3. 因果关系调研

因果关系调研即指出两种事物间的相互关联，并在描述性调研的基础上，进一步分析何为因、何为果的调研方法。它涉及事物的本质及影响事物发展变化的内在原因，主要回答“为什么”的问题。例如，物流产品价格水平上升 5%会不会对消费者的需求有明显的影响，重新设计物流产品包装能否提升消费者对该物流产品的好感等。如果问题如此明确地提出来，那么研究者应进行的研究就是因果关系调研。

2.1.5　物流市场营销调研的常用方法

物流市场营销调研的常用方法包含文案调研法、问卷调研法、观察法、访谈法、实验法等方法。下文将对文案调研法、问卷调研法进行阐述。

2.2　物流市场文案调研法

2.2.1　物流市场文案调研法的定义、特点与功能

1. 物流市场文案调研法的定义

物流市场文案调研法又称物流市场资料查阅寻找法、间接调查法、资料分析法或室内研究法。它是利用物流企业内部和外部现有的各种信息、情报，对调查内容进行分析研究的一种调查方法。物流市场文案调研法所需的资料分为原始资料和二手资料。二手资料是指经过他人收集、记录、整理所积累的各种数据和资料，二手资料的收集又称文案调研。

2. 物流市场文案调研法的特点与功能

（1）物流市场文案调研法的特点。与实地调研法相比，物流市场文案调研法具有以下几个特点：①物流市场文案调研法是对已经加工过的资料的收集，而不是对原始资料的收集；②物流市场文案调研法以收集文献性信息为主。物流市场文案调研法收集的资料包括动态和静态两个方面，尤其偏重于从动态角度收集各种反映市场变化的历史与现实资料。

（2）物流市场文案调研法的功能。物流市场文案调研法具有以下几项功能：①有助于物流企业调研项目的总体设计；②可以发现问题并为物流市场研究提供重要的参考依据；③可以为物流营销实地调研创造条件；④有助于物流企业正确理解和使用原始资料。

2.2.2　物流市场文案调研资料的来源

1. 内部来源

内部来源指来自物流企业内部的各种相关的信息资料。内部来源的信息资料具有可控制、收集方便、成本低和可靠等优点。内部来源的信息资料包括以下两大方面的内容。

（1）生产经营活动方面的资料。该方面的资料包括：①营销方面，包括物流企业各种营销决策和营销的各种记录、文件、合同、广告等资料；②生产方面，包括生产作业完成情况、工时定额、操作规程、物流产品检验、质量保证等资料；③设计技术方面，包括物流产品设计

图纸及说明书、技术文件、档案、试验数据、专题文章、会议文件等资料；④财务方面，包括各种账目、收入、成本、利润、资金、财务制度文件等；⑤设备方面，包括设备文件，设备安装、测试、使用、维修的各种记录，设备改装，报废文件等；⑥物资供应方面，包括库存保管、进料出料记录和制度等。除此之外，还包括计划统计、劳动工资、培训、后勤、公共关系、横向联合等方面。

（2）物流市场环境方面的资料。在物流企业内部可能已经有很多关于物流市场环境方面的资料，主要包括：①顾客方面，包括物流产品的购买者、使用者、物流市场分片、购买动机、购买量等资料，这些都可以从物流企业的顾客分析报告或顾客档案中获得；②物流市场容量方面，包括物流市场大小、增长速度、趋势等；③竞争方面，包括同行业的直接竞争者和替代产品、物流企业的产品结构、服务的市场、物流市场营销策略、物流企业的优势和劣势等；④配销渠道方面，包括物流运输成本、中间商的情况等；⑤宏观环境方面，包括经济形势、政府政策、社会环境、物流行业技术及相关技术的发展、国际环境等。

物流企业的市场分析报告及物流市场研究报告，通常也是获得物流企业市场环境方面资料的重要途径。

2. 外部来源

外部来源是指来自物流企业外部的各种相关信息资料，通常包括公告、统计年鉴、报纸、杂志、图书、报告、会议资料、学术论文、广告等。一般而言，外部来源的信息资料往往在物流市场调研项目中占主要部分。外部来源的信息资料的收集要比内部来源的信息资料的收集困难得多，且费时、费钱，较难控制。外部来源的信息资料可以分为以下四大类。

（1）政府资料。政府资料主要包括：①普查资料，即由政府普查机构定期调查获得的资料，主要包括人口、住房、农业、商业、制造业、采矿、交通、政府等资料；②中央及地方政府的其他资料，如政治、经济、文化等方面的重要文件和资料。

（2）工商研究机构的信息。从这些机构获得的可以是二手资料，也可以是原始资料，这取决于物流企业所做研究的性质。

（3）物流行业内部信息。物流行业内部信息主要包括大量用来为该行业内部服务的信息，如行业文献（各种专业杂志）、各企业的年度报告等。

（4）其他信息。其他信息主要包括：来自大学、研究所、个人的研究报告（如论文、学位论文、专著），以及各种研究中心的研究报告；各类图书馆馆藏的图册、报告、专著、小册子；各地电台、电视台开设的以传播物流市场信息为主导的栏目、专题节目及各类广告；互联网与市场信息网络提供的信息。

物流市场调研人员要根据需要和条件，在内部来源的信息资料和外部来源的信息资料中做好权衡和选择，保证以最小的费用获取尽可能多的有用信息。

2.2.3 物流市场文案调研的步骤、方法与局限性

1. 物流市场文案调研的步骤

物流市场文案调研的步骤包括：①辨别需要什么样的信息；②寻找信息源；③收集二手资料；④编排、整理并过滤资料；⑤再次有针对性地查找问题，弥补不足之处；⑥提出调研报告。

2. 物流市场文案调研的方法

物流市场文案调研的方法分为有偿收集和无偿收集两类，在具体操作方法上主要包括：①查找，这是获取二手资料的基本方法；②索讨；③购买；④交换；⑤接收。

3. 物流市场文案调研的局限性

物流市场文案调研收集的二手资料的局限性存在于两个方面：一是资料的适用性；二是资料的准确性。

2.3 物流市场问卷调研法

2.3.1 物流市场问卷调研的定义与作用

1. 物流市场问卷调研的定义

调查问卷是问卷调研的主要表现形式。调查问卷又称调查表或询问表，是以问题的形式系统地记载调查内容的一种印件。问卷可以是表格式、卡片式或簿记式。设计问卷，是调查询问的关键。完美的问卷必须具备两个功能，即能将问题传达给被问的人和使被问者乐于回答。要实现这两个功能，设计问卷时应当遵循一定的原则和程序，并运用一定的技巧。

问卷调研是国际上通行的通过调查问卷收集信息资料的调研方式，也是我国近些年来推行最快、应用最广的调研方式。

2. 物流市场问卷调研的作用

（1）问卷调研实施方便，省时间，效率高。

（2）对问卷进行了明确的工作流程设计，规范了访问行为。

（3）提供答案记录工具，规范了记录行为。

（4）问卷是一种将用户回答转化成编码的工具，因而问卷调研有利于信息统计处理及定量分析。

2.3.2 物流市场调查问卷的基本类型

物流市场调查问卷有不同的划分标准，其基本类型如下文所述。

（1）按调查中填答问卷的方法的不同，可将物流市场调查问卷分成自填式问卷和访问式问卷两大类。

（2）按问卷发放方式的不同，可将物流市场调查问卷分为送发式问卷、邮寄式问卷、报刊式问卷、人员访问式问卷、电话访问式问卷和网上访问式问卷。

（3）按问卷设计是否结构化，可将物流市场调查问卷分为结构型问卷和无结构型问卷。

2.3.3 物流市场调查问卷的基本结构

物流市场调查问卷可以有各种不同的样式，但是从内容上说，一份完整的调查问卷常常包括开头部分、甄别部分、主体部分和背景部分四项。

1. 开头部分

开头部分主要包括问卷标题、说明词（信）、答题指导、问卷编号等内容。不同的调查问卷的开头部分会有一定的差别。

（1）问卷标题。问卷标题的作用是概括说明调研的主题，使被调查者对需要回答什么方面的问题有一个大致的了解。标题要简明扼要，最好能引起被调查者的兴趣。例如，“XX地区运输市场调查”等。

（2）说明词（信）。说明词常以简短的信的形式出现，旨在向被调查者介绍身份，说明调查目的并征询合作。说明词中的内容一般包括称呼、问候、访问员介绍、调查目的、调查对象回答的意义及重要性、访问需要持续的时间、感谢语等，具体案例如下所述。

尊敬的先生／女士：

您好！我是 XX 调查公司的访问员，我们公司正在进行一次关于线下物流配送情况的市场调查，希望能得到您的协助，您的意见对我们非常重要，谢谢您的合作！我们的调查不会涉及您家庭的隐私，您所提供的个人情况，我们只用于统计分析，不会提供给任何单位或者个人。您的意见无所谓对错，只要真实反映您的客观情况，对于我们的研究就有很大的价值。我需要耽误您十分钟的时间。调查结束后，我将赠送您一份小小的礼品，以示感谢。

在说明词（信）的撰写中，需要注意以下几点。①身份与目的应明确。②应声明尊重隐私，保持中立。③语言应简洁朴实，讲求严肃。④答题指导，就是告诉被调查者怎样填写问卷。根据情况的不同，可将答题指导放在说明词（信）中，也可以单独列出，有时则需要两方面都注明。⑤问卷分类编号，完整的问卷分类编号包括各种必要的信息。

2. 甄别部分

甄别部分也称调查问卷的过滤部分，它先对被调查者进行过滤，筛选掉非目标对象，然后有针对性地对特定的被调查者进行调查。通过甄别，一方面可以筛选掉与调查事项有直接关系的人，以使调研更具有客观性和广泛性；另一方面可以确定哪些人是合格的调查对象，通过对其调查，使调研更具有代表性。

甄别内容一般包括以下两大方面。①甄别调查对象的年龄是否在调查的范围内。如果在调查的范围内，则继续调查。②甄别调查对象及其家人的工作性质。如果调查对象及其家人是在相关行业工作的人员，则一般不作为调查对象。

3. 主体部分

主体部分是调查问卷的核心组成部分，包括了所有调查问题，其主要由问题和答案组成。主体部分包括：①调查主体内容；②被调查者的基本情况；③计算机编码。

4. 背景部分

背景部分也称作业证明的记载，一般设置在问卷的结尾处，用来简短地对被调查者的合作再次表示衷心的感谢，也可以征询一下被调查者对问卷设计和调查问卷本身有什么看法和感受。背景部分通常包括访问员姓名、编号、被调查者的情况、调查地点、调查持续时间和被调查者的参与态度等。

2.3.4　物流市场调查问卷的设计步骤及原则

1. 物流市场调查问卷的设计步骤

物流市场调查问卷的设计步骤包括：①决定需要的信息及其分析方法；②选择恰当的资料收集方式；③选择合适的问题类型；④编写每个问题的词句；⑤编排问题的先后次序；⑥提升调查问卷的吸引力和利用率；⑦进行试调查并修改、完善调查问卷；⑧形成正式问卷。物流市场调查问卷设计一般包括这八个步骤，但是在不同的调查中，各个步骤的内容有些差异。

2. 物流市场调查问卷的设计原则

物流市场调查问卷的设计原则包括：①功能性原则；②可靠性原则；③效率原则；④可维护性原则。

2.3.5　物流市场调查问卷的设计技巧

物流市场调查问卷的设计技巧包含以下几种。

1. 合理安排问题的顺序。安排问题顺序的总体原则包括：①按照问题的难易程度，先易后难；②先总体性问题，后特定性问题；③先封闭式问题，后开放式问题。

2. 妥善处理敏感性问题。在问卷中，应尽量少涉及敏感性问题，而当不得不涉及敏感性问题时要注意掌握提问技巧。

例如：

现在社会经济蓬勃发展，相信您的收入也蒸蒸日上。请问您每个月的收入大概是多少呢？或者您的家庭（或个人）月人均收入大概是多少呢？

A. 1 000 元以下　　B. 1 001～2 000 元

C. 2 001～3 000 元　　D. 3 001～5 000 元

E. 5 000 元以上

3. 采用六要素明确法来准确定义问题。六要素即何人（Who）、何地（Where）、何时（When）、做什么（What）、为何做（Why）、如何做（How）。如果问卷设计者在提问题时考虑了以上六要素，问题的明确性就会提高很多。例如，“在最近三年里，当您打算网上购物时，您最喜欢看的是哪个购物网站的购物信息”比“您网上购物时一般会看哪里的购物信息”要明确得多。当然，六要素明确法并不是指所有问题都必须涉及这六个要素，有时缺少个别要素同样能准确定义问题。

4. 规范地遣词造句，以达到表达上的规范性。①尽量避免使用过于模糊和笼统的词汇。例如，申通快递想知道其顾客来快递货物的频率时，若问“您经常来我们公司快递货物吗”是不规范的。显然，这里的“经常”一词是很模糊的，必须具体化，如用“一周一次”“一月一次”“一季度一次”“一年一次”等代替，即提问的问题和方式应具体和灵活。②尽量避免使用过于专业化的词语，应尽量通俗易懂。

5. 保持中立的立场，避免提有倾向性和诱导性的问题。

6．答案设计技巧。开放式问题不存在答案设计。答案设计针对的是封闭式的问题，即被调查者要从众多选项中选择一项或多项。其设计技巧如下。①要满足穷尽性，避免选项不全、被调查者无答案可选的现象。对于某些确实无法穷尽的情况，可以在主要选项后加上“其他”一项。②要满足互斥性，避免选项内容相互包含。

2.4 撰写物流市场调研报告

物流市场调研报告是调查人员对物流行业某种事物或某个问题进行深入细致的调查后，经过认真分析研究而形成的一种报告形式。它是整个物流市场调研过程的最重要部分，也是物流市场调研的终点。

2.4.1 物流市场调研报告的功能、类型与特点

1. 物流市场调研报告的功能

物流市场调研报告的功能包括：①表述研究成果；②帮助决策；③作为参考文献。

2. 物流市场调研报告的类型

物流市场调研报告的类型可细分为很多种。根据研究报告的内容及其表现形式，可分为纯资料性调研报告和分析性调研报告；根据物流企业开展经营活动的需要，可分为物流产品需求的调研报告、物流市场与消费潜力的调研报告、物流产品销售渠道的调研报告、物流产品的调研报告、物流产品价格的调研报告、物流市场竞争情况的调研报告和物流企业经营效益的调研报告。

3. 物流市场调研报告的特点

物流市场调研报告具有针对性、新颖性、及时性、预见性等特点。

2.4.2 物流市场调研报告的结构

尽管每篇调研报告都会因项目和读者的不同而有不同的写法，但调研报告的格式有通常的规定。以下为物流市场调研报告写作的一般结构。

（1）前文。本部分包括标题页、授权信、提交信、目录、摘要、介绍。

（2）正文。正文具体包括引言、研究目的、调研方法、调查结果、局限性、结论和建议。

（3）附录。附录通常包括调研提纲、调查问卷和观察记录表，被调查者（机构、单位）名单，较为复杂的抽样调查技术的说明，一些关键数据的计算（最关键数据的计算，如果所占篇幅不大，应该编入正文），较为复杂的统计表和参考文献等。

对于那些比较简单的调研报告，以上结构中的某些组成部分可以略去不写。

2.5 物流市场营销环境 SWOT 分析

2.5.1　物流市场营销环境

1. 物流市场营销环境的含义

物流市场营销环境是指与物流服务营销活动有潜在关系的所有外部力量和内部因素的集合，是影响物流服务产生和发展的各种因素。物流企业必须识别环境中影响物流市场营销的各种因素及其变化趋势，认识这些因素对物流营销活动的影响机理，发现环境带给企业的机会与威胁，揭示物流企业与竞争者相比具有的优势与劣势，进而为建立营销策略服务。

小案例　国泰航空公司积极应对环境威胁

国泰航空公司发现许多旅客不愿意去中国香港，原因是入境手续烦琐。于是，公司主管积极地与香港特区政府商议解决方法。经过长时间的谈判，双方签订了合作协议。公司每年提供给香港特区政府一笔资金，用以雇佣更多的入境检查官员，但这些官员主要为国泰航空公司的旅客办理入境手续。此举使得旅客等待时间明显减少，从而大大提高了该公司的竞争力。

（资料来源：马文祥. 物流服务营销[M]. 上海：上海交通大学出版社，2010.原文经过改写。）

物流市场营销环境一般可以分为外部环境与内部环境。其中，物流企业的外部环境包括宏观环境和行业竞争环境，内部环境则是物流企业内部的资源和条件；物流企业的外部环境的变化非物流企业所能控制，它常常给物流企业带来机遇与挑战，内部环境是物流企业自身能控制的环境。

2. 物流市场营销环境的特征

（1）客观性。客观性是指物流市场营销环境不以营销者的意志为转移。

（2）多变性。多变性是指构成物流企业市场营销的各种外界环境因素总是处于一种动态的变化过程中。

（3）相互关联性与相对分离性。相互关联性是指营销环境是由一系列相关因素组成的综合体共同影响的结果；相对分离性是指环境中某些因素彼此相对分离，各因素对企业营销活动的影响大小不一样。

（4）不可控性与物流企业的能动性。不可控性是指对于复杂多变的整体市场营销环境，物流企业不能控制它，只能适应它；物流企业的能动性是指物流企业可以通过发挥自身的能动性，来冲破环境的制约或改变某些环境因素，如调整运输线路等。

2.5.2 物流市场营销外部环境

物流市场营销外部环境包括宏观环境（也称一般环境）、行业竞争环境（也称特殊环境、具体环境）。这些环境因素将对物流企业的营销活动产生重大影响。

1. 物流市场营销一般环境——宏观环境

物流市场营销的宏观环境包括政治法律（Political）、经济（Economic）、社会文化（Social）、科技（Technological）和自然（Natural）等方面的环境，即 PESTN 分析。

（1）政治法律环境。政治法律环境泛指一个国家的社会制度，执政党的性质，政府的方针、政策，以及国家制定的有关法令、法规等。市场经济也是法制经济，国家对经济的干预主要通过法律手段和各种经济政策来进行，因此法律法规是物流企业从事市场营销必须遵循的准则之一。同时，国际惯例、行业惯例也会对物流企业的营销活动产生重大影响，如与服务贸易有关的《服务贸易总协定》（GATS）、ISO 9000（国际标准化组织发布的一系列质量管理和质量保证的国际标准的统称）以及《国际安全管理规则》（ISM Code）等。物流企业的市场营销人员必须注意国家的每项政策和立法，以及国际规则及其变化对市场营销活动的影响。

小贴士

中国 2001 年加入世界贸易组织（WTO），承诺将开放国内市场，其中涉及物流行业的承诺有七个方面的内容。

（1）仓储。分别在入世一年和三年后允许外资占合资企业多数股份和全资拥有子企业。

（2）货运代理。分别在入世一年和四年后允许外资占合资企业多数股份和全资拥有子企业，合资企业经营一年以后可以建立分支机构。外资货运代理企业在其第一家合资企业经营满五年后可以建立第二家合资企业。入世两年后，此项要求将被减至两年。

（3）海上运输。允许开展国际海上货运和客运业务（如航班、散货和不定航线货船）。外资占少数的合资企业还可以以中国国旗作为国籍旗进行经营注册。

（4）邮递服务。分别在入世一年和四年后允许外资占合资企业多数股份和全资拥有子企业。可以涉及国内一种或多种运输方式的邮递服务，但邮政部门专营的服务除外。

（5）通信和互联网。允许开展增值服务（含互联网服务）与寻呼业务。入世后上海、广州及北京允许合资企业外资占少数（30%）股份；入世后一年内推广至成都、重庆、大连、福州、杭州、南京、宁波、青岛、沈阳、深圳、厦门、西安、太原、武汉，外资所占股份可增加至 49%；入世两年内取消地域限制，外资所占股份可增加至 50%。

（6）交通。对于公路运输，将分别在入世一年和三年后允许外资占合资企业多数股份和全资拥有子企业；对于铁路运输，将分别在入世三年和六年后允许外资占合资企业多数股份和全资拥有子企业。

（7）流通领域（批发和零售）。入世两年内允许外资在合资批发企业内拥有多数所有权，届时地域或数量限制将不复存在。

这里的政治法律环境主要表现为以下几个方面的内容。

① 国家经济体制。国家经济体制是一个国家组织整体经济运行的模式，由所有制形式、

管理体制、经济方式组成。

② 政治局势和政治事件。这个方面的内容包括政治稳定性、社会治安、政府衔接、政府机构作风、政治透明度等。例如，2002 年 9 月 27 日至 10 月 9 日的美国西海岸码头工人罢工事件，导致大量货物滞留港口或等待进港，给许多物流企业营销造成了巨大困难。又如，2001 年 9 月发生在美国的“9 • 11”事件，直接给航空业营销造成了极大的冲击。

③ 国家经济政策。国家的经济政策是国家根据政治经济形势及其变化的需要制定的，往往带有扶持或者抑制、提倡或者禁止等倾向性特点，直接或间接地影响着物流企业的营销活动。对物流企业来说，国家经济政策主要表现为产业政策、能源政策、价格政策、环保政策及财政政策与货币政策等。这些政策会在不同方面、不同程度影响物流业的发展，影响物流企业的市场营销活动。例如，全面削减关税，开放农产品市场，开放批发、零售、运输市场等，既会使物流量急剧增长，也会使国内物流企业竞争更加激烈。

小贴士　我国的一些物流政策

（1）2001 年 3 月，国家经贸委、交通部、信息产业部、铁道部、对外贸易经济合作部及中国民用航空总局六部委联合下发了《关于加快我国现代物流发展的若干意见》的通知（注：以上的六部委均为原国家部门，已改革／改制），为我国现代物流的发展提供了指导性意见。2002 年，交通部也发布了《关于促进运输企业发展综合物流服务的若干意见》，确定了交通运输企业发展物流服务的指导思想和发展目标。国家的产业政策表明，我国发展物流业前景广阔。

（2）国家发展和改革委员会等九部委颁布的《关于促进我国现代物流业发展的意见》（2004），是我国最为综合的全国性物流政策，也是促进我国现代物流发展的最高纲领和行动指南。地方政府对物流发展的有关政策性的指导也更趋明朗，如《湖南省人民政府办公厅关于进一步加快现代物流业发展的若干意见》（2007）、《厦门市人民政府关于加快发展厦门现代物流业的意见》（2003）等。

（3）《中华人民共和国国民经济和社会发展“九五”计划和 2010 年远景目标纲要》（1996）中明确提出了要进一步加速物流发展，加强物流理论和技术研究，提高物流管理水平，尽快改变物流落后状况，以适应经济持续快速发展需要的战略目标。

（4）《中华人民共和国国民经济和社会发展第十个五年计划纲要》（2001）指出，要积极引进新型业态和技术，推行连锁经营、物流配送、代理制、多式联运，改造提升传统流通业、运输业和邮政服务业，从而进一步确立了现代物流在国民经济运行中的重要地位和作用。

（5）《中华人民共和国国民经济和社会发展第十一个五年规划纲要》（2006）指出，要统筹规划、合理布局交通基础设施，做好各种运输方式的相互衔接，发挥组合效率和整体优势，建设便捷、通畅、高效、安全的综合运输体系；同时，要通过振兴重大技术装备、提升汽车工业水平、壮大船舶工业实力，来振兴装备制造业；要积极发展连锁经营、特许经营、物流配送等现代流通方式和组织形式。

（6）《中华人民共和国国民经济和社会发展第十二个五年规划纲要》（2011）指出，要大力发展现代物流业，加快建立社会化、专业化、信息化的现代物流服务体系，大力发展第三方物流，优先整合和利用现有物流资源，加强物流基础设施的建设和衔接，提高物流效率，降低物流成本，推动农产品、大宗矿产品、重要工业品等重点领域物流发展，优化物流业发展的区域布局，支持物流园区等物流功能集聚区有序发展，推广现代物流管理，提高物流智能化和标准化水平。要按照适度超前原则，统筹各种运输方式发展，基本建成国家快速铁路网和高速公路网，初步形成网络设施配套衔接、技术装备先进适用、运输服务安全高效的综合交通运输体系。

（7）2015 年 10 月 29 日，十八届五中全会在北京闭幕，全会审议通过了《中共中央关于制定国民经济和社会发展第十三个五年规划的建议》，《建议》提出：实施网络强国战略，实施“互联网+”行动计划；物流业服务新型城镇化战略；物流业服务扩大消费战略；物流等服务业发展提高到经济战略高度；物流业服务自主创新能力战略；物流业融入新开放战略；物流业参与新区域发展战略；等等。我国物流行业迎来发展良机。

（8）2015 年 10 月，国务院发布《国务院关于促进快递业发展的若干意见》，提出到 2020 年，基本建成普惠城乡、技术先进、服务优质、安全高效、绿色节能的快递服务体系。

（9）2016 年 3 月 23 日，商务部、国家发展和改革委员会、交通运输部等部门发布了《全国电子商务物流发展专项规划（2016—2020 年）》，《规划》提出：建设支撑电子商务发展的物流网络体系；提高电子商务物流标准化水平；提高电子商务物流信息化水平；加快中小城市和农村电商物流发展；加快民生领域的电商物流发展；构建开放共享的跨境电商物流体系；等等。我国电商物流迎来发展良机。

（10）2016 年，交通运输部颁布了《综合运输服务“十三五”发展规划》，指出：“十三五”期间，交通运输部将重点围绕建设统一开放的综合运输市场体系、提升综合运输通道服务效能、提高综合运输枢纽服务品质、构建便捷舒适的旅客运输系统、建设集约高效的货运物流体系、发展先进适用的运输装备技术、促进开放共赢的国际运输发展、加强运输从业人员职业化建设、深化运输安全保障能力建设、推动“互联网+”与运输服务融合发展、促进运输服务与相关产业联动发展等多个方面，全力打造综合运输服务升级版。

（11）2017 年 2 月，国家邮政局发布《快递业发展“十三五”规划》，将绿色物流确定为未来物流行业发展的主基调。《规划》提出：发展快递绿色发展工程，健全快递业绿色发展法规标准体系，制定快递业包装标准，推动出台快件绿色包装环保标识认定使用和管理办法；加强快递业能耗和污染物排放测算方法研究，建立绿色快递统计监测评估体系；推动快递企业减少包装物料用量，研发生产可循环使用和可降解的包装材料；探索快件包装物有效利用渠道和方式，推动将快件包装物纳入资源回收政策支持范畴；淘汰落后老旧车辆，推广使用节能新车型，扩大新能源车辆使用比例，加快标准化绿色装载工具的推广应用；推广建筑节能，按照绿色建筑评价标准改造和新建服务网点、处理中心、办公楼宇等；开展快递业绿色发展试点示范；探索将绿色发展相关指标纳入行业信用体系建设，引导企业履行社会责任；等等。

（12）2017 年 11 月，国家邮政局、国家发展和改革委员会、科技部、工业和信息化部、环境保护部（现“生态环境部”）、住房和城乡建设部、商务部、国家质量监督检验检疫总局、国家认证认可监督管理委员会（现已划入“国家市场监督管理总局”）、国家标准化管理委员会（现已划入“国家市场监督管理总局”）联合发布《关于协同推进快递业绿色包装工作的指导意见》，明确了“十三五”期间快递业绿色包装工作要实现的三大目标：绿色化、减量化、可循环取得明显效果，科技创新和应用水平大幅提升，治理体系日益完善。《意见》

提出，到 2020 年，可降解的绿色包装材料应用比例将提高到 50%，基本淘汰重金属等特殊物质超标的包装物料，基本建成专门的快递包装物回收体系；主要快递品牌协议客户电子运单使用率达到 90%以上，平均每件快递包装耗材减少 10%以上，推广使用中转箱、笼车等设备，编织袋和胶带使用量进一步减少；基本建立快递业包装治理体系。《意见》提出了七项重点任务：一是完善快递业绿色包装法规标准；二是增加快递绿色包装产品供给使用；三是实施快递包装产品绿色认证；四是开展快递业绿色包装试点示范；五是做大做强快递绿色包装产业联盟；六是建设快递包装回收示范城市；七是强化快递业绿色包装宣传引导与教育培训。

（13）2018 年 1 月，国务院办公厅发布《国务院办公厅关于推进电子商务与快递物流协同发展的意见》，鼓励电子商务企业与快递物流企业开展供应链绿色流程再造，推广绿色运输与配送；同年 5 月正式开始实施《快递暂行条例》，鼓励经营快递业务的企业和寄件人使用可降解、可重复利用的环保包装材料，鼓励经营快递业务的企业采取措施回收快件包装材料，实现包装材料的减量化利用和再利用。

（14）2018 年 8 月 31 日，十三届全国人大常委会第五次会议审议通过颁布的《中华人民共和国电子商务法》明确要求快递物流服务提供者应当按照规定使用环保包装材料，实现包装材料的减量化和再利用。

（15）2019 年 3 月，国家发展和改革委员会、交通运输部等 24 个部门联合发布《关于推动物流高质量发展促进形成强大国内市场的意见》，强调物流业是支撑国民经济发展的基础性、战略性、先导性产业。物流高质量发展是经济高质量发展的重要组成部分，也是推动经济高质量发展不可或缺的重要力量。

④ 法律和法规。世界各国都颁布了相应的经济法律和法规来制约、维护、调整物流企业的活动。我国目前与物流有关的主要的法律和法规有《中华人民共和国合同法》《中华人民共和国海商法》《中华人民共和国商标法》《中华人民共和国专利法》《中华人民共和国反不正当竞争法》《中华人民共和国消费者权益保护法》《中华人民共和国环境保护法》《中华人民共和国广告法》《中华人民共和国公司法》《中华人民共和国破产法》等。与物流企业运作直接相关的法律和法规有《关于促进我国现代物流业发展的意见》《中华人民共和国水路运输服务业管理规定》《汽车货物运输规则》《港口货物作业规则》《智能快件箱寄递服务管理办法》《中华人民共和国国际海运条例》《道路零担货物运输管理办法》《上海航运交易所管理规定》《国务院关于促进快递业发展的若干意见》《快递业发展“十三五”规划》《国务院办公厅关于推进电子商务与快递物流协同发展的意见》《国务院办公厅关于进一步推进物流降本增效促进实体经济发展的意见》《国务院办公厅关于加快发展冷链物流保障食品安全促进消费升级的意见》《新一代人工智能发展规划》《关于协同推进快递业绿色包装工作的指导意见》《中华人民共和国电子商务法》《关于推动物流高质量发展促进形成强大国内市场的意见》等。物流企业在进行物流市场营销时，必须遵守相关的法律法规的规定。

小贴士 德国的一些物流政策

德国的物流发展战略是：加大投资；应用现代化技术；减少行政干预，增加市场调节；网络化的国际合作；环境保护政策支持。德国政府提出“长距离运输以铁路、水路为主，两头的衔接与集疏以公路为主”的运输战略，大力培育和建设货运中心则成为战略实施的重要环节。在推进措施方面，德国政府通过新的通信技术来改善物流，并促进货运装卸、货运代理和运输商之间的合作。德国还将继续发展联运，包括建造新的转运站、引进联运中的新技术，以及建设新型物流中心作为完善货运进程的前提。

⑤ 社会公众。社会公众是指对实现物流企业的营销目标的能力具有实际的或潜在的影响力的群体，具体包括金融公众、媒介公众、政府公众、企业内部公众、一般公众。

小贴士 德国物流协会

德国物流协会是德国知名的物流专业协会之一，现有 10 000 多个会员。职业培训是德国物流协会的一项重点工作。1994 年，德国物流协会成立了物流研究会，主要从事物流人员的职业培训和新技术培训。德国物流协会的其他工作包括：协助政府做好物流规划，制定政策，规范秩序，协调管理；开展物流研究，指导行业发展；举行大型活动，如每年在柏林举办的物流运输大会；分区举办研讨会，全德国被划分为 25 个工作区，每年举办 4～6 次研讨会，进行情况交流，宣传推广新项目；编辑出版杂志，邮寄给各会员单位，提供信息和咨询服务；组织会员评比活动等。

德国物流协会不断扩大规模，形成网络，引导、研究和发展物流事业，为德国物流业发展发挥着越来越大的作用。德国物流协会还成立了德国物流有限责任公司，作为经济实体，该公司主要负责物流技术推广应用和信息咨询服务方面的工作。

社会公众通过影响国家立法、方针、政策、社会舆论等，对物流企业营销活动施加影响。物流企业必须关注社会公众的态度和活动，采取积极措施，展开公共关系工作，努力维持和发展与社会公众的良好关系，塑造良好的企业形象，以利于物流营销活动的开展。

（2）经济环境。经济环境是指与物流企业市场营销活动有关的经济发展趋向及其性质。经济环境对物流企业营销活动的影响最直接，是最主要的环境因素。经济环境主要包括以下六项内容。

① 经济体制。社会主义市场经济体制的建立为我国物流企业开展市场营销活动创造了良好的经济环境。

② 经济发展阶段。世界各国的经济发展阶段可归纳为五种类型：传统经济社会阶段、经济起飞前的准备阶段、经济起飞阶段、迈向经济成熟阶段和大量消费阶段。目前，我国既有一部分现代化工业密布、经济比较发达的地区，又有一部分手工和半手工劳动居多、经济不发达的地区，还有一些生产力总体水平相对落后的地区。我国物流企业应从这一基本国情出发，制定相应的物流市场营销目标和策略。

③ 人口与收入。人口与收入主要涉及以下几个方面的内容。

- 人口的数量和变化趋势。

小资料 人口变化趋势

（1）世界人口迅速增长；

（2）发达国家出生率下降，儿童占人口比例降低；

（3）许多国家人口老龄化加剧；

（4）家庭小型化；

（5）非家庭住户增加；

（6）人口流动性大，大量农村人口涌入城市务工，城市发展空心化。

（资料来源：叶青，谢舸燕. 物流营销[M]. 北京：化学工业出版社，2009.原文经过改写。）

- 从不同的角度划分的人口的构成。
- 人口的密度和地理分布。
- 收入。对个人收入水平的分析，着重区别“个人收入”“个人可支配收入”“个人可任意支配的收入”。个人收入是指个人从各种来源所得的收入。个人可支配收入是指在个人收入中扣除税款和非税性负担之后所得的余额。在我国居民的收入中，目前最典型的非税性负担是保险金的支出。个人可支配收入中有相当一部分是用于维持个人与家庭生存不可缺少的费用，如房租、水电、食物、燃料、衣着等项的开支，用个人可支配收入减去这部分必要的开支，就是个人可任意支配的收入。个人可任意支配的收入是消费需求变化中最活跃的因素，是物流企业研究营销活动时需要考虑的主要方面。

④ 消费结构。消费结构是指消费者在各种消费支出中的比例及相互关系。我国现在的总体消费结构反映了发展中国家的一般特征。但由于经济改革的不断深化，市场消费也呈现出多层次性，消费结构层次较为鲜明。消费结构的特征决定了目标市场产品需求的构成，从而影响着物流企业的经营决策。

⑤ 地区发展状况。我国各地区经济发展不平衡，对于东部、中部、西部三大区域而言，经济发展水平客观上存在着“东高西低”的总体区域趋势。同时，在各区域的不同省市，还呈现出多极化发展趋势。这些都会对物流企业的投资方向、目标市场及营销策略制定等产生巨大影响。

⑥ 产业结构。产业结构是指各产业部门在国民经济中所处的地位和所占的比重及相互之间的关系。从我国的实际情况看，第一产业国民生产总值的比重和就业人口比重将逐渐下降；第二产业国民生产总值的比重将略有上升，但就业人口比重可能不变；第三产业无论是就业人口比重还是国民生产总值比重都将逐步上升，这种变化趋势给发展第三产业提供了机会。因此，物流企业只有针对三大产业的变化趋势，制定相应的策略，才能处于主动地位。

小资料 我国医药物流企业发展的经济环境

改革开放以来，我国国民经济保持了持续、快速发展的势头。2002—2006 年国内生产总值（GDP）年平均增长率为 10.4%，经济增速大大超过了世界经济平均增长率 4.9%的水平，GDP 总量占世界的比重由 2002 年的 4.4%提高到 2006 年的 5.5%。按汇率法计算，2002 年我国 GDP 总量为 14 538 亿美元，到 2006 年已达到 26 452 亿美元，居世界的位次也由 2002 年的第 6 位上升到 2006 年的第 4 位。我国人均国民总收入也稳步提高，继 2002 年突破 1 000 美元后，2006 年突破了 2 000 美元，达到 2 010 美元，比 2002 年翻了一番，居世界的位次也由第 132 位上升到第 129 位。

与此同时，我国人民的生活水平和生活质量显著提高。2006 年，全国城镇居民年人均可支配收入达到 11 759 元，比 2002 年增长了 52.7%；农村居民人均纯收入 3 587 元，比 2002

年增长 44.9%。2002 年我国城乡居民恩格尔系数（注：恩格尔系数=食物支出金额／总支出金额。国际上认为恩格尔系数在 60%以上为贫困，在 50%～59%为温饱，在 40%～49%为小康，在 30%～39%为富裕，30%以下为最富裕。）分别为 37.7%和 46.2%，2006 年已下降到 35.8%和 43%，分别降低 1.9 个百分点和 3.2 个百分点。2006 年全年人均消费性支出约 8 697 元，比 2002 年增长了 33.2%；农村居民人均生活消费支出 2 829 元，比 2002 年增长了 54.2%。发展性消费和享受型消费比重提高，交通通信、文教娱乐、医疗保健等发展性消费和享受型消费的支出大幅度增加，所占比重稳步提高。

随着我国经济的快速发展，人民生活水平的提高，基本医疗保险制度的实行，以及药品管理的推行，人们对医疗健康的需求将不断增加。预计 2020 年我国的医药市场价值将达到 1 200 亿美元，超过美国成为世界第一医药市场，由此可见，我国医药物流企业发展空间巨大。

（资料来源：郭伟业，郭景春. 物流服务营销[M]. 北京：北京师范大学出版社，2011. 原文经过改写。）

（3）社会文化环境。物流企业在进行营销活动前，要对各地的社会文化环境进行深入了解，以在做到“入乡随俗”的基础上，事半功倍地进行营销。

社会文化环境是由教育水平、语言文字、价值观念、宗教信仰、审美观、风俗习惯等构成的，其影响着人们的欲望与行为。例如，价值观念会影响客户的兴趣与偏好，使得需求差异形成，可以催生特色物流服务；宗教信仰、伦理道德、风俗习惯、审美观念则会禁止、抵制或推动某些行为和活动的进行，从而对物流营销活动产生影响。

小贴士 我国医药物流企业发展的社会文化环境

1. 语言趣谈

在世界大多数国家点头即“yes”、摇头即“no”，而在印度却恰恰相反。因此，在物流市场营销中要特别注意了解目标群体国家或地区的身体语言，以免造成误会。

不同地区的语言交流文化各异。例如，日本人的表达很含蓄，他们回答“是”时可能是“是，是的”的意思，也可能是在表示“疑问”，或者可能只是在附合，营销人员要配合对方的身体语言等各方面来理解；而美国人却会直接给出肯定或否定的回答。

同一种语言在不同地区可能有不同的意思。例如，the first floor 在英国指第二层，而在美国则确实指第一层。

虽然普通话是我国的通用语言，英语是世界的通用语言，但不论哪种文化的人都欢迎别人学习自己语言。因此，物流营销者应尽量学习对方的语言，以表示对他们文化的重视，从而可以迅速融入当地文化。成功的物流营销人员应懂得通用语（如普通话、英语）和营销市场的当地语言。

2. 价值观念

随着经济的发展和人均收入水平的提高，人们对健康消费的需求也在快速增长，用药水平稳步上升，医疗消费占消费性支出的比例逐年上升。此外，人口老龄化也在促使我国的人均用药水平不断提高。据测算，老年人消费的医疗卫生资源是一般人的 3～5 倍。中国人口老龄化的压力已经开始显现，已有 21 个省、直辖市、自治区成为人口老年型地区。2021

年至 2050 年是我国加速老龄化阶段，预计平均每年增加 620 万老年人口。

随着人们保健意识的提高，医学模式将从治疗型向预防型转变，用于治疗、预防新的传染病和常见病的药物及消毒用药的需求将会大量增加；健康长寿的要求也越来越强烈，对药物的需求由防病治病扩大到延缓衰老、强身益智、美容健美、提高生活质量等多种需求。预防型药物市场和保健品消费市场将成为新的热点。因此，医药物流企业应顺应消费者的消费观念及变化趋势，配合制药企业做好信息管理并调整产品结构以及配送工作。

3. 某些宗教、禁忌

有一些宗教禁忌属于礼仪禁忌。例如，进寺、观、教堂等宗教场合应当衣冠整洁、举止稳重等；一些日常生活中的禁忌处于礼仪场合时，便带上了礼仪禁忌性质。一般情况下，遇到宗教礼仪禁忌时，物流营销人员面对合理的礼仪要求都应自觉采取“入乡随俗”“客随主便”的恰当做法。否则，其营销活动将会受到阻碍。

4. 不同国家的习俗和禁忌

物流营销人员要特别注意如下国家的习俗和禁忌。

（1）日本。因为日本人认为荷花代表着祭奠，因此，在有关日本的产品包装上应忌用荷花；又由于日本人认为狐狸和獾是狡猾、贪婪的象征，因此，他们对有狐狸和獾装饰图案的包装也很反感。

（2）英国。白象在英国象征好吃懒做，有大而无用之意，因此出口到英国的产品包装上忌用白象。山羊的英文单词是 goat，而 goat 有“不正经的人”之意；孔雀在英国是祸鸟，孔雀开屏在英国被认为是自我炫耀的不良习性。因此，英国人忌用山羊和孔雀做商标。

（3）法国。因为第二次世界大战时纳粹德国的法西斯军队穿的是墨绿色军装，所以法国人见到类似于纳粹德国时期法西斯军队军服的墨绿色时就会触景生情，产生反感。

（4）非洲。在某些非洲国家，“笑”不是友好的象征，小辈见了长辈不能笑，甚至男女双方谈恋爱也不能笑，有一方笑就意味着感情破裂。他们甚至不欢迎面带慈祥笑容的老寿星。

（4） 科技环境。目前，物流企业的科技环境一般包括基础应用层次、环境体系层次、作业管理层次、管理信息系统等。其中，基础应用层次上有 Internet（因特网）、GIS（地理信息系统）、GPS（全球卫星定位系统）、BCT（条码技术）、RF（射频技术）等；环境体系层次上有 EDI（电子数据交换），涉及物流企业事务、商务、税务的电子化契约、支付和信用标准；作业管理层次上有 JIT（准时生产）系统、POS（销售点情报管理系统）、ECR（有效客户响应）、ACEP（自动连续补货）、QR（快速响应）码等；管理信息系统上有 MIS（管理信息系统）、ERP（企业资源计划）、DRP（配送需求计划）、CRM（客户关系管理）、SCM（供应链管理）等。

在实际工作中，以电子技术、信息技术、网络技术为一体的电子商务平台，实现了数据的快速、准确传递，提高了仓库管理、装卸运输、采购、订货、配送发运、订单处理的自动化水平，使包装、保管、运输、流通、加工实现了一体化，提高了结算、需求预测、物流系统设计咨询、物流教育与培训方面的服务能力。例如，在海运方面，基于高科技的发展，船舶的大型化、装卸机械的高速化和自动化、运输方式的集装箱化、大宗货物的散装化前所未有地提高了远洋运输能力，从而使物流企业能更全面、准确、高效、经济地向客户提供综合物流服务。

物流企业如果能利用好科技环境，则可以很好地实现以下目标：缩短从接受订货到发货的时间；库存适量化；提高搬运作业的效率；使接受订货和发出订货更省力；提高运输效率；避免配送差错；调整需求和供给；及时高效地实现信息咨询等。由此可见，科学技术为物流企业从事市场营销活动提供了强力支持，也大大提高了物流企业面向客户提供全面、准确、高效、经济的综合物流服务的能力。相反，如果物流企业没有跟上科技环境发展的步伐，就会面临巨大的营销困境。因而，物流企业在科技环境上的竞逐，已成为物流行业的必然趋势。

小案例 宝供物流利用科技环境促进了自身的快速成长

在“2007 年度中国企业信息化 500 强”评选结果中，宝供物流榜上有名，这是自 2003 年“中国企业信息化 500 强”评选活动举办以来，宝供物流连续第五年入选。

宝供的这一巨大成就，很大程度上得益于其利用科技环境促进了自身的快速成长。

1997 年，宝供在国内率先建成基于 Internet/Intranet 的物流信息管理系统，使总部、分公司及四十多个运作点实现了内部办公自动化、外部业务运作信息化，并实现了仓储、运输等关键物流信息的网上实时跟踪。同年，宝供开发了因特网应用以取代电话、传真。

1998 年以后，宝供的技术人员能够根据企业发展的要求，在最早的系统中逐步加入数据接口、成本核算、财务分析等模块，使宝供的系统得到逐步完善，客户可以通过宝供信息系统管理和控制不同区域、不同仓库、不同类型、不同产品的库存，制定最佳的营销策略。同时，宝供实现了“客户电子订单、一体化运作”的电子商务初步目标，简化了商务流程，提高了运作效率。同年，宝供开始把数据分享给客户，尝试提供基于信息技术的增值服务。

1999 年，宝供开发了业务运作与成本核算一体化系统，该系统能够有效预测和评估每笔业务的利润回报率，能够为市场营销和业务运作提供可靠的数据，信息技术对于降低成本的价值开始展现。

2000 年，宝供建立基于 VPN（虚拟专用网络）平台的 EDI（电子数据交换）平台，采用 XML（可扩展标记语言）技术进一步提升了与客户的电子数据交换水平，实现了与客户电子数据的无缝交换与连接，能够为客户量身定制个性化的物流信息服务。

2001 年，借助 VPN 平台、XML 技术，宝供加速订单处理，集团实现了与飞利浦、宝洁、红牛等客户电子数据的无缝连接，全面代替了传真等手工操作，摆脱了落后的手工对账方法，取而代之的是利用数据库、网络传递等计算机辅助手段来实现数据的核对、归类、整理，实现了物流、资金流、信息流的“三流一体化”的供应链管理。宝供物流的这套信息化应用系统被英特尔公司誉为“目前国际上先进的物流信息系统”，宝供成为全国最早以信息服务驱动提供物流全面解决方案的第三方专业物流公司。

从 2002 年到 2003 年，公司在信息技术系统上计划投资 1 000 万元，寻求与国际大型信息企业合作，开发出适合中国物流需要的、中国一流的物流信息系统，开始真正推行 B2B 的电子商务，与客户结成供应链一体化合作伙伴。同时，宝供建立了覆盖全国的物流运作网络，从根本上改变了传统储运存货、接货、发货、送货多头负责，责任相互推诿以及多环节、高费用、低效率、难以监控的被动局面，确保了面向客户一致性、一体化的全程服务，实现了对物流运作网络的集中监控管理。物流运作网络的建立为大型制造企业在全国范围内的分销提供了高效、可控、透明的物流支持体系，是促进制造企业拓展市场、提高资源利用率、降低成本的有效途径。

经过“储运—物流—供应链”的发展，宝供的物流信息系统已经是宝供核心竞争力的一个重要来源。借助信息革命的动力，宝供就这样完成了成长的三级跳。

宝供通过建设第三方物流信息集成平台，进一步提升了自身物流服务的核心竞争力，使其与客户、供应商结成了更紧密的战略联盟，实现了更大范围的信息共享，节约了成本，创造了宝供与客户、供应商在物流供应链上“三赢”的局面。

（资料来源：宁国富. 宝供物流信息化大跨步[N]. 中国邮政报，2003-12-16.原文经过改写。）

（5）自然环境。自然环境因素包括国家或地区的地理位置、气候、自然资源等。例如，上海作为我国东部沿海的最大港口，地理位置优越，经济腹地广阔，交通发达，海陆空联系便捷，再加上正在建设成为国际经济、金融、贸易及航运中心，众多的国内外物流企业纷纷进驻上海，从事物流活动；又如，很多物品季节性强、对气候的变化非常敏感，因而自然环境又会影响物流企业的营销组合，如运输工具、运输线路等的改变。

此外，物流企业还需要注意自然资源方面的动向。例如，某些自然资源短缺或即将短缺，如煤炭、铀、锡、锌和石油等矿物或矿物燃料的供给波动，将对物流企业的营销活动产生影响。又如环境污染状况。在许多国家，随着工业化和城市化的发展，环境污染程度日趋严重，对此，公众越来越担忧也越来越重视环境污染的危害性。如果物流企业能够充分考虑生态保护问题，进行绿色物流，那么在生态保护方面，其较之竞争者更会得到客户和公众的认可，从而更加具有竞争优势。

2. 物流市场营销行业特殊环境——行业竞争环境

物流市场营销行业竞争环境包括五种竞争力：新进入者的威胁、替代品的威胁、客户的讨价还价能力、供方的讨价还价能力及现有竞争者之间的竞争（见图 2-1）。

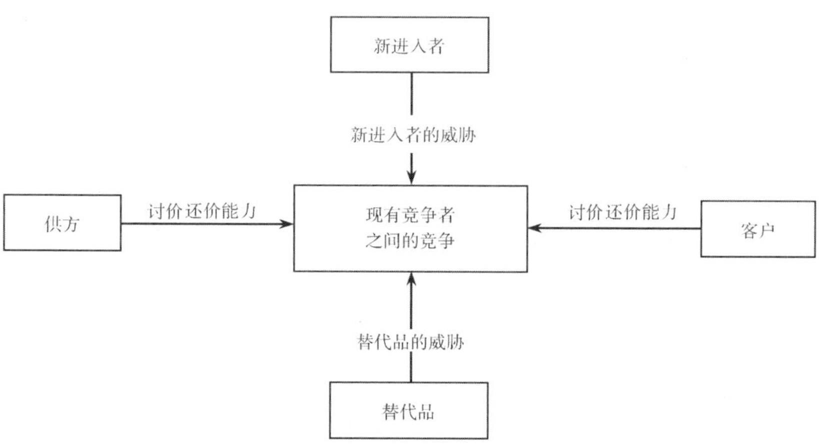

图 2-1 行业分析模型

物流企业对行业竞争环境进行分析，主要应明白竞争者在做什么、竞争者哪些做得好、竞争者哪些做得不好、竞争者哪些没有做，以便做到知己知彼，确立竞争优势。

（1）新进入者的威胁。任何一种物流产品的生产经营，只要有利可图都可能吸引新的进入者。新进入者指新参加竞争的物流企业，即新加入物流行业的新企业。这些新进入的物流企业既促进了物流市场的发展，也为现有物流企业带来了挑战和压力，挑战着同行业各物流企业的市场地位。

（2）替代品的威胁。当同样的业务可采用成本较低的方案来完成任务时，这个方案就是原有业务的替代品。替代品设置了行业中物流企业可谋取利润的定价上限，从而限制了物流行业的潜在收益。

例如，就航空货运业务而言，一般把航空货运业务分为五类：紧急货运、日常性的易腐性货运、日常性的非易腐性货运、特快专递和邮件，它们互为替代品。在很多市场中，由于空运费用较昂贵（往往高出地面运输价格的 10 倍），发货人更愿意采用火车、卡车、轮船等地面、水面运输方式（替代品）来托运货物。又如快递业务（或急件业务），传真机就是一个替代性的竞争者，互联网也是一个替代性的竞争者，因为很多邮件通过互联网就能实现安全快速传递。

（3）客户的讨价还价能力。客户的讨价还价能力是指物流用户向物流企业施加的压力。物流用户与物流公司竞争的手段主要有三种：压低价格；要求较高的物流产品质量；索取更多的物流服务项目。物流企业每个主要客户的上述能力的强弱取决于众多市场情况的特点和这种购买对物流企业整个业务的重要程度。

客户是物流企业服务的对象，是物流企业一切营销活动的出发点和最终点。客户既可与物流企业同在一个国家和地区，也可以在其他国家和地区。物流企业必须坚持以客户为中心，识别当今物流市场上客户的特征，以便为客户提供优质、高效、便捷的物流营销服务。

小案例　UPS 的购买者

许多人认为美国联合包裹运送服务公司（UPS）是一个从事个人小包裹业务的公司。其实，UPS 的主要业务面向的并不是居民消费者，而是大企业。UPS 的绝大多数收入不是来自接受包裹的消费者，而是来自发送包裹的企业。居民消费者可能简单地认为 UPS 代表着快捷、友好和低成本的包裹传递，而实际上 UPS 可以满足客户一些更复杂的需求。

对物流企业来说，包裹传递涉及采购、库存、订单核实、发货、支付、商品退还以及其他物流服务。除了实体包裹传递，物流企业还要处理与之相关的资金和信息传递。UPS 知道，对许多物流企业来说，这些日常的物流活动实在令人头疼。并且，许多物流企业还没有把这些活动看成是获得竞争优势的一项战略能力。

而这就是 UPS 的切入点，也是 UPS 做得最好的地方。多年来，UPS 不断壮大，不再仅仅是邻里之间递送小包裹的公司，它现在是拥有 350 亿美元资产、提供广泛物流服务的巨头企业。UPS 处理物流活动，让客户把精力集中在它们能做得最好的地方。UPS 能为客户提供一切，从地上或空中包裹递送、货物递送（空中、海路、铁路和公路）、邮件服务到库存管理、第三方物流、国际贸易管理、物流管理软件和电子商务解决方案，甚至包括融资。

无论一个企业的规模如何，UPS 都有充足的资源去处理其物流。UPS 拥有 36 万名员工（包含临时工）、8.8 万辆运输车（汽车、敞篷车、拖拉机和摩托车，含租用）、600 架飞机（含租用），并在全球 120 多个国家和地区设有 750 多个仓库。UPS 运输了全美国国内生产总值的 6%，每天联系着 180 万个卖者和 600 万个买者，每周处理超过 4.6 亿次电子交易。它为全世界 90%的人以及“财富 1 000 强”中 99%的企业提供服务。UPS 每年投资 10 亿美元用于信息技术，以支持它的高度准时的物流服务，并使客户能够掌握物流过程中每一时间点的信息。

除了帮助客户在美国国内运输货物，UPS还帮助企业客户摆脱了国际运输的烦恼。UPS每天开设800个国际航班，往返于466个国际终点站。虽然大多数居民不需要来往于中美之间的隔日送达空递服务，但是许多企业需要来往于亚洲制造区的运输服务。UPS确保重要物品的准时运输，如关键商业文件、高价物品（半导体等）和紧急修理零部件，这些物品每天都穿梭于太平洋上空。UPS甚至提供便捷的美国海关通关服务，使产品能够快速地通过检查和出关。

在更深层次上，UPS能够为不同规模的企业提供所需的建议或技术支持，以改进它们的物流活动。UPS咨询部建议很多企业重新设计物流系统，使它们更适应其经营战略。UPS供应链方案帮助客户使产品、资金和信息在供应链中的流动更协调一致。UPS的物流技术为企业提供软件支持以帮助它们改进分销效率，包括街道路线最优化设计、区域计划、灵活递送实施、实时无线递送以及GPS跟踪。

对于居民消费者，UPS用卡车进行简单、高效的包裹递送，在产业市场上，它培育了更深入、更复杂的客户关系。UPS不仅提供简单的物流服务，而且成为企业的战略合作伙伴。

（资料来源：马文祥. 物流服务营销[M]. 上海：上海交通大学出版社，2010.）

（4）供方的讨价还价能力。供方是指物流企业从事物流活动所需各类资源和服务的供应者，包括：为物流企业提供设备、工具、能源及土地和房产的各类供应商；提供信贷资金的各类金融机构以及在各类人才市场上为企业提供人力资源的中介机构等。另外，为物流企业生产经营过程提供各种劳务和服务的机构，如货物运输、设备修理、员工培训、环卫清洁及保安等服务机构，也都构成物流企业的供方。

对于一个具体物流企业而言，油料公司、运输工具（货运汽车、远洋运输船舶等）制造商、劳动力“组织”（如海员工会、码头工会等）、各类场站（如港口、机场、货运站）、运输工具租赁公司等都可能成为供方。例如，一家航空货运公司的供方可能涉及航空油料公司、飞机制造公司、航材公司、飞机发动机公司、工会、机场、飞机租赁公司等，而一家从事海洋运输的物流企业的供方则可能与燃料供应公司、船舶制造商、集装箱厂家、港口码头、海员工会、船舶租赁公司等有关。

当供方的压力足够大时，可以导致物流公司因无法使其产品价格跟上成本的增长而失去利润。因此，物流企业必须加强与供方互惠互利（如物流企业必须与相关的运输工具制造商、燃料供应商建立良好的合作关系），建立彼此间的信任关系，做到降低营销成本，实现营销目标。

（5）现有竞争者之间的竞争。现有竞争者是指已在行业中的现有物流企业。物流企业的营销活动是在一群竞争者的包围和制约下进行的。现有竞争者之间的竞争手段主要包含价格竞争、广告战、物流产品的增值服务等。物流企业不仅要找出主要竞争者，还应进一步分析整个物流行业的竞争格局和主要竞争者的战略动向、发展方向（产品开发动向、市场拓展或转移方向），研究其竞争实力，从而知己知彼地制定相应的、有效的竞争策略。

小贴士 沃尔玛公司在配送中紧盯对手而获胜

美国的沃尔玛公司是全世界零售业中的巨头企业，它为了在物流配送中取得优势，对竞争者进行了认真分析，发现竞争者中凯马特的配送为平均 5 天一次、塔吉特的配送为平均 3～4 天一次，于是沃尔玛决定平均只要两天就可以到货。如果急需，第二天就可以到货，这使得沃尔玛的零售店总能保持货架充盈，运输成本也总是低于竞争者。

小案例　安得物流的行业竞争环境分析

1. 新进入者的威胁

目前，外资进入中国物流行业已经多年了。从这些年的发展来看，它们具备资本优势，在外资高端客户方面有竞争力，但是在成本和对中国国内物流环境的熟悉方面仍然不够，对中国国内物流企业的生存影响目前不是很大。而地区性的业务单一的物流供应商发展迅速，如杭州的华商等，将对公司在某一地区的市场份额造成一定的影响。

2. 替代品的威胁

目前，整个物流行业正处在迅速发展的朝阳时期，基本上没有替代品或服务的威胁。

3. 客户的讨价还价能力

在具体的行业中，客户以家电、消费品、建材等行业为主，主要原因是这些行业竞争充分，毛利不高，需要引入物流供应商提升整体供应链的效率。

家电大型连锁商地位的提高将对以家电业务为主的公司造成极大的影响，而主要原材料价格上涨和家电行业竞争充分，则削弱了它的盈利能力，进而将对物流成本产生挤压，公司与客户议价的能力将受到严重削弱。

4. 供方的讨价还价能力

油价上涨和计重收费等不可控因素，使得公司盈利空间变小，给经营带来了不少压力。

从公司的各种供应商来看，仓储供应商主要以当地国有企业和私人业主为主；运输配送供应商以小型个体企业、专线公司和个体车主为主；海运以船舶公司为主；铁路运输以行包为主。供应商的总体讨价还价能力不是很强。

5. 现有竞争者之间的竞争

在我国，社会对物流的认识程度和迫切性总体表现不高，物流整体市场需要很长一段时间的培育。

我国物流行业的总体情况如下。

（1）国有大型物流企业有比较好的业务基础和资产基础，同时也在不断改革，显示出越来越强的活力和竞争力。

（2）国内实力突出的第三方物流公司较少，主要包括宝供、南方、新科安达、捷利等物流公司。

（3）中小型、夫妻档物流企业仍然占据较大的市场份额。

（4）国际巨头正在逐步进入国内市场，但在短期内不会对国内物流企业造成较大威胁。

目前，第三方物流公司主要的运输方式是公路运输，原因是国家在铁路、海运和空运等方面没有放开资源，所以客户结构也主要集中在需要提供公路运输业务的客户方面，不过目前已经有放开的趋势。

我国在公路运输的市场方面是基本放开的，这也是物流企业能够生存的关键因素。但是，考虑到油价和集中收费等方面的因素，总体运输成本将有一定幅度的波动；相关配套措施的落实方面，也必然会对物流行业产生影响。

在我国的整体物流市场，物流企业都在快速发展之中，除了国有企业，其他大部分民营物流企业规模都不大，很难影响整体物流行业状况，而是都在抓机遇快速发展。

（资料来源：郭伟业，郭景春. 物流服务营销[M]. 北京：北京师范大学出版社，2011. 原文经过改写。）

2.5.3　物流市场营销内部环境

在同样的外部环境下，不同物流企业的营销活动所取得的效果往往并不一样，这是因为它们还有着不同的内部环境。物流企业的内部环境主要包括以下几个方面。

（1）管理决策层和其他职能部门及其配合程度。物流企业有关部门在制订和实施营销计划、开展营销活动时必须考虑到与企业其他部门的协调，包括与管理决策层、财务部、供应部、采购部、仓储部、物流中心等部门的协调。一个高效运转的物流公司，必须能够使其营销活动得到内部高层和相关部门的大力支持。

（2）资源和能力。物流企业的人员、企业文化、生产能力、财务能力、研发状况、企业在公众中的形象、信息技术、运输设备、资金能力、储备条件、集装箱、托盘等资源和能力对物流企业的生产经营、产品和服务的提供有着直接影响。其中，人员是企业营销策略的确定者与执行者，是企业最重要的资源。信息技术和企业文化分别作为硬件和软件，也是需要格外注意的两个内部环境资源和能力。

小案例　UPS 竞争战略的内部环境分析

1. 公司业务发展的现状分析

美国联合包裹运送服务公司（UPS）已经在公司业务上取得了骄人的业绩。为了使公司再创佳绩，其必须更进一步激励公司的员工，也必须不断探索更多、更好的契机。因此，公司制定了全球战略的三个重要突破口：业务全球化、降低成本、互联网经营。

2. 财务状况分析

进入 21 世纪以来，UPS 拥有较高的利润率，这主要是由于公司经营收入的增加和对成本的有效控制；UPS 拥有良好的融资能力，保证了公司在新业务上线时有足够的资金；公司股票价格的稳定对于上市公司而言是相当重要的。2007 年第 1 季度以前 52 周 UPS 的股票最高价和最低价分别是 79.72 美元和 68.66 美元，50 天移动平均价格和 200 天移动平均价格分别是 75.89 美元和 72.97 美元，公司的股票价格基本上保持了稳定，这对公司进行相应的市场运作是非常重要的。

3. 人力资源分析

UPS 非常注重员工的招募和培训，公司每年都会在员工培训上投入大量的精力。因此，UPS 从基层到高层，编制了一个独特的知识员工培训网，主要员工的挑选战略如下。

（1）找合适的员工。正直、诚信、优秀是企业的文化，同时是企业对人才的要求。当 UPS 还是美国西部一个小型信使服务公司时，就遵从这样的文化和目标。

（2）布局实习人才抢先计划，看长不看短。UPS 将人才视为最有价值的资产之一。与经常要求应聘者有工作经验的其他公司不同的是，UPS 在中国和美国的大学都实施校园招聘计划，为那些有潜力、有可能毕业后为 UPS 工作的学生提供到 UPS 实习的机会。在中国，已经有 48 个相关专业的大学生从 2007 年 3 月开始成为北京 UPS、上海 UPS 和广东 UPS 的实习生。他们将从 UPS 的司机岗位做起，完成 18 个月的实习期，然后公司根据他们各自的教育背景、表现、特点与个人兴趣，安排到不同的管理岗位上。

从 2001 年开始，UPS 和新加坡经济发展局合作，在中国招募优秀人才，然后将他们派往新加坡，支持他们在新加坡修双学位课程，学习物流以及物流工程技术。毕业以后为他们提供 3 年的工作机会，然后将他们送回中国，参与公司在中国的业务发展。而在美国，UPS 雇佣在美国受教育的中国公民，为他们提供为期 1 年的培训，毕业后，他们也将回到中国，继续为 UPS 工作。

这种起用和培育新人的方法有力地保证了企业文化的贯彻落实。

（3）注重沟通品质，设立固定的活动日，适应企业文化。UPS 提倡主管和下属间平等畅通交流的同时，积极宣讲正直、诚信和优秀这些 UPS 近百年所传承下来的企业文化。同时，UPS 专门在中国设立了一些项目，如设立“文化日”以及提供培训和相关的激励计划。

（4）对员工有合理的期望，开展点到面的内部职业培训。UPS 会为每个入职的员工提供良好的培训机会，授予他们相关的知识和技术，使他们清楚，UPS 提供给他们的不仅是一份工作，更是一份可以长期发展的事业。

① UPS 会根据员工个人的能力、特长，协助员工规划自己发展的职业道路。而且，UPS 严格执行“从内部提拔”的政策。公司有 57%以上的高层管理者来自内部晋升。

② UPS 相信培训能协助员工实现不断发展。2005 年以来，UPS 中国在员工培训上的时间超过了 12 万个小时。

（5）用科技换位思考，抓紧员工心。UPS 在推出新的政策或采用新的设备时，都会充分考虑对客户、员工和社会的影响。例如，UPS 最近大范围启用的第四代速递资料收集器 DIADIV 就为 UPS 送递员的工作带来了便利。DIADIV 是首台同时集成了可视化签名、蓝牙、Wi-Fi 和广域无线网络功能（GPRS 或 CDMA）的手持电脑装置。该电脑还使用了最新的全球卫星定位技术以进一步提升递送服务质量，并可立即上传客户的签收信息，帮助 UPS 的送递员更好地为每位客户提供可靠的、一对一的服务，得到了员工的认同和良好执行。

4. 内部网络设置分析

UPS 在美国国内的航空网络由三层组成：航空转运中心、通航机场、处理中心。

（1）航空转运中心。位于路易斯维尔的 UPS 航空转运中心，主要负责飞机的集散交换和散件分拣处理。

（2）通航机场。UPS 在全美的 385 个通航机场，主要负责辐射范围内各处理中心与机场之间航空运输邮件的集装箱转运、装卸。两个通航机场间邮件量较大，可以满足一架飞机装运的，采用直航的方式，不再绕经路易斯维尔集散，不够量的全部集中到路易斯维尔集散接力运输。此外，全美还有 6 个通航机场承担辅助集散功能，分别是宾夕法尼亚州的费城、得克萨斯州的达拉斯、加利福尼亚州的安大略、伊利诺伊州的洛克佛德、南卡罗来纳州的哥伦比亚、康涅狄格州的哈特佛德。区别于其他通航机场的是，它们同时承担周边支线飞机的集散，支线飞机到达这 6 个辅助集散中心后，散件拼箱再发运。

（3）处理中心。全美共有 1 200 个处理中心，负责进出口邮件的散件分拣处理，并将本中心分拣完毕的邮件按发运方式发运，陆运的直接装发干线卡车，空运的装发航空集装箱，通过航空趟车运输至机场发运，部分业务量小、场地条件不具备的处理中心需要到机场将散件装发集装箱。

5. 运输能力分析

UPS 在北美和亚洲有着强大的运输能力。其一直是北美快递巨头，在亚洲的新加坡、中国台湾台北市、中国香港等地设立转运中心，有着快捷的运输速度和庞大的吞吐能力。

UPS 拥有自己的飞机和美国国内的直航权，保证了对其主要产品的第一优先装载，其次为次要产品及其他货运承运商托运货件。在每年的季节性旺季，如圣诞节或个人国际展览期间，UPS 更能提供品质稳定的服务：在不可预料的特殊情况发生时，有随时调动机队的优势应变能力。

另外，UPS 拥有良好的品牌形象。UPS 一直强调其“准时到达”的承诺，在许多客户心中有着清晰的概念。同时，UPS 拥有庞大的资金实力。

（资料来源：郭伟业，郭景春. 物流服务营销[M]. 北京：北京师范大学出版社，2011.）

2.5.4　SWOT 分析法

1. SWOT 分析法的定义

SWOT 四个英文字母分别代表：优势（Strength）、劣势（Weakness）、机会（Opportunity）、威胁（Threat）。SWOT 分析法又称态势分析法，从整体上看，SWOT 可以分为两部分：第一部分为 SW，主要用来分析内部环境；第二部分为 OT，主要用来分析外部环境。SWOT 分析法就是对物流企业自身的优势、劣势、机会、威胁进行分析，从中找出对自己有利的、值得发扬的因素，以及对自己不利的、要避开的因素，发现存在的问题，对物流企业要做某件事的必要性和可能性进行分析，并结合物流企业的经营目标，制定出一种正确的经营战略。因此，SWOT 分析法是一种能够较客观而准确地分析和研究物流企业现实情况的方法。

2. SWOT 分析法的步骤

（1）列出各项优势、劣势、机会、威胁。

① 进行物流企业外部环境分析，列出对物流企业来说外部环境中存在的机会（O）和威胁（T）。

环境机会的实质是指物流市场上存在着“未满足的需求”。环境中存在的机会能否被物流企业利用，取决于物流企业自身是否具备利用机会的能力，即物流企业的竞争优势是否与机会一致。

小贴士　洛克菲勒的眼光

第二次世界大战过后，战胜国决定在美国纽约建立联合国办公大厦。可是，办公场所建在哪里？在寸土寸金的纽约，要买一块土地谈何容易，特别是联合国机构刚刚成立，身无分文，硬性摊派不合适，征求募捐也很难——经过战争浩劫，各国都在忙着重建。

正当各国政要一筹莫展时，美国著名的洛克菲勒财团决定花一笔巨资，在纽约买一大块土地，无偿赠送给联合国。同时，洛克菲勒财团将这块土地周边的地皮都买下来。

消息一传开，各个财团纷纷嘲笑洛克菲勒财团：如此经营，用不了几年，必然沦落！

洛克菲勒财团则不管他人如何议论，决心不变，坚持将土地赠送给联合国。

几年以后，联合国大厦建立起来了，联合国事务开展得红红火火，那块土地很快变成全球的一块热土。于是，它四周的地价也不断飙升。结果，洛克菲勒财团所购买的土地价值直线上升，财团赢得的利润相当于所赠土地价款的数十倍、上百倍。

那些当初嘲笑洛克菲勒财团的大亨们，此时只能自嘲当时自己目光短浅了。

［资料来源：李雪峰. 赠予自己财富[J]. 思维与智慧，2001（5）.原文经过改写。］

环境威胁是指外部环境中对物流企业营销活动不利或限制物流企业营销活动发展的因素。物流企业通过环境分析，应及时察觉存在的环境威胁，准确判断环境威胁出现的可能性及造成危害的严重程度，相应地调整物流企业的营销策略。

小案例　危机中寻找发展的机遇

面对“金融”困境，外资物流企业为何依然加大对中国的投资?

在 2008 年金融危机波及全球的局势下，企业、工厂频繁破产倒闭，市场局面出现了混乱。尤其对物流行业的冲击更大，造成了货源与物流间的“短路”。

据中国物流与采购联合会“2008 年前三季度中国物流业统计分析”数据，1 ~ 9 月，40%以上的物流企业的利润有不同程度的减少，还有部分物流企业出现了赤字。部分规模较小的外资物流企业，暂缓在中国继续投资，勉强维持企业运转。但一些全球 500 强跨国公司和国际知名物流企业，如冰岛怡之航集团、日本邮船株式会社（NYK）、马士基集团、美国联合包裹运送服务公司（UPS）等，纷纷凭借自身的资金和技术优势，加快在中国的网络布局，抢占核心城市和高端市场。韩国大韩通运也在研究在中国上海、天津、青岛等地投资建设物流基地。

其原因在于，国务院提出了拉动内需 10 条措施，推出了 4 万亿元人民币的刺激经济方案，这对国内外物流业也是一个机遇。

我国政府和行业主管部门，对物流行业给予了更多关注，并在企业如何拓展国内物流市场方面，提出了相应的对策和安排。例如，青岛提出：一要建立健全现代物流业政策体系，加大对物流业的资助和扶持，重点扶持第三方物流企业，物流企业可通过兼并、联合、重组、上市等方式做大做强；二要鼓励和引导物流企业向内需转型以寻找新的商机，引导物流企业进行业务转型，引入供应链管理模式和理念，向国内 IT、服装、酒类、电器、化工、医疗器械等内需行业深度延伸；三要鼓励物流企业和生产制造业的合作，为物流产业创造更多的需求空间，同时提高生产企业的竞争力。

（资料来源：王桂姣. 物流营销[M]. 重庆：重庆大学出版社，2009.）

② 进行物流企业内部环境分析，列出物流企业目前具有的优势（S）和劣势（W）。

物流企业优势是指物流企业相对于竞争者而言所具有的资源、技术、服务长项以及其他特殊实力，如先进的技术和设备、充足的资金、低廉的成本、高品质的增值服务、良好的物流企业形象、完善的物流服务系统、与买方或供方长期稳定的关系、和谐的雇员关系等，都可以形成物流企业优势。

物流企业劣势是指影响物流企业经营效率和效益的不利因素和特征，它们使物流企业在竞争中处于弱势地位。物流企业的潜在劣势主要体现在以下方面：战略不明，研发落后，设备陈旧，缺少某些关键技术或能力，成本过高，营销组合不当，增值服务意识薄弱，内部管理混乱，公司形象不佳等。

（2）绘制 SWOT 矩阵，将 S、W、O、T 分别放入 SWOT 分析矩阵。这是一个以外部环境中的机会和威胁为一方，物流企业内部环境中的优势和劣势为另一方的二维矩阵（见图 2-2），在这个矩阵中，有四个象限或四种 SWOT 组合。它们分别是优势—机会（SO）组合；优势—威胁（ST）组合；劣势—机会（WO）组合；劣势—威胁（WT）组合。

<table>
<tr><td rowspan="2">外部环境</td><td colspan="2">内部环境</td></tr>
<tr><td>优势（S）</td><td>劣势（W）</td></tr>
<tr><td>机会（O）</td><td>1. 优势（S）
2. 机会（O）
3. 优势和机会的匹配分析（SO）</td><td>1. 劣势（W）
2. 与外部机会相关的内部劣势分析（OW）</td></tr>
<tr><td>威胁（T）</td><td>1. 威胁（T）
2. 优势和威胁的匹配分析（ST）</td><td>与外部威胁相关的内部劣势分析（WT）</td></tr>
</table>

图 2-2 SWOT 矩阵

（3）进行组合分析。对于每种外部环境与物流企业内部环境的组合，物流企业可以采取的一些策略原则如下。

① 劣势—威胁（WT）组合。物流企业应尽量避免处于这种状态。一旦处于这种状态，在制定策略时就要想方设法降低威胁和劣势对物流企业的影响，以求能生存下去。

② 劣势—机会（WO）组合。在这种情况下，物流企业应遵循的策略原则是，最大限度地通过利用外部环境中的机会来弥补物流企业的劣势。

③ 优势—威胁（ST）组合。在这种情况下，物流企业应巧妙地利用自身的优势来应对外部环境中的威胁，其目的是发挥优势而降低威胁，合适的策略应当是慎重而有限度地利用物流企业的优势。

④ 优势—机会（SO）组合。这是一种最理想的组合。

认清物流企业具有的优势与劣势以及面临的机会和威胁是十分重要的，因为这不仅涉及物流企业地位的变化，而且关系到竞争战略的制定。物流企业在设计竞争战略时，既要充分利用一切与自身能力相适应的机会，也要认清自身劣势，采取措施防御或避开外来威胁，尤其是严重的威胁。

（4）提出营销策略。物流企业可以采取的一些营销策略如下。

① 依照 SWOT 分析法派生的营销策略。

- WT 策略——退却型策略。当企业内部有劣势、外部又具有强大威胁时，物流企业要审时度势，及时调整自己的业务和结构，具体包括积极退却策略和消极退却策略。
- WO 策略——防御性策略。当企业内部有劣势、外部又有一定的机会时，物流企业则要趋利避害。
- ST 策略——分散化策略，又称游击策略。当企业内部有优势，但外部又有威胁时要善于采用迂回的策略，扬己之长，补己之短。

- SO 策略——进攻型策略，也称企业扩张策略。企业要不失时机地抓住该机会，谋求更大的发展和跨越。

② 依照物流企业产品或服务与市场不同组合矩阵派生的营销策略。

- 市场渗透策略。物流企业通过广告、价格、售后服务等营销策略，使自己的市场占有率扩大。
- 市场开拓策略。现有物流产品寻求新市场的策略。
- 产品开发策略。物流企业开发出新产品投放到现有市场的策略。
- 多样化经营策略。物流企业开发出新产品投放到新兴市场的策略。

③ 依照市场细分派生的营销策略。

- 差异性策略。
- 低成本扩张策略。
- 重点策略。
- 无差异性策略。

④ 根据物流企业的市场定位派生的营销策略。

- 市场领导者策略。
- 市场挑战者策略。
- 市场追随者策略。
- 市场补缺者策略。

学习情境小结

本学习情境的知识点部分对物流市场营销调研进行了阐述，对物流市场文案调研法、问卷调研法、调研报告的撰写进行了重点讲述。在此基础上，重点阐述了物流市场营销环境 SWOT 分析部分。这些知识将为物流目标市场营销打下良好的基础。

本学习情境的练习题环节对基础知识进行了巩固和实操训练，以便我们进一步理解与深化本学习情境的知识。

练习题

▶ 基础训练

一、单项选择题

1．调查问卷设计的最基本的原则是（　　）。

A．功能性原则　B．可靠性原则　　C．效率原则　　D．可维护性原则

2．物流企业在进行营销活动前，要对各地的（　　）进行深入了解，在做到“入乡随俗”的基础上，事半功倍地进行营销。

A．经济环境　　B．科技环境　　　C．自然环境　　D．社会文化环境

3．（　　）是指物流企业通过广告、价格、售后服务等营销策略，使自己的市场占有率扩大。

A．市场渗透策略　　B．市场开拓策略

C．产品开发策略　　D．多样化经营策略

4．（　　）可以通过改进质量、包装、品牌、售后服务、企业声誉的途径来实现。

A．低成本扩张策略　　B．重点策略

C．差异性策略　　D．无差异性策略

5．（　　）是精心服务于总体市场中的某些细分市场，避开与占主导地位的物流企业竞争，只是通过发展独有的专业化经营来寻找生存与发展空间的物流企业。

A．市场领导者　　B．市场挑战者

C．市场补缺者　　D．市场追随者

二、多项选择题

1．物流市场营销调研可分为（　　）。

A．探索性调研　　B．描述性调研　　C．因果关系调研

2．物流市场营销调研主要包括（　　）。

A．文案调研法　　B．问卷调研法　　C．观察法

D．访谈法　　E．实验法

3．物流市场文案调研的方法包括（　　）。

A．查找　　B．索讨　　C．购买

D．交换　　E．接收

4．物流市场调查问卷的设计技巧有（　　）。

A．合理安排问题的顺序

B．妥善处理敏感性问题

C．采用六要素明确法来准确定义问题

D．规范地遣词造句

E．保持中立的立场

5．依照市场细分派生的营销策略包括（　　）。

A．差异性策略　　B．低成本扩张策略

C．重点策略　　D．市场补缺者策略

三、判断题

1．物流市场文案调研收集的二手资料的局限性存在于两个方面：一是其适用性；二是其准确性。（　　）

2．问卷调研是国际上通行的通过调查问卷收集信息资料的调研方式，也是我国近些年来推行最快、应用最广的调研方式。（　　）

3．物流市场调研报告的新颖性是指物流市场调研报告中所包含的信息要在满足当前经营决策需要的基础上来分析变化的未来趋势，这样才能顺应瞬息万变的市场。（　　）

4．物流市场营销的宏观环境包括政治法律、经济、社会文化、科技和自然等方面的环境。（　　）

5．社会公众不能通过影响国家立法、方针、政策、社会舆论等，对物流企业营销活动施加影响。（　　）

6．个人可任意支配的收入是影响物流产品消费的重要因素。（　　）

四、简答题

1．文案调研资料的来源有哪些？

2．调查问卷的基本结构包括哪些方面？

3．物流市场营销环境包括哪些方面？

4．简述物流市场营销环境与物流企业营销的关系。

5．什么是 SWOT 分析法？简述 SWOT 分析法的步骤。

▶ 实操训练——课后学习任务演练

↘ 实训一　学习任务　设计物流市场调查问卷

（同学习任务 2.1）

任务描述

假设你是 XX 物流公司的市场营销人员，请你为该公司的物流营销设计一份调查问卷。

↘ 实训二　学习任务　撰写物流市场调研报告

（同学习任务 2.2）

任务描述

假设你是 XX 物流公司的市场营销人员，请你为该公司的物流营销撰写一份调查报告。

↘ 实训三　学习任务　物流市场营销环境 SWOT 分析

（同学习任务 2.3）

任务描述

假设你是XX物流公司的市场营销人员，请你对该公司的物流市场营销环境进行SWOT分析。

↘ 实训四　为某个仓储中心设计调查问卷

实训内容

为某个仓储中心设计一份调查问卷，了解顾客对仓储服务的需求信息。需了解的基本情况如下。

1．货品情况

（1）货品具有什么性质、特点（易燃、易爆、易碎、易受虫害、易受潮等）？

（2）货品包装情况（纸箱、桶装、托盘）？

（3）单件货品的质量及体积？

（4）有多少品种及规格？

2．仓储要求

（1）所要储存的货量有多大？需要多大面积的仓库？

（2）所要的仓库对地理位置有何要求？

（3）对库房结构、雨篷、照明有无特殊要求？

（4）在发货时，是整箱包装还是拆零分发？
（5）在出货原则上，是否严格要求先进先出？
（6）对盘点有何要求（盘点频率、盘点方法）？
（7）是否需要贴标签、改包装、条码扫描等延伸性服务？

实训步骤

（1）全班同学自由分组，每组 6～8 人。
（2）各组分别进行集体讨论，明确组内分工。
（3）按照分工进行资料收集、整理、讨论并设计问卷。
（4）提交自行设计的调查问卷。
（5）各组分别选一位代表在班级内展示本小组问卷。

作业展示及点评

考核评分表

考评班级		考评时间	
考评小组		被考评小组	
考评内容	物流企业市场调查问卷设计		
考核标准	内　　容	分值 / 分	实际得分 / 分
	工作分工	20	
	工作演示	40	
	工作成果	40	
合　　计		100	

注：考评满分为 100 分，60～74 分为及格，75～84 分为良好，85 分及以上为优秀。

实训五　认识物流服务营销环境

实训目标

（1）培养学生调查分析的能力。
（2）加强学生对物流服务营销环境的全面认识。
（3）培养学生系统思考问题、统揽调查全局的能力。

实训内容

自营物流是生产企业早期物流活动的重要特征。这些企业为了提高物流效率和服务水平，要对物流服务进行管理与控制。目前，物流学术界大力提倡发展第三方物流服务，请对企业非核心物流进行 SWOT 分析，详细解读企业的物流服务营销环境。

实训要求

（1）运用物流服务营销环境的相关知识，准备生产企业自营物流的有关资料。
（2）为深化对此项目的 SWOT 分析，可在教师的引导下先进行课堂讨论。
（3）SWOT 分析要力求深入、全面。

成果与检验

每位同学的成绩由两部分组成：课堂讨论成绩（40%）和卷面成绩（60%）。
（资料来源：马文祥. 物流服务营销[M]. 上海：上海交通大学出版社，2010.）

实训六　石油销售企业发展现代物流的SWOT分析

任务描述

中国已在2005年年初开放成品油零售市场，在2007年年初开放成品油批发市场，多年来我国石油销售企业物流企业物流量大，物流费用惊人。如何发展现代物流服务，已成为我国石油销售企业提高经济效益、争取市场竞争优势所必须面对的问题。请运用SWOT分析法，对我国石油销售企业所面临的环境进行分析。

（资料来源：马文祥. 物流服务营销[M]. 上海：上海交通大学出版社，2010.）

实训七　物流企业的物流市场营销环境分析与对策

实训形式

在讲授物流市场营销环境分析知识点之后进行重点讨论：先分小组进行小组讨论，然后全班讨论，由组代表发言。

实训内容

利用SWOT分析法分析宝供集团的物流市场营销环境，先阅读相关资料，然后进行分析。

实训目的

使学生对物流企业的物流市场营销环境分析有较明确的认识。

实训道具与场景

讨论所依据的基本素材，以"学习情境2、物流市场分析"中的2.5节"物流市场营销环境SWOT分析"的内容为基础，可参考相关的资料。

实训程序

（1）对学生进行分组，一般5～8人为宜。

（2）针对下面的资料，安排学生对宝供集团进行SWOT分析。

（3）撰写分析报告。

实训相关资料

宝供集团于2011年前已在全国43个中心城市建立了7个分公司、48个办事机构、10个大型现代化物流基地，为全球500强中的60多家企业和国内一批大中型工商企业提供一体化物流服务。其中包括宝洁、联合利华、安利、飞利浦、通用照明、松下、伊莱克斯、东芝、惠普以及雀巢、卡夫等跨国企业。

宝供被全球闻名的投资公司摩根士丹利评估为"中国最具价值的第三方物流企业"，成为中国少数"中国物流示范基地"企业之一，是名副其实的中国物流行业的佼佼者。

当你看到宝供在短短的五六年内便取得如此骄人的成绩时，也许你会这样认为：宝供的领导人一定是一位高瞻远瞩、运筹帷幄的高人，要不然怎么能够取得如此成绩？其实你错了，宝供是边走边摸索，初期的发展更是在被动的情况下进行的，准确地讲，宝供的前两次发展都是靠客户的推动，或者说宝供是在形势的逼迫下，经过不断进行战略调整和修正才发展到今天的。

在宝供发展初期，我国的物流理念和环境都还相当不成熟，许多物流企业没有明确的发展方向和市场定位，也没有一个现成的发展模式。同样，初期的宝供也没有明确的发展目标，在战略上存在模糊性和不确定性。所以宝供的发展是不断地发现市场需求、适应市场变化，不断地修正战略目标和市场定位，不断地改进服务水平和标准，不断地解决客户提出的新问题，最终达到新老客户都满意和信任的过程。

第一次发展：大胆承诺宝洁，宝洁严格要求助其发展

1994 年，宝洁进入中国。在当时，国内根本没有严格意义上的物流机构，更不用说拥有一流服务水准的现代物流企业了，就连“第三方物流”概念也仅局限在概念的讨论上，所以宝洁只得将业务委托给国有储运公司，但是在合作后不久，这些国有储运公司并没有达到宝洁预期的要求。

这时，刘武正好承包着广州的一个小铁路货运站，缺少业务的他只身来到宝洁的办公室，毛遂自荐，并以“24 小时提供服务和绝对保证质量”的大胆承诺赢得了宝洁的信任，于是宝洁便成了宝供的第一个创业客户，也是最大、要求最高的外资客户。为了自身的利益，宝洁一直非常关心宝供的服务水平和管理标准，后来宝洁干脆用自己的仓库管理标准（GMP）要求宝供。非常难能可贵的是，宝供从不埋怨，总能想方设法满足客户的要求。此后，经过一次次的检查和考核，刘武简易的仓库令人意想不到地获得了 3 年的免检资格。此后，宝供与宝洁之间的合作关系如同“兄弟”，虽有矛盾也能内部解决，因此宝供被外界误以为是宝洁属下的一家公司。

第二次发展：形势逼迫宝供，宝供选择信息化之路

中国物流业起步较晚，虽然当时有一些先知先觉的物流前辈在锐意开拓，为中国的物流业发展做出了不少贡献，但是中国物流行业无论是在思想观念还是硬件设施上仍然比较落后，当时仍然处在一个比较原始的作业状态。效率低下、管理混乱、反应慢是当时物流行业的一个通病。这些通病在宝供也同样存在，所以直接导致了宝洁在 1996 年向刘武的投诉。另外，随着客户和业务的增多，不同的客户有各自不同的要求，并且要求越来越高，客户不仅要求提供安全、准确、及时、可靠的物流服务，而且要求提供及时准确的货运信息查询、追踪、管理等延伸服务。由于信息化程度低，信息化建设与业务发展严重脱节，严重阻碍了宝供的进一步发展。

为了解决企业面临的一系列内外两个方面的问题，宝供选择了信息化之路。

1995 年，宝供率先使用了价值 2 万元一台的电脑办公。

1997 年，宝供实施了一套基于互联网的物流信息管理系统。

1998 年，宝供推出了物流信息实时跟踪系统、运输报表自动生成系统。

1999 年，宝供利用了基于互联网的仓储信息管理系统，建立了业务成本核算系统。

2000 年，宝供 IT 部开发了数据导出程序，将宝洁系统进出仓库数据自动导入。

2011 年，宝供已开始试验应用射频识别（RFID）技术及物流移动定位技术，力求通过移动信息化进一步提高其核心竞争力，为不久的将来与国外物流巨头进行近距离的竞争增加胜算。与国外大型物流集团公司相比，宝供既有明显的优势，也有无法弥补的劣势。第一，宝供已经在中国运作十几年，对国内的物流情况非常了解，对整个业务运作的环境、条件也相当熟悉。第二，宝供与现有的客户之间已建立起长期稳定的伙伴关系，同时通过长期磨合与物流服务合作伙伴达成了默契，双方都较清楚各自的运作标准及要求。第三，宝供的业务运作网络和它的规范化、标准化管理体系也有很强的竞争优势。

宝供的许多大客户是全球 500 强企业，而全球 500 强企业有很多是国外企业，这些国外企业在世界范围内的物流合作伙伴并不是宝供（宝供只是它们在中国市场的合作伙伴），从全球的角度来说，跨国物流企业要比宝供更有合作优势。这是宝供唯一无法在短期内弥

补、做大的威胁所在。例如，国外一些大型物流集团公司可能在客户的总部（欧美地区）就可以签署一份全球（包括中国）的合同。

随着物流领域的对外开放，国际物流企业即将纷至沓来。面对这样的竞争形势，宝供要巩固和拓展新业务，必须做好防守反击的准备。这一点宝供也很清楚，既然自身的劣势短期内无法弥补，就继续扩大自己的优势，让优势来弥补自己的劣势。因此，宝供不再犹豫，不再被动，排兵布阵，四面出击，主动迎接挑战的到来。

在设局布阵上，宝供集团拟在全国 40 多个经济发达城市投资建设支持全球供应链一体化的综合性物流基地，目标是形成一个以现代化物流基地为节点的运作网络。

宝供将通过这样的基地建设，形成一种基于全球供应链的物流服务平台，为国内外大型工商企业提供原材料、产成品的储存、分拨、配送、加工、展示、贸易集散、金融结算、信息处理等供应链一体化服务，并借此拓展国际业务。

宝供的策略是两条腿走路：一方面在现有业务的基础上，依靠自身能力的挖掘和提高，不断提升业务能力和发展潜力；另一方面通过合资、合并、兼并、收购方式争取企业实力的扩张。与有国际运作经验、有跨国网络核心竞争力的国际公司进行多层面的合作，是宝供今后开展对外国际合作的一条既定原则。对国内有资源无资金、有网络无业务的中小型物流公司进行收购或兼并，是宝供今后开展对内扩张的一条基本战略。

宝供在物流 IT 系统和网络技术开发以及现代物流基地建设上耗费巨资，无疑是一种未雨绸缪的做法，也是其国际化战略的一个重要组成部分。在当今的市场上，只靠单纯的业务发展已经不够了，必须结合资本运作的力量才有更大的发展；作为中国物流行业的领导者之一，凡是对客户价值有利、对行业发展有力的决策，宝供都积极响应，并尽可能地与国外物流公司合资、合作。

可以看到，面对即将到来的物流业全面开放，在新的竞争环境下，宝供已经做好了准备。无论是在网络布局，还是在品牌塑造，或者说是在经验积累上，宝供都有了在国内市场与跨国物流企业一较长短的能力。而其积极准备、应对挑战的风格，正是宝供多年来迅速成长的秘诀。

（资料来源：郭伟业，郭景春. 物流服务营销[M]. 北京：北京师范大学出版社，2011.）

任务实施

1. 邀请有关物流企业负责人与学生一起召开一次物流服务营销环境分析研讨会，对影响某类物流服务、某个物流企业或物流行业的宏观环境因素与微观环境因素进行深入剖析。

2. 组织引导学生对某一物流服务或某物流企业的营销环境进行实地调查，收集相关信息，分析该物流企业所面临的市场机会和存在的环境威胁，找出该物流企业最好的市场机会和最大的环境威胁。

3. 结合该物流企业的资源技术优势，具体制定企业的应对策略，提出该物流企业应通过哪些物流服务营销努力来把握机会、规避风险、消除威胁。

学习情境3 物流目标市场营销

学习目标

专业能力目标：掌握物流市场细分、物流目标市场选择、物流目标市场定位的相关内容。

方法能力目标：能准确进行物流市场细分、物流目标市场选择、物流目标市场定位。

社会能力目标：培养学生的交流、表达能力，团队精神及协作沟通能力，认真的学习态度，良好的职业道德和敬业精神。

学习任务

<table>
<tr><td>学习任务 3.1</td><td colspan="2">物流市场细分</td></tr>
<tr><td>要　求</td><td colspan="2">1. 在进行物流市场细分前必须对要营销的物流市场进行充分的调查和分析
2. 能准确进行物流市场细分
3. 能将物流市场细分作品制作成 PPT，并进行 PPT 演示</td></tr>
<tr><td>应具备的知识</td><td colspan="2">物流市场细分的实质和根据、物流市场细分的作用和条件、物流市场细分的标准</td></tr>
<tr><td>应具备的能力</td><td colspan="2">收集信息的能力、从众多信息中准确抽取所需信息的能力、把握物流市场细分标准的能力、制作 PPT 的能力</td></tr>
<tr><td rowspan="4">质量标准</td><td>评价项目</td><td>分值 / 分</td></tr>
<tr><td>1. 物流市场细分的细分标准把握准确</td><td>50</td></tr>
<tr><td>2. 物流子市场把握准确</td><td>40</td></tr>
<tr><td>3. PPT 制作清晰</td><td>10</td></tr>
</table>

学习任务 3.2	物流目标市场选择
要　求	1. 在选择物流目标市场前必须对要营销的物流细分市场进行充分的了解 2. 能准确进行物流目标市场选择 3. 能将物流目标市场选择作品制作成 PPT，并进行 PPT 演示
应具备的知识	物流目标市场的含义、物流目标市场的识别特征
应具备的能力	收集信息的能力、从众多信息中准确抽取所需信息的能力、利用物流目标市场的识别特征进行物流目标市场选择的能力、制作 PPT 的能力

续表

学习任务 3.2	物流目标市场选择	
质量标准	评价项目	分值 / 分
	1．物流目标市场的识别特征把握准确	50
	2．物流目标市场的筛选把握准确	40
	3．PPT 制作清晰	10

学习任务 3.3	物流目标市场定位	
要　　求	1．在物流目标市场定位前必须对物流目标群体的特征和竞争者的状况进行充分的了解 2．能准确进行物流目标市场定位 3．能将物流目标市场定位作品制作成 PPT，并进行 PPT 演示	
应具备的知识	物流目标市场的概念、类型和物流目标市场定位策略	
应具备的能力	收集信息的能力、从众多信息中准确抽取所需信息的能力、根据目标群体的特征和竞争者的状况进行物流目标市场定位的能力、制作 PPT 的能力	
质量标准	评价项目	分值 / 分
	1．物流目标群体的特征和竞争者的状况把握准确	50
	2．物流目标市场定位把握准确	40
	3．PPT 制作清晰	10

任务实施范例

▶ 学习任务 3.1　物流市场细分

↘ 任务描述

目前，国内航空公司普遍存在服务差异化较小、缺乏核心竞争力等问题，国内航空公司的竞争优势不足，不得不采取价格战等低层次竞争手段，导致航空公司经营状况恶化，盈利能力下降。中国国际航空股份有限公司（AC 航空公司）作为我国三大航空公司之一，具有机队规模较大、航线网络完善、安全可靠、技术领先等竞争优势，但同时也存在组织结构不合理、缺乏市场意识、营销手段滞后、管理不善等诸多问题。因此，如何在新的竞争环境下，面对消费者结构的变化，确认主流旅客，把握机遇，明确目标市场，制定切合实际、行之有效的客运服务营销战略与策略组合，全面提升核心竞争能力已成为 AC 航空公司所面临的重要课题。如果你是该公司的物流营销人员，请为该公司进行物流市场细分。

↘ 任务实施

可依据以下细分因素对物流市场进行细分。

（1）人口因素。从旅客年龄构成看：26～44 岁年龄段占 AC 航空公司全部旅客的六成以上，为 61.8%，他们是 AC 航空公司旅客的主体。22～25 岁和 45～64 岁年龄段的分别占 9.3% 和 17.8%，共占 27.1%，他们是 AC 航空公司旅客的重要组成部分。而 65 岁以上与 16～21 岁年龄段的旅客分别只占 1.6%和 2.7%，15 岁及以下年龄段的旅客占 6.8%。

（2）地理因素。根据数据显示，AC 航空公司国际旅客占 20%、国内旅客占 80%（港澳台旅客占 6%）。

（3）心理因素。根据调查，国内旅客选择客运服务产品时考虑的最重要的几点依次是：

航班时刻（34%）、航空公司（26%）、机票价格（4%）、常旅客计划（7%）、服务（15%）、机型（14%）。

（4）行为因素。根据消费频率可将航空旅客分为常旅客、普通旅客、特殊旅客。其中10%的常旅客为 AC 航空公司提供了 40%的收入。按照旅客出行目的可将航空旅客分为公务旅客和休闲旅客两大类，然后再对两类旅客进行细分，前者包括一般公务旅客和紧急公务旅客，后者包括旅游旅客和探亲旅客。AC 航空公司公务旅客占全部旅客的 71%，高于民航平均水平，而旅游旅客所占比例呈逐年上升趋势。

（资料来源：唐华. AC 航空公司主流旅客服务营销策略研究[D]. 成都：四川大学，2007.）

▶ 学习任务 3.2 物流目标市场选择

↘ 任务描述

（承接学习任务 3.1）如果你是该公司的物流营销人员，请为该公司进行物流目标市场选择。

↘ 任务实施

一个理想的物流目标市场必须具备下列三个标准：①有足够的物流市场需求；②物流企业必须有能力满足物流目标市场的需求；③在被选择的物流目标市场上本企业具有竞争优势。以下分别以这三个标准对物流目标市场进行筛选分析。

（1）有足够的物流市场需求。从人口因素来看，22～64 岁年龄段的旅客占 88.9%；从地理因素来看，国内旅客占 80%；从心理因素来看，国内旅客选择客运服务产品时考虑的最重要的是航班时刻和航空公司；从行为因素来看，公务旅客占全部旅客的 71%，旅游旅客所占比例呈逐年上升趋势。因此，有足够物流市场需求的目标市场是：22～64 岁年龄段的关注航班时刻和航空公司的国内公务旅客和旅游旅客。其他物流细分市场不具备足够的物流市场需求。

（2）物流企业必须有能力满足物流目标市场的需求。AC 航空公司有丰富的运行经验和独家 RNP 技术，因而具备相应的技术和资源来满足上述目标市场的需求。

（3）在被选择的物流目标市场上本企业具有竞争优势。AC 航空公司是我国三大航空公司之一，其高端产品提供的高品质两舱（头等舱和公务舱）服务能够吸引高端公务旅客，而 AC 航空公司相对其他两个骨干航空公司的成本优势又能在吸引旅游旅客方面获得主动权。因此，AC 航空公司在被选择的物流目标市场上具有竞争优势。

从以上分析可以得知：AC 航空公司的物流目标市场选择为如下两个：22～64 岁年龄段的关注航班时刻与航空公司的国内公务旅客和旅游旅客。

（资料来源：唐华. AC 航空公司主流旅客服务营销策略研究[D]. 成都：四川大学，2007. 原文经过改写。）

▶ 学习任务 3.3 物流目标市场定位

↘ 任务描述

（承接学习任务 3.2）如果你是该公司的物流营销人员，请为该公司的物流目标市场进行目标市场定位。

↘ 任务实施

AC 航空公司客运物流目标市场为 22～64 岁年龄段的关注航班时刻和航空公司的国内公务旅客和旅游旅客两个细分市场。对待不同细分市场需要掌握差异性竞争策略。

1. 公务旅客市场定位策略

该市场是AC航空公司最重要的目标市场，该市场的旅客主要包括国企、外企的中高级经理、行政管理人员或专业技术人员；国家机关公务人员；大中专院校、医院等企事业单位的管理或业务人员；民营企业的管理人员、业务人员等。他们具有如下特征。

（1）此目标市场是以男性为主的市场。他们一般有较高的社会地位、收入，有良好的生活方式，喜欢受到尊重和“特殊对待”，希望航空公司为他们提供的服务能尽量体现他们的生活品质。

（2）由于公务旅行时购买机票以公费为主，他们一般对价格不敏感，但对时间敏感，追求安全、正点、舒适和效率，对航班时刻、正点率和服务有较高要求，这部分旅客是航空公司高收益旅客群体的重要组成部分，是航空公司稳定收益水平的重要来源。

（3）这些顾客忠诚度较高，是常旅客的重要组成部分，他们通常不会在意一定的折扣，看重的是航空公司能否与其建立一种互相信任、互相了解、尊重客户、倾听客户意见的友好关系，希望航空公司提供“一对一”的个性化服务，满足他们的需求。如果某家公司能令他们满意，他们就会一直在这家公司消费甚至是终身消费。

为此，针对公务旅客市场，AC航空公司应把服务产品定位为提供“放心、顺心、舒心、动心”的“四心服务”的产品，通过开展安全、正点、高品质、高水准、独具特色的服务来吸引并稳定住这部分高收益旅客群体，将之发展为常旅客，竭力与之建立并维系一种长期的客户关系，增进彼此之间的了解与信任，经常倾听他们的相关的意见和建议，通过“一对一”的个性化服务，来提高他们的满意度和忠诚度，争取他们的长期消费甚至终身消费。通过采用多等级票价系统，制定出更加合理的价格；通过完善航线网络建设，为客户提供更多、更便捷的航班选择；通过改进服务质量，拓展服务项目，提高航空公司的吸引力和竞争力。

2. 旅游旅客市场定位策略

该市场中的旅客分布较广，涉及社会的各个阶层，年龄结构分布也相对分散。而且这部分旅客流向的季节性和方向性很强，集中在节假日和高峰期的特点十分明显，对价格也相当敏感。随着旅游资源的不断开发，旅游市场日趋活跃，游客人数逐年增加，旅游旅客市场已成为航空公司提高飞机利用率和增加总收入的重要来源。为此，针对旅游旅客市场，AC航空公司在确保“放心、顺心、舒心、动心”的“四心服务”基础上提供相对低成本的服务产品，并在转机、退票、延误赔偿等方面做出限制，以确保客座率和低成本。再进一步加大与旅行社、代理人的合作力度，利用AC航空公司的航线网络优势和规模优势，通过采取新开旅游航线、完善中转航班衔接、增加班次密度、提高飞机利用率、压缩运营成本、降低机票价格等措施，来吸引更多的旅客选择AC航空公司。

根据AC航空公司目标市场的特点，实施单一的服务领先战略和低成本战略是不可取的。应该分别以主要目标市场——公务旅客市场的需求特点为主导，坚持服务领先的战略，充分体现出AC航空公司服务的差异性；对旅游旅客等其他非公务旅客，则可利用收益管理系统，在严格限制购票条件的情况下，实施低成本、低价格策略，以最大限度地增加销售收入，从而实现总体收益的最大化。

（资料来源：唐华. AC航空公司主流旅客服务营销策略研究[D]. 成都：四川大学，2007.）

本学习情境应掌握的知识点

物流目标市场营销是物流营销的核心和关键，其对目标市场的选择与定位具有重要意义：物流目标市场营销如果失误，将会导致之后的营销环节的惨败，而一旦物流目标市场营销成功，之后的营销环节的成功也就有了良好的基础。因此，物流市场营销人员必须对物流市场细分、物流目标市场选择和物流目标市场定位进行很好的把握。

3.1 物流目标市场营销概述

在物流市场营销中，一个物流企业很难为市场内的所有顾客提供最佳服务，因为顾客人数众多，分布广泛，而且他们的购买需求又各不相同。因此，物流企业要想取得竞争优势，就要确定它能为顾客提供最有效服务的细分市场。物流目标市场营销是现代物流营销的核心和关键，物流目标市场营销即物流 STP 营销，分为三个步骤。第一个步骤是物流市场细分（Segmenting），即根据购买者对产品或营销组合的不同需要，将物流市场划分为不同的客户群体，并勾勒出物流细分市场轮廓。第二个步骤是物流目标市场选择（Targeting），即选择一个或多个准备进入的物流细分市场。第三个步骤是物流目标市场定位（Positioning），即建立与传播物流产品在物流市场上的关键特征与利益。

3.2 物流市场细分

3.2.1 物流市场细分的概述

1. 物流市场细分的定义

物流细分市场是物流目标市场选择的前提，是物流目标市场营销的起点。物流市场细分则是根据物流客户的不同需要和不同的购买行为，用一定的标准将异质的整体物流市场划分为若干个相对同质的子市场的过程。其中，同质物流市场是指某物流产品的物流客户所表现的需求、欲望、购买行为及对物流企业营销策略的反应相同或相似的物流市场。反之，某物流产品的物流客户所表现的需求、欲望、购买行为及对物流企业营销策略的反应差异明显且不易改变，这样的物流市场就被称为异质物流市场。

2. 物流市场细分的实质

物流市场细分的实质就是将异质物流市场分成若干个同质物流市场的过程。

3. 物流市场细分的依据

物流市场细分的主要理论依据同质物流市场与异质物流市场的区别。物流市场细分理论的客观依据是物流市场产品供应的多元性、构成总体物流市场的消费者的多样性和物流子市场需求的同类性。

4. 物流市场细分的作用

物流市场细分的作用包括：①有利于物流企业挖掘和开拓市场机会，确定适宜的目标市场；②有利于物流企业合理使用资源，与竞争者相抗衡；③有利于物流企业提高经营效益。

小案例　中远物流细分市场，提供物流服务

中远物流凭借国际化的网络优势和实力，通过对市场进行细分，选定了汽车物流、家电物流、展运物流、石化物流、项目物流作为目标市场，为客户提供高附加值服务。

（1）在汽车物流方面。中远物流为上海通用汽车、安徽江淮汽车等公司提供汽车零配件配送服务，并与众多有实力的汽车生产厂商建立了良好的合作关系。从 1998 年 7 月开始，中远物流承担了上海通用汽车的汽车零配件从上海港至浦东金桥通用 RDC 仓库的一关三检、仓储和内陆配送运输任务，不断为其提供个性化的服务，创新设计并成功实施了零件级报关。中远物流的出色工作赢得了客户的信任，双方的合作范围得到扩展。后来，SAIL、SRV 新车型的海运业务、整车出口业务等都逐渐交给中远物流。中远物流从 1999 年开始接手安徽江淮汽车的物流业务，业务范围涉及汽车零部件海上运输、进口一关三检、仓储、短驳配送及整车出口东南亚及南美业务。

（2）在家电物流方面。中远物流参与了无锡小天鹅公司的物流方案设计和实施，通过对客户整个物流供应链的管理，为客户缩短了物流时间，节省了物流成本，并提高了对最终用户的服务水平。中远物流还参与了南京熊猫电子的物流项目，取得了该项目 70%的货运量。整个项目包括货物的提货、仓储、装箱、检验检疫、通关、海运、信息跟踪、目的港配套服务等物流服务内容。

（3）在展运物流方面。2001 年 9 月，中远物流承载上海市人民政府新闻办公室主办的“米兰上海文化周”业务，取得了上海市人民政府新闻办公室的信任，获得与其长期合作的机会。2001 年 11 月中远物流承接在上海举办的“中国香料香精化妆品暨设备包装展”。2002 年 4 月 28 日至 2003 年 5 月，“狂想的艺术——大师达利互动展”在广州、北京、上海和香港巡回举办，中远物流作为此次活动的物流服务提供商，负责全部展品从丹麦、瑞士至展览地的全程运输，并提供展品装箱、陆运、海运、拆箱的全程服务。

（4）在石化物流方面。2002 年 7 月 22 日，中远物流在马来西亚中标中海壳牌石化项目，该项目是我国截至当时最大的中外合资项目，引起了国内外物流服务提供商的广泛关注。石化物流已成为该公司主攻的目标市场。

（5）在项目物流方面。1998 年 6 月，中远物流成为秦山三期核电工程设备内陆运输总承包商，负责承运秦山三期核电工程的所有设备的内陆运输和大部分设备的海外段运输。在秦山物流项目运行的三年中，中远物流成功承运了 3050TEU 集装箱、17 933 吨散货、1 565 吨空运货及 121 件大件设备。其中货物损坏率为零，单证差错率为零，货物准时送达率为 100%，赢得了加拿大原子能公司和秦山核电站业主的赞许和嘉奖。1998 年 8 月 18 日，中

国长江三峡工程开发总公司设备公司，就左岸 14 台水轮发电机组的中国境内运输段，向所有大中型国际货运代理公司和船公司发出正式投标邀请。中远物流公司凭借其强大的实力，力挫群雄，在众多竞争者中脱颖而出，于 1999 年 5 月 18 日与中国长江三峡工程开发总公司签订设备运输合同，其货运量占总运输量的 70%。

中远物流把市场细分为汽车物流、家电物流、展运物流、石化物流、项目物流等，有利于分析、发掘新的市场机会，使企业处于有利的地位，给企业带来更多的经济效益；有利于其选择目标市场和制定营销策略，使企业获得最佳的市场营销效果。

（资料来源：马文祥. 物流服务营销[M]. 上海：上海交通大学出版社，2010 年.原文经过改写。）

5. 物流市场细分的条件

物流市场细分的条件为可衡量性、可占领性、可接近性和稳定性。

3.2.2 物流市场细分的主要细分标准

物流市场细分通用的主要细分标准有：人口因素、地理因素、心理因素、行为因素。首先，人口因素是物流市场细分的主要依据之一。物流用户的需求、偏好及对服务产品的使用状况，与人口有密切的关系，且人口因素比其他因素更易衡量。人口因素变量主要包括年龄、性别、收入、职业、教育水平、民族、种族、社会阶层等。其次，按地理因素进行细分，即将物流市场划分为不同的地理单位，如国家、省（州）、地区等。由于受地理环境、自然气候、文化传统、风俗习惯和经济发展水平等因素的影响，同一地区人们的消费需求往往具有一定的相似性，而不同地区的人们则会形成不同的消费习惯和偏好。因此，地理因素得以成为市场细分的依据。再次，按心理因素细分，就是根据物流用户不同的社会阶层、生活方式、生活态度及个性特征，将他们分为不同的群体。心理因素不同，选择服务的方式和动机也不同。最后，按行为因素细分，即根据物流用户对服务产品的了解、态度、使用情况及其反馈，将他们分为不同的群体。物流市场细分也通常采用如下的细分标准。

1. 基于行业的细分

目前，大多数物流企业按行业标准来细分市场，选择进入一个或几个行业。例如，UPS 主要从事汽车行业和电信行业的物流服务；Exel 主要从事食品、汽车和零售行业的物流服务；FedEx 主要从事电子产品的物流服务；宝供物流主要从事快速消费品行业的物流服务；安吉天地物流主要从事汽车行业的物流服务等。按行业细分物流市场有利于物流企业成为某一行业领域的物流专家。不足之处在于企业风险较大，受行业影响较大；并且不同行业对物流需求的差异不是绝对的，它们之间可能存在某些相同或相似的需求，而同一行业的物流需求也不是绝对一致的。

2. 基于区域的细分

由于物流需求属于派生性需求，它直接受产业布局、区域经济和城市化的影响。区域经济的发展环境与战略，区域之间和区域内部之间的经济关系，均会影响物流的流量、流向和强度，从而影响物流企业在区域范围内的发展。例如，经济发达地区的物流需求与经济落后地区的物流需求有较大差别，城市的物流需求与农村的物流需求也有差别。另外，各地区物流产业的发展、市场需求、竞争状况、各项政策、行业标准等都有各自的特点，这些都对物流企业的发展有重要影响。因此，物流企业在进行市场细分时，可将区域变量作为细分依据。

3. 基于客户价值的细分

客户是物流企业最重要的资产，因此物流市场细分可以以客户的价值为基础进行细分。营销人员根据当前盈利能力和未来盈利能力对客户企业打分，然后根据分数的高低来划分不同的物流细分市场，并针对不同价值的物流细分市场制定不同的客户保持策略。这种方法能使物流企业将较多的注意力和资源分配给较具价值的客户，有利于改善企业的盈利状况。

4. 基于忠诚度的细分

基于客户忠诚度的细分是行为细分的一个重要方面。忠诚的客户群体不仅能使物流企业实现更多的销售额和更高的盈利水平，而且由于物流企业客户的双重性，能为企业赢得更多的相关客户。忠诚度的衡量指标有再购买意向（再购买周期）、再购买行为（频率和数量）等。物流企业可通过对客户忠诚度的衡量，确定不同的细分市场，把营销的重点放在急需改进的因素上，而不是把各个细分市场平均化。它体现了营销策略的优先顺序法则。

5. 基于外包动因的细分

客户的外包动因最能真实有效地反映客户的需求。根据外包动因的不同，物流市场具体可分为关注成本型市场、关注能力型市场、关注资金型市场和复合关注型市场。

6. 基于需求的细分

物流企业可以根据需求的差异性，把一个整体市场划分为若干个客户群，每一个需求特点类似的客户群可作为一个细分市场。如根据客户需求内容的不同，可将物流市场细分为运输市场、仓储市场、配送市场、流通加工市场、物流信息服务市场等细分市场；根据客户需求层次的不同，可将物流市场细分为基础物流服务市场、高端物流服务市场、一体化物流服务市场等细分市场；此外还可以根据客户的需求和利益偏好来细分物流市场，其具体做法是研究人员提出各类服务要素，并通过对客户的调查，明确这些服务要素对不同客户的重要性，通过数据分析和需求细分，把具有相似需求和利益偏好的客户归为一类。

小案例　UPS 对中国第三方物流市场的细分

根据中国的入世承诺，从 2005 年 12 月 11 日起，中国允许国外物流企业在中国设立独资公司，独立开展国际快递物流业务。而以四大快递巨头为首的外资物流企业，已经越来越多地将自己的目光投向充满潜力的中国第三方物流市场。对于 UPS 来说，中国企业在第三方物流方面有着很大的发展潜力，但是不同行业不同的企业有各自不同的情况，情况十分复杂，UPS 必须进行市场细分，并针对各行业的市场采取不同的策略。于是，UPS 综合考虑了“物品属性、客户规模及服务方式”等多个因素对中国第三方物流市场进行了如下细分。

1. 以物品属性为标准来细分物流市场。就是根据客户所需物流活动中的物品属性或特征来细分物流市场。由于物品属性的差异性，物流企业在开展的物流活动中，物流作业的差别会很大，物品属性差异对物流诸功能的要求会体现在整个物流活动中，而且物流质量和经济效益也同物品属性有很大的联系。从物流市场调查的情况来看，流通企业多为重视市内配送等需求，而制造企业则更多地需要形式多样的各种物流服务。

2. 以客户规模为标准来细分物流市场。就是按照客户对物流需求规模的大小来细分物流市场。可将物流市场细分为大客户、中客户和小客户。由于客户对物流需求规模的大小不同，客户需要的服务也存在着很大差异：大客户比较稳定，对价格的敏感度不高，更注重的是良好的综合性的服务；中小客户的忠诚度不高，比较注重价格，需要的物流服务也相对简单。但应该看到，当时中国的情况是中小企业占绝大多数，他们需要的是从简单的仓储配送开始的物流服务。

3. 以服务方式为标准来细分物流市场。就是根据客户所需物流诸功能的实施和管理的要求的不同来细分市场。可将物流市场分为单一型物流服务方式和综合型物流服务方式。由于客户的物流需求对物流诸功能服务的要求会存在着很大的不同，而物流诸功能服务的要求的多少又与物流成本及效益等会有很大的联系，因此物流企业应以不同的服务方式来服务于拥有不同物流服务需求的客户，以取得最好的社会和经济效益。

（资料来源：叶刚. UPS 中国第三方物流市场的发展战略与实施方案[D]. 上海：上海海事大学，2006.）

由于物流市场细分变量的涉及面非常广，因此要预先选定哪些变量是最有价值的并非一件易事。学术界对这个问题也没有一个明确的答案，需要物流企业根据物流市场的发展不断地去寻找合理的细分变量，从而为物流目标市场选择和物流目标市场定位打下良好的基础。

3.2.3　物流市场细分的方法

（1）个别变量因素法。这种方法是指根据物流客户需求的某一重要因素进行物流市场细分。例如，可按运输服务需求及区域进行市场细分。

（2）变量因素组合法。这种方法是指根据多种影响物流需求的因素进行物流市场细分。例如，可根据物流企业规模的大小及用户的地理位置等因素细分物流市场。

（3）系列因素变量法。这种方法是指根据物流企业经营的特点并按照影响物流需求的各个因素，由粗到细地进行物流市场细分。该种方法能使物流目标市场更加细化，有利于物流企业更好地制定相应的营销策略。例如，运输企业可先根据地区和行业进行市场细分，然后按客户的规模进行细分，最后按客户的不同产品性质进行市场细分。

3.3　物流目标市场选择

3.3.1　物流目标市场的定义和影响物流目标市场选择的因素

1. 物流目标市场的定义

物流目标市场是指物流企业打算为之提供物流服务的目标市场，是物流企业打算进入的细分市场，或打算满足的具有某一需求的客户群体。选择和确定物流目标市场，明确物流企业的具体服务对象，是物流企业制定营销战略和策略的基本出发点。

2. 影响物流目标市场选择的因素

影响物流目标市场选择的因素包括：①细分市场的规模及潜力；②细分市场的结构吸引力；③物流企业的目标与资源。

3.3.2 物流目标市场的选择标准

一个理想的物流目标市场必须符合下列三个标准。

1. 有足够的物流市场需求

选择物流目标市场一定要有尚未满足的现实需求和潜在需求。理想的物流目标市场应该是有利可图的细分市场。例如，中国邮政速递物流（邮政 EMS）发现食品类、服装鞋帽类、中西医药品类、书报杂志类、日用品类、通信器材类产品及文化用品等小件物品的物流具有较大的市场需求，因而将其作为物流配送的主要服务对象。也因为如此，中国邮政速递物流现在已经发展成我国规模最大的物流企业之一。

需要特别提出的是：物流目标市场必须有足够的购买力。物流市场仅存在未满足的需求，不等于有购买力和销售额。如果一个物流市场没有购买力或购买力很低，就不可能构成现实物流目标市场。因此，选择物流目标市场必须对其人口、购买力、购买欲望进行分析和评价。例如，邮政 EMS 将城市白领作为目标客户，是因为城市白领的成本概念往往不强，但受工作和生活环境的影响，他们对“速度”的追求极有偏好，因此，邮政 EMS 针对这一特点推出了全国“30 小时”送货业务，这一业务推出后立刻就得到了目标客户群体的广泛欢迎，邮政 EMS 因此在快递市场开辟出了一条新路。

2. 物流企业必须有能力满足物流目标市场的需求

在物流市场细分的物流细分市场中，有利可图的物流细分市场有许多，但物流企业只能选择其有能力去占领的物流细分市场作为自己的物流目标市场，而不是每一个物流细分市场都能成为其物流目标市场。同时，对于物流企业来说，只有带来的企业利润大于企业花费的费用的物流细分市场，才是有效的物流目标市场。

3. 在被选择的物流目标市场上本企业具有竞争优势

当物流市场上没有或者很少有竞争，或者即便有竞争也不激烈且物流企业有足够的能力击败对手时，或者物流企业具有其他企业不具备的资源和能力时，物流企业就具备了竞争优势，就有望取得较大的市场占有率。例如，DHL（敦豪航空货运公司，德国邮政网络下属全资子公司）凭借其定时可靠的递送服务及与一流航空公司协作而打造的全球网络，能够满足客户的所有空运需求。同时，DHL 还提供所有主要航线固定航班的标准空运服务及特定包机服务，这是其他物流企业做不到的。这种情况使 DHL 在很长时间内占据了我国的航空物流的大部分份额。

小案例 香港邮政的“特快专递”

1973 年，香港邮政率先推出了“特快专递”业务，但由于香港邮政一直未对该项业务进行市场推广，结果速递业务的发展反而赶不上后起的民营公司。1997 年，香港邮政为了提高市场占有率，增加营业额，决定进行市场推广。

首先，他们对顾客进行了调查，了解到：顾客在选择速递服务时，考虑最多的是速度和可靠性，然后才是价格；同时顾客希望能够追踪邮件，随时了解邮件运送的情况。接着，他们调查分析了竞争者的情况，得出的结论如下。

1. 香港邮政的优势

（1）特快专递服务推出较早，技术支持较强（如电子追踪服务）。

（2）以邮局为服务点，服务网络覆盖面广，竞争者无法相比。

（3）香港邮政寻求改变的决心大，员工士气高昂，积极参加。

2. 香港邮政的劣势

香港邮政“特快专递”过去的形象不太好，认知度不高，人们认为其可靠性与速度不及私营速递公司。

3. 香港邮政的市场机会

私营速递公司多以大公司为主要客户，绝大多数的中小商业机构享受不到价格优惠，个人客户更被作为最后服务的对象，中小商业机构和个人客户的需求得不到满足，是个被忽视的市场。

通过细分市场，香港邮政选择了中小商业机构和个人客户作为自己的目标市场，以“补缺者”的身份填补市场空隙，避免和竞争者正面冲突。

他们把自己的服务定位为“分秒显优势”的“超值服务”。为了塑造这一市场形象，吸引目标消费者，香港邮政采取了以下措施。

（1）对“特快专递”服务采取低价策略。

（2）提供电子追踪服务，让顾客可以随时掌握邮件运送的情况。

（3）提供大小不同的特快专门快递箱，满足顾客的需要。

（4）消除一切可能造成延误的因素，保证邮件准时发送。

（5）特设专门的小组，应对顾客的业务查询，替顾客开立账户，并兼做宣传。

（6）整顿工作作风，一线人员礼貌热情，服务耐心细致，富有效率。

（7）提供高质量、高效率的“超值服务”，让顾客有更多时间处理邮件，甚至在“最后一分钟”将邮件寄出，令客户的分分秒秒尽显优势。

1997 年 10 月，香港邮政推出了主题为“分秒显优势”的市场推广活动。在视觉形象上，设计了全新的公司标志和“特快专递”服务标志，选择以速度见长的“蜂鸟”作为公司标志，选择以速度和耐力著称的“雨燕”作为“特快专递”服务标志。电视广告也极富感染力，突出了“分秒显优势”的承诺：一个勤勉、质朴的年轻邮递员，充满自信地走在人群中，他不断前行的身影、真诚的笑容，与身后喧闹的都市形成了强烈的对比，给人以踏实、可信赖的感觉，反映了香港邮政“特快专递”业务崭新的形象。

此外，这一活动还采用了多种传播手段，如报纸广告、直邮广告、广告传单、海报等，并向所有员工介绍相关专业知识和强调加强服务的重要性。领导的重视和亲临指导给员工极大鼓舞，每个员工都愿为推广活动效力。

在大家的积极参与和推动下，这一推广活动取得了如下的显著成绩。

（1）业务量。尽管 1997—1998 年香港经济不景气，“特快专递”处理的邮件总量仍有上升。

（2）客户数。实施推广活动的前 5 个月，新开立账户的客户人数上升了 60%。

（3）认知率。在未开立账户的顾客中，认知率从 11%上升到 30%；在已开立账户的顾客中，认知率从 36%升到 50%。“特快专递”在香港已经成功地建立起自己的品牌形象。

（4）满意度。对顾客满意度的研究显示，客户对特快专递服务各个程序的满意度均有明显上升。

由于速递业务水平的提高，1997 年第 4 季度，香港邮政获得了全球邮政联盟的嘉奖。同时，这一市场推广活动成功地入围了 1998 年度香港杰出营销奖，其电视广告也被评为该年度的杰出广告作品。

（资料来源：叶青，谢舸燕. 物流营销[M]. 北京：化学工业出版社，2009.）

3.3.3 物流目标市场营销策略

物流企业选择的目标市场不同，其物流市场营销的策略也会不同。一般情况下，物流企业有四种物流目标市场营销策略可供选择：无差异性市场营销策略、总成本领先策略、差异性市场营销策略、集中性市场营销策略。

1. 无差异性市场营销策略

物流企业将整个物流市场视为一个目标市场，对其只提供一种服务、制订一个营销计划，去满足所有客户的需求，这种策略称为无差异性市场营销策略。

2. 总成本领先策略

总成本领先策略也称为成本领先策略、低成本策略，是指物流企业通过有效途径降低成本，使物流企业的全部成本低于竞争者的成本，甚至是同行业中最低的，从而获取竞争优势的一种策略。总成本领先策略要求物流企业必须建立起高效、规模化的服务设施，全力以赴地降低成本，严格控制管理及研发、服务、推销、广告等方面的成本费用。

小案例 美国航空公司实施成本最小化

美国航空公司（以下简称“美航”）是美国最大、盈利状况最好的航空公司之一。美航的成功，归功于它的首席执行官罗伯·柯南道尔及其管理团队所采取的一系列策略，其中包括开发产业中最佳的信息系统、有效的营销策略（比如经常搭机旅客里程优惠方案）、高品质的顾客服务，以及追求将成本降到最低的热情。

美航想尽办法节省成本，包括更换现代化、适宜短程而且省油的飞机；发展轴辐式路线结构以减少间接成本；增加每班飞机的座位密度；通过劳动契约和双层工资结构减少劳动成本；削减燃油与其他非劳工的变动成本。

除了代表美航标志的红、白、蓝条纹，美航飞机不涂任何油漆，这项策略降低了油漆和燃油的成本。一架不上漆的 DC10 大约轻了 4 000 磅，每年每架飞机因此节省的燃油大约可以折合 1.2 万美元。

20 世纪 80 年代中期，美航把每架飞机的内部重量减轻了至少 1 500 磅，而重量之所以能够减轻，是因为装上了较轻的座椅，把金属推车改换成强化塑钢推车，换用较小的枕头和毛毯，在头等舱中使用轻型器皿，以及重新设计服务空厨等。这些改变使得美航的每架飞机每年节省至少 2.2 万美元。

柯南道尔和他的管理团队在追求成本最小化的过程中，做到了巨细靡遗。有一次，柯南道尔在美航班机上，把未吃完的剩菜倒入了一个塑料袋，交给机上负责餐食的主管，下令“缩减晚餐沙拉的分量”！他还不满意，又下令拿掉每位旅客的沙拉中的一粒黑橄榄。如此一来，又为美航每年省下了7万美元。

（资料来源：王一心. 读故事 学营销[M]. 北京：海潮出版社，2005.）

根据物流企业获取成本优势的方法的不同，总成本领先策略可概括为如下几种主要类型：①简化产品型成本领先策略；②改进设计型成本领先策略；③材料节约型成本领先策略；④人工费用降低型成本领先策略；⑤生产创新及自动化型成本领先策略。

小案例

百胜物流公司是肯德基、必胜客等专卖连锁企业巨头的物流服务提供商。为了降低企业的物流成本，紧紧围绕运输这个环节，它采用了以下方式：①合理安排运输路线；②减少不必要的配送；③提高车辆的利用率；④调整送货时间。这些措施有效地实现了物流成本的“缩小”，给企业管理者指出了一条细致有效的降低物流成本的道路。

（资料来源：曲建科. 物流市场营销[M]. 北京：电子工业出版社，2011.原文经过改写。）

3. 差异性市场营销策略

差异性市场营销策略是指物流企业在产品、人员、形象等方面采用差异性策略，为物流用户提供差异性服务的一种策略。这种企业在行业中拥有一些独特的东西。实现差异性策略可以有多种方式，如设计品牌形象，拥有独特的技术，具有独特的性能，提供特别的客户服务，拥有专门的业务网络等。最理想的情况是，物流公司在产品、人员、形象三个方面都具有“差异性”的特征。采用差异性市场营销策略的物流企业，能有针对性地满足不同客户的需要，提高客户对物流服务产品的信赖程度和购买率，实现更大的销售额。因此，一旦差异性市场营销策略获得成功，它将成为物流企业在行业中获得较高利润水平的积极策略。

4. 集中性市场营销策略

集中性市场营销策略要求物流企业主攻某个特定的客户群、某条产品线的一小段或某一区域性市场。采用这一策略的前提是：物流公司业务的专一化能以较高的效率、更好的效果为某一狭窄的目标群体（物流细分市场）服务，从而获得为众多物流用户服务的竞争者所不具备的优势。这一策略特别适用于资源能力有限的中小型物流企业。

3.4 物流目标市场定位

小贴士

竞争优势包括：①技术优势；②价格优势；③质量优势；④渠道优势；⑤服务优势。

显示竞争优势也就是准确地向物流市场传播物流企业的定位与理念。物流企业做出市场定位决策后，要与选定的目标市场进行有效的沟通，包括树立与市场定位相一致的形象，让目标客户知道、了解并熟悉物流企业的市场定位。

3.4.1 物流目标市场定位的含义

从 20 世纪 80 年代开始，物流目标市场定位的战略意义逐渐被一些领先的服务企业所认知，因为它给不可触摸的服务产品提供了一个实在的框架。在我们身边，彼此竞争的航空公司用同样的飞行总里程优惠飞行同样的路线；大部分的物流企业也提供非常相似的服务。物流企业处在这样的环境中，怎样才能脱颖而出，在客户心目中树立独特形象呢？唯有进行物流目标市场定位，提供别出心裁的服务，才能确保物流企业与众不同，让客户比较容易识别本企业的服务产品。

小贴士 中邮物流公司的物流目标市场定位

中邮物流公司的物流目标市场定位为：围绕国民经济和社会发展需要，以多批次、高时效、高附加值、小批量、小体积、小重量的物品为主，重点为 IT（电子、电信）、医药、出版、汽车配件、高档消费品、烟草、电子商务等行业的国内外大中型制造企业、品牌流通企业和电子商务企业提供定制化的高层次精益物流服务。

物流目标市场定位是指物流企业根据市场竞争状况和自身资源条件，建立和发展差异化优势，以使自己的服务及企业在客户心目中形成有区别并优于竞争者的独特形象。物流目标市场定位为物流服务差异化提供了机会，使每家物流企业及其服务在物流客户心目中都有一席之地，形成特定的形象，从而影响其购买决定。

小案例 宅急送的市场定位

宅急送成立于 1994 年，它是模仿日本“宅急便”模式的产物，以同城快运起家。但在成立之后的最初几年，宅急送并没有明确的市场定位，什么都做，但什么都没做大。当时的宅急送更类似一个搬家公司，订车、包车、快递，内容五花八门，包括牛奶、鲜花、烤鸭，甚至接孩子、洗抽油烟机等业务都做，明显缺乏真正的核心业务，这个阶段尽管难熬，却也让宅急送存活下来。在 1994 年到 1999 年的几年间，公司管理层经过一系列思考，不断摸索和转变企业定位，其业务经历了同城快递、提货送货、仓储派送、城际派送等不同的变化，市场定位逐渐清晰起来。

1999 年，公司第一次明确了宅急送的市场定位：做社会零散的全国门对门快运，市内快运、包装仓储、长途运输等都是全国门到门快运业务的组成部分；宅急送的快运产品定位在 5～50 千克的高附加值小件产品，如手机、电脑等消费类电子产品。至此，在经历一系列业务摸索后，宅急送锁定了全国 24 小时的门到门服务。

2002 年 11 月，宅急送实现了第二次融资，加快了宅急送业务转型的步伐。宅急送利用 200 多家自营网点、200 多个合作网点、近 2 000 辆车，推出了“2D10”“2D17”的概念。所谓“2D10”，是指当天下午 5 点上门收货，第二天上午 10 点之前送货到门，即开门见货；“2D17”，是指当天下午 5 点上门收货，第二天下午 5 点之前送货到门。宅急送“2D10”“2D17”的概念首先在区域内实现，如珠三角、长三角、环渤海等区域内的快运业务，通过每天几班的物流班车，做到了夕发朝至。至此，宅急送业务已经发展壮大。

（资料来源：王桂姣. 物流营销[M]. 重庆：重庆大学出版社，2009.原文经过改写。）

3.4.2　物流目标市场定位的原则

（1）重要性。重要性是指物流企业所提供的差异化物流服务能满足客户针对性的需求，而这对客户来说又是非常重要的。

（2）显著性。显著性是指物流企业的服务产品同竞争者的服务产品间有着明显的差异，并且这种差异是显而易见的。

（3）可沟通性。可沟通性是指这种差异易于被客户所认识和理解。

（4）不可模仿性。不可模仿性是指这种差异是其他竞争者难以模仿或模仿不了的。

（5）可支付性。可支付性是指客户接受差异化物流服务时能付得起由于享受到这种特殊服务而必须支付的额外费用。

（6）营利性。营利性是指物流企业能通过物流服务产品的差异化而获得更多的利润。

必须注意的是：成功的物流目标市场定位必须首先考虑到物流客户对物流服务产品的已有认识，然后再确定物流客户认为哪些物流服务需求是十分重要的，哪些物流服务需求又是竞争者没有或较少满足的。物流企业所要针对的应是那些未被满足的、对物流客户来讲又是极为重要的需求。

小案例　中外运为米其林提供的服务

2004 年 10 月 11 日，中外运与世界最大轮胎生产商——法国米其林公司在上海签署战略合作协议，按照约定，中外运将成为米其林的全面物流服务提供商。这标志着此前双方以采购物流和销售物流为主要内容的合作再度升级。

米其林公司在中国的生产线自 1996 年开始生产轮胎起，多年来在中国的业务处于强劲的增长态势。为集中自己的专业化优势，致力于研制和生产世界领先的轮胎，米其林公司将物流服务委托给专业的第三方物流服务提供商来承担。米其林公司对其产品有精益求精的要求，在选择物流合作伙伴时特别注重物流服务提供商的综合服务能力，除了要求物流服务提供商拥有最完善的物流服务网络、最先进的物流管理手段和最丰富的物流管理经验，还针对其产品的特点，对物流服务提供商的物流服务提出了库存管理的先进先出原则、库存数据的准确性、生产配送的及时性、服务质量的关键考核指标、服务安全系数、综合服务能力六项最有代表性的要求。

米其林公司在中国投产之初，其物流服务一直由世界物流巨头马士基公司提供。2002 年 7 月，在米其林公司的物流业务招标中，中外运与国际物流巨头短兵相接，凭借其高水平物流服务设计能力、针对客户需求的物流运作能力和物流组织管理能力，中外运虎口夺食，取代马士基为米其林沈阳轮胎公司提供第三方物流服务。

中外运中标后，为确保达到物流服务目标，在距离米其林工厂 5 千米处设立了米其林要求的库房，并配备了近万平方米的弹性使用库房；在国内运输配送和出口货代方面，利用中外运的品牌和物流方面的先进管理经验，制定了承运商量化考核标准和管理流程；在出口货代方面，凭借多年的从业经验和专业化的服务人才，做到了一次委托，全程服务。

由此可见，中外运把物流作为了一个增值过程来管理，针对米其林未被满足的、极为重要的需求采取了行动，从而获得了成功。

（资料来源：朱美环. 中外运与世界轮胎“巨人”合作升级[N]. 中国交通报，2004-10-19. 原文经过改写。）

3.4.3 物流目标市场定位的步骤

实现物流目标市场定位，需要通过识别竞争优势、选择竞争优势和确定整体定位策略三个步骤实现。

1. 识别竞争优势

识别竞争优势是市场定位的基础。企业的竞争优势通常表现在两个方面：成本优势和物流服务差异化优势。成本优势使企业能够以比竞争者低廉的价格提供相同质量的物流服务，或以相同的价格销售更高质量的物流服务。物流服务差异化优势是指物流服务独具特色的功能和利益与客户需求相适应的优势，即企业能向市场提供的物流服务在质量、功能、品种等方面比竞争者能够更好地满足客户需求的能力。

为实现此目标，企业首先必须进行规范的市场调研，切实了解目标市场需求特点及这些需求被满足的程度。此外，企业还要分析研究主要竞争者的优势和劣势，以利于有效地识别自身的竞争优势。

2. 选择竞争优势

如果企业发现自身具有几项竞争优势，就必须确定哪些是其物流目标市场定位的基础，并决定要推广哪些差异化优势。企业必须准确选择与竞争者相区别的方法，如果满足物流市场定位的六条原则，这种差异化优势就是值得利用的。

3. 确定整体定位策略

整体定位策略是指物流目标市场定位要基于整体利益组合。物流目标市场定位时不能只突出一项竞争优势，而忽视其他方面，如快递公司只强调时效性，而物品的安全性得不到保证，这样的定位策略就不能收到很好的效果。企业在做物流目标市场定位时应该尽量避免以下常犯的错误。

（1）定位不足。定位不足是指企业差异化设计与沟通不足，客户对物流服务难以形成清晰的印象和独特的感受，认为它与其他物流服务相比没有独到之处，甚至不容易被消费者识别和记住。

（2）定位过分。定位过分是指企业将自己的物流服务定位得过于狭窄，不能使客户全面地认识自己的产品。例如，一家同时提供高、低价位物流服务的企业使客户误以为只提供高档服务。

（3）定位模糊。定位模糊是指由于企业设计和宣传的差异化主题太多或定位变换频繁，致使客户对物流服务的印象模糊不清，从而无法在客户心目中确立物流服务鲜明、稳定的定位。

3.4.4 物流目标市场定位的内容

物流目标市场定位包括如下内容。

（1）产品定位。产品定位是指物流企业用什么样的物流产品来满足物流用户。产品定位侧重于对物流服务质量、成本、特征、性能、可靠性、速度、安全性、包装等多方面进行研究，并顾及竞争者的情况。如宅急送主要经营为顾客把小件零散物品送到家的24小时昼夜快递服务。

（2）企业定位。企业定位是指物流企业通过其产品及其品牌，基于顾客需求，将其物流企业独特的个性、文化和良好形象，塑造于消费者心目中，并占据一定位置。如大和运输公司的商标是一只黑猫叼着小猫的图案，图案中那种小心翼翼，不伤及小猫，轻衔住脖子运送的态度，代表着谨慎搬运顾客托运的货物，这种印象正合公司的宗旨，体现了该公司的个性。

（3）竞争定位。竞争定位是指突出物流企业产品与竞争者同档产品的不同特点，通过评估选择，确定对本物流企业最有利的竞争优势并加以开发。

（4）消费者定位。消费者定位是指对物流产品潜在的消费群体进行定位，如中国国际航空股份有限公司的公务旅客市场定位。

3.4.5 物流目标市场定位的策略

物流目标市场定位实质上是一种竞争定位策略，它显示了物流企业之间的竞争关系。定位方式不同，竞争态势也不同。下面分析四种主要定位策略。

1. 市场领导者定位策略

（1）市场领导者定位策略的定义。市场领导者是指在市场上占有最大的市场份额，并在价格变动、新产品开发、分销渠道和促销力度等方面均居领导地位的公司。市场领导者定位策略是指物流企业为保持其在物流市场的领导地位而采取的定位策略。

（2）采用市场领导者定位策略必须符合的条件。物流企业采用这种定位策略，必须符合以下几个条件：①该市场符合物流消费发展趋势，具有强大的市场潜力；②本企业具备领先的条件和能力；③进入的市场必须有利于发挥和发展物流企业的营销特色；④提高市场占有率。

（3）市场领导者定位策略的具体内容。市场领导者若要继续保持其领导者的位置，就必须采取有效的行动。市场领导者可以采取的策略主要有以下四项：①扩大需求总量策略，如不断发现新的购买者和使用者、不断开辟产品的新用途、设法增加产品的使用量；②保护市场占有率策略，如可采用阵地防御、侧翼防御、先发防御、反攻防御、运动防御、收缩防御等保护市场占有率策略；③提高市场占有率策略；④维护高质量形象。

2. 市场挑战者定位策略

（1）市场挑战者定位策略的定义。市场挑战者是在市场上居于次要地位，但不安于现状，向市场领导者挑战，争取取而代之的公司。市场挑战者定位策略是指物流企业把市场位置定位在竞争者的附近，与在物流市场上占据支配地位的，亦即最强的竞争者“对着干”，并最终战胜对手、让本企业取而代之的定位策略。市场挑战者不仅仅挑战市场领导者，也挑战其他竞争者，以获取更多的市场占有率或者击败竞争企业。

（2）采用市场挑战者策略必须符合的条件。物流企业采用这种定位策略，必须符合以下条件：①要有足够的市场潜量；②本企业具有比竞争者更丰富的资源和更强的营销能力；③本企业能够为目标市场提供更好的商品和服务。

（3）市场挑战者定位策略的实施步骤与具体进攻策略。市场挑战者定位策略的实施步骤分为两步：①确定策略目标和挑战对象；②选择进攻策略。

确定策略目标和挑战对象包括：①攻击市场领导者；②攻击市场挑战者或追随者。

选择进攻策略主要包括以下五项内容：①正面进攻；②侧翼进攻，如邮政 EMS 的进攻者往往选择较小规模的城市建立分销机构，因为邮政 EMS 不太重视这些地方的业务；③围堵进攻；④迂回进攻，如发展多样化的不相关产品，开拓新的地理市场及开发新技术以取代现有产品；⑤游击进攻，如航空公司经常采取有选择的减价、密集的促销轰炸等策略。

3. 市场跟随者定位策略

（1）市场跟随者定位策略的定义。市场跟随者定位策略是指物流企业发现目标市场已被竞争者充斥，而该物流市场需求潜力又很大，于是该企业跟随竞争者挤入市场，与竞争者处在一个位置上的定位策略。

（2）采用市场跟随者定位策略必须符合的条件。物流企业采用这种定位策略，必须符合以下条件：①目标市场还有很大的需求潜力；②目标市场未被竞争者完全垄断；③企业具备挤入市场的条件和与竞争者“平分秋色”的营销能力。

（3）市场跟随者定位策略的首要思路与具体策略。市场跟随者定位策略的首要思路是：发现和确定一个不会引起竞争性报复的跟随策略。具体策略为：紧密跟随策略、距离跟随策略和选择跟随策略。

4. 市场补缺者定位策略

（1）市场补缺者定位策略的定义。市场补缺者定位策略是指物流企业把自己的市场位置定位在竞争者没有注意和占领的市场位置上的定位策略。当物流企业对竞争者的市场位置、消费者的实际需求和自己经营的商品属性进行评估分析后，如果发现企业所面对的目标市场并未被竞争者瓜分，存在一定的市场缝隙或空间，而且自身所经营的产品又难以被其他物流企业正面抗衡时，物流企业就应该把自己的市场位置定位在目标市场的空档位置，与竞争者形成鼎足之势。

（2）市场补缺者定位策略取胜的关键。市场补缺者定位策略取胜的关键是专业化的生产和经营。

（3）市场补缺者的特征。市场补缺者的特征包括：①有足够的市场潜量和购买力；②利润有增长的潜力；③对主要竞争者不具有吸引力；④企业具有占据该补缺基点所必需的资源和能力；⑤企业已有的信誉足以对抗竞争者。

小贴士　市场补缺者定位策略采用的就是蓝海战略

蓝海战略是由 W.钱·金[韩]与勒妮·莫博涅[美]提出来的。蓝海战略使用“蓝海”和“红海”来表示整体市场。“红海”是现存的产业，也就是已知的市场空间。在红海中，行业边界已经被限定和接受，竞争游戏的规则也是明确的。红海中的企业力图通过竞争获得更大的市场份额，但随着市场空间变得越来越拥挤，利润增长的空间开始相应减少，竞争最终把商海变成血色（通俗讲“血拼”），因此叫“红海”。相反，“蓝海”预示着尚未存在的行业，也就是未知的市场空间，没有被竞争充斥。在蓝海中，需求是被创造出来的，而不是打拼出来的。在蓝海中，谈不上竞争的概念，因为游戏的规则还没有被制定。它是尚未被染指的、蕴含着巨大的、深深的利润的“蓝色”海洋。市场补缺者定位策略采用的就是蓝海战略。蓝海战略提供了一种摆脱红海战略血拼的途径，通过重建市场边界实现公司和客户价值的飞跃，从而远离竞争。

简而言之，红海战略关注的是在现存市场空间内如何胜过竞争者，它是市场竞争策略；而蓝海战略关注的是如何脱离已有的市场边界，从而把竞争者甩在后面，它是市场创新战略。

当然，物流企业的目标市场定位并不是一劳永逸的，而是随着目标市场竞争者状况和企业内部条件的变化而变化的。当目标市场发生下列变化时，就需要考虑重新调整目标市场定位的方向。

（1）竞争者的销售额上升，使企业的市场占有率下降，企业出现困境时；

（2）企业经营的商品意外地扩大了销售范围，在新的市场上可以获得更大的市场占有率和较高的商品销售额时；

（3）新的消费趋势出现和消费者群的形成，使本企业销售的商品失去吸引力时；

（4）本企业的经营战略和策略做重大调整时；等等。

学习情境小结

本学习情境的知识点部分对物流目标市场营销进行了阐述，并对其中的物流市场细分、物流目标市场选择、物流目标市场定位三大部分内容进行了介绍。其中，物流市场细分部分重点阐述了物流市场细分的实质和依据、物流市场细分的主要细分标准；物流目标市场选择部分重点分析了影响物流目标市场选择的因素，阐述了物流目标市场的选择标准和物流目标市场营销策略；物流目标市场定位部分重点阐述了物流目标市场定位的内容和物流目标市场定位的策略。这些知识，将为进行物流营销组合策略制定打下良好的基础。

本学习情境的练习题环节对基础知识进行了巩固，并进行了实操训练，以便我们进一步理解与深化本学习情境的知识。

练习题

▶ 基础训练

一、单项选择题

1．物流市场细分的实质是（　　）。

A．物流市场产品供应的多元性

B．构成总体物流市场的消费者的多样性

C．物流子市场需求的同类性

D．将异质物流市场分成若干个同质物流市场的过程

2．物流市场细分的主要理论根据是（　　）。

A．将异质物流市场分成若干个同质物流市场的过程

B．物流市场具有同质物流市场与异质物流市场的区别

C．物流子市场需求的同类性

D．物流市场产品供应的多元性

3．（　　）是根据物流客户需求的某一重要因素进行物流市场细分。

A．个别变量因素法　B．变量因素组合法　C．系列因素变量法

4．（　　）是指物流企业通过有效途径降低成本，使物流企业的全部成本低于竞争者的成本，甚至是同行业中最低的，从而获取竞争优势的一种策略。

A．无差异性市场营销策略　　B．总成本领先策略

C．差异性市场营销策略　　D．集中性市场营销策略

5．（　　）是物流企业为物流用户提供差异化服务的一种策略，这种企业在行业中拥有一些独特的东西。

A．无差异性市场营销策略　　B．总成本领先策略

C．差异性市场营销策略　　D．集中性市场营销策略

二、多项选择题

1．物流市场细分的条件有（　　）。

A．可衡量性　B．可占领性　C．可接近性　D．稳定性

2．物流市场细分通用的主要细分标准有（　　）。

A．人口因素　B．地理因素　C．心理因素　D．行为因素

3．物流目标市场的选择标准有（　　）。

A．有足够的物流市场需求

B．物流企业必须有能力满足物流目标市场的需求

C．在被选择的物流目标市场上本企业具有竞争优势

4．物流企业的物流目标市场营销策略有（　　）。

A．无差异性市场营销策略　　B．差异性市场营销策略

C．集中性市场营销策略　　D．总成本领先策略

5．物流目标市场定位的内容包括（　　）。

A．产品定位　B．企业定位　C．竞争定位　D．消费者定位

三、判断题

1．现代物流营销的核心可称为物流 STP 营销。（　　）

2．物流目标市场选择是物流目标市场定位的前提，是物流目标市场营销的起点。（　　）

3．物流目标市场是指物流企业打算为之提供物流服务的目标市场，是物流企业打算进入的细分市场，或打算满足的具有某一需求的客户群体。（　　）

4．物流企业选择的目标市场不同，其物流市场营销的策略是一样的。（　　）

5．集中性市场营销策略要求物流企业主攻某个特定的客户群、某条产品线的一小段或某一区域性市场。（　　）

6．如果物流企业实力雄厚，且物流市场营销能力较强，就可以选择差异性营销策略或无差异性营销策略；如果物流企业能力有限，则直接选择集中性营销策略。（　　）

四、简答题

1．什么是物流 STP 营销？它分为哪几个步骤？

2．什么是物流市场细分？物流市场细分的作用是什么？

3．物流市场细分通用的主要细分标准有哪些？通常还可采用哪些细分标准？

4．什么是物流目标市场？影响物流目标市场选择的因素有哪些？

5．一个理想的物流目标市场必须具备哪些标准？

▶ 实操训练——课后学习任务演练

实训一　学习任务　物流市场细分

（同学习任务 3.1）

任务描述

假设你是 XX 物流公司的物流营销人员，请为该公司进行物流市场细分。

实训二　学习任务　物流目标市场选择

（同学习任务 3.2）

任务描述

假设你是 XX 物流公司的物流营销人员，请为该公司进行物流目标市场选择。

实训三　学习任务　物流目标市场定位

（同学习任务 3.3）

任务描述

假设你是 XX 物流公司的物流营销人员，请为该公司进行物流目标市场定位。

实训四　为申通物流公司进行物流目标市场定位

进行物流目标市场定位——假设你是申通物流公司的市场营销经理

实训形式

先分组进行小组讨论，然后全班讨论，由小组代表发言。

实训内容

进行物流市场定位演练。

实训目的

使学生能够对物流市场进行细分，选择目标市场并进行定位。

实训时间

20 分钟。

实训道具

以实地调查为主，并在图书馆、互联网查找相关资料。

实训场地

可连互联网的网络教室、图书馆。

实训程序

在市场调研与分析的基础上，确定并描绘你的客户。

（1）他们来自何处？是本地、国内、国外，还是其他地方？

（2）他们购买哪些物流服务？

（3）他们每隔多长时间购买一次？（每天、每周、每月、随时、其他）

（4）他们买多少？（按数量、按金额）

（5）他们怎样购买？（赊购、现金、签合同）

（6）他们怎样了解你的企业？[网络、广告、报纸、广播、电视、口头、其他（要注明）]

（7）他们对你的企业及所提供的物流服务怎么看？（客户的感受）

（8）他们想要你提供什么？（他们期待你能够或应该提供的好处是什么？）

（9）你的市场有多大？（按地区、潜在客户）

（10）在各个市场上，你的市场份额是多少？

（11）你想让市场对你的企业产生怎样的感受？

根据以上资料，确定物流服务产品的市场定位，并拟出市场定位建议书。

要求：针对你公司所经营的物流服务产品，分析研究谁是你的客户，找准你的物流目标市场，实施物流目标市场定位策略。

任务实施

（1）以某类或某种物流服务产品为例，组织引导学生以组为单位对所选择的物流服务产品的市场定位进行调查。

（2）依据所掌控的资料对所选物流服务产品的差异和市场影响力进行分析。

（3）结合物流企业的物流服务产品的差异特色和市场影响力进行正确的物流服务市场定位。

↘ 实训五　关于某快递公司营销对象选择的情景模拟

实训内容

关于某快递公司营销对象选择的情景模拟。

实训目的

通过模拟现实环境，使学生能够灵活掌握物流营销对象选择的相关知识，能够较好地根据不同需求者的需求差异将市场进行合理细分，以此来满足消费者的不同需求。

实训人员

1. 实训指导：任课教师。

2. 实训编组：学生按8～10人分成若干组，每组选组长及记录员各一人。

实训时间

2～4学时。

实训步骤

（1）由教师提出情景假设。

情景：某快递公司一向以高效、热忱的服务著称。一天，它的门市来了一个集团客户。该集团是市内著名的视频生产商，随着市场竞争的不断加剧，它想将自己的工作不断细化，想与快递公司联手推出自己的“同城上门送货业务”。

（2）以小组为单位进入情景，站在快递公司的角度，设计一份“合作计划书”，该计划书中要体现快递公司是如何针对生产企业的需求进行物流目标市场细分和物流目标市场定位的，并说明相关的操作步骤和理由。

（3）小组与小组之间针对对方的完成情况进行点评。

（4）以小组为单位撰写实训小结。

实训要求

学生通过实训能够学会一定的市场定位方法和市场细分方法，并通过相互点评的模式，寻找错误，相互促进，便于更好更灵活地掌握物流目标市场的选择和定位，为准确的市场细分提供依据。

实训认识

作为未来物流企业员工，深悟企业是如何选择物流营销对象的，实施正确、合理的营销服务，对以后做好本职工作是很有帮助的。

学习情境4 物流营销组合策略制定

学习目标

专业能力目标：掌握物流市场营销组合的基本理论，掌握物流市场营销产品策略、物流产品价格策略、物流产品分销渠道策略、物流产品促销策略。

方法能力目标：能准确制定物流市场营销产品策略、物流产品价格策略、物流产品分销渠道策略、物流产品促销策略。

社会能力目标：培养学生的交流、表达能力，学生的团队精神及协作沟通能力，学生认真的学习态度，学生良好的职业道德和敬业精神。

学习任务

<table>
<tr><td>学习任务 4.1</td><td colspan="2">制定物流市场营销产品策略</td></tr>
<tr><td>要　求</td><td colspan="2">1. 在制定物流市场营销产品策略前必须对要营销的物流市场进行充分的调查和分析
2. 能准确制定物流市场营销产品策略
3. 能将物流市场营销产品策略作品制作成 PPT，并进行 PPT 演示</td></tr>
<tr><td>应具备的知识</td><td colspan="2">物流产品及产品组合策略、物流包装策略、物流新产品开发策略、物流企业产品品牌策略、物流产品的市场寿命周期策略</td></tr>
<tr><td>应具备的能力</td><td colspan="2">收集信息的能力，从众多信息中准确抽取所需信息的能力，制定产品组合策略、物流包装策略、物流新产品开发策略、物流企业产品品牌策略、物流产品的市场寿命周期策略的能力，制作 PPT 的能力</td></tr>
<tr><td rowspan="4">质量标准</td><td>评价项目</td><td>分值 / 分</td></tr>
<tr><td>1. 物流产品及产品组合策略、物流包装策略、物流新产品开发策略、物流企业产品品牌策略、物流产品的市场寿命周期策略把握准确</td><td>50</td></tr>
<tr><td>2. 物流市场需求、竞争者情况把握准确</td><td>40</td></tr>
<tr><td>3. PPT 制作清晰</td><td>10</td></tr>
</table>

<table>
<tr><td>学习任务 4.2</td><td>制定物流产品价格策略</td></tr>
<tr><td>要　求</td><td>1. 在制定物流产品价格策略前必须对要营销的物流市场进行充分的调查和分析
2. 能准确制定物流产品价格策略
3. 能将物流产品价格策略作品制作成 PPT，并进行 PPT 演示</td></tr>
</table>

续表

学习任务 4.2	制定物流产品价格策略	
应具备的知识	营销定价的基本原理、物流产品营销定价方法、物流产品定价基本策略	
应具备的能力	收集信息的能力，从众多信息中准确抽取所需信息的能力，选择物流产品营销定价方法、制定物流产品定价基本策略的能力，制作 PPT 的能力	
质量标准	评价项目	分值 / 分
	1．物流产品营销定价方法、物流产品定价基本策略把握准确	50
	2．营销定价的基本原理把握准确	40
	3．PPT 制作清晰	10

学习任务 4.3	制定物流产品分销渠道策略	
要　　求	1．在制定物流产品分销渠道策略前必须对要营销的物流市场进行充分的调查和分析 2．能准确制定物流产品分销渠道策略 3．能将物流产品分销渠道策略作品制作成 PPT，并进行 PPT 演示	
应具备的知识	物流产品分销渠道的定义、功能、分类、模式、发展；影响物流产品分销渠道选择的因素；物流产品分销渠道设计策略	
应具备的能力	收集信息的能力、从众多信息中准确抽取所需信息的能力、制定物流产品分销渠道设计策略的能力、PPT 制作的能力	
质量标准	评价项目	分值 / 分
	1．物流产品分销渠道设计策略制定准确	50
	2．影响物流产品分销渠道选择的因素把握准确	40
	3．PPT 制作清晰	10

学习任务 4.4	制定物流产品促销策略	
要　　求	1．在制定物流产品促销策略前必须对要营销的物流市场进行充分的调查和分析 2．能准确制定物流产品促销策略 3．能将物流产品促销策略作品制作成 PPT，并进行 PPT 演示	
应具备的知识	促销的定义、影响促销策略的因素、促销的四种方式	
应具备的能力	收集信息的能力、从众多信息中准确抽取所需信息的能力、制定物流产品促销策略的能力、制作 PPT 的能力	
质量标准	评价项目	分值 / 分
	1．物流产品促销策略制定准确	50
	2．影响分销渠道选择的因素把握准确	40
	3．PPT 制作清晰	10

任务实施范例

▶ 学习任务 4.1　制定物流市场营销产品策略

↘ 任务描述

伴随着国际贸易的迅猛发展，国际航运业得到了前所未有的繁荣发展，并出现了一定程度的垄断色彩。与此同时，中国众多航运企业在激烈的竞争中面临着生死存亡的考验。中外运集装箱运输有限公司厦门分公司（以下简称“厦门外运集运”）也是一家这样的航运企业。假设你是厦门外运集运的市场营销人员，请你为该公司的产品制定物流市场营销产品策略。

↘ 任务实施

制定厦门外运集运的物流市场营销产品策略

1. 制定产品组合策略：采用扩大产品组合策略

可采用扩大产品组合策略，为客户提供一体化服务。公司经常遇到一些外地客户，想从厦门出货运往菲律宾马尼拉，但又对厦门的物流服务不了解，希望公司能够提供“一条龙”服务。厦门外运集运有着一体化的物流资源，因此有能力为客户提供“一条龙”服务。理由如下。

厦门外运集运隶属于中外运集团，中外运集团是我国大型的物流集团，其在厦门拥有丰富的物流资源，包括货代、船代、拖车、报关、仓库、堆场。各业务单元可在兄弟单位信任的基础上，积极配合、努力支持，尽量为客户提供便利服务。

2. 制定物流产品包装策略：采用统一包装策略

厦门外运集运在为客户提供一体化服务时，对设施、设备、工具、装备和人力等的包装，都可以采用统一包装模式，即在风格、材料、颜色、图案、造型等方面均采用统一包装，既给物流客户以“安全”的心理暗示，也进一步宣传了企业的形象。

3. 制定新产品开发策略：采取迟人半步的仿制策略

目前，国际和国内已有先进物流企业采取了一体化服务。厦门外运集运可在得知物流用户有让公司提供一体化服务的需求，并在自身具有一体化物流资源的情况下，开发出一体化物流服务。

4. 制定物流企业产品品牌策略：采取品牌延伸策略

品牌延伸策略是指企业利用已经成功的品牌推出新产品或改良产品的策略。厦门外运集运可采取品牌延伸策略来推出一体化服务。可将该公司的一体化物流产品命名为“厦门外运集运——一条龙服务”。

5. 制定物流产品生命周期策略：可以对一体化服务采取引入期策略

针对一体化服务的具体营销策略，主要可采用广告宣传的方式来建立知名度，运用品牌延伸策略来进行品牌提携，引导物流客户试用。

（资料来源：谢妍. 中外运集装箱运输有限公司厦门分公司市场营销分析[D].厦门：厦门大学，2008.）

▶ 学习任务 4.2　制定物流产品价格策略

↘ 任务描述

东方航空公司是中国国内三大航空公司之一，就规模而言，也是一家世界大型航空公司，但是一直以来排在中国国内三大航空公司的末席。从运营规模、销售收入、营业利润等各方面来看，东方航空公司与其他主要竞争者之间仍然有一定的差距。在航空管制的环境中，定价及其价格使用是相对固定并有一定强制性的。然而随着市场的放开和竞争的加剧，定价已经成为航空公司经营中一项非常重要的内容。假设你是东方航空公司的市场营销人员，请你为该公司的物流产品制定价格策略。

↘ 任务实施

制定东方航空公司的物流产品价格策略

1. 东方航空公司物流产品定价方法的选择

东方航空公司的物流产品定价方法可选择需求导向定价法，即其产品价格的确定以需求为依据，可根据不同的需求强度、不同的购买力、不同的购买地点和不同的购买时间等因素，制定不同的价格。理由如下。

在航空运输业发达的西方国家，大部分采用的都是多级多舱位的多等级票价制定方法。即同样的舱位情况，附加上不同的限制条件，以不同的价格出售，每组价格配用一个不同的子等级。这种定价方法在国际上较为普遍，也较为有效。

因此，东方航空公司可以适时推出多等级票价。这在理论上形同价格歧视（差别定价），但实际上是公平的。具体的做法是，根据不同旅客的不同需求、不同购票习惯和不同支付能力，把同一舱位中同样的座位加上各种限制条件，以不同的价格出售。每组价格配用一个不同的子等级。业内把这叫作“多舱位管理”。

2. 东方航空公司的物流产品定价策略

东方航空公司可采用差别定价策略来制定其物流产品价格。用来区分不同价格的限制条件多种多样，可包括以下几种：旅程目的，如商务、休闲、家庭旅游等；停留时间长度；特殊旅客，如老人、军人、残疾人、学生、青年等；季节性，如春夏或秋冬季节等；购票时间，如越早购票越便宜；节假日或特别事件，如世博会、新年等；起飞地点；顾客满意度和忠诚度。

举例来说，东方航空公司在西安和深圳航班的经济舱中有 100 个座位。这些座位物理特征相同，但公司并不是把这些座位按同一价格出售，而是把它们分成不同的子等级，每组按不同的价格出售。也就是说，这 100 个座位，有些可能卖 1 000 元，有些可能卖 600 元，有些卖 800 元，有些卖 400 元。因为座位相同，决定某个子等级卖多少价格的条件是人为规定的各种限制条件。比如说，提前 30 天购票的旅客，可能买到 400 元的机票，而临起飞才买票的旅客就必须支付 1 000 元。

（资料来源：刘波. 东方航空公司产品营销策略研究[D]. 西安：西北大学，2011.原文经过改写。）

▶ 学习任务 4.3　制定物流产品分销渠道策略

↘ 任务描述

（承学习任务 4.1）假设你是厦门外运集运的市场营销人员，请你为该公司的产品制定物流产品分销渠道策略。

↘ 任务实施

制定厦门外运集运的物流产品分销渠道策略

1. 选择间接渠道，加强揽货能力

即采用“生产商——代理商——物流用户”的间接渠道设计模式，并在宽度设计时采用选择性分销策略。

厦门——马尼拉航线货源虽然集中于福建泉州一带，但货主众多，分布广泛。公司现有发展规模较小，还不足以在泉州设立分支机构，适合采用一定程度的间接渠道。另外，公司作为厦门航运业的新进入者和新航线的开辟者，也需要利用中间商丰富的组织经验和广泛的关系网，迅速组织货源，快速打开市场。在间接渠道方面，公司采用选择分销方式，只选择沃成货运、嵩海货运两家代理商，因为它们在该市场上已经具有一定的货量。据了解，前往马尼拉的部分日用品，俗称“杂货”，种类繁多，报关特殊复杂。大多数杂货货主为了简化操作，都习惯把货柜全程包干给通关能力强的少数几家货代操作。这些货代在一定程度上对这些货柜具有控制力，货量大且稳定，而沃成货运、嵩海货运就是其中的典型代表。因此，对于杂货货种，公司应找代理商要货、配货。另外，精挑这两家代理商，在加强控制的同时，也减少了代理商之间的盲目竞争，有利于调动它们的积极性，提高运转效率，能较好地维护企业信誉。

2. 采用直接渠道，巩固原有揽货水平，开创新的渠道

采用“生产商——物流用户”的直接渠道设计模式。

（1）坚持直接渠道，服务特殊客户。除了间接渠道，公司对重要客户和特种货客户应坚持直接营销，及时了解市场需求信息，把握市场风险。例如，保鲜芦柑柜，每年 9～10 月份，公司销售队伍就要前往永春、漳州一带走访果农，以了解芦柑当年的生产量和出货期，并根据走访信息，安排接货计划，做好箱源准备。对于像金龙汽车公司这样的一些特别重要的客户，也可实行专人负责，跟踪服务。另外，对于像厦门恒安集团这样的大客户，公司也可采用货运代理与船公司联合营销的方式，船公司给以优惠运价、充足舱位保障，货代则提供“一条龙”服务，共同揽取业务。

（2）发展网络营销，扩大销售范围。在航运竞争日益加剧的情况下，各企业都在积极探索多渠道分销系统，发展网络营销是其中的一个重要方式。作为国际航线，其目标市场是分布在全球范围内的各行业的生产企业和经销商。与传统营销方式相比，网络营销可以尽可能大地扩大航运企业的目标市场范围，并能提供 24 小时随时随地的全球性营销服务。中外运集运可建立并运维好自己的网络平台，让客户只需要登录 www.sinolines.com，即可查询各航线相关信息、船期信息、销售热线及货物追踪信息。此外，客户也可通过网络了解各种相关的操作信息，如突发事件公告、集装箱在装卸港免费使用天数、各港超期使用费的征收标准等，以方便客户的操作计划。

（资料来源：谢妍. 中外运集装箱运输有限公司厦门分公司市场营销分析[D]. 厦门：厦门大学，2008.原文经过改写。）

▶ 学习任务 4.4　制定物流产品促销策略

➘ 任务描述

（承学习任务 4.3）为了使船舶保持常年的高装载率，在特定时节采用一定的促销措施是必要的。另外，公司积极的促销活动，也有利于塑造企业形象，实现企业定位。假设你是厦门外运集运的市场营销人员，请你为该公司的物流产品制定促销策略。

➘ 任务实施

制定厦门外运集运的物流产品促销策略

1. 积极进行人员促销，赢取市场信任

尽管中国对外贸易运输（集团）总公司（简称“中国外运集团”）是信誉卓著的物流运输集团，中外运集装箱运输（简称“外运集运”）也是集团支持的产业，但是中外运集装箱运输有限公司厦门分公司（简称“厦门外运集运”）只是一个中小航运企业，且其十余年的发展历程也以北方港口为主。外运集运在南方市场中还鲜有耳闻。公司策划的航线产品虽有直航快达的竞争优势，但“酒香也怕巷子深”。因此人员促销是将新兴公司介绍给广大客户，将服务优势传达给潜在客户的最有效方式。人员促销可采取如下具体做法。

各销售人员应频繁地拜访客户。通过这种面对面的接触，各销售人员一方面可以向客户详细介绍公司背景、航线服务，激发客户对公司服务的认知和兴趣，同时可向客户详细

介绍公司的航线设计、市场规模充足、承载压力较小的情况，并且告知客户，公司由于有着雄厚的中国外运集团做后盾，因而具有较强的抵抗风险能力；另一方面，公司也可以通过这种面对面的接触来较好地了解客户的真实需求和想法，为公司提高和改善服务提供很好的依据。

2. 精心策划航运广告，烘托企业形象

在航运业里，广告是仅次于人员推销的一种重要的促销方式。航运广告不仅可以传播产品信息，提高消费者对航运产品的认知程度，而且可以通过介绍企业的经营理念和技术水平来树立企业形象。公司可在航运广告方面精心策划，有的放矢地做广告。由于《中国航运周刊》《航运交易公报》这两份周刊是中国权威的航运杂志，各类航运信息齐全，是各类航运企业，尤其是货运代理企业的信息宝典，公司可在这两份周刊上详细、全面地刊登开航设线信息，以达到很好的广告效果。而在厦门本地，则可在厦门海运网、《东南航运》杂志上对公司设点开线等情况做相关报道。

3. 适当开展营业推广，保持高装载率

随着国际贸易的发展，航运需求因时间不同而有很大的差异，呈现出了周期性的波动，即出现了运输淡季、旺季。因此，如何平衡航运需求，成为航运企业提高经济效益的重要问题。在此情况下，公司可采用适当的营业推广。

公司可开展各种形式的会员航运积分奖励机制，以鼓励会员在淡季中航运货物，提高货载率。公司可通过价格浮动在一定程度上改变顾客的需求时间。如对马尼拉航线来说，其航运状况是：每年的圣诞节、春节之前市场货量极其充裕，舱位供不应求，但是春节过后市场货量匮乏。为此，公司可在每年的 11 月初，即在运输高峰期到来之时，对市场进行一次运价上调；而在春节过后，则可根据市场货量逐步降低运价。这样的运价浮动策略将有利于各贸易商按需安排货载。例如，像赶市需要的年货，由于其本身附加值较高，因而其追求的是“快速、安全”，这些货主在保证舱位的前提下，愿意承担高运价。因此，在这段旺季时节，航次经济效益高而稳。而春节过后，是附加值较低的瓷砖、铁件这些大宗建筑材料的出货黄金期。这些大宗货批量都较大，批次较多，可为公司淡季填补舱位。所以，一定程度的营业推广对公司与客户来说，都是一个双赢的策略。

4. 积极进行航运公关，维护与利益相关者的良好关系

公司可依托厦门外运集运总部和中国外运集团集中开展航运公共关系。例如，每年 12 月，中国外运集团可组织全系统开展客户满意度调查，及时了解客户对外运服务水平的评价和期望，并借此提高和改进自身服务水平。又如，每年年底，中国外运集团可在全系统内举行 ISO 认证工作；同时还可经常举行大客户沙龙交流会，邀请厦门的金龙客车和恒安集团等客户公司代表参加；还可举行周年庆典，邀请各大知名企业、港口码头、中国驻日大使馆等嘉宾参加庆典。这些举措将有利于维护与利益相关者的良好关系。

（资料来源：谢妍. 中外运集装箱运输有限公司厦门分公司市场营销分析[D]. 厦门：厦门大学，2008.原文经过改写。）

本学习情境应掌握的知识点

在进行了物流目标市场营销以后，物流营销人员就将对所要营销的目标市场进行物流营销组合策略的制定。物流营销组合策略是物流市场营销的重点内容，因此，物流营销人

员必须学会从物流市场营销产品策略、物流产品价格策略、物流产品分销渠道策略、物流产品促销策略这几个方面来制定物流营销组合策略。

4.1 物流市场营销组合的基本理论

物流市场营销组合就是物流企业通过市场调查与分析，进行市场细分，在选定目标市场、进行市场定位后，将可控的产品、定价、渠道和促销诸策略进行最佳组合，使它们之间相互协调、综合地发挥作用，以期实现物流企业的市场营销目标。物流市场营销组合理论包括战术 4P、4C、4R、7P 等理论。目前营销界推崇的 4P 理论是建立在战术 4P、4C、4R 理论基础上的理论，是将 4C、4R 理论的思想融入战术 4P 理论后形成的新的 4P 理论。

表 4-1　营销组合理论及其要素

营销组合理论	提　出　者	提出时间	要　　素
产品营销（战术 4P）	杰罗姆·麦卡锡（Jerome McCarthy）教授	1960 年	产品（Product）策略、价格（Price）策略、渠道（Place）策略、促销（Promotion）策略
客户营销（4C）	罗伯特·劳特朋（Robert Lauterborn）教授	1990 年	顾客需求（Consumption）、顾客愿意支付的成本（Cost）、顾客的便利性（Convenience）、与顾客进行沟通（Communication）
关系营销（4R）	唐·E. 舒尔茨（Don E. Schultz）	20 世纪 90 年代	关联（Relevance）、反应（Reaction）、关系（Relation）和回报（Reward）
服务营销（7P）	布姆斯（Booms）和比特纳（Bitner）	1981 年	产品、价格、渠道、促销（4P）、人员（People）、有形展示（Physical Evidence）、过程（Process）。

4.1.1　战术 4P 理论

战术 4P 理论是由美国人杰罗姆·麦卡锡教授于 1960 年提出来的。它由以下四个相互联系的因素组成。

1. 产品（Product）策略

产品策略要求物流企业在制定营销策略时，首先应明确企业能提供什么样的物流产品去满足物流用户的需求，然后设计一个初步的产品营销策略，对物流产品的未来市场地位、市场份额、利润额目标及营销预算等进行分析和预测。

2. 价格（Price）策略

价格策略是指物流企业通过对物流用户的估量和成本分析，选择一种能吸引物流用户、实现市场预定目标的一种价格策略。

3. 渠道（Place）策略

渠道策略是指物流企业运用一定的市场分销渠道，在适当的时间和地点将物流产品以适当的价格转移到目标顾客手中。

4. 促销（Promotion）策略

促销策略是指物流企业为了激发物流用户的购买欲望、刺激他们的购买行为、扩大市场而进行的一系列联系、报道、说服、公关活动等。

事实上，战术 4P 理论中的每个因素都由若干个次一级的因素构成，这就使得物流市场营销组合千变万化，使得许多物流企业在获得成功之前都需要花费大量的时间、精力和资金来认真、深入地分析市场。唯有这样，物流企业才能制定出相对应的物流营销组合策略，实现物流企业的最终目标。

4.1.2　4C 理论

战术 4P 理论以企业利益为导向，这与消费者的需求有了冲突。于是，在 20 世纪 80 年代，美国营销专家罗伯特•劳特朋教授向传统的战术 4P 理论发起挑战，提出了 4C 理论。这一理论强调以顾客需求为导向，充分考虑顾客愿意支付的成本，照顾顾客的便利性及与顾客进行沟通。

1. 4C 理论的主要内容

（1）顾客需求（Consumption）。物流企业在开发一种新产品的时候，首先必须对物流用户的心理有很好的把握，明确物流用户的欲望和需求，并在此基础上对其需求形成与产品识别的全过程施加积极影响，从而达到创造需求、实现企业营销的最终目的。

（2）顾客愿意支付的成本（Cost）。该策略指出，物流的价格与物流用户的支付意愿密切相关，当物流用户对物流的支付意愿很低时，即使某物流企业能够为其提供非常实惠且高于其支付意愿的服务，物流企业与此类物流用户之间的物流服务交易也无法实现。因此，只有制订一套个性化的物流方案才能为物流用户所接受。这就需要物流企业在市场中准确定位新产品，找出一个营销者与物流用户都能接受的范围，而不能盲目地为了满足物流企业的利润而忽略物流用户的承受能力。

（3）顾客的便利性（Convenience）。顾客的便利性要求物流企业始终从物流用户的角度出发，为物流用户提供全方位的周到服务。这样不仅增加了物流企业在物流用户群中的好感，而且为物流用户提供了便利，如时间节约、资金占用减少、核心工作能力加强、市场竞争能力增强等，也为物流用户带来了巨大的经济效益。只有物流用户与物流企业间形成这种良性互动，才能利益共享，双方共同发展。

（4）与顾客进行沟通（Communication）。与顾客进行沟通即要求物流企业以物流用户为中心，实施营销策略，通过互动、沟通等方式将物流企业的服务与物流用户的物流需求进行整合，从而将物流用户与物流企业双方的利益有机整合在一起，为物流用户提供一体化服务和系统化解决方案，最终达到物流企业、商家和物流用户都能获利的三赢局面。

2. 4C 理论对物流企业的指导作用

4C 理论为物流企业的长期、稳定发展提供了重要的理论依据。它指出物流企业必须积极关心和适应物流用户的需求，并为物流用户提供最优质的服务。物流企业只有与物流用户建立长期、稳定的合作关系，才能带来巨大效益。

3. 4C 理论的不足

总体来看，4C 理论注重顾客需求，与以企业利益为导向的战术 4P 理论相比，4C 理论有了很大的进步和发展。但从企业的营销实践和市场发展的趋势看，4C 理论依然存在以下不足：4C 理论是以顾客需求为导向，而市场经济要求的是竞争导向，中国的企业营销也已经转向了市场竞争导向阶段；4C 理论虽然已融入营销策略和行为中，但企业营销又会在新的层次上统一化；4C 理论以顾客需求为导向，但顾客需求存在合理性问题；4C 理论仍然没有体现既赢得物流用户，又长期地拥有物流用户关系的营销思想；4C 理论总体上虽然是战术 4P 理论的转化和发展，但是被动适应顾客需求的色彩较浓。

4.1.3 4R 理论

20 世纪 90 年代，美国整合营销传播理论的鼻祖唐 •E. 舒尔茨在 4C 理论的基础上提出了新的营销理论——4R 理论，阐述了全新的营销要素，这些要素是：与顾客建立关联，提高市场的反应速度，重视关系营销和营销回报。该营销理论显示，随着物流市场的发展，物流企业需要从更高层次上以更有效的方式在物流企业与物流用户之间建立起有别于传统的新型的主动性关系。

1. 4R 理论的主要内容

（1）关联（Relevance），是指在竞争的环境中，物流企业必须时刻关注物流用户的需求及其变化，提高物流用户的满意度和忠诚度，同时必须注意与上游供应商形成一个卓越的价值让渡系统或战略网，提高整个战略网的竞争力。

小贴士 运输服务质量——物流企业服务必须与物流用户的需求相关联

物流用户在选择运输服务商时会将其运输服务质量作为一个重要因素来考虑。通常，物流用户从以下几个方面来考虑运输服务质量，物流企业服务必须与物流用户的需求相关联。

（1）物流企业使用的运输工具的数量、性能完备和先进程度、技术状态及现代化水平。

（2）物流企业提供的装卸服务的质量。

（3）物流企业工作人员的工作责任心、知识技能水平、工作经验。

（4）物流企业货物运输控制流程的科学性及合理性。

（5）物流企业的管理制度和服务理念。

（6）物流企业运输风险防范机制与措施。

（7）物流企业的资本和资金实力。

（8）物流企业服务网络规模和完善程度。

随着物流企业运输质量的提高，物流用户对物流服务的要求也不断提高。因此，物流用户在选择不同的物流服务提供商时还会考虑其他方面的物流服务水平，如表 4-2 所示。

表 4-2 物流用户考虑的其他方面的物流服务水平

考虑因素	描　述
物流企业的业务历史及物流用户口碑	物流企业的声誉和口碑对物流用户的选择有着非常重要的影响
运输完成时间的准确率	较高的准确率能够方便物流用户对其货物的库存及发运进行严密控制
运输时间间隔及发班密度	合理的间隔能方便物流用户更有准备地选择托运时间及发货密度

续表

考虑因素	描　　述
物流服务的可靠性	物流用户通过查阅物流企业历史业绩，可了解物流企业完成物流合同的稳定性及可靠性，以选择相应服务
单证处理的准确率	物流用户可了解物流企业单证品种、规格、数量、价格、起止时间、地址等填写和打印的准确性
信息查询的方便程度	物流企业除了提供运输，还应在附加服务上进行投入，如价格查询、班次查询及货物跟踪等服务，这也是物流用户在选择物流服务提供商时考虑的重要因素
纠纷的处理	无论物流企业如何提高运输质量、改进服务水平，纠纷都难免会发生，物流企业在发生纠纷后如何及时、圆满地解决纠纷是物流用户关心的问题

（2）反应（Reaction），即提高市场的反应速度，是指物流企业应在物流用户的需求发生变化时，甚至发生变化前做出适当的反应，以便与物流用户的需求变化相适应。

（3）关系（Relation），是指在物流企业与物流用户的关系发生了本质性变化的市场环境中，物流企业抢占市场的关键已转变为与物流用户建立长期而稳固的关系。其强调以竞争为导向，注重关系营销，维护物流企业与物流用户之间的长期合作关系。

（4）回报（Reward），是指物流企业营销的真正动机在于为物流企业带来短期的利润回报和长期的价值回报，适宜的回报既是正确处理营销活动中各种矛盾的出发点，也是营销的落脚点。

2. 4R 理论的优势

4R 理论具有如下几项优势。

（1）最大特点是以竞争为导向，在新的层次上概括了营销的新框架。

（2）体现并落实了关系营销的思想。

（3）反应机制为互动与双赢、建立关联提供了基础和保证，同时也延伸和升华了便利性。

（4）“回报”兼容了成本和双赢两方面的内容。

3. 4R 理论的不足

4R 理论同任何理论一样，也有其不足和缺陷。例如，物流企业与物流用户建立关联、关系，需要具备相应的实力基础或某些特殊条件，并不是任何物流企业都可以轻易做到这一点。但不管怎样，4R 理论提供了很好的思路，经营者和营销人员应该了解和掌握。

4.1.4　7P 理论

物流营销组合 7P 理论是在战术 4P 理论基础上发展而来的，包括以下几项内容。

1. 产品（Product）

物流产品必须考虑的是提供物流服务的范围、服务质量、服务水平、品牌、保证及售后服务等。物流产品的这些因素组合的差异相当大，如邮政 EMS 送货和平邮的因素组合就存在着明显差异。

小趣闻

美国 UPS 公司的独特服务——专门递送纳贝斯克食品公司的“Planters-Life Savers”快餐产品到批发商店；为刚出生的婴儿将宝洁公司的一次性尿布送货到家。

2. 价格（Price）

物流服务价格方面要考虑的因素包括价格水平、折让和佣金、付款方式和信用等。在区别一项服务和另一项服务时，价格是一种识别方式，物流用户可以从一项服务的价格中感受其价值的高低。而价格与质量间的相互关系，也是物流服务定价的重要考虑因素。

3. 渠道（Place）

物流服务提供者的所在地及其地缘的便利性都是影响物流服务营销效益的重要因素。地缘的便利性不仅指实体意义上的便利，还包括传导和接触的其他方式上的便利。所以，分销渠道的类型及其涵盖的地区范围都与物流服务便利性密切相关。

4. 促销（Promotion）

促销包括广告、人员推销、销售促进、广告宣传等各种市场营销方式。

5. 人员（People）

在物流用户看来，物流企业的工作人员其实就是物流产品的一部分。物流企业的特点是工作人员需要承担服务表现和服务销售的双重任务，因此，物流营销管理者必须重视员工的挑选、培训、激励和控制，以使其能很好地代表物流企业的形象。

小案例 联邦快递的品牌管理秘诀

联邦快递的品牌管理秘诀是万事以“人”为主。联邦快递发给每位联邦经理人员一本《经理人员指南》书中强调：“每次与客户接触都是一个展示联邦快递形象的关键时刻。”公司内的一个共同目标是使客户感到“这些服务过程中的每一环节都是无懈可击的”。直接提供联邦快递服务承诺的人（司机、前台人员、业务后勤顾问）都知道实现 100%的互动式营销是成功的目标。联邦快递也知道，除非服务提供者具有提供优质服务所需的奖励支持系统，否则 100%的成功是不可能的。另外，公司与员工的广泛沟通也是全体员工发挥积极性和创造性的关键。公司对员工的支持和公平对待换来了联邦快递员工的高度忠诚，并保持对客户的承诺。

此外，在联邦快递，无论新入职的职员还是管理层都需要接受企业系统的培训，每人每年至少有 50 个小时的培训时间。公司员工每年都有机会向公司申请读书。只要是与提升自身能力、素质有关的学习，员工都能得到公司的支持，他们还因此能够申请相关“学费资助”，每位员工每年最多可以从公司申请到 2 500 美元。公司有很多 MBA，都是通过这个“学费资助”计划产生的。公司对员工的“学费资助”没有任何附带条件，不会要求员工再签续约或加长工作所限的合同。不过，绝大多数接受过“学费资助”的员工都留了下来。

（资料来源：郭伟业，郭景春. 物流服务营销[M]. 北京：北京师范大学出版社，2011.）

6. 有形展示（Physical Evidence）

有形展示会影响物流客户对一家物流企业的评价。有形展示包含的因素有实体环境（装潢、颜色、陈设、声音）、物流服务提供时所需要的装备实体（如汽车租赁公司所需要的汽车），以及其他实体性信息标志，如航空公司所使用的标志、干洗店将洗好衣物加上的“包装”等。

小案例　招商局物流集团的有形展示

深圳物流企业越来越受跨国公司的青睐。日前，招商局物流集团（以下简称“招商物流”）与全球著名日用消费品企业宝洁公司携手，负责宝洁在中国部分片区的物流业务。此前，这家企业在成立后的两年多时间里已先后承接了可口可乐、英国石油公司等跨国公司的物流运输业务。

根据招商物流与宝洁公司签订的协议，招商物流将为宝洁公司提供广州至上海的门到门服务和上海地区的仓储服务，预计每年将操作集装箱 300 个，货物 12 万吨。招商物流还将在上海投资建设一个面积达 3 万平方米的仓库，主要用以储存宝洁公司的货物。招商物流成立以来一直致力于树立第三方物流企业的新形象，独立开发和应用了全球卫星定位系统、互联网、仓库管理系统等各种先进的信息系统，可对货品进行实时跟踪和查询，并能与客户的信息系统成功对接。同时，招商物流与全球知名软件企业——SAP 公司合作开发了内部 SAP 应用系统，其客户可随时通过应用 SAP 系统，对其在途存货进行管理及追踪受托状况。

凭借技术、网络上的优势及遍布全国的分发中心，招商物流将 IT 技术与现代储运、物流业有机结合，吸引了国内外知名集团的合作。除了跨国公司，国内的青岛啤酒、新一佳等大型企业也先后将物流业务交由招商物流处理。

据悉，招商物流现在正在快速消费品领域开辟新“战场”，并将主要目标锁定为国际知名公司。此次与宝洁公司合作，是招商物流在该领域与“大腕”级企业合作的一次尝试。

（资料来源：郭伟业，郭景春. 物流服务营销[M]. 北京：北京师范大学出版社，2011. 原文经过改写。）

7. 过程（Process）

在物流企业中，物流工作人员的行为很重要，过程即服务的传递过程也同样重要。如表情愉悦、对工作专注和关切物流用户的要求的工作人员，可能减轻或排除等待服务的物流用户的不耐烦感，还可以平息技术出问题时物流用户的怨言或不满。因此，整个物流系统的运作政策和程序方法的采用、服务供应中的器械化程度、物流企业工作人员决断权的适用范围、物流用户参与服务操作过程的程度、咨询与服务的流动等，都是物流市场营销人员需要特别关注的问题。

4.1.5　13P 理论

将传统营销组合的产品、价格、渠道、促销，简称 4P，加上政治权利和公共关系这 2P，称为战术营销 6P；探索、细分、优选、定位称为战略营销 4P；再加上 7P 理论当中的人员、有形展示和过程的 3P，就构成了 13P 理论。

4.2 物流市场营销产品策略

4.2.1 物流产品概述

1. 物流产品的含义

小案例 全国邮政特快专递的物流产品——特快专递业务

随着社会的发展，人们对快递业务的要求也越来越高，需求越来越旺盛，同时还出现了大量个性化和定制化服务，全球邮政特快专递的业务也因此不断发展和变化。下面介绍全国邮政特快专递的特快专递业务。

（1）国内特快专递。1984 年，中国邮政集团公司（现为“中国邮政集团有限公司”）开办了国内特快专递业务。该项业务作为中国邮政集团公司的精品业务，以高速度、高质量为用户传递国内紧急文件资料及物品，同时提供了多种形式的邮件跟踪查询服务。

（2）同城特快专递。同城特快专递业务是指同一个城市区域内互寄的特快专递邮件业务。同城特快专递业务坚持特快专递“特、快、专”的特性，采用特殊服务方式、专门作业组织，确保邮件以最快速度传递，及时、准确地投交收件人。

（3）国内收件人付费。国内特快专递收件人付费业务是指寄递国内特快专递邮件时，寄件人无须交纳邮费，而由收件人支付相关费用的一种特殊服务，包括分散交寄分散付费、分散交寄集中付费、分散交寄第三方付费、集中交寄分散付费四种。

（4）次晨达特快专递。“次晨达”业务是中国邮政集团公司充分发挥邮政“全夜航”的网络优势，对邮政资源进行整合推出的高品质业务。次晨达业务包含区域次晨达和跨区域次晨达。

（5）经济快递。经济快递主要定位于国内市场，主要服务对象为批量交寄、价值相对较高、对安全、信息反馈和综合性价比要求较高的大宗客户，如网上购物、电视购物、电子通信产品生产厂家或销售商等。

（6）京津当日递。“EMS 限时专递——京津当日递”业务，即客户在上午 11 点前交寄，保证在当日 18 点前送达收件人的限时寄递业务。该业务适合寄递京津两地对时限要求较高的文件类邮件。

（资料来源：马文祥. 物流服务营销[M]. 上海：上海交通大学出版社，2010.）

物流产品是指物流企业利用自有资源，并整合社会资源，为物流客户提供的物流服务。其本质是以系统化的理念将运输、仓储、包装、装卸搬运、流通加工、配送和信息分析等功能环节集成整合，一体化运作，提高流通的效率和效益，从而有效降低服务总成本，增强产品和企业的竞争力。简而言之，物流产品是指能够满足物流用户的需求，可以提供给物流市场、被物流用户消费和使用的一切服务。

2. 物流产品的整体概念

物流产品的整体概念可以从以下几个方面理解。

（1）物流核心产品。物流核心产品即物流用户真正需要的基本服务或利益，是物流产品概念中最基本的层次，是物流产品的灵魂，也是物流用户购买物流产品的目的所在。例如，仓储的核心产品是满足货品随时补给、增值的需要，搬运装卸的核心产品是满足货品水平和垂直位移的需要。如果忽视了这一点，物流服务就毫无意义了。

小案例 专家型代理，人性化服务

从 2002 年 8 月 1 日起，中国外轮代理总公司推出“专家型代理，人性化服务”的新服务品牌。

“专家型代理”是指在进一步细分市场的基础上，为船东提供更加专业的代理服务；“人性化服务”是指从客户的角度考虑问题，与委托方融为一体，在市场、操作、信息等方面更好地维护委托方利益，使客户真正享受物有所值、物超所值的高质量服务。“专家型代理，人性化服务”的服务品牌将更加强调对服务过程的全面控制，统一服务标准，规范服务流程，为委托方提供更好、更快的全过程船务代理服务。

中国外轮代理总公司通过设立首席计划调度、提供船舶在港期间整体服务方案、提供差异化专业代理等新举措，全面提升船代服务水平。

为确保“专家型代理，人性化服务”服务品牌的实施，中国外轮代理总公司制定了“专家型代理，人性化服务”服务品牌的详细标准和实施保障措施，成立了专门工作组，对全系统的落实情况进行监督、检查。

这是中国外轮代理总公司在继承 50 年的优良传统和服务风格的基础上，推行客户满意策略、全面提高和改进服务的重大举措。新品牌的推出将更好地发挥外代系统的整体优势，强化核心营销，提升外代的核心竞争力，确保服务领先、市场领先。

通过实施“专家型代理，人性化服务”的服务品牌，外代可以做到两个方面的统一：一方面是形式方面的统一，如单证的格式；另一方面也是最重要的一方面是以外代系统最高代理水平作为外代系统的标准服务水平，提升了外代整个系统的竞争力，从而进一步确立了外代系统在船舶代理方面的服务和市场领先地位。“专家”代表了外代的服务水平，“人性化”代表了外代的服务态度，二者有机结合，使客户真正享受物有所值，甚至是物超所值的服务。

（资料来源：郭伟业，郭景春. 物流服务营销[M]. 北京：北京师范大学出版社，2011.）

（2）物流有形产品。有形产品也称可感觉性服务或形式产品。一般来说，物流有形产品应具备以下五个方面的特征：质量、功能、款式、品牌和包装。例如，具体的物流活动及每项活动从开始到结束的过程表现；实现物流功能所必需的设施、装备、工具和人力表现等；物流服务产品的包装形式，主要有有形包装和无形包装，如服务规范性等；物流服务品牌，包括物流服务人员、物流服务质量、物流服务耗费的时间、物流服务设备、物流服务名称等。它们是企业核心产品的外在表现形式，物流用户在选择和评价物流企业时，常利用这些可感觉到的服务形式作为依据。

（3）物流产品附加（延伸产品）。物流产品附加是指提供者提供产品时增加的附加服务和利益，也是顾客购买产品时希望得到的附加服务和利益，是物流需求者在获得满意的基础产品的前提下，对物流服务提供者的服务进一步延伸的要求，目的是提高自身满意度。例如，提供信贷、电话订货、免费送货、技术培训、咨询服务、安装或“三包”服务承诺、报关、报检、物流网络规划、SCM 咨询等物流企业的增值服务都是典型的物流产品附加。当前，为物流用户提供尽可能多的附加服务，已经成为物流企业吸引潜在客户、增强竞争能力的重要手段。物流企业要善于发现和利用自己的经营优势，扩大和开发新的附加物流服务。

小案例 UPS 的附加产品

美国联合包裹运送服务公司（UPS）的主营业务是信函文件、包裹的物流快递业务，而 UPS 发现物流用户在需要核心服务的同时，还需要附加服务，如物流用户需要 UPS 提供代理报关服务，以便减轻物流用户的报关负担和缩短报关时间；还需要对特殊物品提供包装服务，解决物流用户在物品包装上的困难等。于是，UPS 立即适应市场需求，推出了一系列附加物流服务。结果，UPS 取得了巨大的成功，在快递物流市场上迅速占据了领先地位。这表明：现代市场的竞争不仅在于生产和销售什么物流成品，还在于提供什么样的附加服务和利益。

（资料来源：郭伟业，郭景春. 物流服务营销[M]. 北京：北京师范大学出版社，2011. 原文经过改写。）

（4）物流期望产品。物流期望产品是指物流用户购买物流产品时通常希望得到和默认的一整套属性和条件，如准确性、及时性、安全性、可得性、便利性、经济性等。物流期望产品使物流核心产品更加具体、明确和丰富，能更显著地提升物流用户的购买欲望。

（5）物流潜在产品。物流潜在产品是物流显在产品的延伸和升华部分，如一站式服务、多式联运等。物流潜在产品的开发可以唤起物流用户的欲望，给物流用户带来增值，是把物流用户确实需要但是还没有明确化的需求变成实在的产品。

3. 物流产品的特征

物流企业提供的服务产品同其他产业的产品相比有许多不同之处。物流产品有以下几个特征。

（1）附属性。物流产品附属于商流而产生。

（2）非物质性。物流活动生产出来的产品不是有形的产品，而是一种同时产生于生产、销售、消费三个环节的无形产品，即实时服务。

（3）动态性。物流产品面对的物流用户并不是非常固定的，而是分布在非常广泛的地域。同时，由于物流产品具有附属于商流的特性，因此提供物流产品的企业在运营过程中常常处于被动的地位，如提供服务的时间、方式等必须根据物流用户的要求进行安排和调整，这就给物流企业提出了更高的要求。同时，动态性还要求物流企业提供的物流模式不能一成不变，而应该根据物流用户的要求进行实时调整，以满足物流用户的需求。

（4）专业性。物流企业提供的是物流服务，在物流设计、操作过程、物流技术工具、设施及物流管理等方面都必须体现其专业化的特征。这既是物流用户的需要，也是物流企业自身发展的基本要求。

（5）增值性。物流服务一般均能使货物的价值增加，而这种增值性主要通过为物流用户提供定制化物流服务来体现。例如，为物流用户提供产品包装、设计客户标志、创建特定的批量封装、提供有利于购买的信息等。

（6）可替代性。我国的生产企业大都有自行运输、存储等能力，因此自营物流较为普遍。从供给方面来看，物流企业提供的物流服务有被自营物流取代的可能。这给第三方物流企业提出了更高的要求，这种可替代性也是物流企业在经营过程中遇到的难题之一。

4. 物流产品的分类

（1）按照物流的对象，即物品的不同进行划分，可将物流产品分为生产资料物流产品、生活资料物流产品等。同时，各类别产品还可根据需要做进一步分类，如生产资料物流产品可进一步分为金属材料、机电产品、化工产品、危险品等；生活资料物流产品可进一步分为加工食品、生鲜食品、纺织品、家电产品等。

（2）根据物流功能划分，可将物流产品分为基本物流产品和增值物流产品。其中，基本物流产品包括运输服务、存储服务、装卸搬运服务、包装服务、配送服务等物流产品；增值物流产品包括流通加工服务、客户服务等物流产品。

小案例 第三方物流企业的增值物流产品——VMI 业务运作

VMI 即“供应商管理库存”（Vendor Managed Inventory），是一种以用户和供应商双方都实现最低成本为目的，在一个共同的协议下由供应商管理库存，并不断监督协议执行情况和修正协议内容，使库存管理得到持续改进的合作性策略。这种库存管理策略打破了传统的各自为政的库存管理模式，体现了供应链的集成化管理思想，适应了市场变化的要求，是一种新的、有代表性的库存管理思想，是当前生产型企业为降低原材料库存和成本、缩短供货时间而采取的较先进的物流模式，也是第三方物流企业的一种典型的增值服务。

第三方物流 VMI 业务是指在距离生产商 1～2 小时车程的地点设立公共仓库，由第三方物流服务提供商替供应商管理库存的业务模式。

VMI 模式在具体业务开展中分为两种形态。其一，存放在公共仓库里的货物物权为供应商所有，制造商与供应商协商决定库存水平和持续补货策略，按生产的实际用货量进行准时配送及安全库存补货，第三方物流服务提供商仅提供 VMI/JIT 服务。其二，第三方物流服务提供商联合供应商及采购商签署三方联合购销协议，由第三方物流服务提供商先行以现金或银行额度向供应商买断产品，缓解供应商的资金压力，再直接以第一供应商的身份，将自身的仓储和订单管理系统与生产商的生产系统对接，同时为客户提供配套的 VMI 仓储管理服务和 JIT 物流配送服务。

1. VMI 服务内容

第三方物流服务提供商通过与该地区知名制造商及其主要供应商建立战略合作伙伴关系，根据客户所在行业的特点适时进行创新，从而建立颇具影响力的 VMI 服务品牌。其主要服务内容包括供应商产品集货、原材料库存管理、滚动库存计划及安全库存提醒、齐套拣货/JIT 配送、VMI 信息系统实时库存查询及报表生成、采购执行服务、物流及增值服务等。

2. 客户收益

VMI/JIT 服务能够帮助采购商有效降低库存水平，减少采购成本和实践，并提高原料库存管理效率，实现零库存；同时能够帮助供应商缩短供货时间，提高资金周转效率，降低交易风险与交易成本，加速行业链中、上、下游的信息流通，强化整体的合作伙伴关系，增强供应链的持续改进能力，从容面对市场变化。VMI/JIT 服务带来的效益包括：降低库存；通过集体采购降低采购单价；通过需求合作关系的建立减少总采购量；减少供应商的数目；通过改进供应商之间、供应商与用户之间的流程节约采购时间；提高供应链的持续改进能力；加强供应商的伙伴关系；降低存货过期的风险；与供应商合作改进产品性能，提高产品质量；通过用户对供应商的授权，促进供应商与用户之间的交流；降低采购订单、发票、付款、运输、收货等交易成本。

3. VMI 服务流程

VMI 的服务流程为：①与客户沟通，确认服务意向；②了解需求，双方磋商；③双方确认，正式签约；④服务意见反馈与追踪；⑤流程固化。

4. VMI 成功的关键

VMI 模式是一种新兴的物流运作模式，涉及多方利益，流程复杂，实施周期长，涉及的成功因素有很多，以下三个为关键成功因素。

（1）绩效评定。该项因素主要针对作业流程，要求合作伙伴使用评量表定期监督推行进度。该评量表采用了不同的重要表现指标，以评定推行过程中不同作业表现的绩效，并按基线及既定目标了解改进状况及与目标的差距，其目的在于监督作业流程进度并确定其有何不足之处以便做出持续改进。

（2）有效沟通。企业部门之间的沟通及企业与交易伙伴之间的沟通，是相当重要的成功因素。紧密的沟通可避免误会，让工作更顺利地进行。此外，双方亦应定期举行会议，让项目团队成员商议大家面临的问题，共同寻求解决的方法。

（3）组织承诺。组织承诺包含两个层面：管理阶层的积极投入和三方公司项目参与人员的积极投入。管理阶层需要完全支持新流程的推行，并对在推行新流程期间仍能完成日常负责工作的项目团队成员表示赞赏和认同。建议定期举行会议，让团队汇报项目成果，并提出问题，寻求解决方法。

（资料来源：郭伟业，郭景春. 物流服务营销[M]. 北京：北京师范大学出版社，2011.）

4.2.2 物流产品组合策略

1. 物流产品组合的概念

物流产品包括采购服务、运输服务、仓储服务、包装服务、配送服务、流通加工服务、物流信息服务等。物流产品组合是指一个物流企业的全部产品或服务的结构，即各种物流产品项目的有机组成方式。其一般包括若干条物流产品线，每一条物流产品线内又包括若干物流产品项目。物流产品线是物流企业内一组相似或相近的物流产品项目。如可以把满足同一种物流需求的，或必须放在一起使用的，或经由同一销售渠道出售的，或同时属于某个价格范围的一组相关物流产品，称为一条物流产品线。一个物流产品项目往往具有一个特定的名称、型号或编号。

小案例 宅急送的成功转型

1993 年，陈平创立了北京双臣快运有限公司，即宅急送的前身。创业初期的宅急送并没有找准自己的定位。当时公司只有 3 辆车、7 个人，宅急送选择了多元式业务发展，提出“只要一个电话，一切不用牵挂”的口号，不但可以为客户取送衣服、换煤气，甚至连买烤鸭、接小孩的活也被纳入宅急送的业务范畴。据说当时在中关村，宅急送的车还可以搭载乘客，每人只收一元钱。

经过了家庭作坊式的生长历程，宅急送开始思索如何能“更上一层楼”。在当时的中国，物流还是一个陌生的名词，宅急送几经探索，开启了“傍大款”阶段，先后与松下、东芝、惠普等知名企业建立了业务关系，真正开始了物流项目运作。正是依靠这些物流项目，宅急送从“一元钱业务”发展到了年收入超过 10 亿元的企业。

2007 年，宅急送创始人陈平决定进行业务转型，这一次他瞄准了利润颇丰的快递市场。而此时，中国的快递市场高速发展，民营企业顺丰速运、申通快递迅速崛起。全球四大快递公司的联邦快递、DHL 等巨头也加入了中国市场，国内快递市场竞争日益激烈。宅急送意识到要想在快递市场立足，就必须把握这个机会。

中国快递咨询网首席管理顾问徐勇告诉记者，中国国内快递市场每年以 30%的份额增长，而行业平均利润为 8%～20%。这么大的蛋糕，当然也吸引了宅急送的目光。

一位来自宅急送的内部人士告诉记者，宅急送转型做快递还有更深层次的考虑。目前经济不景气，珠三角制造业受到的影响很大，我们流失一个大客户（物流项目）就要损失上千万元。相比之下，零散市场的快递则不会产生这么大的波动，而且很容易打响品牌。

此外，宅急送签订的物流项目客户结款周期过长，往往需要以 3 个月为限结账，这给宅急送带来了应收账款风险。如果做快递则可以按月结算，为宅急送提供充足的现金流。

事实上，在 2007 年以前宅急送的主要业务集中在诺基亚、西安杨森等大客户手中，为它们提供仓储物流服务。在国内快递市场，宅急送的市场份额不足 10%。为了快速打入快递市场，宅急送开始了轰轰烈烈的网点建设。

兵马未动，粮草先行。对快递行业来说，健全的网点是必胜的关键。确定了转型做快件服务的战略之后，宅急送在半年多的时间里，在全国建设网点近 3 000 个，新增 300 辆地面物流班车，新包租航空线路 200 多条，包机费用增加几百万元，新招小件操作人员 6 000 多名。

据悉，宅急送在东部的县级城市和西部的地级城市大量建立网点。来自上海某快递公司的总裁向记者算了这样一笔账：“一个宅急送的网点最起码要配备车、要租房、要买计算机、要招聘三四个业务员，没有 8 万～10 万元人民币建不起来一个网点。”

宅急送对记者的官方回复中显示：业务的优化，使得宅急送经营已经走入良性发展阶段，2008 年 9 月实现了收支平衡，小件业务已由原来占收入的 20%上升到 51%。宅急送的转型是一次漂亮的大转身。

（资料来源：柴莹辉. 宅急送转型：大转身还是大手术[N]. 中国经营报，2008-12-08. 原文经过改写。）

2. 物流产品组合的相关概念

物流企业提供的物流产品往往不止一种，这些物流产品在物流市场上的相对地位及对物流企业的贡献也有大有小，物流企业如何根据物流市场需要和自身能力确定经营哪些物流产品，如何明确物流产品之间的配合关系，对物流企业的兴衰具有重大影响。

1）物流产品组合、物流产品线和物流产品项目的概念

（1）物流产品组合。该组合是指一个物流企业提供给物流市场的全部物流产品线和物流产品项目的组合或结构，即物流企业的业务经营范围。例如，“运输+仓储+配送”“仓储+流通加工+配送”就是两种物流产品组合。物流企业为了实现营销目标和充分有效地满足目标市场的需求，必须设计一个优化的物流产品组合。

（2）物流产品线。物流产品线又称为物流产品大类或产品系列，是指物流产品组合中使用功能相似，分销渠道、物流用户群体相同的一组物流产品。例如，仓储服务、运输服务、快递服务等都可以形成相应的物流产品线。

（3）物流产品项目。它是指物流产品线中不同物流品种、质量和价格的特定产品。例如，物流企业提供的仓储服务和运输服务分别为两条物流产品线，而仓储服务中的不同规格，如提供的自动化立体仓库服务，即为物流产品项目。

2）物流产品组合的要素

物流产品组合具有四个要素：宽度、长度、深度和关联性。

（1）物流产品组合的宽度。它是指物流企业经营着的不同的产品品类的多少，或者说具有多少条物流产品线。

（2）物流产品组合的长度。它是指物流产品组合中物流产品项目的总数是多少。

（3）物流产品组合的深度。物流企业经营的每一大类物流服务产品（每条物流产品线）内包含多少种服务产品，被称为物流产品组合的深度。可以用物流产品项目总数除以物流产品线数目得到物流产品组合的平均深度。

（4）物流产品组合的关联性。物流产品组合的关联性也称物流产品组合的密度，它是指物流企业的各个产品大类在最终用途、生产条件、目标市场、销售方式、分销渠道或其他方面的关联程度。例如，装卸搬运和仓储服务产品线的一些物流产品可能在生产技术上关联性较低，但在最终用途上或销售分销渠道上关联性较高。物流产品组合的关联性为物流营销提供了决策依据。

根据物流产品组合的四个要素，物流企业可以采取四种方法来发展其业务组合：拓展物流产品组合的宽度，扩展物流企业的经营领域，实行多样化经营，分散物流企业的投资风险；增加物流产品组合的长度，使物流产品线丰满充裕，从而成为更全面的物流产品线企业；拓展物流产品组合的深度，占领同类物流产品的更多细分市场，以满足更广泛的物流市场需求，增强行业竞争力；提升物流产品组合的关联性，使物流企业在某一特定的物流市场领域内增强竞争力和赢得良好的声誉。

3. 物流产品组合策略的选择

物流企业应根据不同的情况，选择不同的产品组合策略。

小案例 国泰货运的产品组合

任何一家企业都需要依赖其产品组合去赢得市场份额，国泰货运具有比较广泛的航空网络，在北美洲、欧洲和澳大利亚、东南亚、日本和韩国等地区和国家都具有每日定期航班，并且使用波音 747、波音 777、空客 A340 等大型客货机运营，其频率、起降时间都占有优势地位。香港国际机场是世界第四大空港和第二大航空货运口岸。国泰货运在此有利

的经营环境下不断推出新产品。例如，国泰货运自己推出航空快递服务 AAX，在限定时间内，将货物安全运抵目的地，并提供优质服务。在欧洲和北美洲，它和一些卡车公司达成合作协议，利用卡车服务继续提供延伸的货运服务。

（资料来源：叶青，谢舸燕．物流营销[M]．北京：化学工业出版社，2009.）

物流企业有如下几种物流产品组合策略可以选择。

（1）全线全面型策略。全线全面型策略是指物流企业着眼于向所有物流用户提供其所需要的一切物流产品的策略。采用该策略的条件是物流企业必须有能力满足整个物流市场的需要。

（2）市场专业型策略。市场专业型策略是指物流企业向某个专业物流市场或某些特定物流用户提供所需要的各种物流产品的策略。

（3）产品线专业型策略。产品线专业型策略是指物流企业集中某类物流产品的生产，并将其物流产品推向各类物流用户的策略。

（4）有限产品线专业型策略。有限产品线专业型策略是指物流企业以单一的物流市场或物流用户作为目标市场的策略。

（5）特殊产品专业型策略。特殊产品专业型策略是指物流企业根据本企业所具备的特殊资源和条件，专门生产某些具有良好销路的物流产品项目的策略。

（6）特殊专业型策略。特殊专业型策略是指物流企业凭借其特殊技术和专长，满足某些特殊物流用户的特殊需要的策略，如提供咨询服务等。

（7）扩大产品组合策略。该策略包括拓展物流产品组合的宽度和拓展物流产品组合的深度两方面的内容，也就是在原物流产品组合中增加一个或几个物流产品线及在现有物流产品线内增加新的物流产品项目。扩大物流产品组合，可使物流企业充分地利用企业资源，分散风险，提高物流企业的竞争能力。

（8）缩减产品组合策略。物流市场繁荣时，较长、较宽的物流产品组合会为物流企业带来更多盈利机会。但是在物流市场不景气或原料、能源供应紧张时，缩减物流产品线反而能使总利润上升，因为剔除那些获利小甚至亏损的物流产品线或物流产品项目，可使物流企业集中精力发展获利多的物流产品线和物流产品项目。物流中的供应链管理思想，很好地体现了这一点。

（9）高档产品策略。高档产品策略是指在原有的物流产品线内增加高档物流产品项目的策略。例如，海尔物流建立的高层自动化仓库和存储物流正在全力打造的银行监管仓库、海关监管仓库，都是在原有的仓储服务中加入高附加值仓储服务以提高本物流企业的形象。

一般而言，高档物流产品市场利润丰厚，如果物流市场潜力比较大，而物流企业又具备了进入的条件，则应抓住机遇，开拓高档物流产品市场。采用此策略的最大障碍在于如何改变物流产品企业和产品的原有形象，使得物流客户确信物流企业有能力承担高档物流产品项目。

（10）低档产品策略。低档产品策略是在高档产品线中增加低档产品项目。例如，华宇物流企业过去主要做长途运输，后来为了培育长期客户，打造自己的核心竞争力，增加了短途运输、送货上门等低附加值物流服务。

采用此策略有利于利用高档物流产品的信誉进入中、低档市场，使物流企业资源得到更加充分的利用和进一步分散经营风险。但此策略如果运用不当，也可能损害原有物流产品声誉和物流企业的整体形象。

（11）产品定位策略。物流产品定位是市场细分的直接结果，市场定位是否准确，需要与竞争者的同类产品或与本物流企业的其他产品相比较来确定。物流企业的产品定位不是一劳永逸的，而是先有一个基本的定位，后在市场营销活动中不断加以改进和调整。

一般来说，前六种物流产品组合策略在物流企业建立之初即可选定，后五种物流产品组合策略可在物流企业以后的发展变化中进行选择。对于物流产品定位的选择，可以根据物流市场变化不断调整。凡是有助于突出物流产品特色，树立物流产品形象的方式、措施，物流企业都应该积极利用。

4.2.3 物流企业产品品牌策略

1. 物流企业产品品牌与商标

物流企业产品品牌是一个名称、术语、标志、符号、图案，或者是这些因素的组合，其目的是借以识别物流企业所出售的产品与服务，并使之与竞争者的产品与服务相区别。完整的品牌包括品牌名称和品牌标志两部分。品牌名称是品牌可读出声的部分。品牌标志是品牌的可识别但读不出声的部分，如一个符号的设计，或一种别致的颜色或字母样式，均属此类。

物流企业为其产品或服务规定品牌名称、品牌标志，并向政府有关主管部门注册登记的一切业务活动，叫做品牌化。当物流企业到国家相关部门办理注册品牌时，品牌就成为商标了。因此，商标是一个法律概念，物流企业凭借商标可以保证其对品牌名称或品牌标志具有独家使用权。

2. 物流产品品牌

（1）物流产品品牌的含义。物流企业想要获得成功，首先必须重视物流产品品牌的命名和物流企业标志的确立。物流企业要在现有品牌总体概念的基础上，创建新颖生动的品牌名称、方便物流用户识别和记忆的品牌标志。在激烈的市场竞争中，面对众多的竞争对手，物流企业想要脱颖而出，就必须借助一个个性鲜明的品牌，以在强手如林的物流市场上独树一帜。一个能赢得客户好感的品牌，其本身就是个永久性的广告。物流企业可以通过物流用户的口碑来实现物流企业知名度的提升。

小案例 DHL 的品牌建设

DHL 全力打造全球最大的快递和物流公司，其品牌标志异常鲜亮，红色 DHL 标志置于黄色背景之上。该标志出现在全国各大媒体的显要位置，同时 DHL 形象电视广告在全国十多个城市热播，广告以古埃及建造金字塔的浩大工程为内容，表达 DHL 具有全方位的整合力量。DHL 在国内各地的车辆、办公设施、工服、包装物料、文具等上面都印有由红、黄两种颜色组成的品牌标志。

（资料来源：郭伟业，郭景春. 物流服务营销[M]. 北京：北京师范大学出版社，2011.）

（2）物流产品品牌的作用。物流产品品牌是一种工具、一种展示形式，物流产品品牌能起到展示物流企业服务理念、质量和价值的作用。物流企业提供的物流服务内容、物流服务质量及物流服务价值将影响物流需求者对品牌的认识。

小案例　品牌优势助力物流企业揽新业务

2008 年 3 月 12 日，上海世博局与中国对外贸易运输（集团）总公司（简称“中国外运集团”）签约，中国外运集团正式成为中国 2010 年上海世博会指定物流服务提供商。按计划，上海世博会将在物流行业遴选 2～3 家企业成为本届世博会指定物流服务提供商，中国外运集团成为首家洽谈成功的物流项目赞助商。

是什么原因促使上海世博会选择中国外运集团呢?

中国外运集团曾担任第十一届亚运会货运总代理、中国奥委会高级赞助商、1999 年昆明世界园艺博览会组委会指定运输与物流总代理、2001 年北京世界大学生运动会运输与物流总代理，在上海先后为 2005 年上海 F1 大奖赛、2005 年 V8 国际超级房车上海大奖赛提供了物流总代理服务。这一系列的实际成绩表现，建立了中国外运集团的品牌形象，为公司赢得了一定的知名度和美誉度，成为公司赢得新业务的有力保障。

（资料来源：王桂姣. 物流营销[M]. 重庆：重庆大学出版社，2009.）

① 物流产品品牌可以确定物流企业的市场优势。物流产品品牌的首要任务是通过强调物流企业与众不同的、对物流用户重要的并具有价值的服务，来确立物流企业的市场优势。

强有力的物流产品品牌有助于物流用户认识、理解物流企业提供的服务并产生信任，对于事前难以评估的服务，物流产品品牌减少了物流用户在经济、社会及安全方面的顾虑。

② 物流产品品牌有助于建立客户偏好。物流产品品牌化可以使物流企业获得更多的品牌忠诚者，使物流企业的营业额保持稳定。物流产品品牌忠诚者是物流企业利润的源泉，物流服务对象愿意重复购买该品牌服务，是因为有了品牌忠诚度，物流企业也因此能够在广告促销等支出费用不高的情况下保持该物流产品销量的稳定。

小案例　港口物流营销的品牌策略

由于港口第三方物流提供的产品只是一种服务，是无形的，客户只有接受服务后才能评定服务质量，这样，客户就承担了一定的服务质量风险。因此，在开展港口物流营销过程中，港口企业必须明确自己的核心竞争力，凸显自己的服务品牌。

品牌是港口第三方物流与外界沟通的重要媒介。港口企业要通过品牌向公众推介自己的形象，关键是要改善服务，形成特色，给货主留下良好的印象。因此，港口应规范服务内容，提高服务质量，增强服务特色，树立一个好的品牌，从而引发客户的好感，赢得客户的信任，建立起竞争优势。

例如，自从我国制定全面停止天然林商业性采伐、鼓励木材进口的政策后，张家港就意识到我国木材进口量将明显增加，从而有意识地开拓这一货源，在完成装卸作业的同时，积极为货主提供便利，如场地分票、检尺、加工、配送、提供交易场所等，使来港的木材货主不断增多，逐步在港口形成了一个木材进口交易市场，为张家港港口建立了良好的木材装卸、交易品牌。

经过多年的竞争，长江下游港口大打品牌经营战略，抓住某一货种重点突破。例如，南京港以石油为主、镇江港以矿石为主、南通港以粮食为主等，这样既避免了各港之间打价格战，又形成了各自的特色，促进了港口间的和谐发展。

（资料来源：郭伟业，郭景春. 物流服务营销[M]. 北京：北京师范大学出版社，2011. 原文经过改写。）

③ 物流产品品牌有助于新物流产品的销售。物流企业如果不能进行物流产品的创新，将很难实现增长目标，甚至无法生存。推出新的物流产品虽然是一项非常艰巨及复杂的工作，但物流企业在原有品牌的产品线中增加新的物流产品仍然比无品牌产品更容易为物流市场所接受并更容易成功。

3. 物流产品的品牌策略

（1）同一品牌策略。同一品牌策略是指物流企业生产的一切产品均使用同一种物流品牌进入市场；或者以某一物流品牌的一部分为基础，把它与各种文字与图形结合起来，使用于同一物流企业的各类服务产品上。在同一物流品牌之下推出的一系列物流产品，可以显示物流企业的实力，提高物流企业的威望，也有利于物流企业在物流用户心目中树立良好的形象。例如，中国邮政物流配送服务使用的品牌战略是统一的家族品牌名称，不另给物流配送服务公司启用新的商标。采用同一品牌策略，在做广告宣传时，可运用各种广告媒体集中宣传一个物流品牌形象，从而可以在节省广告费用的情况下收到更大的宣传推广效果。

（2）个别品牌策略。个别品牌策略是指物流企业按照物流产品的品种、用途和质量，分别采用不同的品牌。物流企业采取个别品牌策略的主要好处是，当某种采取个别品牌的物流产品营销失败时，物流企业的整个声誉或其他品牌不会受这种物流产品声誉的影响。

（3）品牌延伸策略。品牌延伸策略也叫做品牌扩张策略，是指物流企业利用已经成功的品牌推出物流新产品或改良物流产品的策略。物流企业在推出一种新的物流产品时，如果对该物流产品的品质有足够的把握，则可以采用品牌延伸策略，以借助原成功品牌之力，使其顺利进入市场。否则就应该采取个别品牌策略来分散风险。

小案例　德国邮政物流配送的品牌策略

德国邮政使用的品牌策略是企业名称与个别品牌并用，并购的欧洲物流配送企业逐步使用 Deutsche Post Euro Express 新商标。这样做的优势有：第一，使德国邮政物流配送服务享受企业的声誉，节省广告费用，尽快地获得物流用户的认可和接受；第二，把物流配送服务和德国邮政的其他服务，如包裹、信函等分开，重点突出物流配送服务的特点，以免混淆，造成物流用户的误解。

（资料来源：郭伟业，郭景春. 物流服务营销[M]. 北京：北京师范大学出版社，2011.）

（4）更换品牌策略。更换品牌策略是指物流企业更换原有的物流品牌而采用新物流品牌的策略。

小案例　TNT 物流公司更名为 CEVA 物流公司

世界上最大的第三方物流公司——TNT 物流公司于 2006 年 12 月 12 日正式宣布更名为 CEVA 物流公司，公司将在新品牌下一如既往地为 26 个国家提供物流服务。

TNT 于 1946 年成立于澳大利亚。1966 年，荷兰邮政电信公司 KPN 收购了澳大利亚

TNT 公司。两年后，KPN 的邮政业务和电信业务分离。随后组建了名为 TNT NV 的新公司，由下列三个部门组成：TNT 物流、TNT 快递和 TNT 邮政。2005 年年底，TNT 宣布，由于战略侧重点的改变，公司计划出售其第三方物流业务。2006 年秋，TNT 物流出售给阿波罗全球管理公司的下属子公司，并于 2006 年 12 月将品牌名称改为 CEVA 物流。

TNT 物流在全球更名为 CEVA 物流，从原来一家公司的部门成为独立公司是一个新的起点，需要新的名称，新的标志。新的标志就要与众不同，要有很好的品牌内涵，把良好的愿望传递给新的品牌。"CEVA" 简短、清新、易读，在车辆上很容易识别，没有负面的文化联想。CEVA 的标志是个三角形，这个三角形联系着 CEVA 物流的客户、员工与供应商，3 个标志代表团结、稳定和创新。由于它的竞争者中没有一个使用紫红色做品牌标志，所以 CEVA 品牌标志使用的主色调紫红色是一个独一无二的颜色，代表着成功、繁荣、独立、优雅和领导力。

（资料来源：杨紫. TNT 物流公司更名为 CEVA 物流公司[N]. 现代物流报，2006-12-14. 原文经过改写。）

4. 物流企业树立品牌的准则

品牌可称作物流企业核心的、战略性的营销工具。建立一个强有力的物流企业品牌，必须遵循以下基本准则。

（1）从调查研究开始。在树立物流企业品牌的过程中，需要进行以下重要问题的调查。

① 对物流用户和物流企业员工来说，物流企业现在品牌的含义是什么？

② 物流企业品牌的含义同主要竞争者的区别是什么？

③ 对物流企业的名称进行名称检验测定的结果如何？

④ 同主要竞争者相比，物流企业品牌名称和品牌标志的作用发挥得如何？

⑤ 对物流企业及其竞争者而言，物流服务理念、质量、价值对物流企业品牌含义的相对影响如何？

⑥ 物流企业品牌所传达的信息，哪些是重要的？

总的来说，物流企业营销人员要以一种能激发现有物流用户和潜在物流用户兴趣的方式，来创建一个能够说明物流企业的物流产品质量是最优的、并且能够说明最优原因的物流品牌。

物流品牌调查研究通常可采用高层主管调查、中心群物流用户调查及整个行业领域的品牌含义调查等多种形式。同时，为了与不断发展的环境相适应，物流营销人员需要设计一个持续性的物流品牌研究程序，而不是只发起一次物流品牌调查研究。

（2）选择适当的物流品牌改进方法。物流企业在建立物流品牌的过程中需要注意，再好的物流品牌也不能弥补物流企业提供的劣质服务，无论是物流企业的新品牌名称还是优秀的新品牌标志，都不能抵消物流服务理念的缺失及物流服务质量低劣的不利影响。因此，最好的物流品牌改进方法就是不断地提高整个物流服务产品的质量，运用品牌策略来宣传优质服务。

（3）在现有的条件下树立物流品牌。如果现有物流品牌出现战略性失败，就需要树立全新的物流品牌。在物流市场上，树立并维持物流品牌的知名度需要投入巨额资金，因此在现有条件下进行物流品牌的树立需要慎重，等条件允许时再发展、提高，是更好的选择。

从长远来看，用各种办法不断提高并改进现有物流品牌质量，是最适当的做法。

（4）品牌内在化。物流服务质量是物流企业参与物流市场竞争的法宝，是物流企业成为物流品牌企业的基本条件。作为物流企业的一员，人人都应该树立物流服务质量第一的观念，同时物流企业本身也应该长期持久地开展质量教育，造就一支具有强烈质量意识和精益求精精神的一丝不苟的职工队伍。

品牌内在化涉及向物流企业员工解释、推销品牌。这要求物流企业员工也要参与物流品牌的研究与决策。物流企业员工只有理解并信任公司的物流品牌，才会更愿意为之努力工作。物流企业可向员工进行“品牌强化”的培训，对物流品牌传播有贡献的员工进行奖励，并应使物流品牌在员工面前语言化、可视化，进而让物流企业员工也能使物流品牌在客户面前语言化、可视化。品牌内在化与面向物流用户树立物流品牌一样，是一个持续的过程。

4.2.4 物流包装策略

1. 物流包装的功能

物流包装是指在物流流通过程中为保护物品、方便储运、促进销售，按一定的技术方法所采用的容器、材料和辅助物等的总称，也指为了达到上述目的而在采用容器、材料和辅助物的过程中施加一定技术方法等的操作活动。物流包装存在的问题是，包装越省，利润就越高，但同时可能降低物品的防护效果，造成损失，导致存储、装卸、运输功能要素的工作劣化和效益大减。

物流包装主要具有以下三个方面的功能。

（1）保护功能。①防止物品的破裂、变形；②防止有害生物对物品的影响；③防止物品发生化学变化；④防止异物流入，污物污染；⑤防止物品丢失、散失。

（2）便利功能。在物流流通全过程中，合理的包装会大大提高物品所经过流转环节的物流作业效率和效果：①便利运输；②便利装卸；③便利存储。

（3）促销功能。有时，包装的外部形态还能对产品起到很好的宣传作用，可以刺激顾客的购买欲望。

2. 物流包装的分类方法

物流包装的分类方法主要有以下几种。

（1）按物流包装在流通中的作用划分，可分为运输包装和销售包装。

运输包装又称为工业包装，以保护物品、提高运输效率为主要目的。销售包装又称为商业包装，以促进物品销售为主要目的。物流企业以工业包装为主。

（2）按产品包装的结构划分，可分为件装、内装和外装。

件装是在每个物品上所做的包装。外装如箱装、带装、桶装等，通常是保护物品适合于运输、存储的外包装。内装是介于外装和件装之间的包装，是用于防止水分、湿气和日光侵入，防止同一类外装物品因相互摩擦、碰撞而可能受到破坏的包装。

（3）按物流包装材料的类别划分，可分为纸和纸制品包装、塑料制品包装、木包装、金属包装、玻璃包装、陶瓷包装、草编包装、棉纺制品包装等。

（4）按物品的类别划分，可分为一般包装、危险包装、长大超重包装、精密产品包装等，或者金属品、化工品、机电设备、配件、电工材料的包装等。

（5）按物流包装技术或方法划分，可分为防潮包装、防火包装、防锈包装、防鼠包装、防虫包装、缓冲包装、通风包装、压缩包装、真空包装、耐寒包装等。

3. 物流包装的设计原则

物流企业进行物流包装设计时应符合以下原则。

（1）图案生动形象。包装应尽量采用新材料、新图案、新形状，做到引人注目。

（2）包装与所服务物品的价值或质量水平相匹配。

（3）包装能显示所服务物品的特点和风格。

（4）包装的造型和结构应考虑所服务物品的运输、使用、保管和销售。

（5）包装文字能提升顾客的信任感，能根据顾客心理突出重点。

（6）包装符合顾客的心理要求。包装不能与民族习惯、宗教信仰相抵触。

4. 物流包装决策的程序

（1）建立物流包装概念。确定物流包装的基本形态、目的和基本功能。

（2）确定物流包装因素。确定物流包装的大小、形状、材料、色彩、文字说明及商标图案等。

（3）物流包装设计出来后要经过实验，以考察物流包装是否能满足各方面的要求，再决定是否正式采用或做出改进。物流包装实验分为以下几种。

① 视觉实验。确定物流包装的色彩、图案是否调和、悦目，物流包装上的文字说明是否简明易读。

② 工程实验。检验物流包装在正常运输、存储、携带等情况下的适用性，如磨损程度、变形程度、密封能力、褪色程度等。

③ 经销实验。为了扩大销售额，物流代理商会希望物流包装引人注目并能根据物流用户意见及时加以改进。

5. 物流包装策略

（1）类比包装策略。物流企业对需要提供服务的各类物品采用相近颜色、相同图案的物流包装，体现出共同的特性。

（2）等级包装策略。物流企业对不同档次或质量的物品分别使用不同的物流包装，并在物流包装材料装潢风格上力求与产品档次相适宜。

（3）聚类包装策略。物流企业针对物流用户的购买特点和进货数量、品种等，把几种相关的物品配套包装在同一包装物中，使得物流用户能成组地得到需要的物品。

（4）容量差别包装策略。物流企业根据物流用户的使用习惯，按照物品的数量或质量，分别设计大小不同的包装。这一包装策略体现了物流企业以物流用户为中心的现代营销观念，促进销售的作用十分显著。

（5）附赠品包装。物流企业通过向物流用户赠送一些小礼品，以联络物流用户的感情，扩大物流产品的销售。

（6）改变包装。根据物流市场的变化，物流企业重新改变物流包装设计以适应新市场的需要，用以吸引物流用户。

4.2.5 物流产品生命周期策略

1. 物流产品生命周期

物流产品生命周期是指物流产品投入市场直到其完全退出市场的全部过程。典型的物流产品生命周期一般可分为四个阶段，即导入期（或称介绍期）、成长期、成熟期和衰退期。物流产品生命周期各阶段的划分是相对的，一般来说，各阶段的划分依据是物流产品的销售量和利润额的变化情况。

在推出一种物流新产品后，物流企业会希望该物流产品能经历一个长期而有利润的生命周期。尽管不能指望物流产品长盛不衰，但物流企业还是希望从物流产品身上抵消各种投入和风险损失，并赚取足够的利润。为了使利润最大化，物流产品生命周期策略需要反复调整，其动因往往是物流产品遇到的物流市场环境条件和物流企业需求周期（见表 4-3）的变化。

表 4-3 物流企业需求周期

需求周期	特 点	现 象	物流产品组合
第一阶段	生产经营性企业开始外包物流，少数第三方物流公司涉入，需要投资大，利润少	大量传统仓储、运输公司向第三方物流公司转变，功能性第三方物流公司出现	仓储、运输管理、货物代理服务等
第二阶段	物流外包趋势形成，市场需求大，利润增长	综合物流代理第三方物流公司开始出现	包装、零件组配等增值服务、物流信息系统等
第三阶段	第三方物流实现规模经营、专业化运作	综合物流代理第三方物流公司完全成熟，第四方物流公司开始出现	库存控制、生产计划、物流预测等
第四阶段	第三方物流竞争加剧，利润空间变小，市场经营企业需求一体化的第四方物流产品服务兴起	第四方物流公司逐渐成熟	一体化物流、物流系统、网络规划设计等

物流产品生命周期具有如下特点：①物流产品的形式是多种多样的，不同形式的物流产品的生命周期不尽相同，往往是有些物流服务项目已经进入成熟期，有些刚步入成长期，而有些已经进入了衰退期。②在物流产品生命周期中，成熟期的时间跨度通常较长。

了解物流产品所处的生命周期阶段，能使物流企业对复杂变化的环境及日益激烈的竞争做出快速反应和正确的决策，物流企业甚至可以据此采取措施来延长物流产品的生命周期。

2. 研究物流产品生命周期的意义

研究分析物流产品生命周期，正确把握物流产品的市场寿命，对物流企业经营有着非常重要的意义。

（1）物流产品生命周期理论揭示了任何物流产品都和生物有机体一样，有一个诞生、成长、成熟、衰亡的过程。任何物流产品都不可能在物流市场上永远畅销、永远盈利。因此，物流企业要居安思危，不断创新，不断开发新的物流产品，只有这样，物流企业才能一直有能盈利的物流产品，才能更好地生存和发展下去。

（2）物流企业可以借助物流产品生命周期理论来分析、判断本企业的物流服务处于物流产品生命周期的哪个阶段，从而推测物流产品今后的发展趋势，正确把握物流产品的市场寿命，并根据物流产品生命周期不同阶段的特征（见表4-4），采取相应的物流市场营销组合策略，以增强物流企业竞争力，提高物流企业的经济效益。

表4-4 物流产品生命周期不同阶段的特征

物流产品生命周期		销售量	利润	购买者	竞争者
导入期		低	微小或负	爱好新奇者	很少
成长期		快速增加	高	较多	兴起
成熟期	前期	继续增加	高峰	大众	增加
	后期	有降低趋势	逐渐下降	大众	很多
衰退期		下降	低或负	后随者	减少

3. 物流产品生命周期不同阶段的营销策略

（1）导入期的营销策略。导入期又称介绍期，是指一种新的物流产品首次正式上市的最初销售阶段。这个阶段的主要特点是：物流产品营业收入增长缓慢，物流产品销售困难，成本高。其原因在于：第一，提供新的物流产品需要扩充服务人员，增加费用开支；第二，新的物流产品在许多方面还需要进一步改进；第三，企业难以发现将新的物流产品提供给物流用户的适当的渠道；第四，物流企业难以改变物流用户原有的购买行为来使他们接受新的物流产品。

在导入期，物流企业可采取的市场营销策略有：①迅速建立完善的揽货网络和货物集散体系；②建立完善的物流服务体系，树立良好的企业信誉；③完善各种物流装备技术和信息技术，保证物流服务的正常运行；④加大宣传力度，向社会公众介绍物流产品特色；⑤利用各种价格策略与促销策略，诱导物流用户去做尝试性购买；⑥要把营销努力集中在最有可能购买，即最先接受新的物流产品的那一部分物流用户身上。

（2）成长期的营销策略。物流产品的成长期是指物流企业可以大批量提供该项物流产品和扩大市场销售的阶段。如果某项新的物流产品为市场所接受，其营业收入将显著增加，就标志着物流产品由导入期进入成长期。这个阶段的主要特点是：①销售额迅速增加，物流用户对物流产品已经熟悉，市场逐步扩大，形成较大的市场需求，销售量大；②随着规模的扩大，成本显著降低；③由于物流用户对物流产品已经熟悉，广告宣传费用可相对降低；④由于销售量迅速增加，成本下降，物流企业扭亏为盈，利润迅速上升；⑤竞争者看到有利可图，进入物流市场参与竞争。

在成长期，物流企业可采取的市场营销策略有：①改进物流服务质量，增加具有新性能、新“包装”的物流产品；②开辟新的市场，寻找新的物流细分市场；③广告宣传的重点从让物流产品“广为人知”转移到使人们确信广告内容，并欣然前往购买上；④注意寻找新的物流产品分销渠道，以把物流产品介绍给更多的潜在物流用户；⑤选择适当时机，采取降低价格策略，吸引更多对价格敏感的潜在物流用户购买。

（3）成熟期的营销策略。物流产品的成熟期是指物流企业大批量提供物流产品，物流市场竞争激烈的阶段。某项物流产品的营业收入增长率到达某一点之后，将出现逐步下降的趋势。这个阶段的主要特点是：①物流市场需求量逐渐趋于饱和，物流产品的销售量增长缓慢，甚至有降低趋势；②成本降到最低；③物流产品的服务、广告和推广工作十分重要，销售费用不断提高；④利润达到最高点，并开始下降；⑤很多同类物流产品进入市场，物流市场竞争十分激烈。

在成熟期，物流企业可采取的市场营销策略主要有以下三个。

① 市场改良策略。这一策略的核心就是不改变物流产品项目自身，只改变物流产品的销售对象，寻找新的市场营销机会，吸引新的潜在物流用户。有些国外物流企业，为了摆脱其国内市场竞争的压力，就采取这一策略，把服务对象（目标客户）对准了海外的物流产品购买者。

② 服务改良策略。服务改良策略就是改变现有物流产品特性，提高服务质量，增加原有物流产品对客户的吸引力。这是大多数物流企业在其物流产品生命周期处于成熟期时经常采用的一种策略。与市场改良策略相比，其较节省费用，风险小，容易实行。采用这一策略的主要做法是：改善物流服务人员的服务态度；扩大物流企业的有形服务和附加服务。

物流企业利用扩大有形服务和附加服务的方法来改良服务，其方法和途径多种多样。例如，在改变有形服务方面，物流企业可以用统一或改变物流企业工作人员服装的办法来加强或改变物流企业的形象，也可以采用更新设备或延长营业时间的办法来改变物流企业服务风格。在这种情况下，物流企业提供的核心服务并没有发生变化，但是在客户看来却似乎有新的物流服务产生。又如，在扩大附加服务方面，可为物流用户提供更多的服务保证和额外利益，从而有利于增强现有物流服务供应的吸引力，激发物流用户对改变后的物流服务的兴趣，诱发物流用户新的购买欲望。

③ 服务线扩展策略。服务线扩展策略就是物流企业在现有的物流服务范围内增加新的物流产品项目，扩大物流产品组合的深度和宽度，为物流用户提供更多可供他们选择的服务项目。例如，航空公司开辟新的航线，海运公司、航运公司把业务向内陆物流服务扩展，等等。

小贴士　美国和其他一些发达国家物流产品的成熟期策略

目前，美国和其他一些发达国家的物流业已经相继进入成熟期。物流企业一方面采用降低收费标准和价格优惠等营销策略来开拓市场，另一方面花费大量的费用来进行广告宣传、人员推销、公共关系促销等。有些物流企业则先行一步，积极进行市场营销调研，以图推出新的物流服务项目和开辟新的物流细分市场，来保持其市场地位。这些措施最终导致了营销费用的迅速增长，使一些物流企业步入艰难的境地。于是，一些竞争力量薄弱的物流企业开始退出市场，一些具有较强实力的物流企业则相互竞争，共同占领市场。

（4）衰退期的营销策略。衰退期是指物流产品已经逐渐老化，进入更新换代的阶段。衰退期的主要特点是：①物流用户的需求发生改变，转向其他物流产品；②已有新物流产品进入物流市场，正在逐渐取代老物流产品；③物流产品销售量迅速下降；④物流市场竞争突出表现为价格竞争，物流产品价格不断下降；⑤物流产品获利很少，甚至亏损，部分物流企业因无利可图而被迫退出竞争。

造成这一状况的原因有很多。例如，技术的发展进步；新的物流企业、新的物流服务形式和新的物流服务品牌的出现；物流用户收入水平的提高使其不愿意再继续使用原有物流产品；国家政治、经济的发展变化使物流用户的物流需求发生改变；等等。

在衰退期，物流企业可采取的市场营销策略有：①继续沿用以往的营销策略，采用同样的渠道，降低物流产品价格，最后逐步退出市场；②关闭少数或几个营业场所，重新选择地址，转移物流产品市场；③完全放弃物流产品经营，寻找新的市场机会，为市场提供崭新的物流产品服务；④积极推出新的物流产品项目。

4.2.6 物流新产品的市场开发策略

物流企业开发新产品是物流产品生命周期的存在要求，是消费者需求的变化要求，也是市场竞争加剧和科技发展的必然要求。

1. 物流新产品的含义

从物流市场营销的角度看，凡是物流企业向物流市场提供的、以前没有生产过的物流产品都可以称为物流新产品。具体来说，只要是物流产品整体概念中的任何一部分进行了变革或创新，且能给物流用户带来新利益、新满足的物流产品，都可以称为物流新产品。物流企业要想在激烈的物流市场竞争中获得成功，就必须不断地引入新的物流产品，以适应不断变化的物流用户需求。

小案例 中外运敦豪在上海推出“DHL 高尔夫快递”

作为中国航空快递业的领导者，中外运敦豪在上海地区率先推出了创新的“DHL 高尔夫快递”服务，以快捷、稳妥地帮助用户递送高尔夫球具。这一举措凸显了中外运敦豪敏锐的市场触觉和对完美物流服务品质的不懈追求。

中外运敦豪表示，“DHL 高尔夫快递”可以帮助热衷高尔夫球的商界人士轻松享受高尔夫之旅。中外运敦豪凭借其发达的全球网络，以门对门的方式，将高尔夫球具为用户送往国内外各目的地。作为中国航空快递业的领导者，中外运敦豪以对市场需求的敏锐把握及对创新的不断追求、对产品及服务差异化优势的保持，为不同类型的客户提供贴心服务，从而巩固了中外运敦豪在物流市场上的领先地位。

自 1986 年成立以来，中外运敦豪面向中国市场推出了众多独具特色的领先快递服务产品和解决方案。其中，DHL 进口到付、DHL 定时特派、DHL 珍宝箱和小珍宝箱及 DHL 重宝箱等服务产品深受广大物流用户的喜爱。

（资料来源：马文祥. 物流服务营销[M]. 上海：上海交通大学出版社，2010.原文经过改写。）

一般来说，物流新产品包括以下几种。

（1）完全创新产品。完全创新产品是指采用全新的方法来满足物流用户的现有需求，给他们更多的选择的产品。（2）进入新市场的产品。一些已有的物流服务产品进入新的市场时，也可以视为新产品。（3）革新产品。革新产品是对现有物流产品的某一功能予以改进和提高而形成的产品。

2. 物流新产品的开发方向

物流企业在确定物流新产品开发方向时，主要应明确以下几点。

（1）物流“新”产品概念的意义是什么？是完全创新还是形式变化？

（2）认识资源基础对物流企业的重要性，仔细考察物流企业目前所拥有的或可以获取的资源。

（3）明确物流产品领域。物流产品领域即物流企业提供的整套或组合的物流产品。很少有物流企业只提供单一物流产品，它们往往采用扩展物流产品组合的宽度、长度、深度、关联性等策略来满足目标市场的需要，扩大销售，分散风险，增加利润。

（4）是自己生产物流产品还是向外购买物流产品，这是物流企业面临的另一个问题。在开发、增添新的物流产品项目时，物流企业要慎重决策究竟是依靠企业本身的人力和资源，还是向外购置资源。这就需要物流企业考虑自身的核心能力、核心业务以及物流总成本等方面的因素。

3. 物流新产品开发的步骤

一般来说，物流新产品开发的全过程，主要有以下八个步骤。

（1）物流新产品的构思。物流新产品构思是为满足一种新的物流需求而提出的设想和创意。在这一阶段物流企业的主要责任是：寻找，即积极地在不同环境中寻找好的物流新产品构思；激励，即积极地鼓励物流企业内外部人员开展物流新产品构思；提高，即将汇集的物流新产品构思转送物流企业内部有关部门，征求修正意见，使其内容更加充实。

寻找和收集物流新产品构思的主要方法有以下几个。

① 物流产品属性排列法。将物流产品现有的属性一一排列出来，然后讨论，尝试各种方法改良每种属性，在此基础上形成物流新产品构思。

② 强行关系法。先列举若干不同的物流产品，然后把某一物流产品与另一物流产品或几种物流产品强行结合起来，产生一种物流新产品构思。

③ 多角度分析法。这种方法首先是将物流产品的重要因素抽象出来，然后具体分析每一种特性，再形成物流新产品构思。

④ 聚会创新法。将若干名有见解的物流专业人员或发明家集合在一起进行研讨。开讨论会前，先提出若干问题并给予有关人员时间准备，会上让大家畅所欲言，彼此激励，相互启发，提出种种物流新产品设想和建议，然后归纳分析，便可以形成物流新产品构思。

⑤ 征集意见。物流新产品设计人员通过问卷调研、召开座谈会、头脑风暴法等方式，了解物流用户的需求，征求科技人员、技术发明人、专利代理人、大学或企业的实验室、广告代理商等的意见，并且使之经常化，形成制度。

小案例 德邦物流新产品的创意来源

德邦物流利用网络与线下活动相结合的方式开展了“我的网点，你做主”的互动营销活动，收到了很好的效果。客户只要填写了建议德邦物流新增网点地址等相关信息，就能参与德邦物流的抽奖活动，参与方式有两种：通过企业网站填写建议表，或者通过营业网点现场填写建议表。这两种方式很好地将线下活动和网络结合起来，使客户和企业之间产生了互动，拉近了客户和企业之间的距离，也收集到了很多有用的新增网点建议的信息和客户资料，为德邦物流不断改进新产品打下了良好基础。

（资料来源：马文祥. 物流服务营销[M]. 上海：上海交通大学出版社，2010.）

（2）筛选。筛选的主要目的是选出那些符合物流企业发展目标和长远利益，并与物流企业资源相协调的物流新产品构思，摒弃那些可行性低或获利较少的物流新产品构思。筛选应遵循如下标准。

① 物流市场成功的条件。物流市场成功的条件主要衡量物流新产品的潜在市场成长率、竞争程度及前景、物流企业能否获得较高的收益等。

② 物流企业内部条件。物流企业内部条件主要衡量物流企业的人、财、物资源，衡量物流企业的技术条件及管理水平是否适合生产这种物流新产品。

③ 销售条件。销售条件主要衡量物流企业现有的销售结构是否适合销售这种物流新产品。

④ 利润收益条件。利润收益条件主要衡量物流新产品是否符合物流企业的营销目标，衡量其获利水平及新产品对物流企业原有物流产品销售的影响。这一阶段的任务是剔除那些明显不适当的物流新产品构思。

（3）物流新产品概念的形成与测试。物流新产品构思经过筛选后，需进一步发展更具体、更明确的物流新产品概念。物流新产品概念是指已经成型的物流新产品构思，物流企业需要用文字、图像、模型等予以清晰阐述，使之在物流用户心目中形成一种潜在的物流新产品形象。

每个物流新产品概念都要考虑进行定位。定位的依据是未来物流市场的潜在容量、投资收益率、销售成长率、生产能力、竞争者的情况及概念对物流企业设备、资源的充分利用程度等。可采取问卷方式将物流新产品概念提交目标市场中有代表性的物流用户群进行测试、评估。

（4）制定物流新产品营销策略。物流企业选择了最佳的物流新产品概念之后，必须制定把这种物流新产品引入物流市场的初步市场营销策略，并在未来的发展阶段中不断完善。初拟的物流新产品营销策略包括两个部分：①描述目标市场的规模、结构、物流用户的购买行为、物流新产品的市场定位，以及短期的销售量、市场占有率、利润率预期等；②概述物流新产品预期价格、分配渠道及第一年的营销预算。

（5）商业分析。商业分析可从经济效益角度分析物流新产品概念是否符合物流企业的目标。商业分析包括两个具体步骤：预测物流新产品销售额和推算成本与利润。如预测物流新产品销售额可参照物流市场上类似物流产品的销售发展历史，并考虑各种竞争因素，分析物流新产品的市场地位、市场占有率等。

（6）物流新产品的研制。该步骤主要是将通过商业分析后的物流新产品概念交送研究开发部门或技术工艺部门试制为物流新产品模型或样品，同时进行物流包装的研制和物流品牌的设计。这是物流新产品开发的重要步骤，只有投入资金、设备和劳动力，通过物流新产品试制，才能使物流新产品概念实体化并发现不足与问题，进而改进设计；也只有通过物流新产品试制，才能证明这种物流新产品概念在技术、商业上是否具有可行性。物流新产品研制时，必须使其模型或样品具有物流新产品概念规定的所有特征。

（7）物流新产品市场试销。物流新产品市场试销应注意以下问题。①物流新产品市场试销的地区范围。试销市场应是物流新产品目标市场的缩影。②物流新产品市场试销时间。试销时间的长短一般应根据该物流新产品的平均重复购买率来决定。重复购买率高的物流新产品，试销的时间应长一些，因为重复购买能真正说明物流用户认可物流新产品。③物流新产品试销中需要取得的资料。一般需要了解物流用户首次购买物流新产品情况和重复购买情况。④物流新产品市场试销需要的费用开支。⑤物流新产品市场试销的营销策略及试销成功后应进一步采取的战略行动。⑥物流新产品商业性投放。

物流新产品市场试销成功后，就可以正式进行批量生产，全面推向物流市场。这时，物流企业需要支付大量费用，而物流新产品投放市场的初期往往利润微小，甚至亏损。因此，物流企业在此阶段应对物流新产品投放市场的时机、区域、目前目标市场的选择和最初的营销组合等问题做出慎重选择。

（8）物流新产品正式投产和上市。经试销后被证明是成功的物流产品，就可以进行大范围推广了。这个阶段物流企业应注意以下问题。

① 物流新产品上市的时机。物流新产品上市的时机要考虑其上市对物流企业原有产品销量的冲击、物流新产品的季节性需求变化和改进结果。一般应选择物流企业同类老产品进入衰退期、新产品处在季节性需求旺季时作为物流新产品上市的时机。

② 物流新产品上市的地点。物流新产品应率先在最有吸引力的物流市场集中投放，加强促销宣传和服务，在某个物流市场上取得一定的市场占有率后，再向其他地区扩张，由点及面逐渐扩大。

③ 物流新产品目标客户的选择。选择对物流市场需求最有影响力的目标客户，通过他们的购买和使用来带动其他消费者购买和使用。选择物流目标客户的原则一般是，他们是该物流新产品的早期使用者，或者是该物流新产品的大量使用者，或者他们对物流新产品的评价对其他物流用户有一定的影响力。

④ 物流新产品营销策略。面对不同的时机、不同的地区、不同的物流目标用户，物流企业所采用的营销策略也会不同。物流新产品上市时，物流企业要研究针对性的物流新产品营销策略来确保上市成功。

小案例　DHL 率先推出“机场到门”快递服务

DHL 是一家全球领先的快递和物流公司，其率先宣布推出一项全新的“机场到门”快递服务。对于使用如 FOB（Free on Board，装运港船上交货）或 FCA（Free Carrier，货交承运人）等进口到付贸易条款的客户来说，这个快递服务在满足运输需求的同时，利用 DHL 发达的递送网络，为客户提供一种更快捷、更可靠、性价比更高的服务。

显然，机场到门快递服务是为使用自由承运人贸易条款的进口客户量身定做的。通常，进口客户会选择 FOB 或 FCA 贸易条款，以获得接近成本的价格，而以上条款并不要求承运方负责到货后的门对门运输。在此之前，进口客户需要联系本地的货运代理商来办理清关手续，安排取货送货，程序繁杂，且又费时费力。在新服务推出后，卖方只需要将货物送到 DHL 指定的机场到门货件接受中心，DHL 即可根据客户的贸易条款，提供从清关到送货上门等的一条龙服务。该服务将先期覆盖包括中国内地和中国香港特别行政区在内的 13 个亚太国家和地区的 50 多个发货起运城市。自 2007 年 7 月起，DHL 首先在北京、上海、广州三个目的地开通机场到门服务。此举大大地方便了物流用户，得到了物流用户的一致认同。

（资料来源：马文祥. 物流服务营销[M]. 上海：上海交通大学出版社，2010.）

4. 物流新产品的开发策略

一般来说，物流新产品的开发策略主要有以下八种。

（1）研制物流新产品策略。该策略是指物流企业利用新技术、新工艺、新材料和新原理优先开发出物流新产品，以获取高额利润。其前提是物流企业必须具备雄厚的经济实力和科研队伍基础。例如中远集团在中日航线上开发出的“绿色快航”项目和派遣优秀业务代表进驻客户企业开展的“绿色服务”项目等物流新产品，就抢占了物流市场制高点。

（2）仿制策略。该策略是指物流企业在物流市场上出现物流新产品并发现该产品受到物流用户的广泛欢迎时，在短期内开发出更能满足物流用户需求的物流新产品。这种策略省时省力，也非常有效，是物流企业常用的新产品开发策略。例如北京的宅急送继邮政EMS推出“次晨达”后在长江三角洲地区开发的“2D10”和“2D17”两种物流新产品，引起了更大的轰动效应。

（3）改进原产品的差异性策略。该策略是指物流企业对原有物流产品进行功能上的增减、包装上的改进、结构上的调整及物流产品组合、捆绑、修补等，从而使物流新产品更能适应物流用户的需求。

（4）独立开发物流新产品策略。该策略是指物流企业依靠本企业的力量开发主导物流产品或服务项目的策略。例如海尔、中远集团的大部分物流新产品线和新产品项目都是依靠自身的力量独立地开发出来的。

（5）借船出海策略。借船出海策略包括以下两种策略。①与优势的物流资本合资。把其他企业的物流产品项目借鉴或整合为本企业的物流产品项目，扩大本企业的物流产品线。②购买其他物流企业现成的资源。购买其他物流企业现成的资源，实现本企业物流产品的快速开发和扩张。

（6）委托加工策略。委托加工策略包括以下两种策略。①委托加工。委托加工是指利用其他企业的物流资源进行物流产品的扩展。②贴牌生产。物流企业利用本企业的品牌优势，将本企业没有能力从事或者不愿意从事的物流项目采用“定向定牌”的方式，经过严格的筛选和考核让愿意且有能力的物流企业承担。

（7）随手拈来策略。该策略是指物流企业面向全球承接各种相关的物流多级代理业务或独家代理业务，以丰富本企业的物流产品线的策略。

（8）以物易物策略。该策略是指物流企业通过托管其他企业的物流资产，用本企业具有绝对优势的物流管理智力经验来换取其整个物流产品线的策略。

4.3 物流产品价格策略

4.3.1 物流产品定价的含义

1. 物流产品定价的概念

物流产品定价是指物流产品的价格如何制定和变更。物流产品定价是物流营销学里面的重要组成部分之一。

2. 物流产品定价的指导思想

从物流营销的角度看，物流企业对物流产品的定价是为了促进物流产品销售，获取利润。因此，物流产品定价的指导思想是：既要考虑物流产品成本的补偿，又要考虑物流用户对物流产品价格的承受能力。正因为如此，物流产品定价不仅是一门科学，还是一门艺术，物流企业应积极研究物流产品定价的技巧和策略，以实现本企业的经营目的。

4.3.2 影响物流产品定价的因素

1. 物流产品定价的营销目标

物流企业必须依据它的整个物流市场营销目标来拟订定价策略。通常，物流产品定价的营销目标有以下几种。

（1）获取最大利润。获取最大利润是市场经济条件下物流企业共同的最重要的目标。当物流企业的物流产品在市场上处于绝对优势地位时，可实行高价策略，以获取超额利润。

（2）获取合理的投资报酬。当物流企业用自有资金进行物流设施投资和进行物流服务项目的开发时，其最低投资报酬应该至少等于该笔投资作为大额存款存入银行时所获得的最低利率水平。

（3）稳定价格。稳定价格又称为领导者价格或领袖价格，一般由物流领导者企业决定。物流企业在拥有充分的后备货源，打算长期经营、巩固物流市场阵地时，宜采用此策略来击败竞争对手。

（4）维持和增进物流市场占有率。物流企业的市场占有率状况，是该企业经营状况和物流产品竞争力状况的综合反映。对物流企业来说，维持或增进物流市场占有率，有时甚至比获取投资报酬更为重要。

（5）应对物流市场竞争。大多数物流企业对于竞争者的价格战都很敏感。物流企业在应对物流市场竞争时，常会在以下三种定价办法中做出抉择：一是以低于竞争者的价格出售物流产品，二是以与竞争者同等价格出售物流产品，三是以高于竞争者的价格出售物流产品。

2. 物流产品成本因素

（1）固定成本。固定成本是指物流产品成本不随物流业务量的增长而变化的成本。此成本一般包括物流设施、设备和工具的租赁费或物流企业投资购买固定资产的折旧费、物流企业管理人员的工资和福利待遇、办公费用等。

（2）变动成本。变动成本是指物流产品成本随物流业务量的增长而变化的成本。此成本一般包括运营过程中的燃料费、搬运费、一线服务和操作人员的工资、企业运营中的材料费、水电费等。

（3）联合成本。联合成本是指物流产品成本中与可分成本相对立的成本，是指某物流产品在未分离前的联产品生产过程中发生的，应由所有联产品共同负担的成本。例如物流运输企业在制定价格时必须考虑的单程空载时的耗费。

3. 物流市场状况因素

物流市场状况主要包括物流产品供求状况、需求特性、物流市场竞争等。物流市场状况因素决定着物流产品价格的最高临界点，其决定着物流产品定价方面定价时的最高界限。

4. 物流用户的心理因素

物流用户的心理影响其购买行为和消费行为，物流产品定价必须考虑物流用户心理。

（1）预期心理。物流用户预期心理是反映物流用户对未来一段时间内物流产品供求及其价格变化趋势的一种预测。如“买涨不买落”即是物流用户预期心理的作用：当预测物流产品有涨价趋势时，物流用户可能争相购买；反之，持币待购。

（2）认知价值和其他消费心理。认知价值又称“理解价值”，是指物流用户心理上对物流产品价值的一种估计和认同，它以物流用户的物流产品知识、后天学习和积累的购物经验及对物流市场行情的了解为基础，同时也取决于物流用户个人的兴趣和爱好。同时，物流用户在购买物流产品时，也常会将该物流产品的价格同另一种同类型物流产品的价格、或与其内心形成的认知价值相比较，当认为价格合理、物有所值时，才会购买该物流产品。

小案例　联邦快递的低价竞争源于物流用户的消费心理

2009 年 6 月初，在正式进军中国国内快递市场一年以后，联邦快递开始大幅度下调快递费用。其下调后的价格甚至低于国内其他快递企业。例如，其“次早达”（即次日中午12 点前送达）服务从上海到北京的收费是每千克 21.6 元，“次日达”的收费是每千克 18 元，这甚至比民营快递顺丰速运还要便宜。当时，顺丰速运没有“次早达”的服务，其“次日达”的收费是每千克 20 元，每超过 1 千克增加 10 元。而邮政 EMS“次晨达”的收费是起重 500 克 20 元，每续重 500 克加收 6 元，每件另加收 5 元特殊服务费，也就是说，邮政 EMS 每千克需要收费 31 元，远远高出联邦快递的价格。

事实上，低价竞争就是进入物流快递市场的敲门砖。在激烈的物流市场竞争中，联邦快递不得不放下身段，压低价格，以获得国内物流用户的认可。这也是它在长期疯狂的广告“轰炸”后，不得不采取的措施。因为物流用户是不会因为你的广告就牺牲自己的经济理性的。国内物流用户已经习惯了较低快递价格的现状，要其接受比现在高近两倍的费用，显然是不现实的。这也是联邦快递从最开始的每千克收费 100 多元降到 60 元，再降到后来的 21.6 元，一而再，再而三地降价的根本原因。

（资料来源：郭伟业，郭景春. 物流服务营销[M]. 北京：北京师范大学出版社，2011. 原文经过改写。）

物流企业的产品定价，除了受到以上几项因素的影响，还受货币价值和货币流通量、国际市场竞争和国际价格变动等因素的影响。因此，物流企业在制定物流产品价格政策时，必须认真研究影响其价格的多种因素，以制定出最合理的物流产品价格。

5. 物流产品的需求弹性

物流产品的需求弹性分为需求价格弹性和需求交叉弹性两种。

（1）需求价格弹性。需求价格弹性是指一种物流产品需求量对其价格变动反应程度的衡量，可用需求量变动的百分比除以价格变动的百分比来计算。其公式为：

$$|E_d|=\text{需求量变动的百分比}/\text{价格变动的百分比}$$
$$=[(\Delta Q/Q)\times 100\%/(\Delta P/P)]$$

式中，$|E_d|$为需求价格弹性，即弹性系数；ΔQ 为需求量的变动，Q 为需求量；ΔP 为价格的变动，P 为价格。

不同物流产品的需求价格弹性是不同的，根据它们的需求价格弹性绝对值的大小可分为以下五种类型。

① 需求完全无弹性，即$|E_d|=0$。此种情况下，无论价格如何变动，需求量都不会变动。如上班族坐公交车上班的需求量即是此种情况，如图 4-1（e）所示。

② 需求完全弹性，即$|E_d|=\infty$。此种情况下，价格不会变动，需求量则是无限的，如图 4-1（d）所示。

③ 单一需求弹性，即$|E_d|=1$。此种情况下，需求量变动的比率与价格变动的比率相等。这时的需求曲线是一条正双曲线，如图 4-1（c）所示。

以上三种类型都是需求价格弹性的特例，在现实生活中是很少见的。现实中常见的是以下第④种和第⑤种类型。

④ 需求缺乏弹性，即 $0<|E_d|<1$。在这种情况下，需求量变动的比率小于价格变动的比率。例如，居民对管道煤气的需求就属于这种情况，如图 4-1（b）所示。当物流产品的需求价格弹性处于此种情况时，物流企业不宜采用降价策略，相反，如果可能，可以采用提价策略。

⑤ 需求富有弹性，即 $1<|E_d|$。例如，在国外，第二次世界大战以前的航空旅行是奢侈品，需求弹性非常大，所以，航空公司通过小幅度降价就可以吸引许多乘客，如图 4-1（a）所示。当物流产品的需求价格弹性处于此种情况时，物流企业可以采用降价策略，以期销售更多的物流产品。

获取物流产品需求价格弹性的方法是在物流产品的目标市场进行小规模试销。

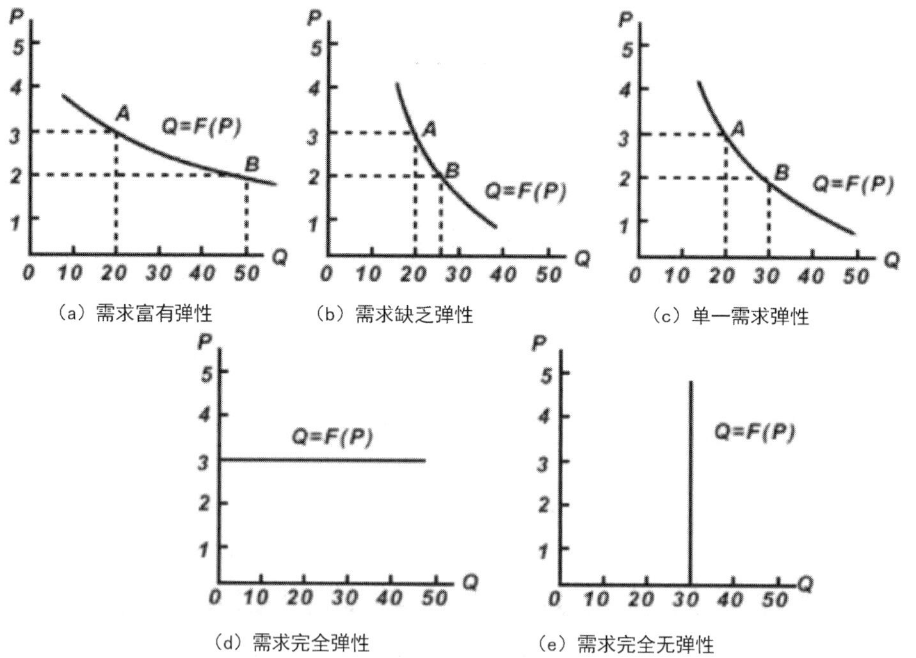

图 4-1 需求价格弹性类型

（2）需求交叉弹性。任何一种物流产品的需求量都要取决于其替代品和互补品的价格。

某种物流产品需求量对其替代品和互补品价格变动的反应程度要用需求交叉弹性（E_c）来衡量。需求交叉弹性是用一种物流产品需求量变动的百分比除以另一种物品（替代品或互补品）价格变动的百分比来计算的，即：

需求交叉弹性=一种物流产品需求量变动的百分比/另一种物流产品价格变动的百分比

若以 Q_x 代表某种物流产品原来的需求量，ΔQ_x 代表该物流产品需求量的变动量，P_y 代表另一种物流产品原来的价格水平，ΔP_y 代表另一种物流产品价格的变动量，则有：

$$E_c=[（\Delta Q_x/Q_x）\times100\%]/[（\Delta P_y/P_y）\times100\%]$$

某种物流产品对其替代品价格的需求交叉弹性为正值，对其互补品价格的需求交叉弹性为负值。可分别用图 4-2（a）、（b）来表示这一点。

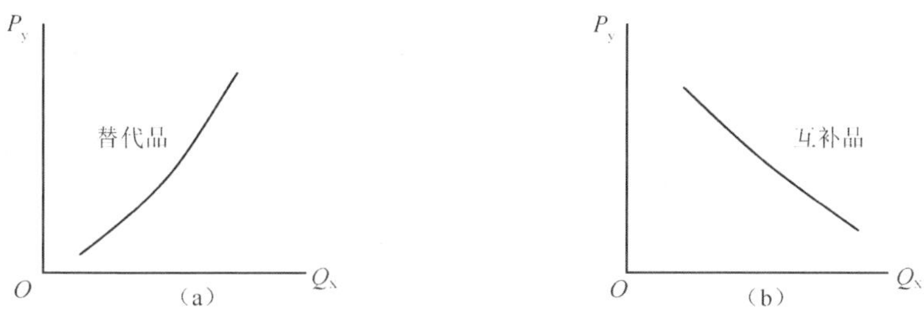

图 4-2　需求交叉弹性

物流企业可以根据需求交叉弹性来判断两种物流产品之间的关系，如果它们的需求交叉弹性为正值，则这两种物流产品为替代关系；如果它们的需求交叉弹性为负值，则这两种物流产品为互补关系；如果它们的需求交叉弹性为零，则这两种物流产品之间没有替代或互补关系。需求交叉弹性的绝对值越大，则这两种物流产品之间的替代或互补关系也越密切；反之，越疏远。

6. 物流市场竞争因素

物流市场竞争状况直接影响着物流产品定价策略的制定。在物流产品差异性较小、物流市场竞争激烈的情况下，物流企业为物流产品制定价格的自主性也相应缩小。一般来说，物流产品之间区别很小而且竞争较激烈的物流市场，都可制定相近的价格。

7. 其他因素

当物流企业市场营销环境急剧变化时，物流企业物流产品定价策略的制定还应考虑国际国内的经济状况、通货膨胀、利率、汇率、政策法令等相关因素的影响。

4.3.3　物流产品的定价方法

小案例　宁波某国际物流有限公司的定价

宁波某国际物流有限公司的定价依据主要是：长途和其他运输方式的价格以市场为导向，公司网络内的运输价格执行公司制定的标准。不同货物的定价标准有以下几种。

（1）轻货，指每吨货物体积大于 3 立方米的货物。轻货按立方价格收取运费。

（2）重货，指每吨货物体积小于 3 立方米的货物。重货按千克 / 吨价格收取运费。

（3）重泡货物，指每吨货物的体积在 3 立方米左右的货物。重泡货物需加收运费的 20%。

（4）特重货物和特轻货物，每立方米货物的质量超过 1 000 千克的，为特重货物；每立方米货物的质量小于 100 千克的，为特轻货物。特重货物和特轻货物可以按公布运价的 80%～90%计费。

（5）特殊货物，是指玻璃、陶瓷、工艺品等易碎货物和超重、超大、异型、易损件。一般情况下，特殊货物加收正常货物运费的 20%～50%。需要吊装的还要收取相应的吊装费。易碎货物原则上保丢不保损，易碎货物和超重、超大、异型、易损件需提高送货费。

（6）提货费、派送费。提货可以开具提货费，但必须保证该票货的纯运费不低于公司制定的标准。派送费按公司批准的派送标准执行，偏僻地区及商场送货由双方协商决定。

（7）最低消费、回单费、货量、价格。一票单件货发货的最低消费为：公司网络（网内）10 元，公司网络外（网外）不低于 20 元，且不管其体积有多小。作回单付款必须单票运费超过一定金额（网内 200 元，网外 500 元）。属于重货或轻货的大票货可以适当下浮运价，但重泡货物、易碎货物、异型货物等的大票货不可下浮运价。

（8）运费的结算及其他。运费的结算会有现付、提付、回付（回单结账）、月结几种情况。现付最好，如果是提付，要向客户讲明，一定时间内，收货方不来提货，由发货方支付运费，需返货的还需另外支付返货运费；回单结账和月结通常是对信用较好的客户，运费的价格要增加 5%以上，并要及时请款避免造成呆账。省内运输一般不缴押金，特殊情况缴押金的运费必须上浮 10%以上。对有代收货款或等通知放货等特殊要求的业务，发货站所必须在承运单上做醒目的标识，并需提前与到货站所确定。

收货价格及派送标准的说明：收货价格及派送标准统一由公司制定，在不同的市场因素和政策因素下将适当调整。

（资料来源：马文祥. 物流服务营销[M]. 上海：上海交通大学出版社，2010.）

1. 利润最大化定价法

利润最大化定价法是指物流企业以追求物流产品最大利润为目的的定价方法。利润最大化对物流企业至关重要。只有物流企业资金实力有了保证，才能提升服务物流用户的能力。利润最大化意味着物流产品的定价必须高于其各项成本的总和，以使物流企业出售的物流产品能补偿成本、获取足够的收益，并为物流企业的发展提供必要的资本。但要注意：物流产品定价的最高上限不能超出物流用户的心理承受范围，否则将会迫使物流用户寻找替代品。

2. 客观定价法

客观定价法是指物流企业不考虑物流用户的种类，而是先设定物流产品的单价，再乘以实际的物流产品销售数量，来得到该项物流产品售价的方法。客观定价法具有连贯性和易于计费等优点。例如，物流中心的计费标准是 3 元 / 托盘 • 天，不满 1 个托盘的按照 1 个托盘计费，当每日库存量为 10 个托盘时，那么每天的存储费用是 10×3 元=30 元。又如，有些物流企业的物流设备出租按每小时或天计算，物流仓储设施出租按照单位面积 / 天计费，等等。

3. 主观定价法

主观定价法是指物流企业根据物流用户对物流产品的认知价值和接受程度来主观地调整物流产品标准价格的方法。这种定价方法是将物流用户对物流产品价值的认知而不是将物流产品的成本作为定价的关键因素。物流企业利用营销组合中的非价格变量来建立物流用户头脑中的认知价值，并确定适当的价格与这种价值相匹配。物流产品定价的主观因素包括：①对物流产品效率的估计；②物流企业的经验和能力；③物流企业的知名度；④物流产品的类型和难度；⑤物流产品的便利性和可得性；⑥物流产品额外的特殊开销；⑦物流产品市场价格水平；⑧物流用户对物流产品的认知价值和接受程度。

4．成本导向定价法

成本导向定价法是指物流企业依据其提供物流产品的成本来决定物流产品价格的方法。成本导向定价法有以下几种具体方法。

（1）成本加成定价法。该方法是指在物流产品单位成本上按一定百分比的加成来制定物流产品销售价格。除了固定成本、变动成本，以下还有几个与成本加成定价法相关的物流产品成本概念。①总成本，即固定成本与变动成本之和。②平均固定成本，即固定成本除以总销售量所得的商数。平均固定成本是随着销售量的增加而减少的。③平均变动成本，即变动成本除以总销售量所得的商数。平均变动成本与生产规模相关。一般情况下，当生产规模增加时，平均变动成本呈现规模效应而呈递减趋势。但超过最佳生产规模后，平均变动成本又会由于边际产量递减规律而增加。④平均总成本，简称平均成本。即将总成本除以产量所得的商数。⑤边际成本，指物流企业每变动（增加或减少）一个单位产量所变动的成本。⑥边际贡献，指物流企业增加一个物流产品的销售，所获得的销售收入减去边际成本的数值。

（2）完全成本加成定价法。完全成本加成定价法也属成本加成定价法，即物流企业先确定单位变动成本再加上平均分摊的固定成本组成单位完全成本，在此基础上再加上一定比例的利润，作为单位产品价格。

（3）目标利润定价法。目标利润定价法也称投资收益定价法，即根据物流企业的总成本和计划的总销售量，加上按投资收益率确定的目标利润额作为物流产品定价基础的一种方法。

（4）边际贡献定价法。边际贡献是指预计得到的销售收入减去变动成本后的收益。边际贡献定价法是只计算变动成本，不计算固定成本，而以预期的边际贡献来适当补偿固定成本的物流产品定价方法。

（5）盈亏临界点定价法。盈亏临界点定价法是指物流企业按照生产某种物流产品的总成本和销售收入维持平衡的原则来制定物流产品的保本价格的一种方法。其计算公式为：

$$P=(F+C\mathrm{v})/Q$$

式中，P 为单位物流产品的保本价格；F 为物流企业一定时期的总固定成本，$C\mathrm{v}$ 为物流企业一定时期的总变动成本；Q 为物流企业预期的物流产品销售量。

（6）投资报酬率定价法。投资报酬率定价法又称目标报酬率定价法，是一种以投资额为基础计算加成利润（投资报酬）后，再计算出物流产品价格的方法。投资报酬是投资额与投资报酬率的乘积。这种投资报酬率的多少，由物流企业或投资者裁定，具有一定的技巧，但一般不低于银行的存款利率。其单位物流产品定价的具体公式如下：

$$P=(F\mathrm{a}+T\mathrm{w})/Q+V\mathrm{p}$$

式中，P 为单位物流产品价格；$F\mathrm{a}$ 为固定成本；$T\mathrm{w}$ 为投资报酬；$V\mathrm{p}$ 为单位变动成本；Q 为物流产品销售量。

5. 非标准物流产品或服务的合同定价法

（1）固定价格合同法。固定价格合同法是指物流企业与物流用户双方协商后，将一个较长时期的固定价格以固定合同的方式确定下来的方法，在合同期内如有能源等因素引起的物流产品价格上涨给物流企业带来的成本上涨，均由物流企业自己消化吸收。这种方法需要双方对未来物流市场有比较客观的判断和预测。在这种情况下：

物流产品价格=合同规定的一个固定不变的金额

（2）成本加成合同法。成本加成合同法是指物流产品的买方同意按照卖方的实际物流运营成本加上一定比例的利润率（按照实际物流运营成本的一定比例即百分数）来计算，以使自己获得物流产品的合同定价的方法。由于这种方法在成本基数越大时，会使物流企业获得越大的规模效益，因此它会使物流企业有意识地抬高成本而使自己获得更多利润。在这种情况下：

物流产品价格=实际物流运营成本+实际物流运营成本×成本利润率

（3）成本加固定费用合同。这种方法的合同规定：

物流产品价格=实际成本+固定费用额

由于成本实报实销，固定费用写明了具体金额，因此物流企业没有办法抬高服务成本，同时也不能促使供应商采取有效措施来降低运营成本。

（4）奖励合同。该方法规定，在物流运营过程中如果实际运营成本确实超过预算成本，可以实报实销；如果物流企业采取了有力措施而使物流实际成本低于双方的预算成本，所节余的部分按照一定的比例奖励给物流企业。

6. 需求导向定价法

需求导向定价法是依据物流用户对物流产品价值的理解和需求强度来制定价格，而不是依据物流产品的成本来制定价格的方法。其特点是物流企业能灵活有效地运用价格差异，对于平均成本相同的同一物流产品，价格随物流市场需求的变化而变化，不与成本因素发生直接关系。其基本原则是：物流产品市场需求强度大时，制定高价；物流产品市场需求强度小时，可适度调低价格。

（1）习惯定价法。习惯定价法又称便利定价法，是物流企业考虑并依照长期被物流用户接受和承认的价格或已成为习惯价格或便利价格的价格来定价的一种方法。在物价稳定的市场上有许多物流产品，由于物流用户长期购买所养成的习惯，逐渐形成了一种习惯价格或便利价格。这种习惯价格在物流业中较为常见。通常，物流用户也已习惯按某种价格购买某种物流产品。对这类物流产品，任何物流企业要想打开销路，必须依照习惯价格或便利价格定价，即使生产成本降低，也不能轻易减价，因为减价容易引起物流用户对物流产品质量的怀疑；反之，即使生产成本增加，也不能轻易涨价，而只能靠薄利多销来弥补低价的损失，否则将影响物流产品的销路。因此，当物流市场上存在着强有力的习惯价格时，如果物流产品未具备特殊优越条件，则只能依照一般价格定价，甚至在由于原材料、燃料等因素涨价、原售价已无利润可言、确实需要调整价格时，也只能通过技术革新，提高劳动生产率，降低物流产品成本来解决；或者通过舍弃原有的物流产品，推出物流新产品，以求获得一定的企业利润。

（2）认知价值定价法。认知价值定价法也称理解价值定价法，是物流企业根据物流用户对物流产品价格的理解度，即物流产品在物流用户心目中的价值观念为定价依据来进行定价的方法。这种方法对于物流用户对价格不敏感的物流新产品的定价尤为有效。

（3）需求差别定价法。需求差别定价法是指物流产品价格的确定以物流用户的需求为依据，物流企业可根据物流用户不同的需求强度、不同的购买力、不同的购买地点和不同的购买时间等因素，制定不同的价格。

例如，同一物流产品对拥有不同需求量规模的不同物流用户而言，价格可以不同；即使同一物流产品对同一物流用户而言，在不同的季节、产品所处市场周期的不同阶段等的价格也可以不同。不同式样的物流产品并不根据成本差异而按需求差异规定不同售价；不同销售地点的物流产品价格不同；不同销售时间的物流产品价格不同；等等。

7. 竞争者导向定价法

竞争者导向定价法是指物流企业以竞争者的价格作为依据来制定物流产品价格的定价方法。包括随行就市定价法、投标定价法、低于竞争者物流产品价格定价法、高于竞争者物流产品价格定价法、变动成本定价法、倾销定价法、垄断定价法等。

小案例　某邮政速递的竞争者导向定价法

对于某速递市场，某邮政速递采用竞争者导向定价法。由于拥有发达的汽车配送网络，该公司能够通过规模效应来保持比竞争者更低的成本，从而在竞争性的定价方式下取得竞争优势。对于其他各省的快件，该公司则采用分区定价方式制定价格，对各省主要城市市区部分的快件继续采用竞争性的定价方式以取得市场均衡。对于小城市和郊区的快件，由于没有强有力的竞争者参与竞争，该公司能够制定更高的价格。

（资料来源：郭伟业，郭景春. 物流服务营销[M]. 北京：北京师范大学出版社，2011.）

4.3.4　物流产品的定价策略

1. 新产品定价策略

新产品定价策略是指物流企业对物流新产品进行定价的策略。物流新产品定价得当，就可能顺利进入市场，打开销路，在物流市场上占据一席之地，为物流企业带来利润；物流新产品定价不当，就可能在推出时即遭遇失败，对物流企业造成不良影响。新产品定价策略包括以下三种。

（1）取脂定价策略。取脂定价策略又称撇脂策略、高价策略，是指物流企业将物流新产品价格定得较高，使其尽可能地在物流产品生命周期的导入期即赚取最大的利润。

取脂定价策略有如下优点。①最初上市的物流产品，往往需求弹性小，竞争者尚未进入物流市场。在一定时期内，在预期价格范围内，物流企业可以利用物流用户的求新心理动机，以偏高价格刺激物流用户，提高物流产品价格，配合物流产品品质较高的特性，有助于开拓物流市场。②采取此策略时，物流产品价格本身留有余地，可依据物流用户的购买力水平，实行市场细分。对购买力高的物流用户群的定价可以稍高，对价格敏感的物流用户群的定价可以稍低。③倘若定价不当，不能引起物流市场的有利反应，物流企业可灵活主动地降低价格。但如果定价偏低，在提高价格时，又难以获得物流用户的谅解。因此，定价前要考虑周全。④高价比低价获利更多，所得资金可作为物流企业扩充市场之用。⑤导入期物流市场境况良好时，物流产品定价高一些，能使物流市场不至于发展过于迅速，生产能力也可以适应市场需求。

取脂定价策略的缺点有：①制定的物流产品价格远高于价值时，必然损害物流用户利益；②当物流新产品在物流用户心目中的声誉尚未建立时，取脂定价策略不利于开拓市场，甚至使物流产品无人问津；③如果物流产品高价投放而销路旺盛时，极易使竞争者纷纷涌入，这可能迫使物流产品价格惨跌，从而使物流企业的利润降低，甚至可能导致失败。

（2）渗透定价策略。渗透定价策略又称低价策略，与取脂定价策略相反，渗透定价策略使物流产品价格低于预期价格，以有利于物流产品为物流市场接受，从而迅速打开销路。同时，低价低利能有效地排斥竞争者加入，因而能较长期地占领物流市场。

渗透定价策略较之取脂定价策略具有积极的竞争性，适用于以下情况。①需求弹性大的物流产品。其价格与物流市场关系密切。②销路扩大后，物流产品生产与销售成本可因大量生产、大量销售而迅速降低。③潜在市场大的物流产品。由于其竞争者很容易进入市场，实行低价薄利，会使竞争者望而却步，后期逐渐提高售价，也不致丧失市场占有率。这时，渗透定价策略成败的关键，就在于初期是否已建立了品牌声誉。④物流用户购买力较为薄弱的市场，低价易为物流用户接受。

（3）温和定价策略。温和定价策略又称满意定价策略或君子定价策略，即物流企业按照正常成本、国家税金和一般利润，将物流新产品定出中等价格，使物流企业既能获得一般利润，又能赢得物流用户的好感、吸引物流用户购买。因此，这种定价策略又被称为介于取脂定价策略和渗透定价策略之间的君子定价策略。物流企业一般通过认真调研并征询各利益相关者的意见后，制定出物流用户易于接受的价格。

2. 差别定价策略

差别定价也称为价格歧视。差别定价策略是指物流企业按照两种或两种以上不反映成本费用的比例差异的价格来销售物流产品的策略。一般来说，差别定价有以下四种形式。

（1）顾客差别定价。顾客差别定价是指物流企业按照不同的价格把同一种物流产品卖给不同的物流用户。

（2）物流产品形式差别定价。物流产品形式差别定价是指物流企业对不同型号或形式的物流产品分别制定不同的价格来卖给物流用户，但是，这些物流产品价格之间的差额和成本费用之间的差额并不成比例。

（3）物流产品部位差别定价。物流产品部位差别定价是指物流企业对处在不同位置上的物流产品分别制定不同的价格，即使这些物流产品的成本费用并没有任何差异。

（4）销售时间差别定价。销售时间差别定价是指物流企业对不同季节、不同时期甚至不同钟点的同一物流产品分别制定不同的价格。

小案例　物流企业的差别定价

DHL 的快递服务按区域定价，它将 228 个国家和地区划分为 10 个区，每个区内的不同国家和地区采用同样的价格，操作简便。

宅急送按服务水平定价，根据不同期限（如 12 小时内、24 小时内、1～2 天等）到达不同区域来制定物流产品价格。既方便了客户选择服务，又使企业可以在承诺的期限内灵活地选择运输方式。

（资料来源：郭伟业，郭景春. 物流服务营销[M]. 北京：北京师范大学出版社，2011.）

3. 随行就市定价策略

随行就市定价策略是指当物流新产品投入市场时，物流企业完全依赖供求状况，灵活定价的策略。这种定价策略要求价格不固定在某个点上，而是让物流产品买卖双方当面进行协商，双方均满意后决定价格。这种定价策略有利于物流企业从价格中及时把握物流市场行情，从而生产、经营适销对路的物流产品。

4. 折扣定价策略

折扣定价策略是指物流企业通过折扣方式进行定价的策略。其可达到两个目的：折扣是对物流产品承揽支付的报酬，以此来促进物流产品的生产和消费的产生；折扣也是一种促销手段，可以鼓励物流用户提早付款、大量购买物流产品或进行高峰期以外的物流产品消费。

（1）现金折扣策略。现金折扣策略是指物流企业对于用现金购买或用现金提前支付物流费用的物流用户，按原定价给予一定的折扣，鼓励物流用户按期或提前偿付货款，以加速物流产品、物流企业资金周转，提高物流企业利润率的策略。如“3 / 10，全价 30”，表示物流用户如果能在 10 日内实现现金付款，则可以享受 3%的折扣；如果不能，则不享受折扣，而且必须在 30 日内付清全款。

（2）数量折扣策略。数量折扣策略是指物流企业根据物流产品代理商或物流用户购买物流产品的数量多少，分别给予不同折扣的一种定价策略。数量折扣可以分为累计数量折扣和非累计数量折扣两种形式。购买物流产品的数量越大，折扣越多。其实质是将物流产品销售费用节约额的一部分，以价格折扣方式分配给物流产品代理商或物流用户。目的是鼓励和吸引物流产品代理商或物流用户长期、大量或集中向物流企业购买物流产品。

（3）季节性折扣策略。季节性折扣策略是指生产季节性物流产品的物流企业，对销售淡季前来采购的物流用户给予一种折扣优待的策略。季节性折扣的目的是鼓励物流用户提早签订订货合约或淡季采购，以减轻物流企业仓储、运输等压力。

（4）代理折扣策略。代理折扣策略是指物流企业给予一些物流产品中间商（如火车票代理商等）价格折扣的策略。

（5）推广期折扣策略。推广期折扣策略是指物流企业在物流产品中间商积极开展促销活动时，给予中间商一定补助或降价优惠的策略。因此，推广期折扣又称推广津贴。由于物流产品中间商分布广、影响面大、熟悉当地物流市场状况，因此物流企业常常会借助其开展各种促销活动，如刊登地方性广告、布置专门橱窗等。对物流产品中间商的促销费用，物流企业一般以发放津贴或降价供应物流产品的方式作为补偿。

（6）回程和方向折扣策略。回程和方向折扣策略是指物流企业在回程或运力供应富裕而货源不足的运输线路与方向上给予物流用户价格折扣，以减少运能浪费的策略。例如，由于物流运输在回程时容易因货源不足而导致空载，因此，物流企业常会采用给予较高折扣的方式来吸引物流用户多使用返程运力。又如，物流企业的有些航线属于冷线，如中国到非洲等，为了保证货源，物流企业常采用方向折扣策略，在特定方向上给予更大的让利力度，以吸引物流用户。

5. 关系定价策略

关系定价策略是指物流企业奉行关系营销的思想，建立、保持并加强同物流用户的长期关系时所采用的定价策略。这种定价策略认为，物流企业如果较长时期地为现有的物流用户提供更多的物流服务，那么其肯定会从中获利。同样地，物流用户如果同物流公司建立了合作伙伴关系，也会从中获利。由于这种策略的活力和潜力对物流用户的吸引力相当大，因此关系定价策略越来越被认为是一种理想的物流产品定价策略。关系定价策略包括以下两种情况。

（1）长期合同。物流企业可以运用长期合同向物流用户提供价格和非价格刺激，以使双方进入长期合作关系之中，或者加强已有关系，或者发展新的关系，实现长期合作。

（2）多购优惠。这个策略的目的在于促进和维持物流企业与物流用户的关系。它包括同时向物流用户提供两个或两个以上的相关物流产品。多购优惠应确保一次购买几种相关物流产品要比单独购买一种物流产品便宜。例如，物流用户如果只请求铁路整车运输一种物流产品时，其运费=铁路计费质量×适用的运价率。而如果物流用户一次请求铁路运输和公路运输两种物流产品时，则其运费= [（铁路计费质量×适用的运价率）+（公路计费质量×适用的运价率）] ×（100%－15%）。

6. 统一定价策略

统一定价策略是指物流企业不分市场差异，将同一物流产品以同一价格进行出售的策略。也就是说，同一物流产品对不同地区的物流用户，不论远近，都实行同一定价。例如，中国邮政的邮资就采取了统一定价策略：不论收、发信人之间距离的远近，平邮信件 20 克以内（含 20 克）在省内统一收取邮资 0.8 元，省外统一收取邮资 1.2 元。

7. 运费免收定价策略

运费免收定价策略是指物流企业免收物流用户的物流费用的定价策略。这种定价策略，可使物流企业加速市场渗透，并且能使物流企业在竞争日益激烈的物流市场上站稳脚跟。

小案例　中日航线的运费免收定价策略

中日航线从 2003 年开始出现“零运价”或“负运价”现象。这是否意味着航运企业亏损呢？答案是否定的。事实上，经营中日航线的主要船公司一直处于较好的盈利状态。

其实，“零运价”“负运价”表面看是以不赚钱或者倒贴钱的方式，将货主的货物运送到目的港，但实际情况并非如此。“零运价”“负运价”并不等于运费收入为零或为负。

船公司的运费收入由两部分构成：一是海运费，即基本运价收入；二是各种附加费。由于船舶、货物、港口及其他方面的原因，航运企业在运输货物时会增加费用开支或蒙受经济损失，航运企业为补偿这些开支或损失，除基本运价外，按国际市场惯例，另外还要收取附加费。中日航线的附加费主要包括燃油附加费、紧急燃油附加费、旺季附加费、日元币值调节附加费、码头作业费、超重附加费、超长附加费、洗舱费、熏蒸费、冰冻附加费等。附加费总额约 500 美元／标箱，主要向托运人或收货人收取，其中大部分为日本货主。因此，即使船公司海运费报价为零，仍有 500 美元／标箱的附加费收入；即使在市场淡季的极端情况下报价为－200 美元／标箱，船公司仍然有 300 美元／标箱的收入。

（资料来源：徐厚广，彭燕，毛惠明．“零运价”“负运价”不等于零收入[M]．中国交通报，2006-10-24.）

8. 分档定价策略

分档定价策略是指物流企业对物流产品拉开档次定价的方法。可分为两种情况：一种是对价值相差不大或同一型号但质量稍有不同的物流产品，物流企业可有意识地专门制定不同的价格；另一种是对价值相差较大或者不同型号但质量基本相同的物流产品，有意识地专门制定不同的价格。

小案例　宅急送的分档定价策略

宅急送的“1D20”、“2D10”和“2D17”三项服务主要针对长三角地区单件重量在10千克以下的小件货物，分别将于当天晚上8点、次日早上10点和次日下午5点之前送达物流用户手中。“1D20”在长三角19个城市中展开，而后两项服务在长三角的39个城市中推出。此三项服务的报价方式也非常特别，采用了分档定价策略，即根据货物装箱后的长、宽、高三边之和来计算价格：70厘米、80厘米、90厘米、100厘米分别对应10元、15元、20元、30元。

（资料来源：张良. 宅急送欲叫板邮政EMS[N]. 上海青年报，2004-06-28.）

9. 以满意为基础的定价策略

以满意为基础的定价策略是指物流企业以对物流用户是否满意的判别为基础来进行定价的策略，主要包括以下三种。

（1）价格与物流产品承诺和保证相捆绑的定价策略。指物流企业在提供物流产品前制定一个价格，一旦物流服务结束，如果物流用户不满，则可根据实际情况和所签订的协议，采用部分、全额或高额赔偿甚至追加罚款的方式来定价的策略。这种定价策略是物流营销的一个有力工具，但其对物流企业的物流服务设施、物流组织具有很高的要求。

（2）价格与物流用户的最大期望相捆绑的定价策略。指物流企业在定价时先调查清楚物流用户对所要购买的物流产品的最大关注点、最大期望、最计较和最在意的点在哪里之后再来进行定价的策略。例如，如果物流用户关注运输的速度，则物流企业就可把物流产品定价与运输速度结合起来，然后按照不同的送达时间收取不同的费用。

（3）不变价格定价策略。指物流企业与物流用户达成一个较长期的物流服务协议，协议里规定一个相对不变的价格或价格区间的策略。此策略主要为了稳定物流产品买卖双方关系，以建立长期业务联系。采用此策略的前提条件是：不变的价格必须具有较强的竞争力，并蕴含着一定的变动弹性；物流产品买卖双方企业有足够的能力消化因各种因素导致的成本上涨的影响；物流产品买卖双方的关系有稳定的基础。

10. 高价位维持定价策略

高价位维持定价策略是指当物流用户把高价格视为物流产品高质量的体现时所使用的一种定价策略。其实质是“价值战”。当物流企业确定其物流用户已经将物流产品高收费与其高质量水平联系在一起时，可以采用这种策略。对于已经培养出一种特殊的细分市场，或者已建立起高知名度的物流企业，常使用这种以价格作为质量指标的定价策略。在有些情况下，物流企业也会有意识地将其提供的物流产品塑造成高质量、高价位的姿态，以便能采用此种策略。

11. 牺牲定价策略

牺牲定价策略是指物流企业将物流用户的第一次订货或第一个合同的要价压得很低，希望借此获得更多的生意，而在后来的生意中再提高物流产品价格的一种定价策略。物流企业常在以下情况中采用这种策略：①物流用户不满意目前的物流企业；②物流用户不是十分了解为其提供物流服务的物流企业。

但是，这种定价策略的最大不利之处是，起初的低价位将可能成为物流产品的定价上限。一旦物流用户认可此价位，则其便会在以后的买卖中拒绝加价。

4.4 物流产品分销渠道策略

未来物流企业的竞争不仅是物流产品的竞争，更是分销渠道的竞争。越来越多的物流企业发现，在产品、价格乃至促销同质化趋势日益加剧的今天，仅凭物流产品的独立优势在物流市场竞争中胜出已经非常困难。唯有将“渠道”这一重要策略加入物流企业的营销组合策略当中，才能形成竞争优势。物流企业只有通过一定的分销渠道将物流产品送达目标市场才能实现其价值。因此，分销渠道选择与设计的起点应是物流企业所要到达的目标市场，分销渠道选择与设计的中心环节则是确定物流企业到达目标市场的最佳途径。

4.4.1 物流产品分销渠道的基本概念

1. 物流产品分销渠道的含义

物流产品分销渠道也称物流产品销售渠道或物流产品渠道，指物流产品从物流企业转向物流用户所经过的由企业和用户连接形成的通道。

物流产品分销渠道实际是将物品从接收地向目的地进行有效转移的通道。物流企业的分销渠道主要包括运输企业、货主、仓库、货运场站、中间商或代理商等。其起点是物流企业，终点是物流用户，中间环节包括为完成物流活动而进行货源组织的中间商，包括作为一级独立经营组织的车站、码头、机场等场站组织，航运代理、货运代理、航空代理、船务代理及受物流公司委托的揽货点等代理商，铁路、公路、水路、航空运输公司等联运公司，等等。

物流产品分销渠道的基本模式如图 4-3 所示。

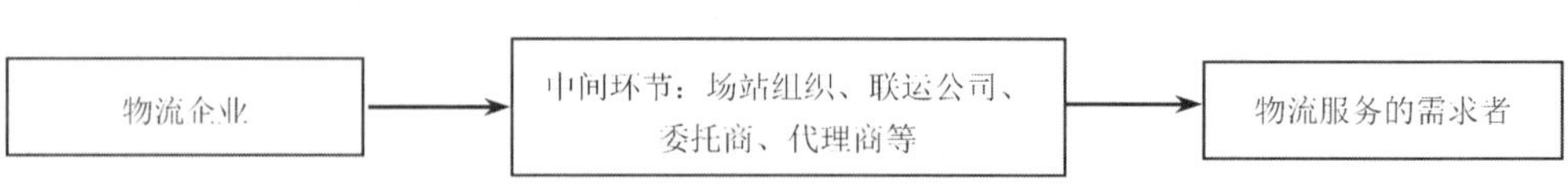

图 4-3　物流产品分销渠道的基本模式

小案例　锦程国际物流集团的分销渠道

锦程国际物流集团成立于 1990 年，由于分销渠道单一，用了 10 年时间才发展了 5 家分公司。2000 年，锦程国际物流集团引入加盟连锁模式，截至 2005 年年末，该公司以大连为基地，在哈尔滨、营口、北京、天津、烟台、上海、青岛、武汉及香港等地开设了 200

余家分支机构，并与国外众多物流企业建立了长期稳定的合作关系。2004 年，锦程国际物流集团排名“中国首届国际货代综合实力百强”第 5 位、“中国物流百强企业”第 3 位、“中国民营物流企业”第 1 位，并荣获了“中国物流行业十大知名品牌”“2004 年度最具竞争力物流企业”等称号。

（资料来源：马文祥. 物流服务营销[M]. 上海：上海交通大学出版社，2010.原文经过改写。）

2. 物流产品分销渠道的中间商

物流产品的特点决定了物流产品分销渠道的中间商为代理商。代理商专门为物流企业组织货源，或者为供需双方提供中介服务。

1）物流产品分销渠道中间商的基本类型

（1）经营型场站组织。经营型场站组织主要包括港口、码头、机场、集装箱货运站和货物托运站等。

（2）货运代理人。货运代理人是指在以发货人和收货人为一方，承运人为另一方的两者之间行事的中间人。例如航运类物流企业中有订舱揽货代理、货物装卸代理、货物报关代理、理货代理、储存代理、集装箱代理和转运代理等代理人。

小案例　中国航空运输协会航空运输销售代理人委员会成立

2008 年，中国航空运输协会（以下简称“中国航协”）航空运输销售代理人（工作）委员会在北京成立，该委员会将协助中国航协做好对 4200 多家销售代理企业及其从业人员的资格认证、年检和培训资格认证等前期工作。成立大会公布了《全国民航航空运输销售代理行业自律公约》，公约中要求凡是取得中国航协颁发的资格认可证书的代理企业均应遵守本公约，并成为公约会员。公约对航空销售代理行业行为进行了详细的约定。例如，代理企业门牌和宣传资料应统一规范使用本公司和中国航协统一标志，统一使用“×××航空售票处”“×××航空货运处”名称用语，不得使用“中国民航”“民航”“×××航空公司”“×××管理局”的称谓。针对电子客票销售，公约约定，代理企业要严格规范电子客票销售流程，认真执行各航空公司客票改、退、签的规定，根据航空公司规定和要求如实履行告知义务。

（资料来源：郭伟业，郭景春. 物流服务营销. 北京：北京师范大学出版社，2011.）

2）物流产品分销渠道中间商的基本功能

物流产品分销渠道中间商具有组织货源、提供物流信息、咨询、服务等基本功能。

4.4.2　物流产品分销渠道的模式

1. 物流产品分销渠道的层次

物流产品分销渠道的层次通常包括零层渠道、一层渠道、二层渠道、三层渠道。其中，零层渠道没有中间商，通常称作直接渠道。一层渠道含有一个中间商，二层渠道含有两个中间商，三层渠道含有三个中间商，更高层次的物流产品分销渠道比较少见。不同层次的分销渠道的基本框架如图 4-4 所示。

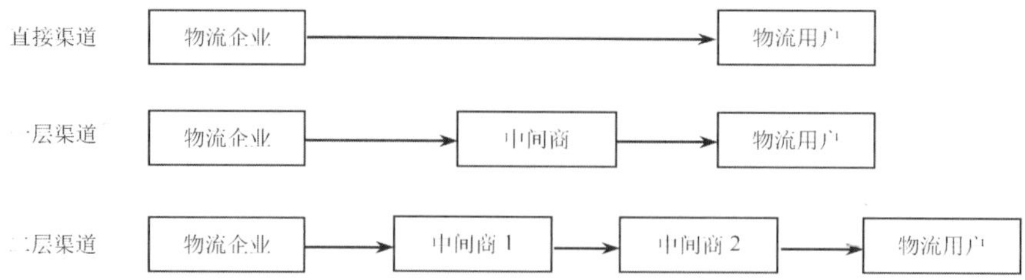

图 4-4　不同层次的分销渠道的基本框架

2. 物流产品分销渠道的分类

物流产品分销渠道可以按不同的标准划分为不同的类型。

1）直接渠道和间接渠道

直接渠道是指物流企业与物流用户之间没有中间商。间接渠道是指物流企业与物流用户之间有中间商。与实体产品的分销渠道相比，物流企业的分销渠道几乎总是直接的。物流企业如果不是直接将服务提供给物流用户，就是借助于代理商将物流产品出售给物流用户，但是由于物流产品不同于有形产品的一些特征，其中间商的作用有限。

小案例　DHL 的直接渠道和间接渠道

DHL 在经营中最擅长的是以市场为中心，通过联合或协议的形式对别人的资产加以利用。它们反对进行大规模固定资产的投资，如果有可能，它就千方百计地吸取别人的优势为其所用。例如，DHL 经常利用商业航空公司的货运能力，虽然在有些地方，如欧洲内部和美国内部，它们主要直接使用自己的飞机，但是在亚洲，它们几乎完全依靠于国泰航空公司，在美国也和美国西北航空公司有着紧密的纽带关系。正是这种独特的运营方式，使 DHL 在保证自身利润的前提下，还可以拿出更多的资金用于合作。

（资料来源：郭伟业，郭景春. 物流服务营销[M]. 北京：北京师范大学出版社，2011.）

（1）直接渠道。直接渠道也称零层渠道，指物流企业直接为物流产品的需求者提供物流产品。供需双方按合同要求实现物品的转移。

直接渠道是目前大多数物流企业首选的渠道模式。物流企业通过推销人员、广告、电话及互联网等直接渠道来拓展业务。随着互联网的迅速发展，物流企业纷纷利用这一先进的媒介推广服务。例如，美国的联邦快递公司在 1995 年开通了网站，可以使物流用户实时提交业务、跟踪运输情况和得知抵达时间等。

小案例　美国西南航空公司的直接渠道——网络营销

美国西南航空公司作为一家低票价航空公司，当其进入一个新市场时，竞争者通常采取降低票价的竞争方式应对。实际上两者的区别在于：公司票价一直保持在低票价，除此之外还向商业／公务和休闲旅客提供大量的便利航班以满足旅客需求。和许多竞争者不同，公司并不收取任何改签费，也没有周末必须停留一晚的规定。目前公司一共在 32 个机场运营，每日提供的航班量超过 3 000 班。通过和美国穿越航空公司（ATA）之间的代码共享，公司能提供更好的联程服务。

通过公司网络，乘客们可以方便地找到公司简单明了的票价体系。在当今网上销售盛行的时代，消费者希望整个网上购买经历是高效和可靠的。乘客除了能够在公司网上预订宾馆、汽车和游船，还能够使用自己的电脑提前 24 小时打印出登机牌。最近，公司又引入了无线值机能力，向乘客们提供航班起飞前的有关信息。公司在其运营的每个机场都设置了自助式值机柜台，目前 50%以上的乘客都是自助式办理值机手续的。另外，要在不同网站寻找最合适的票价有时会让乘客耗费许多不必要的时间，公司便通过提供一系列服务来减少乘客面临的不便利之处。例如，2005 年公司推出 DING 项目，可以将票价信息直接传送到乘客的台式电脑中，目前约有 200 万客户能够接收到最合适的票价信息，相应地，有约 70%的客运销售都通过公司网站。公司推出的快速奖励项目向公司的常旅客提供了简单又大方的奖励方式。

对于商务客源，公司专门提供了名为 SWABIZ 的订票网页。该网页除了正常的票务功能，还能免费向企业负责公差业务的经理提供出差情况汇报功能，以便于经理们更好地管理公务旅行的数据。

（资料来源：郭伟业，郭景春. 物流服务营销[M]. 北京：北京师范大学出版社，2011.）

（2）间接渠道。间接渠道是指物流企业通过一层或一层以上的渠道向物流用户提供物流服务。对物流企业来说，间接渠道就是经由中介机构的分销渠道。

物流产品的特点决定了物流产品无批发商与零售商，物流产品的中间商即代理商。代理商是直接受物流企业或物流用户的委托从事物流产品购销代理业务的中间商。代理商只在物流企业与物流用户之间起媒介作用，通过提供服务来促进交易并从中赚取佣金。

小案例　我国第三方物流服务企业的渠道趋势

我国第三方物流服务企业现在首选的营销渠道是自行建立直销服务网络，因为我国的现代物流产业起步不久，许多客户并不清楚如何购买和使用第三方物流服务，有许多客户对于这种服务的信赖程度还很低。在这种市场环境下，第三方物流企业只有通过人员上门直接推销或电子商务网络直接推销的方式，才能够使第三方物流服务获得销售和推广。中国的第三方物流服务企业应按照先在本地区，再在本省开展直销，然后再采用借用他人服务营销网络和建立营销战略联盟的策略，最终实现开展全国和全球物流服务的目标。

（资料来源：郭伟业，郭景春. 物流服务营销[M]. 北京：北京师范大学出版社，2011.）

2）长渠道和短渠道

渠道的长度是指物流产品在流通中经过的渠道层次的多少。层次越多，渠道越长，称为长渠道，反之则称为短渠道。一般来说，中间商越少，渠道就越短，中间商越多，渠道就越长。一层渠道通常称为短渠道，多层渠道通常称为长渠道。物流产品营销人员可根据需要来形成长或短，或者长短结合的多种渠道策略。

3）宽渠道和窄渠道

物流产品分销渠道的宽度是指物流产品分销渠道的每个层次使用同种类型中间商数目的多少。多的就是宽渠道，是指物流企业同时选择两个以上的同类中间商向物流服务的需求者实施物品分销服务，意味着销售网点多，市场覆盖面大；少的就是窄渠道，是指物流企业在某一地区或某一产品门类中只选择一个中间商为自己销售产品，实行独家分销服务，市场覆盖面也就相应较小或较少。一般来说，物流企业对一些生产资料和少部分专业性较强或较贵重的消费品提供物流服务时，可采用窄渠道进行。

4）单渠道和多渠道

当物流企业的全部物流产品都由自己直接设立门市部进行销售，或者全部交给代理商经销时，称为单渠道。多渠道则包括以下情况：在本地区采用直接渠道，在外地采用间接渠道；在有些地区独家经销，而在另外一些地区多家分销；在某些物流市场用长渠道，在某些物流市场则用短渠道。

小案例 锦程国际物流集团的网络化分销渠道系统

锦程国际物流集团从 2000 年开始物流连锁经营的尝试，将商业中加盟连锁的经营理念引入物流业，创造出了以现代网络技术为支持，以加盟连锁的形式进行物流网络扩张的经营模式，使公司迅速汇集了资金、人才和客户资源，扩大了企业规模。

（资料来源：郭伟业，郭景春. 物流服务营销[M]. 北京：北京师范大学出版社，2011.）

4.4.3 物流产品分销渠道系统

物流产品分销渠道系统是指物流产品分销渠道各成员之间相互联系而形成的一种体系。随着竞争与合作的加强，物流产品分销渠道及渠道中各成员之间的关系并不是一成不变的。综观目前的物流产品分销渠道系统，大致有以下几种系统结构。

1. 直接渠道系统

随着科学技术的发展，直接渠道系统内容日益丰富，有广告、电话直销、直邮营销和网络直销等形式。随着互联网商务开发的发展，更是出现了使物流企业进行向上销售成为一种具有广阔发展前景的、被称为直复营销的直销形态。直复营销（Direct Response Marketing）即直接回应的营销，是一个互动的营销系统，其使用一种或多种广告媒体，以实现在任何地方均可产生可度量的回应或达成交易的目的。

直复营销主要有以下几种方式。

（1）网络营销。网络营销是指物流企业以电子信息技术为基础，以计算机网络为媒介和手段而进行的各种物流营销活动。

（2）数据库营销。数据库营销是指物流企业通过合法形式收集和积累物流用户的大量信息，经过处理后，预测物流用户有多大可能去购买某种物流产品，以及利用分析结果以达到说服物流用户购买物流产品的目的。

（3）直邮营销。直邮营销是指物流企业通过向选定的目标物流用户直接寄发邮件来推销物流产品。

（4）电话营销。电话营销是指物流企业使用电话直接向物流用户销售，实现物流企业与物流用户之间的沟通。

（5）电视营销。电视营销是指物流企业使用电视（包括有线电视和无线电视）直接向物流用户销售，实现物流企业与物流用户之间的沟通。目前，物流产品电视营销以直复式广告和家庭购物频道两种形式向物流用户直接推销物流产品。

（6）其他媒体营销。其他媒体营销是指物流企业运用无线电广播、杂志和报纸进行物流产品销售的直复营销。物流企业可以通过无线电广播、杂志和报纸来推销直邮营销物流产品；物流用户听到或读到由这些媒体传播的物流产品信息，可以拨打直邮营销物流企业提供的免费回应电话号码进行订货。

2. 垂直营销系统

垂直营销系统（Verdical Marketing System，VMS）是指由物流企业与代理商组成的统一系统，由具有相当实力的物流公司作为领导者。垂直营销系统的主要类型有公司式、管理式和合同式。

（1）公司式垂直营销系统。公司式垂直营销系统是由同一家物流公司拥有和统一管理若干个分公司和代理商来控制整个分销渠道的系统。因为公司式垂直营销系统能对渠道实现高水平的控制，因此物流企业习惯使用。

（2）管理式垂直营销系统。管理式垂直营销系统是由一个规模大、实力强的物流企业出面组织，由它来管理和协调物流过程的各个环节，综合协调整个货源的组织和运输存储的系统。

（3）合同式垂直营销系统。合同式垂直营销系统是由不同层次的独立的物流企业和代理商在物流过程中组成的，以合同、契约等形式为基础建立的联合经营形式，目的在于比物流企业独立行动时得到更好的经济和销售效果。例如，一个物流企业可以同时给予多家代理企业代理权，不过这种联合体的紧密程度逊于公司式垂直营销系统。

3. 水平营销系统

水平营销系统也称横向营销系统，是由两个或两个以上的物流企业联合，利用各自的资金、技术、运力和线路等优势共同开发和利用物流市场机会的系统。这些物流公司或者缺乏资本，或者缺乏技能，或者缺乏运力，或者缺乏营运线路，无力独自进行开发和承担商业风险；或者发现与其他物流公司联合可以产生巨大的协同作用。例如，由汽车运输公司与铁路运输部门、航空运输联合形成的渠道系统，由全球 20 家最大的集装箱航运公司中的 6 家公司组成的五大全球性班轮联盟等。公司间的联合可以是暂时性的，也可以是永久性的，也可以创立一个专门公司。

4. 多渠道营销系统

多渠道营销系统是指一个物流企业建立两条或更多的营销渠道，以达到一个或更多的顾客细分市场的做法。通过增加更多的渠道，物流企业可以增加市场覆盖面，降低渠道成本，实行顾客定制化销售，更好地满足顾客需要，从而提高经济效益。但是，多渠道营销也有可能产生渠道冲突。因此，物流企业实行多渠道营销必须加强渠道的控制与协调，使多渠道系统健康发展。

5. 网络化营销系统

网络化营销系统是垂直营销系统与水平营销系统的综合体。当某一企业物流系统的某个环节同时又是其他物流系统的组成部分时，以物流为联系的企业关系会形成一个网络关系，即物流网络。这是一个开放的系统，企业可以自由加入或退出，在业务最忙的季节则最有可能利用这个系统。物流网络能发挥规模经济作用的条件是物流运作的标准化和模块化。

小案例　国泰航空公司的网络营销

原以亚洲地区为业务重点的国泰航空公司，为了拓展美国飞往亚洲的市场，拟举办一个大型抽奖活动，并在网络杂志上刊登了一个赠送百万里行抽奖的广告。与众不同的是，这个广告除了斗大的几个字“Win 1 000 000 Advantay miles”外，并没有任何关于抽奖办法的说明，但却加了一行网站 http://www.catheyusa.com。到网络的这个资讯站上，就迎面看到这家公司提供的各项信息，其中包括抽奖的办法、要填写的问卷及参加抽奖的表格，填入相关资料及 E-mail 地址，就完成了所有手续。

以平面印刷广告金额和互联网新媒体的做法，真正掌握并切实地应用互联网的特性，让广告主及潜在客户之间产生了即时互动的关系。比起传统的做法，这种做法在时效及效果上都强化了很多，并且更经济。通过这种方法，公司在收集到众多电子邮件地址时，就拥有了开发市场客源的绝佳资产。

（资料来源：郭伟业，郭景春. 物流服务营销[M]. 北京：北京师范大学出版社，2011.）

4.4.4 影响物流产品分销渠道选择的因素

物流企业物流产品分销渠道，是物流企业渠道决策中的一个重要内容。影响物流产品分销渠道选择的因素有很多（表 4-5 给出了一个示例，用作参考），归纳起来主要有物品与服务（解决方案）、物流市场、物流企业、物流产品中间商，以及宏观环境等因素。物流企业要对它们进行综合分析，以便做出正确的选择。

表 4-5 影响物流产品分销渠道选择的因素示例

影响物流产品分销渠道的因素	因素细分	选择长渠道或短渠道	选择宽渠道或窄渠道
物品与服务	货主数量	少，则一般选择短渠道；多，则一般选择长渠道	少，则一般选择窄渠道；多，则一般选择宽渠道
	服务区域分布	小，则一般选择短渠道；大，则一般选择长渠道	小，则一般选择窄渠道；大，则一般选择宽渠道
	服务耗时	少，则一般选择长渠道；多，则一般选择短渠道	少，则一般选择宽渠道；多，则一般选择窄渠道
	季节性	淡季，则一般选择短渠道；旺季，则一般选择长渠道	淡季，则一般选择窄渠道；旺季，则一般选择宽渠道
	货主习惯与期望	小数量的杂货，则一般选择短渠道；大批量的整箱货，则一般选择长渠道	小数量的杂货，则一般选择窄渠道；大批量的整箱货，则一般选择宽渠道
物流产品因素	普通品或特种品	特种品，则一般选择短渠道；普通品，则一般选择长渠道	特种品，则一般选择窄渠道；普通品，则一般选择宽渠道
	货品单位价值	高，则一般选择短渠道；低，则一般选择长渠道	高，则一般选择窄渠道；低，则一般选择宽渠道
	货品标准化程度	高，则一般选择长渠道；低，则一般选择短渠道	高，则一般选择宽渠道；低，则一般选择窄渠道
	货品物流的技术复杂性	复杂，则一般选择短渠道；简单，则一般选择长渠道	复杂，则一般选择窄渠道；简单，则一般选择宽渠道
物流企业因素	企业规模与声誉	大和高，则一般选择短渠道；小和低，则一般选择长渠道	大和高，则一般选择窄渠道；小和低，则一般选择宽渠道
	财务能力	强，则一般选择短渠道；弱，则一般选择长渠道	强，则一般选择窄渠道；弱，则一般选择宽渠道

续表

影响物流产品分销渠道的因素	因素细分	选择长渠道或短渠道	选择宽渠道或窄渠道
物流企业因素	对分销渠道控制的欲望	强，则一般选择短渠道；弱，则一般选择长渠道	强，则一般选择窄渠道；弱，则一般选择宽渠道
	营销管理能力	强，则一般选择短渠道；弱，则一般选择长渠道	强，则一般选择窄渠道；弱，则一般选择宽渠道
	对终端客户的控制愿望	高，则一般选择短渠道；低，则一般选择长渠道	高，则一般选择窄渠道；低，则一般选择宽渠道
物流产品中间商因素	是否容易招到合适的中间商	否，则一般选择短渠道；是，则一般选择长渠道	否，则一般选择窄渠道；是，则一般选择宽渠道
	渠道设置的代价或成本	高，则一般选择短渠道；低，则一般选择长渠道	高，则一般选择窄渠道；低，则一般选择宽渠道

1. 物品与服务因素

物流企业进行分销渠道选择，既要考虑物流企业本身的运输线路、仓储能力和信息咨询服务能力，又要考虑所运送物品的性质。例如，当一些特殊货物对运输线路与运输工具有特殊的要求时，就不宜使用中间商来承担服务。从所运物品来考虑，物流企业在选择分销渠道时要注意以下几个方面的问题。

（1）物品的大小和质量。体积大、质量重的物品，一般应尽量选择最短的分销渠道，以保证货物按期到达。例如，大型机电设备等可以使用窄而短的分销渠道。

（2）物品的耐腐性。物品是否会迅速腐烂、容易损坏，是一个在实体运输和储存中非常关键的问题。易腐、易损毁的物品，应尽量缩短分销渠道，迅速地把物品传递到顾客手中，一般都要求较短的分销渠道。

（3）物流服务的标准化程度。一般来说，分销渠道的长度和宽度与物流服务的标准化程度成正比，标准化程度越高，可以使用较长的分销渠道。

（4）服务解决方案的技术性。技术要求比较复杂、运作过程要求较高的物流服务和产品，可以使用窄而短的分销渠道。

2. 物流市场因素

（1）目标市场的分布。目标市场的分布是指市场规模的大小和潜在客户的密度。如果物流用户（货主）较为集中，则应采用较短的分销渠道；如果货主较为分散，则应将直接渠道和间接渠道相结合，充分利用间接渠道。

（2）物流用户的购买习惯。物流用户往往根据自身托运货物的数量、地点等因素来选择物流企业。对于每次托运数量不大的一般性杂货，物流用户希望很方便地订舱，那么物流企业必须采用广泛的分销网络以满足物流用户的需求。对此，物流企业应该利用更多的间接渠道，使用更多的代理网点；反之，就可采用直接渠道或较为固定的相对较少的代理网点。

（3）购买量大小。购买批量大，多采用直接渠道销售；购买批量小，除了通过自设门市部出售，多采用间接渠道销售。

（4）潜在客户的数量。某些商品消费地区分布比较集中，适合直接渠道销售；反之，适合间接渠道销售。工业品销售中，本地用户产需联系方便，因而适合直接渠道销售；外地用户较为分散，通过间接渠道销售较为合适。

（5）物流用户的潜在需求。若物流用户的潜在需求多，市场范围大，需要中间商提供服务来满足物流用户的需求，则物流企业宜选择间接渠道销售；若潜在需求少，市场范围小，则物流企业可以选择直接渠道销售。

（6）销售季节。由于被运货物存在的季节性特征，导致了物流运输也存在着淡、旺季。一般而言，当物流市场呈淡季时，物流企业宜采用直接渠道；在旺季时，物流企业应较多采用间接渠道。

（7）竞争情况。由于物流企业之间在运输线路、运输工具上具有一定的可替代性，所以，市场竞争会影响物流企业对分销渠道的选择。

3. 物流企业因素

物流企业因素主要有声誉和资金、对分销渠道控制的愿望、营销管理能力和促销策略等。

（1）声誉和资金。物流企业的自身情况，如规模、信誉、财力、发展规划及营销策略等，都会影响分销渠道的选择。声誉越卓著，资金越雄厚，越可以自由选择分销渠道。例如，规模大、声誉好的物流企业可以建立自己的货运组织网络或有固定的代理商，采用短而窄的分销渠道甚至是直接渠道；而实力较弱、名声不大的物流企业宜采用间接渠道。

（2）对分销渠道控制的愿望。如果物流企业希望有效地控制分销渠道，那么应该建立短而窄的分销渠道，为了实现这种愿望，物流企业需要花费更高的成本，组建自己的货源组织网络等；如果企业不希望控制渠道，那么可选择较长的分销渠道。

（3）营销能力和促销策略。若物流企业的现有营销机构和人员配备强，营销能力雄厚，则可以使用较短的分销渠道；否则，就需要更多的中间商帮助开拓市场，分销渠道可以长些。如果物流企业实行“推”的促销策略，就应该用短的分销渠道；如果企业实行“拉”的促销策略，则宜用间接渠道。

4. 物流产品中间商因素

各类中间商实力、特点不同，在如广告、运输、储存、信用、训练人员和送货频率等方面具有不同的特点，从而影响物流企业对分销渠道的选择。

5. 宏观环境因素

宏观环境对物流企业分销渠道的选择也有较大的影响。国家政策、法规及国际惯例可能限制某些分销渠道的安排，如运价的调整、产品检验规定、网点的设置甚至运输线路的选定。

（1）政策规划。物流企业选择分销渠道必须符合国家有关政策和法令的规定。某些按国家政策规定应严格管理的商品或计划分配的商品，企业无权自销和自行委托销售，如烟草专卖制度、专控商品（控制社会集团购买力的少数商品）等；某些商品在完成国家指令性计划任务后，企业可按规定比例自销。另外，如税收政策、价格政策、出口法和商品检验规定等，也都影响分销途径的选择。

（2）经济收益。不同分销渠道经济收益的大小也是影响物流企业分销渠道选择的一个重要因素。物流企业对经济收益的分析，应主要考虑成本、利润和销售三个方面的因素。

4.4.5　物流产品分销渠道的设计

1. 确定分销渠道模式

物流企业选择分销渠道，不仅要求保证将物品及时送到目的地，而且要求选择的分销渠道效率高、营销费用少，能取得最佳的经济效益。因此，物流企业在选择分销渠道之前，必须综合分析本企业的战略目标、营销组合策略及其他影响分销渠道选择的因素，确定分销渠道模式，如是否采用中间商，分销渠道的长短、宽窄，具体渠道成员等，做好物流产品分销渠道的设计。分销渠道模式的选择主要是指物流企业是否需要中间商（涉及短渠道还是长渠道、固定渠道还是流动渠道）参与，如果需要，则要考虑如何选择和确定中间商。如果不需要，就直接面对用户进行营销活动。

2. 物流产品中间商的选择

1）选择物流产品中间商的条件

中间商是物流企业分销渠道的重要组成部分。物流企业对中间商的选择应考虑以下条件。

（1）中间商的市场范围。中间商的市场范围是选择中间商最为关键的因素。中间商的市场范围应该与物流企业服务内容和服务面（如运输线路的覆盖面）基本一致，能够帮助物流企业在目标市场开展营销活动。

（2）中间商的资金力量、财务和信誉状况。资金力量雄厚、财务状况良好、信誉度高的中间商，有利于形成物流企业与中间商的联合；如果中间商的财务状况不好、信誉度不高，则不仅不利于物品的有效传递，甚至会给物流企业带来风险。

（3）中间商的营销管理水平和营销能力。中间商经营管理好、工作效率高，则营销能力就强，就能提高物流企业对用户提货的服务能力。

（4）中间商对物流企业产品的熟悉程度。中间商越熟悉物流企业的产品，就越容易把产品介绍给用户，从而提高产品的市场占有率。

另外，在其他方面，如中间商的促销政策和技术、中间商的地理环境和位置，以及中间商预期合作程度等，都是物流企业在选择中间商时需要考虑的。

2）确定物流产品中间商的数目

如果物流企业决定采用中间商来共同完成物流活动，就会涉及分销渠道选择的具体策略问题，即决定分销渠道的宽度。分销渠道宽度是指物流产品分销渠道的每个层次使用同种类型中间商数目的多少。这主要取决于物流企业产品自身的特点、市场容量的大小和需求面的宽窄。按物流企业在每一分销渠道不同层次中使用中间商数目的多少，可以形成以下三种可供选择的分销渠道策略。

（1）密集分销策略，也称广泛分销策略。它是一种宽渠道分销策略，指物流企业在同一渠道环节层次上，尽可能通过中间商来完成物流服务活动。这种策略能够与潜在客户广泛接触，广告的效果好，容易组织更多的货源，但渠道不易控制，与中间商的关系也较松散。

（2）选择分销策略，指物流企业在某一地区有选择地确定几个具有一定规模和丰富市场经验的中间商，从事分销活动。采用这种策略有助于物流企业加强对渠道的控制，保持与中间商的良好合作关系，减少中间商之间的盲目竞争，提高渠道运转效率。但中间商也会对物流企业提出一定的条件和要求。鉴于物流企业的特点，选择分销策略较多地被采用。

（3）独家分销策略，也称集中分销策略。它是一种窄渠道分销策略，主要是指物流企业在一定的市场区域内仅选用一家经验丰富、信誉很好的中间商为本企业推销服务和组织货源。双方一般都签订合同，规定双方的销售权限、利润分配比例、销售费用和广告宣传费用的分担比例等；规定在特定的区域内不准许物流企业再找其他中间商推销其服务，也不允许所选定的中间商再推销其他企业提供的同类竞争性服务。其优点是：易于控制市场的销售价格；可以提高分销商的积极性和销售效率；有利于产销双方较好地合作。其缺点是：物流企业在该地区过分依赖该中间商，易受其支配；在一个地区选择一个理想的中间商很困难，若选择不当或客观条件发生变化，可能完全失去市场；一个地区只有一个中间商，可能因为推销力量不足而失去许多潜在客户。鉴于物流企业的特点，一般不宜采用独家分销策略。

3. 激励物流产品中间商

物流企业在选择并确定了中间商之后，为了更好地实现企业的营销目标，促使中间商与自己合作，还必须采取各种措施不断地给予中间商激励，以此来调动中间商经销本企业物流产品的积极性，并通过这种方式与中间商建立一种良好关系。激励职能包括的主要内容有：研究分销过程中不同分销商的需要、动机与行为；采取措施调动分销商的积极性；要解决分销商或分销执行者之间的各种矛盾等。激励中间商的方法有很多，不同物流企业所用方法不同，就是同一物流企业，在不同地区或销售不同物流产品时采取的激励方法也可能不同。从总体上说，激励方式的选择要具有针对性。依据物流企业销售物流产品的不同和物流企业选择中间商的不同，激励方式也会有所不同。任何一家物流企业在选用激励方式之前都要分析激励对象即中间商和其他分支机构的需求，然后设法满足。如果不对中间商的需求情况进行分析而随便采取一种激励手段，则其激励效果可能不会很好，有时甚至起负面效果。物流企业还要确定好合理的激励水平，因为激励可能带来销售量的增加，但也需要花费物流企业的人力和财力。此外，在进行激励时，要注意采用多元手段，因为中间商与物流企业如果只有利益关系，那么在市场不稳定，出现利润下降甚至没有利润时，中间商就可能流失。而如果相互之间的纽带呈现多元化，就可以化解很多危机。例如，现在有的物流企业在自身发展的同时，会扶持一大批一流中间商，比如物流企业不惜花费较多的时间指导中间商的经营工作，从提供物流产品发展到为中间商提供管理和人员培训，使得双方的合作领域和接触面进一步扩大，物流企业对中间商的影响力也随之扩大。

4. 调整分销渠道

在分销渠道管理中，物流企业需要根据每个中间商的具体表现、物流市场变化和物流企业营销目标的改变，对分销渠道进行调整。调整的主要方式如下。

（1）增减分销渠道中的中间商。经过考核，对于推销不积极或经营管理不善、难以与物流企业合作的中间商、给物流企业造成困难的中间商，物流企业在必要时可以与其中断合作关系。同样地，物流企业为了开拓某一新市场，需要在该地区物色一家中间商，经过调查分析和洽谈协商，在符合物流企业对中间商的要求和中间商愿意合作的基础上，可以选定其作为物流企业在该地区的经销商或代理商。

（2）增减某一种分销渠道。当某种分销渠道出售本物流企业的某种产品，其销售额一直不够理想时，物流企业可以考虑在全部目标市场或某个区域内撤销这种分销渠道类型，而另外增设一种其他的分销渠道类型。物流企业为了满足消费者的需求变化而开发新产品，若利用原有分销渠道难于迅速打开销路和提高竞争能力时，则可增加新的分销渠道，以实现物流企业营销目标。

（3）调整整个分销渠道。有时由于市场情况变化太大，物流企业对原有分销渠道进行部分调整已难以实现企业的要求和市场情况的变化，这种情况下就必须对物流企业的分销渠道进行全面的调整。

4.4.6　选择物流产品分销渠道应遵循的原则

物流企业在选择具体的物流产品分销渠道模式时，无论出于何种考虑，从何处着手，一般都要遵循一定的原则，主要有以下五个原则。

1．畅通高效的原则

畅通高效的原则是选择分销渠道模式的首要原则。任何正确的渠道决策都应符合物畅其流、经济高效的要求。物流产品的流通时间、流通速度和流通费用是衡量分销效率的重要标志。畅通的分销渠道应以物流用户需求为导向，将物流产品尽快、尽早地通过最短的路线，以尽可能优惠的价格送达物流用户方便购买的地点。畅通高效的分销渠道模式，不仅要让物流用户在适当的地点、时间以合理的价格买到满意的物流产品，而且应能尽可能地帮助物流企业提高分销效率、降低分销费用，以尽可能低的分销成本，获得最大的经济效益，在竞争中赢得时间和价格优势。

2．覆盖适度的原则

物流企业在选择分销渠道模式时，仅仅考虑加快速度、降低费用是不够的，还应考虑及时准确地送达的物流产品能不能销售出去，是否有较高的市场占有率足以覆盖目标市场。因此，不能一味强调降低分销成本，这样可能导致销售量下降、市场覆盖率不足的后果。成本的降低应是规模效应和速度效应的结果。在分销渠道模式的选择中，也应避免扩张过度、分布范围过宽过广，以免造成沟通和服务困难，导致物流企业无法控制和管理目标市场。

3．稳定可控的原则

物流企业的分销渠道模式一经确定，便需要花费相当大的人力、物力、财力去建立和巩固，整个过程往往是复杂而缓慢的。所以，物流企业一般不会轻易更换分销渠道成员，更不会随意转换分销渠道模式。只有保持分销渠道的相对稳定，才能进一步提高分销渠道的效益。畅通高效、覆盖适度是保持分销渠道相对稳定的基础。

由于影响分销渠道的各个因素总是在不断变化，所以一些原来固有的分销渠道难免出现某些不能适应新变化的问题，这时，就需要分销渠道具有一定的调整功能，以适应市场的新情况、新变化，保持分销渠道的适应力和生命力。调整时应综合考虑各个因素的协调，使分销渠道始终都在可控制的范围内保持基本的稳定状态。

4．协调平衡的原则

物流企业在选择、管理分销渠道时，不能只追求自身效益的最大化而忽略其他分销渠道成员的局部利益，应合理分配各个成员间的利益。分销渠道成员之间的合作、冲突、竞争的关系，要求分销渠道的领导者对此有一定的控制能力——统一、协调、有效地引导分销渠道成员充分合作，鼓励分销渠道成员之间开展有益的竞争，降低冲突发生的可能性，及时解决矛盾，确保总体目标的实现。

5. 发挥优势的原则

物流企业在选择分销渠道模式时，为了在竞争中处于优势地位，要注意发挥自己各个方面的优势，将分销渠道模式的设计与物流企业的产品策略、价格策略、促销策略结合起来，增强物流营销组合的整体优势。

4.4.7 物流产品分销渠道的评估标准

物流产品分销渠道的评估标准有三个：经济性、可控性和适应性。其中最重要的是经济性标准。下面详细介绍这些标准。

1. 经济性标准

经济性标准评估主要是比较每个方案可能达到的销售额及费用水平。

（1）比较本物流企业推销人员直接推销与通过销售代理商（中间商）推销这两种方式中哪种方式的销售额更高。

（2）比较本物流企业设立销售网点直接销售所花费用与使用销售代理商（中间商）所花费用，看哪种方式支出的费用大，物流企业对上述情况进行权衡，从中选择最佳分销方式。

2. 可控性标准

一般来说，采用中间商可控性低些，物流企业直接销售可控性高些，分销渠道长可控难度大，分销渠道短可控难度低，物流企业必须进行全面比较、权衡，选择最优方案。

3. 适应性标准

如果物流企业同其选择的中间商的合约时间长，而在此期间，其他销售方法如直接邮购更有效，但物流企业不能随便解除合同，这种情况下的物流企业分销渠道选择便缺乏灵活性。因此，物流企业必须考虑分销渠道选择策略的灵活性，不推荐签订时间过长的合约，除非合约在经济或控制方面具有十分优越的条件。

4.5 物流产品促销策略

4.5.1 物流产品促销基本原理

1. 物流产品促销的概念及作用

（1）物流产品促销的概念。物流产品促销是物流企业通过人员和非人员的方式，把物流企业所能提供的一切有用信息，如物流产品的内容、方式、特色、价位等，传递给物流用户，以激发物流用户的购买欲望，影响和促进物流用户购买物流产品的全部活动的总称。物流产品促销活动的实质是沟通，它是打开物流企业与物流用户之间沟通的一扇必不可少的、至关重要的门，影响着物流企业的运营效益。

（2）物流产品促销的作用。物流产品促销具有如下几个方面的作用。

① 沟通信息。物流产品促销既可让物流用户全面地了解物流企业经营的业务项目、费用水平及在各地的分支机构、代理网络等信息，也可让物流企业在促销过程中精准地把握物流用户的需求动态等信息。

② 刺激需求。物流企业可通过物流产品促销向物流用户介绍物流产品，既可诱导需求，还能在准确把握物流用户需求动态等信息的情况下积极推出物流新产品，创造需求。

③ 突出特色。在激烈的物流市场竞争中，不同物流企业提供的物流产品往往没有太大的差别。在这种情况下，物流企业通过物流产品促销，突出宣传物流企业的服务特色，满足物流用户对物流产品的特殊需要，有助于物流用户加深对物流企业的了解，进而促成交易。

④ 稳定销售。通过物流产品促销活动，物流企业可以加深物流用户对本企业的感情，还可以提高本企业在物流用户中的信誉和知名度，从而有利于本企业与物流用户建立长期、稳定的合作关系。

2. 物流企业产品促销目标

物流企业产品促销目标分为基本目标和具体目标两种。

（1）物流企业产品促销的基本目标有：①使物流用户加深对物流产品及物流企业的认识和了解；②推动物流产品内容及物流企业本身与竞争者在物流用户心目中产生差异；③建立并维持物流企业良好的整体形象和信誉；④说服物流用户购买或使用某项物流产品。

（2）物流企业产品促销的具体目标一般分为如下三种。

① 物流用户目标：增进物流用户对物流新产品和现有物流产品的认识；鼓励物流用户试用物流新产品；鼓励非物流用户参加物流新产品展示或试用现有物流产品；说服现有物流用户继续购买物流产品而不终止使用或转向购买竞争者的物流产品；促进物流企业与物流用户发展战略伙伴关系；加强物流产品的区别利益；加强物流产品广告的效果，吸引物流用户注意；获得关于物流产品价格、技术发展趋势等的市场研究信息。

② 中间商目标：说服中间商递送物流新产品；说服现有中间商努力销售更多的物流产品；防止中间商在销售场所与物流用户谈判价格。

③ 竞争目标：识别物流市场竞争者；判断物流市场竞争者的战略及目标；评估物流市场竞争者的实力及反应。

总之，物流企业任何产品促销努力的目标都在于通过沟通、说服和提醒物流用户和中间商等方法，提升其物流产品的销售额。

3. 物流产品促销组合的选择和促销预算

（1）物流产品促销组合

① 物流产品促销组合的概念。物流产品促销组合是一个物流企业的总体营销传播计划，它将广告、人员推销、营业推广和公共关系结合在一起进行综合运用，其目的是促进物流产品的销售。物流市场营销人员可以在两个基本的促销策略即推式策略和拉式策略中做出选择。

② 影响物流产品促销组合的因素。物流产品促销组合的选择取决于促销目标、物流产品的性质、物流用户的特点、物流产品的生命周期阶段、促销费用、竞争者、渠道因素等

诸多因素。

促销目标。不同的促销目标，应有不同的促销方式或促销组合。例如，物流企业的促销目标如果是提升自己的美誉度，则可以采用公共关系和广告宣传等促销方式。

物流产品的性质。如果物流产品比较复杂，最好的方式是靠人员促销。如果物流产品简单，则推荐采用广告方式。针对机构的物流产品的促销，需要面对面的接触，则人员推销往往是最有效的，同时也可以靠广告进行进一步加强。

物流用户的特点。物流企业要面对的物流用户是谁？他们具有什么特点？有多少物流用户？在各地区是如何分布的？这些因素都深刻影响着物流产品促销方式的选择。因此，物流企业在选择物流产品促销方式时，一要考虑物流用户的类型，弄清楚是个人物流用户、分销商，还是机构物流用户。广告是针对个人物流用户群的最好促销方式；而对机构物流用户，最好的促销方式则是人员推销。二要考虑物流用户的多少。如果物流用户较少，则最有效的手段是通过人员推销；如果物流用户很多，所在区域也很大，则广告推销最佳。三要考虑物流用户的地域分布。如果物流用户集中在一个有限的地区内，可以靠人员推销；如果分散在很大的区域内，则用广告和公共关系推销较为适宜。

物流产品的生命周期阶段。物流产品生命周期不同阶段的促销目标也有差异，因而物流企业在物流产品促销组合的选择上也应有不同。具体如表 4-6 所示。

表 4-6　物流产品生命周期不同阶段沟通的内容及目标

物流产品生命周期阶段	沟 通 内 容	沟 通 目 标
导入期	传递信息	介绍提供的物流产品；创造物流产品品牌知名度；为人员推销做准备；鼓励物流用户使用物流产品
成长期和成熟期	传递信息和说服	创造相对于竞争者物流产品的有利态势；诱发物流用户立即购买物流产品的行为；提升物流企业形象
成熟期和衰退期	说服和提醒	鼓励物流用户重复购买物流产品；继续与物流用户保持联系；表示对现有物流用户的感谢；确认物流用户过去的购买决定

促销费用。由于每个物流企业的经济实力不同，因此其促销费用常常会制约该企业物流产品促销组合策略的制定。物流营销人员在制定促销组合策略时，应特别关注促销费用因素，以使其能与物流企业的实际经济实力相符，坚持做到在物流企业财力允许的情况下实现以最低的促销费用达到最好的促销效果。

竞争者。物流产品促销组合的选择也经常受到其竞争者的战略的制约。很多情况下，物流企业需要依据其竞争者的情况来选择促销策略。

渠道因素。如果物流企业主要以代理商的方式推广自己的物流产品，则多采取公共关系和广告宣传的方式开展促销，而如果物流企业主要以直销方式推广自己的物流产品，则多采取公共关系、人员推销和营业推广的方式开展促销。

（2）物流产品促销预算。物流企业一般采用以下四种方法来决定其物流产品促销的总预算。

① 量力而行法。许多物流企业会采用量力而行法来决定促销预算，即物流企业通常会为自身设定一个其有能力支付的促销预算。但这种方法的缺点是完全忽略了促销对物流产品销售业绩的影响，它会导致每年不确定的促销预算的产生，给长期计划造成了困难。

② 销售百分比法。也有许多物流企业采用销售百分比法，即把促销预算设定为目前销

售额与预期销售额的一定百分比，或者将其设定为销售价格的百分比。物流企业之所以使用这种方法，是因为其简便易行。但这一方法也存在不足：其不恰当地把销售视为促销的原因而不是结果；其预算是测算可以提供的资金，而不是以营销机会为基础，在需要增加促销投入以扭转销售颓势的时候，这一方法可能成为阻碍；由于这一方法以每年的变化的销售额为基础，因此大大增加了物流企业长期计划的困难。

③ 竞争均势法。一些物流企业采用竞争均势法，让自身的促销费用与其竞争者的促销费用保持相当。它们观察竞争者的广告，或者从出版物和商业协会那里得到估算的整个物流行业的促销支出水平，从而以物流行业平均水平为基础制定预算。

支持这一方法的观点有两种：一是，物流企业竞争者的预算可能代表了物流行业的集体智慧；二是，与物流企业竞争者持平的投入降低了发生促销战的可能性。

然而，没有理由认为物流企业竞争者的计划就比物流企业自身的计划好，且物流企业之间存在着较大的差异，各自有不同的促销需要。更重要的是，没有证据表明这一方法能够阻止物流企业之间促销战的发生。

④ 目标任务法。这是目前物流企业最合逻辑的促销预算制定法。物流企业可以通过以下方式来确定预算：明确特定目标；明确为实现这一目标所必须完成的任务；估算完成任务的成本。这些成本的综合就是预期的物流产品促销预算。

这一方法能够帮助物流企业以其所要实现的目标为基础制定预算。由于很难确定实现特定目标的具体任务，因此这种方法应用起来也是最困难的。但即使很困难，物流企业也必须考虑这些问题。

3. 物流企业产品促销方式

物流企业产品促销方式包括人员推销、广告宣传、公共关系和营业推广。

（1）人员推销。人员推销是指物流企业派出推销人员或委派专职推销机构向目标市场的用户及潜在用户推销物流服务或产品的经营活动。人员推销以其独特的优势成为物流企业生产经营活动的重要内容和主要环节，也成为物流产品促销组合中最重要的促销方式，在现代物流企业市场营销中占有相当重要的位置。

（2）广告宣传。广告宣传是指物流企业通过一定的媒介物，公开而广泛地向社会介绍企业的营销方式和产品品种、规格、质量、性能特点和使用方法等信息的一种宣传促销形式。

（3）公共关系。公共关系是指物流企业通过种种公共活动使社会各界了解本企业，以取得社会大众的信赖和好感，从而为企业创造一种良好的舆论环境和社会环境。

（4）营业推广。营业推广是指物流企业在比较大的目标市场中，为刺激需求而采取的能够迅速产生鼓励作用、促进商品销售的一种措施。

小知识 广告促销方案的内容“5M”

广告促销方案的内容“5M”：广告目标（Mission）、广告费用（Money）、广告信息（Message）、广告媒体（Media）、广告效果（Measurement）。

小案例 TNT 的促销策略

1. 人员推销

TNT Post Group （TPG）具有非常大的投揽网，投揽员直接面向客户，直接迅速地将

TPG的最新服务、最优服务传递给整个市场的客户，同时也迅速及时地将客户在使用TPG过程中出现的问题和客户的建议反馈给TPG信息中心，经过集中整理后为TPG发展提供市场依据。

2. 广告宣传

TPG认为广告是必不可少的，不仅是对外宣传TPG、树立TPG品牌形象、促进销售和有利竞争的需要，也是对消费者进行意识形态引导、概念消费导向的需要。TPG的子公司TNT集团（TNT）最初进入中国市场，借助的就是广告。

3. 公共关系

TNT的公共关系可分为内部公共关系和外部公共关系。

（1）内部公共关系。内部公共关系主要是员工关系。首先取得员工的信赖与支持，包括全部的人事关系，是TNT整个公共关系的起点。建立员工关系的目的是培养员工对TNT的认同感、归属感，要达到这一目的就要尊重个人价值，将企业发展与员工个人价值的体现结合起来，不仅要在金钱和物质上激励员工，更要增强员工的事业心、责任感和任劳任怨、奋勇拼搏的精神，使员工对工作的意识由自发提升到自觉的高度。

（2）外部公共关系。TNT外部公共关系主要借助于公益促销。TNT在中国的促销策略更着重于长远利益，除了综合运用多种促销方式，最主要的就是钟情于公关。为了更好地宣传TNT品牌，提高品牌的知名度和美誉度，也为了更好地赢得社会大众的认可，TNT除了加强和政府的公关，还加强了对社会公益活动的赞助。

作为“企业社会责任项目”的一部分，TNT倡导“回馈社会”，并为此做出了贡献。2004年TNT举行了“行走天地间”步行筹款活动，中国区的活动于2004年6月20日在北京、上海、广州同时举行。通过此项活动，TNT共筹得60万元人民币，用于资助在甘肃省开展的针对4 000名儿童的“扶贫助学”项目。

在印度洋海啸灾难发生后，TNT立即组织力量，帮助联合国世界粮食计划署（WFP）及其他人道主义组织实施救援行动，从2005年1月17日至2月28日，TNT从每件由中国发出的快件中捐出1元人民币，用于救助印度洋海啸灾区。与此同时，TNT还在全国范围内发动员工进行筹款活动，以救助印度洋海啸地区的受灾人民，并为灾区提供了价值150万欧元的人道援助。尽管这是每个公民都应尽的责任和爱心，但TNT通过这次事件营销提升了其在中国乃至世界的影响力，扩大了知名度，使品牌明显增值。

印度洋海啸之后，TNT与联合国世界粮食计划署开展了深入合作，与其分享知识和经验，帮助联合国世界粮食计划署升级其物流基础设施。人道援助机构所做的最初估计是，使用这一系统后，他们能每月节省约30万欧元（合39.5万美元），整个流程总共能节省600万欧元。

4. 营业推广

TNT在特定目标市场上开展特定促销，尤其是根据国内消费者特有的文化和节日氛围进行了各种特殊的营业推广活动，如中秋节、元旦和春节，推广形式主要有价格打折和有效促销。

（资料来源：马文祥. 物流服务营销. 上海：上海交通大学出版社，2010.原文经过改写。）

4.5.2　物流产品人员推销策略

1. 物流产品人员推销的含义

（1）物流产品人员推销的定义。物流产品人员推销又称物流产品人员推广，是指物流产品销售人员以谈判方式向物流用户做口头说明，以达到销售的目的，从而满足物流用户的愿望，进而实现物流企业营销目标的一种直接销售方法。人员推销是最古老的促销方式，也是物流企业最重要的促销方式。

（2）物流产品人员推销的任务。物流产品人员推销是物流产品推销人员与物流用户直接接触的一种促销方式，面谈是其突出特点。物流产品人员推销的任务主要包括：①收集信息，如查询物流产品的设计、品质、竞争及市场需求等方面的信息资料；②推销物流产品；③传递信息，如向物流用户传递有关的服务及物流企业发展的信息；④物流产品事前、事中、事后服务，如向物流用户提供各种咨询、受理物流产品“退货”等事宜；⑤发展业务关系，如发掘和培养新的物流用户。

2. 物流产品人员推销的特点

（1）灵活性。物流产品推销人员能与物流用户保持直接的联系，可以根据各类物流用户的特殊需求，设计具体的推销策略，并随时加以调整；可以及时发现和开拓物流用户的潜在需求；不仅能向物流用户直接介绍物流产品各方面的情况，还可以进行物流产品演示，消除物流用户对物流产品不够理解而产生的各种疑虑，诱发其购买欲望，促成其购买行为。

（2）选择性。物流用户推销人员在每次推销物流产品之前，可以事先对潜在物流用户做一番调查研究，选择最有可能购买该物流产品的物流用户，确定具体的推销方案、推销目标和推销策略，有针对性地对其进行推销，以达到较好的推销效果。

（3）完整性。物流产品推销人员的推销过程包含了市场调查、选择目标物流用户、当面洽谈、说服物流用户购买、提供物流服务或产品、促成交易乃至得到物流用户反馈并完善服务的整个完整的物流营销过程。

（4）情感性。物流产品推销人员在推销产品的过程中与物流用户直接接触，在交易过程中交流了感情，增进了了解、产生了信赖、建立了深厚的友谊。这种情感的培养和建立，易使物流用户产生惠顾动机，从而确立稳定的购销关系，促进物流产品销售。

小贴士　推销绝招

一个推销员只有具备良好的业务素质，掌握几种绝招，才能在商场上游刃有余。

首先是微笑。在顾客面前，流露出自然而甜美的微笑，会给人一种亲近、友善、和悦的感觉，给人心中留下美好而又难忘的第一印象。微笑的技巧是要掌握分寸，既不能不做，也不用过分，发自内心的笑容才是完美的。一次完美的微笑，常常可以让对方对你产生好感，下一次的销售活动就可以顺利地进行了。

其次是倾听。倾听代表着对顾客的尊重与礼貌，以及对其谈话内容的兴趣，同时表示倾听者的诚意。对顾客来说，倾听使他满足了发表欲；对一个心中有苦闷的人来说，倾听使他发泄了积怨，进而使买卖双方有成为“知己”的趋向。倾听对一位不满的顾客也很重要。

倾听的技巧是：①眼睛要注视对方。眼睛除了能看人，还会产生感情，使这种感情与顾客相互交流。②脸部要表示出诚意与兴趣，无论对方谈话内容如何，必须真诚、有兴趣地听下去，使对方把自己当成知己。③如有意见或有疑问，不可在对方尚未说完时插嘴，中途打断别人发言是最不礼貌且易惹人反感的行为。

再次是赞美。到一个陌生的环境中，可以环顾四周，然后适当地加以赞美。“哦，您的房间真干净、清爽。”“您家的摆设淡雅舒心。”“您家富丽堂皇。”“您家古色古香、优雅大方。”赞美必须由远而近，从物到人，不能强装做作，更不能阿谀奉承。轻轻地赞美，很能打动人。悄悄的一句话——“您这件衣服真漂亮！”就会使对方心花怒放，从而欢迎你的来访，接受你的商品。

成功的推销员，首先必须设法引起顾客的好感，接下来的事就好办了。

3. 物流产品人员推销的功能

（1）寻找物流用户。物流产品推销人员既能为物流用户提供物流产品，又能满足其重复购买的需求，更能在物流市场中寻找新的市场机会、挖掘和发现潜在物流需求、创造新物流需求、寻找新物流用户、开拓新物流市场。

（2）传递信息。物流产品推销人员在推销过程中能及时将物流企业提供的物流产品信息传递给物流用户，激发物流用户的购买欲望，促进物流用户做出相应的购买决策。

（3）推销物流产品。物流产品推销人员能够通过与物流用户的直接接触，运用销售技巧，有效地分析物流用户的需求及其所期望的最大利益，根据不同情况向他们提供各种奖励、折扣、优惠和服务等，从物质和精神上满足他们的需求，诱导他们购买所推销的物流产品。

（4）收集信息。物流产品推销人员在推销物流产品的过程中，与物流用户保持经常联系，能收集物流市场资料，反馈物流用户信息，及时向物流企业有关部门反映，从而能够为物流企业改进营销措施，进行营销决策提供依据。

（5）提供服务。物流产品推销人员能够在推销中积极主动地为物流用户提供售前、售中、售后服务，及时解决物流用户购买和使用物流产品过程中出现的问题，保证物流用户的利益。物流产品推销人员的服务过程是物流企业推销物流产品的良好机会，有利于提高物流产品市场占有率。

4. 物流产品推销人员应了解的知识

（1）了解物流用户要购买什么。物流产品推销人员的最高境界是满足物流用户的需求，而不是单纯地推销物流产品。因此，物流产品推销人员首先要了解物流用户的需求，进而才能利用所推销的物流产品唤起物流用户的潜在需求，使物流用户产生购买欲望，进而做出购买决定。

（2）了解物流产品。物流产品推销人员缺乏对自己推销的物流产品的了解是失败的一个重要原因。物流产品推销人员在其推销生涯中不时会遇到这样的情况，即物流用户对其物流产品的所有情况都了如指掌，这类物流用户购买该物流产品的可能性最大，但由于推销人员自己对本企业物流产品不够熟悉，导致他们最终成了别人的买主。因此，推销人员必须要详细地了解自己推销的物流产品，以便能准确地将满足物流用户需求的物流产品介绍给物流用户。但是，在推销中涉及物流产品优点时要避免夸张，如果某项描述结果被证明是夸张的说法，那么物流用户就可能认为推销人员的说法均不可靠，物流产品推销人员反而可能永远失掉这位物流用户。

（3）了解潜在物流用户。了解潜在物流用户的背景与动机，往往可以使物流产品推销人员明确所要采取的方式及能够推销哪种物流服务产品，并能及时地随着对方的动向调整推销方式和方针。“越了解潜在物流用户，成功的机会就越大。”

（4）了解竞争者。物流产品推销人员充分了解自己的竞争者对推销工作十分有利。了解竞争者，不仅要尽可能地了解竞争者的物流服务、管理、设备和销售的详细资料，还要了解竞争者的物流产品的价格及成本等情况，对这些内容的掌握，有助于物流产品推销人员增强信心和清除对问题的恐惧。但是，物流产品推销人员在推销中绝对不能侮辱和贬低竞争者及其物流服务。

解决竞争问题的原则是“他们不错，但我们的更好，更适合你的需要”。例如，大公司的物流产品推销人员可以说：“就小公司来说，他们是蛮不错的，但由于我们的公司规模大、设备好、资历雄厚，我们能够提供更低的价格和更优良、更个性化的物流服务。”反之，小公司的物流产品推销人员也可以说：“是的，它们是一家很好的公司，但我们的小公司以服务周到著称，我们特别重视每位客户，务求使您满意为止。”

（5）了解自己的企业。聪明的物流产品推销人员可以在日常的工作和业务往来中，在同事、老客户、竞争者那里获得自己任职的物流企业的详细知识，如物流企业的成长历史、资产规模、财务状况、设备、销售情况、广告政策、营销计划、客户关系、销售方式、人事制度、产品项目等。

物流产品推销人员掌握以上资料，可以有备无患。当物流用户提出问题时，物流产品推销人员可立即做出回答。如果对方提问中涉及的业务信誉确实欠佳时，物流产品推销人员可坦率承认，但需要马上告知物流用户有关改善的情况，并列举一些改善实例，这将有助于完成说服解释工作。同时，物流产品推销人员切忌疏导物流用户发泄对公司的不满，否则将使物流用户对推销人员所在物流企业及产品产生怀疑，甚至转而购买其他物流企业的物流产品。

5. 物流产品人员推销的方法

（1）直接推销。直接推销是指物流产品推销人员直接对不确定的物流用户进行推销的方法。这种方法又分为定点推销访问和推销访问两种：前者是指推销人员对完全不熟悉的物流用户进行定点推销，后者是指推销人员全面地选择某一区域挨家挨户地推销。

（2）间接推销。间接推销是指物流产品推销人员以第三者为媒介对特定物流用户进行的推销。这种方法又分为以下两种。①关系介绍法。即利用各种人际关系与事务关系（也就是经中间环节的介绍）进行物流产品推销的方法。②连锁推销法。很多事物都是系列相关的，一环紧扣一环，只要一个发生变化，其他也相继发生变化，依据这种连锁反应的原理进行的推销，就是连锁推销法。连锁推销可以运用电话、名片、便笺、书信、代送资料和代为传话等工具与手段。连锁推销法的关键在于培养基本物流用户，培养基本物流用户不但要使其购买物流产品，而且也要注意对其精神与形象的影响。有了基本物流用户，连锁反应也就具备了条件，推销人员在展开推销的时刻，物流用户就会一个接一个地宣传下去。当然，推销人员在请物流用户进行连锁介绍时，必须看准时机，语言不能过于显露，要让物流用户主动地对其物流产品进行介绍和推销。

（3）合作推销。合作推销是指经由他人支持或相互协作与介绍而进行的推销，具体方法有以下两种。①伴同推销法，是指物流产品推销人员为了推销顺利而结伴一人或一人以上以达成与物流用户交谈的方法。②交换物流用户推销法，是一种物流企业之间、物流企业与工商企业之间或推销人员与推销人员之间彼此交换物流用户进行推销的方法。

（4）团体推销。团体推销是指集体进行推销或向群体推销的方法。集体进行推销就是指团体拜访。进行团体拜访时，物流产品推销人员不能太多，以避免对物流用户造成压迫感，同时要注意秩序。另外，向群体推销是指推销人员拜访某一物流用户群，如有效地利用各种集会进行推销。

（5）示范推销。了解物流用户情况是物流产品推销人员进行示范推销的一个重要先决条件。示范推销时除了动手操作，还要注意示范推销的戏剧性、物流用户的参与性、集中性、联想性，同时不要一开始就向物流用户追问结果。为了使示范推销工作做得更好，物流产品推销人员应弄清楚以下两个问题：第一，为了使物流服务满足物流用户的愿望和需求，解决其困难，应该了解哪些方面的情况；第二，为了解情况，应该向物流用户提出哪些问题。即应该如何提出问题，怎样对掌握的情况加以分析。物流产品推销人员如何处理自己手头掌握的资料尤为重要，处理得越巧妙，就越有可能直接与物流用户交换意见和看法，也就越有希望达到推销物流产品的目的。

6. 物流产品人员推销的组织形式

在整体的物流产品促销中，物流产品人员推销的组织形式要根据物流企业规模和物流产品的范围、结构、人员素质，按照精简、统一、效率、效益的原则，慎重选择，合理组织。物流产品人员推销的组织形式一般有以下几种。

（1）区域结构式。区域结构式是指每个物流产品推销人员（组）负责一定地区的推销业务的组织形式。这是一种最简单的推销组织形式，也是最适合于类似性较大的物流产品和物流市场的组织形式。对于物流产品推销人员来说，这种组织形式的优点是：①责任明确，便于考核，有利于鼓励推销人员努力工作；②活动范围小，相对节约了销售费用；③活动区域稳定，有利于与当地公众建立联系，增进友谊，加强合作；④熟悉当地市场整体情况，能正确分析和评估物流市场销售潜力，有利于开拓物流市场。

（2）服务项目结构式。服务项目结构式是指每个物流产品推销人员（组）负责某种或某类物流产品的推销业务的组织形式。对于物流产品推销人员来说，这种组织形式具有以下优点：①熟悉物流产品的供销情况，有利于预测物流产品的销售趋势，及时组织货源；②推销人员能够运用其专业知识为物流用户服务，有利于扩大物流用户群；③由于物流产品组织形式对推销人员的知识结构提出了更高的要求，因而有利于促进推销人员不断学习，更新知识，提高素质。这种组织形式适宜于物流产品技术性强、生产工艺复杂、营销技术要求高、物流产品品种多而物流用户又不大相同的企业。

（3）客户结构式。客户结构式是指根据物流用户的行业不同、规模不同、分销渠道不同、物流用户不同而分别配备物流产品推销人员的组织形式。这种组织形式具有以下优点：①推销人员与顾客直接打交道，有利于推销人员深入了解特定物流用户需求，提高工作效率；②推销人员与特定物流用户在产品买卖中经常交往，有利于彼此间建立感情、建立稳固的购销关系。

（4）复合结构式。复合结构式是指将以上三种组织形式混合运用，有机结合，按“区域—物流产品”，或者“区域—物流用户”，或者“服务—物流用户”，甚至按“区域—物流产品—物流用户”来分配物流产品推销人员的组织形式。这种组织形式具有以下优点：①能够灵活调度物流产品推销人员，全方位地发挥和运用其知识和才能，有利于调动其积极性。②物流产品推销人员能从物流企业整体营销效益出发开展营销活动，有利于扩大销售。③物流产品推销人员能够进入一个地区或某一单位，解决诸多商品推销问题，有利于节省推销费用。这种组织形式适宜于物流用户类别复杂而分散的物流企业。但在采取复合推销组织形式的情况下，一个推销人员往往要对几个产品经理或几个部门经理负责，容易造成多头领导、职责不清。这就需要物流企业营销管理人员具有良好的组织能力和沟通能力。

7. 典型的物流产品人员推销模式

物流产品推销模式是指根据推销活动的特点和应该对物流用户购买活动各阶段的心理演变采取的策略等归纳出的一套程序化的标准推销形式。推销模式来自推销实践，具有很强的可操作性。推销模式主要有五种，即爱达（AIDA）模式、迪伯达（DIPADA）模式、埃德帕（IDEPA）模式、吉姆（GEM）模式、费比（FABE）模式。

（1）爱达（AIDA）模式。爱达模式是指一个成功的物流产品推销人员必须把物流用户的注意力吸引或者转变到物流产品上，使物流用户对其所推销的物流产品产生兴趣，随后产生购买欲望，进而采取购买行动。爱达模式的推销活动分为四个步骤：引起物流用户注意；唤起物流用户兴趣；激起物流用户购买欲望；促成物流用户购买行为。由于 Attention（注意）、Interest（兴趣）、Desire（欲望）、Action（行为）这四个英文单词的第一个字母分别是 A、I、D、A，所以这个模式被称为 AIDA（爱达）模式。爱达模式被公认为是国际成功的推销模式，比较适用于店堂的推销，如柜台推销、展销会推销，适用于一些易于携带的生活用品与办公用品的上门推销，也适用于新推销人员及首次接触顾客的推销。

（2）迪伯达（DIPADA）模式。迪伯达是六个英文字母 DIPADA 的译音。这六个字母为六个英文单词的第一个字母，而六个单词表达了迪伯达公式的六个推销步骤：①准确地发现并指出物流用户有哪些需要和愿望；②把物流用户的需要与推销的物流产品紧密联系起来；③证实推销品符合物流用户的需要和愿望，而且正是物流用户所需要的物流产品；④促使物流用户接受所推销的物流产品；⑤刺激物流用户的购买欲望；⑥促使物流用户采取购买行动，这个阶段同爱达模式的第四个阶段“促成物流用户购买行为”是相同的。由于迪伯达模式紧紧抓住了物流用户需要这个关键性的环节，使推销工作更能有的放矢，因而具有较强的针对性。迪伯达模式适用于生产资料市场物流产品的推销；适用于对老物流用户及熟悉物流的用户的推销；适用于物流用户属于有组织购买即单位购买者的推销。

（3）埃德帕（IDEPA）模式。埃德帕模式是迪伯达模式的简化形式，它适用于有着明确的购买愿望和购买目标的物流用户。在采用该模式时不必去发现和指出物流用户的需要，而是直接提示哪些物流产品符合物流用户的购买目标。这一模式比较适合于零售推销。埃德帕模式把推销全过程概括为五个阶段：①把推销的物流产品与物流用户的愿望联系起来；②向物流用户示范合适的物流产品；③淘汰不宜推销的物流产品；④证实物流用户已做出正确的选择，已挑选合适的物流产品，该物流产品能满足物流用户的需要；⑤促使物流用户购买推销人员所推销的物流产品，做出购买决策。

（4）吉姆（GEM）模式。吉姆模式旨在帮助培养推销人员的自信心，提高其说服能力。其关键是“相信”，即推销人员一定要相信自己推销的物流产品（G），相信自己所代表的企业（E），相信自己（M）。推销人员在推销过程中应该深入研究物流用户对推销的心理认识过程，同时十分注重自己的态度与表现，才能成功地进行推销。

（5）费比（FABE）模式。费比模式是由美国奥克拉何马大学企业管理博士、中国台湾的“中兴大学”商学院院长郭昆漠先生总结并推荐的推销模式。费比模式将推销活动分为四个步骤。

① 特征（Feature）。推销人员在见到物流用户后，要以准确的语言向物流用户介绍物流产品特征。特征的内容有物流产品的性能、构造、作用、使用的简易及方便程度、耐久性、经济性、外观优点及价格等。如果是新物流产品则应更详细地加以介绍。如果物流产品在用料或加工工艺方面有所改进，也应介绍清楚。如果上述内容多而难记，推销人员应事先打印成广告式的宣传材料或卡片，以便在向物流用户介绍时将其交给物流用户。因此，如何制作好广告材料或卡片便成为费比模式的重要特色。

② 优点（Advantage）。费比模式的第二个步骤是把物流产品的优点充分地介绍给物流用户。它要求推销人员应针对第一个步骤中介绍的特征，寻找出特征具有的特殊作用或者某项特征在该物流产品中扮演的特殊角色、具有的特殊功能等。如果是新物流产品，推销人员务必说明该物流产品开发的背景、目的、必要性及设计时的主导思想、相对于老物流产品的差别优势等。在面对具有较好专业知识的物流用户时，则应以专业术语进行介绍，并力求用词精确简练。

③ 利益（Benefit）。第三个步骤是费比模式最重要的步骤，推销人员应在了解物流用户需求的基础上，把物流产品能给物流用户带来的利益，尽量多地列举给物流用户。推销人员不仅要讲物流产品外表的、实体上的利益，更要讲物流产品给物流用户带来的内在的、实质上的利益；要从经济利益讲到社会利益，从工作利益讲到社交利益。在对物流用户需求了解不多的情况下，应边讲解边观察物流用户的专注程度与表情变化；在物流用户表现出关注点的主要需求方面更要多讲多举。

④ 证据（Evidence）。推销人员在推销中要避免用“最便宜”“最划算”“最耐用”等语句，因为这些词语会令物流用户产生反感而使推销显得无力。因此，推销人员应以真实的数字、案例、实物等证据，让证据说话，解决物流用户的各种异议与顾虑，促成物流用户购买。费比模式的突出特点是：事先把物流产品特征、优点及带给物流用户的利益等列出来印在卡片上，这样就能使物流用户更好地了解有关内容，节省物流用户产生疑问的时间，减少物流用户产生的异议。正是由于费比模式具有这一特色，它受到了不少推销人员的推崇，也帮助不少物流企业取得了销售佳绩。

4.5.3 物流产品广告宣传策略

1. 物流产品广告的含义和作用

（1）物流产品广告的含义。广告是通过预先选择的媒介物，使一则消息传播出去的信息传达工具。它吸引众人注意，使人产生兴趣，促成人们购买，是物流营销的基本手段之一，被称为销售术。当前，物流产品广告已经变得越来越重要，并被越来越多的媒介所采用。

小案例　UPS 广告营销“1”+“1”

UPS 奥运广告活动是营销的重头戏，分为三个阶段。第一阶段（2006 年），宣布并介绍 UPS 和北京奥组委的合作关系，建立 UPS 成为北京奥运会赞助商的品牌知晓度。第二阶段（2007—2008 年），运用奥运会前期、奥运会期间的一些实例，表明 UPS 能够为北京奥运会提供良好服务，同样也能为 UPS 的所有客户传递更多。第三阶段（即奥运会后的 2008—2009 年），推动销售，将建立品牌知名度转为促动销售。

广告营销“1”+“1”指的是 UPS 的广告创意别出心裁，包括“全球速递（WWE）”和“奥运物流中心（OLC）”广告活动两部分：UPS WWE 广告活动包括电视广告《百发百中篇》和平面、户外、网络广告《排球篇》和《马术篇》，以及广播广告《9 点篇》、《12 点篇》和《18 点篇》。电视平面、户外、网络广告结合奥运体育项目和中国成语“百发百中”、“弹无虚发”与“马到功成”，强调“速度”与“准确”，意指 UPS 在全球速递任务的限时服务中，能够确保货物在精确时间准时到达。广播广告结合媒体形式，强调客户可以在不同时间阶段购买货物，并且可以根据需要灵活选择货物到达的时间，UPS 按客户要求将货物准时送达。UPS OLC 电视广告《弹跳篇》，通过“化繁为简”来表现 UPS 能轻松调配繁多复杂的奥运物资，将一切变得简单！UPS OLC 的平面、户外广告《鸟巢篇》和《跳水板篇》，分别结合中国成语“鼎力相助”和“举重若轻”，表现 UPS 正全力协助北京奥运会，同样也会鼎力协助所有客户，体现 UPS 在北京奥运会的物流和快递工作中扮演的重要角色。同时，UPS 利用电视栏目赞助、电子媒体等形式，如 CCTV 电视栏目、搜狐网站来强化 UPS 的奥运赞助信息，吸引媒体的关注度。

（资料来源：郭伟业，郭景春．物流服务营销[M]．北京：北京师范大学出版社，2011．原文经过改写。）

（2）物流产品广告宣传的作用。物流产品广告宣传是以迅速性、全面性、深入性和权威性为特征的信息传递行为，它的基本功能是促进销售。物流企业的物流产品广告宣传活动就是利用物流产品广告的基本功能来发挥有利于各方利益达成的作用。

① 传递信息，促进销售。物流产品广告的信息传递能迅速沟通供求关系，促进物流产品的销售。

② 介绍商品，引导消费。通过广告宣传，可以向物流用户介绍物流企业的服务作息，使物流用户比较全面地掌握各种物流用户的特点，有利于物流用户鉴别和选购自己需要的产品和服务。

③ 树立物流企业形象，提高企业知名度。物流企业进行广告宣传，不仅可以促进自身业务量的扩大，而且有利于树立良好的公众形象，提高物流企业在社会上的知名度。

小贴士　中国第一家专业的物流广告策划企业

2004 年 1 月 11 日，中国第一家专业的物流广告策划企业成立，标志着在以后的市场运作中分工将会越来越细，将更加专业。鹰派物流广告策划有限公司是一家独具特色的企业传播硬件服务商，服务领域涵盖物流企业形象、品牌管理及网络品牌，提供与物流相关的园区规划、企业形象设计、广告设计印刷、培训和咨询、物流解决方案的高科技企业专业化服务。企业专注于物流厂房设计及企业形象广告设计、规划包装设计、供应链管理咨询，目前已拥有许多长期性合作客户。

2. 物流产品广告策略

（1）物流产品广告目标。具体的物流产品广告目标是物流企业对广告活动进行有效决策、指导和监督及对广告活动效果进行评价的依据。物流企业要实施广告决策，首先应确定物流产品广告的目标。

① 创造品牌目标。物流企业以此为广告目标，目的在于开发物流新产品和开拓新市场。

② 保牌广告目标。物流企业以此为广告目标，目的在于巩固已有物流市场，并在此基础上深入开发潜在物流市场和刺激购买需求。它主要通过连续广告的形式，加深物流用户对已有商品的认识。广告诉求的重点在于保持物流客户对物流产品广告所指产品的好感、偏好和信心。

③ 竞争广告目标。竞争广告的目的在于加强物流产品的宣传竞争，提高物流市场竞争能力。广告诉求重点是宣传本物流产品的优异之处，使物流用户认知本物流产品能给他们带来什么好处，以提升物流用户的偏好度并实现指名选购。

（2）物流产品广告媒体及其选择。物流产品广告策略的制定离不开物流产品广告媒体及物流产品广告媒体的选择。

① 物流产品广告媒体。一般来说，物流企业在物流市场营销活动中可以选择的广告媒体主要有印刷媒体、电子媒体、流动媒体、邮寄媒体、户外媒体、展示媒体等。其中，报纸、杂志、广播、电视是常见的四大广告媒体。近年来，互联网在物流广告促销中的作用日益突出，已被称为第五大广告媒体。

小案例 某市邮政局的广告媒体宣传

某市邮政局在利用信报箱推广自己业务的同时，利用多种广告媒体宣传其 185 客户服务中心，使 185 品牌在该市家喻户晓，从而使其每天受理的电话中八成以上涉及物流配送业务。

（资料来源：郭伟业，郭景春. 物流服务营销[M]. 北京：北京师范大学出版社，2011.）

② 选择物流产品广告媒体时应考虑的因素。物流产品广告媒体选择是广告决策的重要内容之一，媒体选择的科学合理与否直接影响广告费用开支与广告效果。因此，物流企业在选择广告媒体时，除了要认清各种媒体的特点以扬长避短，还应考虑物流企业及物流产品的特性、目标客户的媒体习惯、媒体的传播范围及影响力、媒体成本等因素。

（3）物流产品广告预算。物流产品广告预算是物流企业根据物流产品广告计划在一定时间内对开展广告活动费用的估算，是物流企业进行广告宣传活动投入资金的使用计划。目前，常用的编制广告预算的方法主要有量力而行法、销售额百分比法、目标任务法、竞争对比法等。

小案例 电视台的黄金时间收费

电视台黄金时间收费（30 秒）3 600 元，其他时间（30 秒）3 040 元。黄金时间收看人数一般为 150 万人次，非黄金时间为 80 万人次。那么黄金时间的单位收费价格是平均每人 0.002 4 元，非黄金时间的单位价格是 0.003 8 元。

（资料来源：郭伟业，郭景春. 物流服务营销[M]. 北京：北京师范大学出版社，2011.）

（4）物流产品广告效果评价。物流企业制定物流产品广告策略的最后一个步骤是评价物流产品广告效果，这个步骤是完整的物流产品广告活动中不可缺少的重要内容。物流产品广告效果是物流产品广告信息通过媒体传播之后所产生的影响。物流产品广告效果评价一般包括以下两个方面的内容。一是广告传播效果，即物流企业物流产品广告对于客户知晓、认知和偏好的影响。它是以物流用户对物流企业认识程度的变化情况或物流用户接受广告的反应程度等间接促销因素为根据来确定的效果；二是广告销售效果，指物流产品广告推出后对物流产品销售的影响。一般来说，物流产品广告的销售效果要比传播效果更难评估。因为，除了广告因素，物流产品的特色、价格、竞争等因素均会影响销售额。这些因素越少，或者越容易被控制，物流广告对销售效果的影响就越容易被测量。采用邮寄物流广告时销售效果最容易评估，而品牌广告或企业形象广告的销售效果最难评估。

物流产品广告效果评价方法有如下两点。①物流产品广告本身效果评价。物流产品广告本身效果评价可以从两个方面进行：一是对沟通过程进行评价，二是对沟通结果进行评价。对沟通过程进行评价是指对物流产品广告接受者的反应程度进行评价，通常可以采用测试评价法和试验评价法；对沟通效果的评价是指测试使用物流产品广告形式后物流用户能否有效地取得物流企业本身及物流服务的信息，并测试物流用户对物流企业及服务的认识程度，一般可以采用跟踪研究法。②物流产品销售效果评价。物流产品销售效果评价是指考核和评估物流企业做出广告后的业务增长情况。对这项内容的考核和评价较为困难，目前常用的方法有历史比较法和试验法两种。

4.5.4 物流产品公共关系策略

1. 物流产品公共关系的含义及特点

（1）公共关系的含义。公共关系是物流企业为改善与社会公众的关系，促进公众对物流企业的认识、理解及支持，达到树立良好组织形象、提高物流企业知名度和美誉度、促进物流产品销售目的的一系列促销活动。公共关系本意是物流企业必须与其周围的各种内部、外部公众建立良好的关系。它是一种状态，任何一个物流企业都处于某种公共关系状态之中；它又是一种活动，当一个物流企业有意识地、自觉地采取措施去改善自己的公共关系状态时，就是在从事公共关系活动。作为物流产品促销组合的一部分，公共关系是指这样一种管理职能：评估社会公众的态度，确认与社会公众利益相符合的个人或组织的政策与程序，拟订并执行各种行动方案，以争取社会公众的理解和接受。

小案例 联邦快递的体育营销

体育活动强调的速度、可靠性和准确性正是物流行业一直追求的精神和行业形象，借助体育活动提升品牌形象将比其他行业更有效果。联邦快递与中国羽毛球国家队签订协议，成为中国羽毛球国家队的指定快递及物流服务公司。合作协议的内容包括联邦快递将通过不同的平台参与中国羽毛球国家队的不同项目，其中包含了电视、数字媒体等。联邦快递表示，体育营销是公司的营销策略之一，从传统媒体到网络时代的媒体，品牌影响力和营销能力一直为联邦快递所看重。与中国羽毛球国家队达成的合作协议，无疑会给联邦快递带来很好的宣传效应。

（资料来源：叶青，谢舸燕．物流营销[M]．北京：化学工业出版社，2009.）

因此，物流产品公共关系也是物流企业为搞好与社会公众的关系，促进社会公众对企业的认识、理解及支持，树立良好的企业形象而进行的现代管理活动。

（2）物流产品公共关系的特点。公共关系作为物流产品促销组合的一个重要组成部分，与人员推销、广告宣传、营业推广相比具有以下特点。

① 从物流公关的目标来看，物流产品公共关系注重长期效应。物流产品公共关系追求的目标与社会公众的利益一致，通过一系列有计划的活动，树立和保持物流企业的声誉和形象。这一目标的达成，不是一朝一夕能够实现的，需要物流企业长期积累经验，不断努力才能获得成功。

小案例　浙江省慈溪市邮政局的“户籍工程”

浙江省慈溪市邮政局从2002年开始实施“户籍工程”，到2003年已建成居民楼的单户信报箱3万多个，总投资超过100万元，信报箱的功能从原来的单一接受信件和报刊，扩大到接收牛奶等小件日用品，大大方便了老百姓的生活。“户籍工程”的推广不仅使邮政局赢得了来自社会的赞誉，同时也使其物流配送业务打开了市场。

（资料来源：郭伟业，郭景春．物流服务营销[M]．北京：北京师范大学出版社，2011.）

② 从物流公关的对象来看，物流产品公共关系注重双向沟通。物流产品公共关系的对象是公众。物流企业活动的涉及面广，公关对象主要有企业内部公众、媒介公众、客户公众、政府公众、社区公众及与其业务有关的其他公众等。物流企业进行公共关系活动，就是要一方面将有关产品及组织的各种信息及时、准确、有效地传播给公众，促进公众对企业的认知和了解，提高企业的知名度和美誉度，为企业树立良好的形象；另一方面还要从广大公众中收集有关市场需求信息、价格信息、产品及企业形象信息、竞争者信息及其他有关的信息，为协调企业与公众的关系打下良好的基础。

小案例　北京奥运会物流和快递服务赞助商UPS

2005年7月27日，北京奥组委宣布，UPS成为北京奥运会唯一的物流和快递服务赞助商。UPS将向北京奥组委提供全方位的物流咨询服务，并协助奥组委策划和执行北京2008年奥运会的物流运作计划。奥运会期间，UPS还将为奥组委所有指定的地点提供快速及其他物流服务。

“中国是全球市场的中心。我们要在中国发展，就需要告诉中国市场的顾客，UPS是如何在当地做事的。现在在中国有比参加奥运会更能证明我们对中国市场的重视吗？至少2008年前没有。所以赞助奥运会是很自然的角度。”UPS亚太区北京奥运会赞助与运营副总裁陈学淳解释道：“要进入中国市场，同样需要告诉中国人民，我们不光是看好这个市场，更要贡献于这个市场，我们直接提供对奥运会的支持，对政府和顾客都是很强烈的表态。”

通过奥运会转播中的广告播放，让 UPS 这个品牌家喻户晓；奥运会赞助的额度相当大，能够加入赞助商的行列说明企业具备相当强的实力，也从另外一个角度说明该企业是稳定可靠的。

（资料来源：郭伟业，郭景春. 物流服务营销[M]. 北京：北京师范大学出版社，2011.）

③ 从物流公关的手段来看，物流产品公共关系注重间接促销。物流产品公共关系活动是指物流企业通过对各种传播手段的运用，搞好与社会公众的关系，树立企业的形象，进而促进产品的销售。物流产品公共关系不同于广告、人员推销和营业推广，后者对促销产品起到直接的作用，物流产品公共关系则比较间接。

小案例 宅急送的校园促销

宅急送于 2006 年启动“5 月全国高校招聘月”，6 月抢攻大专院校返乡学生的行包快运市场。

宅急送总部透露，启动的全国高校招聘计划初步招聘近 1 000 名应届高校毕业生，这些大学生都将补充至各地分公司，作为宅急送的储备骨干力量。通过 5 月份的这次招聘会，将使全国大专院校的学生更了解宅急送，而宅急送则将借此机会，争取占领高校学生们的返乡行包快运市场。目前，在这块市场比较占优势的主要是中铁快运和邮政速递等。但通过此次招聘月的预热，宅急送获得了院校方面的更多的支持，让学生更直观地了解宅急送，并在学生群体中塑造品牌形象。此外，宅急送开出了比竞争者低 15%～20%的运价，而且还可以上门收货送货。

据悉，宅急送 2005 年试运营的校园行包业务营业额已经达到了 1 700 万元。

（资料来源：马文祥. 物流服务营销[M]. 上海：上海交通大学出版社，2010.）

2. 物流产品公共关系活动的形式

（1）利用新闻媒介扩大物流企业宣传。物流企业应争取尽可能多的机会与新闻媒介建立联系，通过新闻媒介向社会公众介绍其企业及其产品。此种公共关系形式的优点是：①可以节约广告支出；②由于新闻媒介具有较高的权威性，覆盖面广，物流企业借助于新闻媒介的宣传效果要远远好于广告。这方面的工作内容主要包括撰写新闻稿件，编辑企业各类刊物及简讯和年度报告，向新闻界和有关团体及个人散发物流企业的材料，参加各种社会活动等。

小案例 联邦快递在上海世博会倡导绿色环保生活

联邦快递携手 Greennovate 环境咨询公司，在世博会美国国家馆举办“绿色生活快递”活动。本次活动旨在倡导绿色环保生活，利用互动游戏的形式，引导公众通过个人行为使居住的地球变得更加清洁，从而实现上海世博会的主题——“城市，让生活更美好”。

“绿色生活快递”活动从中国传统文化的“五行”概念中获取灵感，设定出更加适合我们现代社会和环保挑战的新“五行”——水、能源、塑料、食物和森林。联邦快递邀请现场参与者逐一通过五个元素站点，参与每个站点上的游戏互动环节，学习环保知识。在联邦快递和 Greennovate 的策划下，各种环保案例在游戏中生动呈现，使所有参与者都能更深刻地认识到个人的“环保足迹”并学习如何减少对环境的损害。

（资料来源：郭伟业，郭景春. 物流服务营销[M]. 北京：北京师范大学出版社，2011.）

（2）支持公益活动。物流企业通过赞助如体育、文化教育、社会福利等社会公益事业，使社会公众感到该物流企业不但是一个经济实体，而且也能主动肩负社会责任，为社会的公益事业做出贡献。这样必然会扩大和提高物流企业在社会公众中的声誉和地位。

小案例 中远物流为中央电视台转播雅典奥运会首批设备提供物流服务

2004 年 6 月 9 日，当雅典奥运圣火在北京进行传递的同时，由中远物流提供物流服务的中国中央电视台首批转播 2004 年雅典奥运会的设备也同时离开了天津新港沿地东航线，驶向希腊比雷埃夫斯港。

早在 2003 年 10 月，当中央电视台决定在 2004 年奔赴雅典，并向 13 亿中国人转播这一重大盛事之际，中远物流秉承“做最好的船舶代理人，做最强的物流服务商”的服务理念，经过 6 个多月的努力，制作、调整方案和沟通，于 2004 年 5 月 18 日成功地与中央电视台签订了 2004 年雅典奥运会转播设备运输协议，成为中央电视台雅典奥运会转播设备物流服务总代理商。

担任此任务的是中远物流所属的北京中远物流有限公司。为国际重大赛事提供物流服务，这对于北京中远物流来讲又是一次严峻的考验。为此，他们对转播设备运输中的若干重要环节制定了科学、详细的方案，一方面会同中央电视台多次与中远物流希腊代表处联系，对雅典当地的运输代理进行严格的筛选和考察；另一方面与奥组委物流中心积极联系，对运输要求的具体细节进行了非常详细的了解。针对客户组货时间不能确定等因素，北京中远物流给客户制定了几种在不同港口的不同运输方案，并一一落实了可行性，确保为奥运转播设备提供安全、优质的物流服务。2004 年 4 月底，中远物流将初步方案报给了奥组委物流中心，中央电视台对中远物流高效率、全方位的物流服务给予了高度的评价。

（资料来源：郭伟业，郭景春. 物流服务营销[M]. 北京：北京师范大学出版社，2011.）

（3）组织专题公关活动。物流企业可以通过组织或举办新闻发布会、展览会、联谊会、庆典、开放参观等专题公关活动，介绍物流企业情况，沟通感情，增进了解，扩大宣传，树立自身在物流用户心目中的形象。

小案例 联邦快递树形象、促销售

联邦快递公司（FedEx）是全球快运业巨擘。它是在小件包裹速递、普通快递、非整车运输、集成化调运管理系统等领域占据大量生产份额的行业领袖，并跃入《财富》世界 500 强排行榜行列。

公司现有全球员工总数 14.5 万人，开展业务的国家和地区 211 个，全球业务空港 366 座，备有各类型运输飞机达 624 架，日出车数近 4 万辆、处理超过 200 万磅的空运货物。

这家公司每月提供两次机会供人参观，一批批客人也愿意付每人 250 美元的票价，来到其位于田纳西州孟菲斯的超级调运中心，亲身感受它的恢宏气度、高速繁忙而精确的作业现场，领略其非凡的竞争力。

令人仰慕的联邦快递形象当然要花很多年时间来建立，要经过周密的计划、利用不同的资源、一心一意去做才能把它传递出去。提及联邦快递就会想到创新，联邦快递总是在寻找各种独特的方法来满足或预测顾客的需求。联邦快递激励员工去梳理公司形象，努力塑造一种既为客户、也为员工着想的企业形象；公司从不为自己找借口、精心建立起有益于保持并扩大其市场份额的联邦快递形象；成功的广告节目加强了公司的声誉；员工更是信心百倍，以自己的工作为豪。所有这些同样使公司的声誉倍增，公司形象良好。

社会公众现在已经把“交给联邦快递”这句话同遵守诺言等同起来，这可以说是联邦快递的成绩之一，也是联邦快递良好形象的最好表现。

（资料来源：叶青，谢舸燕. 物流营销[M]. 北京：化学工业出版社，2009.原文经过改写。）

（4）加强物流企业内部员工的联系。物流企业可以组织内部员工进行一些文娱活动、体育活动、旅游或演讲等，还可以组织各种座谈会来交流思想，协调物流企业内部各部门及员工之间的关系。通过开展这些活动来培养物流企业员工的集体意识，从而增强物流企业的凝聚力，激发员工的工作热情。

小案例 UPS 的内部营销

1. UPS 独特的内部营销之一

UPS 在 2008 年北京奥运会的整个形象广告中，有一个细节很重要：所有广告主体均为 UPS 的员工。每周五早上九点钟，全国四十多家 UPS 机构都会召开信息说明会，介绍最新的奥运会进展保障情况。UPS 选择对中国国家女子排球队的赞助，也源于内部员工的问卷调研。当内部员工的投票指向了呼声最高的中国国家女子排球队后，UPS 最终选择的赞助对象正是中国国家女子排球队。陈学淳曾在多个场合表明，UPS 希望将参与奥运会的精神贯穿到 UPS 整个团队运作的过程中。这只是 UPS 利用奥运会赞助机会进行内部营销的冰山一角。UPS 于 1996 年首次赞助奥运会时，对员工的士气起到了极大的激励作用。而在 2000 年悉尼奥运会上，该公司把超过一半的奥运会营销预算，都用在了雇员的内部交流上。麦克尔·佩恩总结道，把奥运游当成给员工的奖励，可以在公司内部利用介入奥运会的机会进行沟通和交流，能够极大地提高员工的认同感。

2. UPS 独特的内部营销之二

在奥运会赞助的历史上，UPS 认识到在自己的员工队伍中就有奥运会选手并可能带来益处。1995 年 UPS 签订奥运会赞助合约不久，UPS 就发现在自己的全球雇员中，有 24 人是潜在的奥运会参赛选手。一位名叫梅丽莎·赫特（Melissa Hurt）的员工，原本只是得克萨斯州安吉尔顿一名 UPS 的司机，她既想为参加奥运会而训练，同时又想保住自己的工作。而最终的结果皆大欢喜。UPS 制订了一项名为“奥运希望”的计划，为自己的员工队伍中的运动员提供灵活的工作安排，为他们的奥运会训练提供假期，还有体育用具。结果有 9 名 UPS 的员工代表各自国家参加了奥运会。

（资料来源：郭伟业，郭景春. 物流服务营销[M]. 北京：北京师范大学出版社，2011.）

4.5.5 物流产品营业推广策略

1. 物流产品营业推广的含义及特点

（1）物流产品营业推广的含义。物流产品营业推广是指物流企业在特定物流市场中，为迅速刺激需求和鼓励购买而采取的非经常发生的推销努力。其最大的作用就是通过某种营业、营销刺激，以极强的诱惑力，使物流企业中间商或物流用户迅速做出购买决策，产生即时购买效应。

小案例 美国西南航空公司的营业推广

据美国运输部统计，美国航空业 90%的价格战都是由西南航空公司发起的。面对西南航空的低价竞争，其他航空公司也采取了多种应对手段，如向乘客派送食品券、宝丽来相机及各种各样的纪念品等。有的则提供各种机票优惠，甚至向乘客免费赠送机票。然而，在价格竞争中，西南航空往往是胜者。因为在实施低价竞争战略时，西南航空并非一味地硬拼价格，而是会采取一些奇招，让对手难以招架。西南航空投入运营后不久，就与布兰尼夫航空公司展开了一场激烈的票价大战。有一段时间，布兰尼夫航空将其从休斯敦到达拉斯的单程机票从 26 美元打对折至 13 美元。西南航空的应对之策是让乘客自己进行选择：购票时可以仅仅支付 13 美元，也可以在支付 26 美元的同时免费获得一瓶威士忌酒。由于美国的公务旅行者数量不少，这部分人乘飞机不用自己花钱便可免费获得一瓶威士忌酒，当然求之不得。

结果西南航空吸引了不少乘客，也因此在当时成为得克萨斯州最大的威士忌酒批发商。

（资料来源：郭伟业，郭景春. 物流服务营销[M]. 北京：北京师范大学出版社，2011.）

（2）物流产品营业推广的特点。物流产品营业推广具有两项特点。一是刺激需求的效果非常显著。物流产品营业推广以“机不可失，时不再来”的较强吸引力，给物流用户提供了一个特殊的购买机会，可以激励物流用户立即购买，因而其针对性强，促销见效快。二是形式具有局限性。尽管营业推广形式较多，如提供咨询服务、现场示范、赠送纪念品等。但是这些形式如果运用不当，攻势过强，容易引起物流用户的反感，且有损产品形象和企业形象。因此，营业推广只能适用于一定时期、一定产品，而且推广措施的选择也应慎重。

2. 物流产品营业推广的形式

小案例 第五届 PECC 国际贸易投资博览会暨国际仓储地产与物流服务展览会

第五届 PECC 国际贸易投资博览会暨国际仓储地产与物流服务展览会的展览内容主要包括国际港口建设和现代物流的先进技术、设备和信息服务、物流地产等。共设六个展区。

（1）天津滨海新区展区。该展区展示滨海新区物流基础设施建设和软件开发、开发区、保税区、天津港、天津空港物流加工区等发展成就和规划，也展示各知名物流企业。

（2）海港空港展区。该展区展示国内外主要海港和空港的现代化设备、技术和服务等。包括港口作业机械、专业搬运设备与技术、通信与指挥设备、环保技术与材料、集装箱多式联运技术与设备；航运技术与设备、电器与照明设备、船舶用发动机和船用柴油机；机场机械设备、环保技术与设备，航空货运技术与设备、飞机发动机和机场专业搬运技术与设备；燃料供应、海洋救捞与救生等。

（3）物流设备展区。该展区包括运输设备、仓储及包装设备、材料搬运装备、集装箱装卸设备、冷藏及保鲜设备、起重机械、自动化仓库（ASIRS）配送中心、工业机器人、机械手、称重设备、叉车、包装设备及材料、各种货运及装卸车辆、货物分拣系统设备、传送设备等。

（4）物流IT技术软硬件展区。该展区包括物流数据处理系统、机器人及自动化仓库系统、运输管理系统、全球定位及导航系统等；电子商务、商业自动化设备及信用卡技术设施、物流软件、企业级物流电子平台等。

（5）物流服务企业展区。该展区包括运输服务、物资储存、中转配送、专业物流及代理机构、物流园区／基地、口岸物流中心；金融、保险、科研及咨询机构等。

（6）物流地产与物流园区展区。该展区包括物流地产开发投资商、物流地产信托管理公司、物流地产业主、物流园区开发单位、物流房地产经纪／中介公司、物流及建筑设计公司、仓储房地产咨询／顾问公司、设备管理公司、国家及地区投资者（银行、投资公司、养老基金、不动产投资信托基金）。

（资料来源：郭伟业，郭景春. 物流服务营销[M]. 北京：北京师范大学出版社，2011.）

（1）针对最终物流用户的营业推广。可以鼓励原有物流用户继续使用物流产品，促进新物流用户使用，动员物流用户购买新的物流产品，引导物流用户改变购买习惯，或者培养物流用户对本物流企业的偏好行为等。其方式可以有向物流用户赠送赠品、优惠券、鼓励物流用户尝试物流服务等。

小案例 中外运敦豪用超值可靠的国际快递服务助学子成就留学梦想

尊敬的客户：

留学海外是很多莘莘学子求学路上的一种选择。但是，入学申请能否快速安全地到达目的地却让人倍感焦虑。中外运敦豪大学快递是专为学生设计的国际文件快递优惠服务，保证您的留学申请文件及时稳妥地送达目的地。免除您的后顾之忧，让您更加专注学业成就。

本次活动时间：2009年11月15日至2010年2月28日。

参加活动城市：广州、深圳、东莞。

具体活动细则：

凡符合以下条件的发件人和文件都可以参加中外运敦豪大学快递活动。

（1）发件人必须是本市在校大学生。

（2）发送的物品必须是向国外大学递交的入学申请文件，其他文件、包裹和物品不可以参加大学快递活动。

（3）收件人目的地必须是国外的大学或学院、学府。发往其他收件地址的快件不可以参加大学快递活动。

（4）必须由发件人通过800电话预约上门取件。

（5）活动时间：2009年11月15日至2010年2月28日。以运单上标注的收件时间为准。

（资料来源：郭伟业，郭景春. 物流服务营销[M]. 北京：北京师范大学出版社，2011.）

（2）针对物流产品中间商的营业推广。目的是鼓励物流产品中间商大量购买，促使其扩大经营，或者促进有关物流产品中间商积极推销某些物流产品。可以采用推广津贴、结合各种奖励的销售竞赛、更高的佣金、提供设施、共同广告等方式展开营业推广。

（3）针对物流产品推销人员的营业推广。为鼓励物流产品推销人员热情推销产品，或者促使他们积极开拓新市场，可以对其采用有奖销售、比例分成、免费提供培训及技术指导等方式。

小趣闻

折价券——美国每年印刷的折价券的数量足以绕地球 50 周。

3. 物流产品进行营业推广时应考虑的因素

（1）物流产品营业推广的目标。物流产品营业推广必须有明确的目标，物流企业应根据目标市场的特点和物流企业的整体营销策略来确定其营业推广的目标，并在此基础上制订周密的计划。

（2）物流产品营业推广的对象。物流产品营业推广的手段对不同的物流用户、中间商和推销人员所起的作用是不同的。因此，在进行营业推广时，物流企业应根据已确定的目标来因时、因地制宜地选择营业推广对象。

（3）物流产品营业推广的途径。物流企业应根据物流产品的覆盖面及营业推广的预算费用，选择既节约推广费用，又能收到最佳效果的营业推广手段。

（4）物流产品营业推广的时机。物流企业应综合考虑物流产品的生命周期、物流市场的竞争情况、物流用户的需要及中间商的营业状况等制定其物流产品营业推广实施方案。物流产品营业推广的时机如果选择得好，将会有事半功倍的效果。

（5）物流产品营业推广的期限。物流产品营业推广期限的选择必须符合物流企业市场营销的整体策略，并与其他经营活动相协调。如果时间太短，则使一部分物流用户来不及购买；如果时间太长，则使人产生变相降价的印象，从而影响物流企业的声誉。因此，物流产品营业推广期限的选择必须要恰到好处。

（6）物流产品营业推广的费用。物流产品营业推广是物流企业促销的一种重要方式，通过营业推广可以使物流企业的营业额增加，但也增加了销售成本。因此，物流企业应权衡物流产品营业推广费用与物流企业收益的得失，把握费用和收益的比值，确定物流产品营业推广的规模和程度。

学习情境小结

本学习情境的知识点部分对物流营销组合的内容进行了阐述。物流市场营销组合的基本理论中介绍了战术 4P 理论、4C 理论、4R 理论、7P 理论、13P 理论；物流市场营销产品策略部分对物流产品、物流产品组合策略、物流企业产品品牌策略、物流包装策略、物流产品生命周期策略、物流新产品的市场开发策略进行了阐述；物流产品价格策略部分对物流产品定价的含义、影响物流产品定价的因素、物流产品的定价方法、物流产品的定价策略进行了分析；物流产品分销渠道策略部分阐述了物流产品分销渠道的基本概念、物流产品分销渠道的模式、物流产品分销渠道系统、影响物流产品分销渠道选择的因素、物流产品分销渠道的设计、选择物流产品分销渠道应遵循的原则和物流产品分销渠道的评估标准；物流产品促销策略部分对物流产品促销基本原理、物流产品人员推销策略、物流产品广告宣传策略、物流产品公共关系策略、物流产品营业推广策略进行了阐述。这些知识，是制定物流营销组合策略的重点内容。

本学习情境的练习题环节对基础知识进行了巩固，并进行了实操演练，以便学生对本学习情境的知识进行进一步的理解与深化。

练习题

▶ 基础训练

一、单项选择题

1．以企业利益为导向的营销组合策略是（　　）。

A．战术 4P 理论　　B．4C 理论

C．4R 理论　　D．7P 理论

2．以顾客需求为导向的营销组合策略是（　　）。

A．战术 4P 理论　　B．4C 理论

C．4R 理论　　D．7P 理论

3．物流企业常利用优秀的物流服务人员、一流的物流服务水准、良好的物流服务设施和快速有效的物流服务等一系列（　　），去吸引和满足更多的物流用户。

A．物流核心产品　　B．物流有形产品

C．物流产品附加（延伸产品）　　D．物流期望产品

E．物流潜在产品

4．（　　）是在原有的物流产品线内增加高档产品项目。

A．高档产品策略　　B．低档产品策略

C．特殊专业型策略　　D．市场专业型策略

5．物流企业为其产品或服务规定品牌名称、品牌标志，并向政府有关主管部门注册登记的一切业务活动，称做（　　）。

A．品牌　　B．品牌化　　C．商标

二、多项选择题

1．战术 4P 理论是指（　　）。

A．产品策略　　B．价格策略

C．渠道策略　　D．促销策略

2．4C 理论是指（　　）。

A．顾客需求　　B．顾客愿意支付的成本

C．顾客的便利性　　D．与顾客进行沟通

3．4R 理论是指（　　）。

A．关联　　B．反应

C．关系　　D．回报

4．7P 理论是指（　　）。

A．产品　　B．价格　　C．渠道　　D．促销

E．人员　　F．有形展示　　G．过程

5．物流产品的整体概念可从（　　）方面理解 。

A．物流核心产品　　B．物流有形产品

C．物流产品附加（延伸产品） D．物流期望产品
E．物流潜在产品

三、判断题

1．目前营销界推崇的 4P 理论是建立在战术 4P 理论基础上的理论，是将 4C 理论、4R 理论的思想融入战术 4P 理论后形成的新的 4P 理论。（ ）

2．与物流用户建立关联是指在竞争的环境中，物流企业必须时刻关注物流用户的需求及其变化，提高物流用户的满意度和忠诚度，同时必须注意与上游供应商形成一个卓越的价值让渡系统或战略网，提高整个战略网的竞争力。（ ）

3．重视关系营销，是指物流企业应在物流用户的需求变化时，甚至变化前做出适当的反应，以便与物流用户的需求变化相适应。（ ）

4．提高市场的反应速度，是指物流企业应当与顾客建立长期、稳定且密切的关系，降低顾客流失率，建立顾客数据库，开展数据库营销，从而降低营销费用。（ ）

5．物流产品是指能够满足物流用户的需求，可以提供给物流市场、被物流用户消费和使用的一切服务。（ ）

6．完整的品牌包括品牌名称和品牌标志两部分。（ ）

四、简答题

1．什么是高档产品策略？什么是低档产品策略？在运用这些策略时，要注意什么问题？什么是品牌延伸策略？在运用品牌延伸策略时，要注意什么问题？

2．物流产品分销渠道该如何设计？影响物流产品分销渠道选择的因素有哪些？选择物流产品分销渠道应遵循的原则有哪些？

3．物流新产品的创意来源有哪些？物流新产品开发策略有哪些？

4．物流产品定价的指导思想是什么？影响物流产品定价的因素有哪些？

5．什么是公共关系？物流产品公共关系活动的形式有哪些？如何进行事件营销？

▶ 实操训练——课后学习任务演练

实训一 学习任务 制定物流市场营销产品策略

（同学习任务 4.1）

任务描述

假设你是××物流公司的市场营销人员，请你为该公司的产品制定物流市场营销产品策略。

实训二 学习任务 制定物流产品价格策略

（同学习任务 4.2）

任务描述

假设你是××物流公司的市场营销人员，请你为该公司的产品制定物流产品价格策略。

实训三 学习任务 制定物流产品分销渠道策略

（同学习任务 4.3）

任务描述

假设你是××物流公司的市场营销人员，请你为该公司的产品制定物流产品分销渠道策略。

实训四　学习任务　制定物流产品促销策略

（同学习任务 4.4）

任务描述

假设你是××物流公司的市场营销人员，请你为该公司的产品制定物流产品促销策略。

实训五　物流产品生命周期分析

物流产品生命周期分析

实训内容

把产品生命周期的概念运用到一个物流企业当中，讨论该公司的物流产品分别属于生命周期的哪个阶段？如何才能避免物流产品走向衰退阶段？

实训步骤

（1）全班同学自由分组，每组 6～8 人。

（2）各组分别进行集体讨论，明确组内分工。

（3）按照分工进行资料收集、整理、讨论并设计问卷。

（4）提交自行设计的调查问卷。

（5）各组分别选一代表在班级内展示本小组问卷。

作业展示及点评

考核评分表

考评班级		考评时间	
考评小组		被考评小组	
考评内容	产品生命周期分析		
考核标准	内　　容	分值 / 分	实际得分 / 分
	工作分工	20	
	工作演示	40	
	工作成果	40	
合　　计		100	

注：考评满分为 100 分，60～74 分为及格，75～84 分为良好，85 分及以上为优秀。

实训六　物流企业产品品牌策略的原理与应用

物流企业产品品牌策略的原理与应用

实训内容

选择某一物流企业的服务项目进行调查，了解该企业在物流企业产品品牌建设方面的具体做法，并分析该企业的品牌策略是否得当。

实训步骤

（1）全班同学自由分组，每组 6～8 人。

（2）各组分别进行集体讨论，明确组内分工。

（3）按照分工进行资料收集、整理、讨论。

（4）根据研究结论，提出改进方案。

（5）各组分别选一代表在班级内展示本小组改进方案。

作业展示及点评

考核评分表

考评班级		考评时间	
考评小组		被考评小组	
考评内容	物流企业产品品牌策略的原理与应用		
考核标准	内　　容	分值 / 分	实际得分 / 分
	工作分工	20	
	工作演示	40	
	工作成果	40	
合　　计		100	

注：考评满分为 100 分，60～74 分为及格，75～84 分为良好，85 分及以上为优秀。

实训七　分析某一物流企业的物流产品组合及其策略

分析某一物流企业的物流产品组合及其策略

实训内容

选择某一物流企业的物流产品进行调查，并从实践层面分析评价该物流企业的物流产品组合策略，并分析该企业的物流产品组合策略是否得当。

实训步骤

（1）全班同学自由分组，每组 6～8 人。

（2）各组分别进行集体讨论，明确组内分工。

（3）按照分工进行资料收集、整理、讨论。

（4）根据研究结论，提出改进方案。

（5）各组分别选一代表在班级内展示本小组改进方案。

作业展示及点评

考核评分表

考评班级		考评时间	
考评小组		被考评小组	
考评内容	物流产品组合及其策略		
考核标准	内　　容	分值 / 分	实际得分 / 分
	工作分工	20	
	工作演示	40	
	工作成果	40	
合　　计		100	

注：考评满分为 100 分，60～74 分为及格，75～84 分为良好，85 分及以上为优秀。

实训八　对物流企业的分销渠道模式进行调查

任务实施

1. 对学生进行技能型分组，在学校所在地选择两家物流企业，以组为单位对物流企业的分销渠道模式进行调查。

2. 根据调查掌握的情况，分组讨论这两个物流企业的分销渠道，分析它们的异同点，在此基础上，以组为单位重新规划设计这两个物流企业的分销渠道模式。

3. 由教师和物流企业负责人对学生设计的分销渠道进行点评，看是否符合物流企业的实际和产品销售的要求。

4. 根据教师和企业负责人的点评，各组对其设计的分销渠道模式进行修订。

实训九　邮政物流服务产品的定价

邮政物流服务产品的定价

实训形式

学生课堂分组讨论：一般 6～8 人为一组；各小组根据事先准备好的案例进行讨论。

实训时间

40 分钟。

实训道具与场景

讨论所依据的基本素材。以下面的资料为基础，或者根据实际需要，由授课教师提供更丰富的素材。

实训场地

教室。

实训目的

（1）进一步理解价格在市场竞争中的重要性。

（2）了解物流企业应如何制定物流服务产品价格。

（3）从案例中理解有关价格策略的应用。

实训程序

（1）每位学生事先必须写好发言稿，讨论后作为作业上交。

（2）分组讨论，要求人人发言，各组长对发言作简要记录。

（3）最后 8 分钟左右，每个小组派一人向全班汇报讨论情况。

（4）教师总结。

相关资料

邮政物流业务按照现有的状况，大致可以分为：基于同城的配送业务；基于全网的一体化业务；货物（直递）业务；附加型的零担业务；仓储业务；邮购与分销业务等。以上业务在很大程度上都要依赖于运输，这些业务的定价基本上类同于运输服务产品的定价。为了做出适当的决策，收取的运费（定的价格）应该反映提供服务的成本以确保运输和经济体系的效率。运输的价格和成本相关，但是与一些主观分配的成本无关，所以，基于成本的定价方式是服务产品定价的最主要方式。

以成本为导向的运价与边际成本或变动成本相关。在竞争性的环境中，如果价格高于边际成本或变动成本，那么一些物流企业会转移。然而，其他的物流企业会向边际成本靠近。对于物流企业而言，要以提供服务所发生的边际成本或变动成本作为运输服务定价时的下限，这样才能至少补偿提供服务时的短期相关成本。因此，边际成本或变动成本是运输服务定价理论的下限。物流业中边际成本要在很大的幅度内变动，此变动取决于物流企业提供的运输量。

由于不同服务需求弹性的差别决定运价的真实水平，成本结构的不可分割性还要求运输服务必须实行差别定价。因此，成本结构中不可分割性的数量越大，就越需要根据需求弹性实行差别定价，以及相应地在实践中分别提供服务，便于买方进行价格选择并获取差异化服务。对于成本不断下降的行业，如果价格是基于严格的边际成本的，虽然可以支付津贴，但公司必须补偿它的固定成本，那么，公司会亏损。为此，不能选择以平均成本为基础的定价方法，但是，能够使用边际成本作为价格的底线，通过服务价值或需求价值来决定运费或运价应该高出这个最低价格多少。

（资料来源：陈晓林. 邮政物流成本定价和经济型分析[N]. 中国邮政报，2006-02-27.）

任务实施

（1）组织学生对当地的物流企业的物流服务产品定价进行实地调查，详细了解企业在物流服务产品销售过程中采取的具体定价策略。

（2）结合企业的营销目标、物流服务产品特色及企业所处的市场环境，将学生进行分组，要求学生采用所学定价策略知识与方法对所调查企业的物流服务产品进行重新定价。

（3）对物流企业的定价与学生的定价进行对比分析，在此基础上，选择制定更为合理的物流服务产品定价策略，并以书面报告的形式向物流企业提供有理有据的价格调整方案。

分析题

集装箱运输产品的需求是一种派生的需求，而且是有弹性的。由于目前市场竞争激烈，加上运输成本构成项目多，难以准确计算，以及整个行业有公会组织、战略联盟合作的基础，中远集装箱运输有限公司（注：现名为“中远海运集装箱运输有限公司”）实行差别化定价策略。对于不同的市场，实行不同的运价定位，采取不同的价格策略。一般而言，客户不同，运价不同，对已签约的大客户实行优惠运价；季节不同，运价不同，对于未签约的客户，实行淡季低运价，旺季高运价。

试分析：中远集装箱运输有限公司的价格策略给物流企业带来的启示。

（资料来源：郭伟业，郭景春. 物流服务营销[M]. 北京：北京师范大学出版社，2011.）

↘ 实训十　分销渠道情境模拟

分销渠道情境模拟

实训形式

在授课教师指导下，分组展开讨论分析，最后推选代表进行角色扮演，在课堂上模拟物流企业分销渠道营销过程。

实训时间

20～25 分钟。

实训道具与场景

所依据的基本素材，可以以下面的情境案例为基础，或者根据实际需要，由授课教师提供更丰富的素材。

实训要求

（1）精心进行分销渠道知识和相关资料准备。

（2）情境模拟神态自然，角色扮演逼真，口齿清楚，语言流利。

（3）角色扮演定位得当，分析有一定深度和广度，所学知识运用自如，言之有理，逻辑性强。

（4）总结模拟的收获，分析存在的问题。

实训注意事项

（1）精心组织，妥善安排，特别是角色扮演学生要提前预演，避免怯场。

（2）注意掌控课堂纪律，确保情境模拟逼真。

（3）由学生组织评审团，评定和分析情境模拟过程，让学生得到另一种身份的角色锻炼。

（4）各角色轮流扮演，力争让每位同学都有机会得到各种角色锻炼，充分调动学生的积极性。

实训情境模拟

A物流公司召开中层以上管理人员会议，会议由总经理主持，经营副总经理作中心发言。

总经理的发言：

同志们！我公司目前正面临一场严峻的挑战。半个月前，我公司附近又有一个新的物流公司开业了，抢夺了我们大量生意；这半年多来，本地区小物流公司越来越活跃，已成为我公司原有市场的“蚕食者”，这次会议主要研究应变对策，现在请公司主管经营的副总经理先谈谈意见。

副总经理模拟开始：……

（资料来源：郭伟业，郭景春. 物流服务营销[M]. 北京：北京师范大学出版社，2011.）

实训十一　模拟推销实训

模拟推销实训

实训内容

以物流企业推销一项物流服务产品为例，进行模拟实训。按照推销人员的步骤进行操作，重点掌握推销的技巧和方法。

实训步骤

（1）全班同学自由分组，每组6～8人。

（2）各组分别进行集体讨论，明确组内分工。

（3）按照分工进行资料收集、整理、讨论并问卷设计。

（4）提交自行设计的调查问卷。

（5）各组分别选一代表在班级内展示本小组问卷。

作业展示及点评

考核评分表

考评班级		考评时间	
考评小组		被考评小组	
考评内容	模拟推销实训		

续表

考核标准	内　　容	分值 / 分	实际得分 / 分
	工作分工	20	
	工作演示	40	
	工作成果	40	
合　　计		100	

注：考评满分为 100 分，60～74 分为及格，75～84 分为良好，85 分及以上为优秀。

实训十二　促销方案的编写

促销方案的编写

实训内容

（1）公共关系方案的编写。国庆节快到了，请你为中海物流公司编写一个公共关系活动的策划方案，为其新产品促销发挥作用。

（2）广告方案的编写。请你为物流企业的一项物流服务产品编写一份广告方案。

（3）请你为某物流企业设计一项物流服务产品的营业推广方案，时间是在母亲节前夕。

实训步骤

（1）全班同学自由分组，每组 6～8 人。

（2）各组分别进行集体讨论，明确组内分工。

（3）按照分工进行资料收集、整理、讨论并问卷设计。

（4）提交自行设计的调查问卷。

（5）各组分别选一代表在班级内展示本小组问卷。

作业展示及点评

考核评分表

考评班级		考评时间	
考评小组		被考评小组	
考评内容	促销方案的编写		
考核标准	内　　容	分值 / 分	实际得分 / 分
	工作分工	20	
	工作演示	40	
	工作成果	40	
合　　计		100	

注：考评满分为 100 分，60～74 分为及格，75～84 分为良好，85 分及以上为优秀。

实训十三　广告任务实施

广告任务实施

（1）将学生进行分组，要求每组都选择至少两个广告媒体，并结合真实的物流服务产品促销广告，对所选广告媒体的优缺点进行讨论分析。

（2）各组具体选择一个物流服务产品，在组内讨论决定的基础上，由组代表向全班同学阐述该物流服务产品具体适合采用哪种广告媒体做广告。

（3）在以上两个步骤实施完成后，每位同学利用课余时间做一次广告的市场调查，列举出现实中自己认为比较经典的物流服务产品广告，并用书面形式陈述物流企业所选用的广告媒体是否合理。

实训十四　公关任务实施

公关任务实施

（1）课前安排学生利用互联网或到图书馆查阅公关计划的相关资料（包括公关计划的内容、格式和撰写要求等）。

（2）提供一个有问题的物流企业公关计划，组织学生分组讨论并找出其中存在的不足。

（3）选择当地一家物流企业，就其某项专题活动组织学生讨论具体公关计划。

实训十五　营业推广策划

实训项目

营业推广策划。

实训目的

学会根据不同的情况采用不同的营业推广策划。

实训器材

调查问卷、纸、笔。

实训指导

（1）学生进行分组，一般以 5～8 为宜。

（2）了解不同的物流企业目前采用的各种营业推广策划的具体做法。

（3）写出汇总报告。

（4）设计调查问卷（了解客户对现有营业推广方式的意见）。

（5）进行市场调查。

（6）根据调查结果写出分析报告。

实训报告

请将实训所得结果填写在实训报告纸上。

实训十六　物流服务有形展示

实训项目

物流服务有形展示。

实训目的

能够进行物流服务有形展示的管理，具有物流服务环境设计能力。

实训器材

纸、笔。

实训指导

（1）学生进行分组，一般以 5～8 人为宜。

（2）访问一家物流企业，了解该企业的服务有形展示及物流服务环境的设计。

（3）了解物流企业在物流服务的有形展示上存在哪些问题。

（4）根据调查结果写出分析报告。

（5）在各组推荐的基础上，选定若干名学生在全班进行交流。

（6）教师点评。

实训报告

请将实训所得结果填写在实训报告纸上。

学习情境5 物流产品销售

学习目标

专业能力目标：掌握物流营销组织结构构建、物流服务质量管理、物流客户关系管理的相关内容。

方法能力目标：能准确构建物流营销组织结构、制定物流服务质量管理实施方案、制定物流客户关系管理策略。

社会能力目标：培养学生的交流、表达能力，学生的团队精神及协作沟通能力，学生认真的学习态度，学生良好的职业道德和敬业精神。

学习任务

<table>
<tr><td>学习任务 5.1</td><td colspan="2">构建物流营销组织结构</td></tr>
<tr><td>要　　求</td><td colspan="2">1．在构建物流营销组织结构前必须对物流市场和物流企业组织结构情况进行充分的调查和分析
2．能准确构建物流营销组织结构
3．能将构建物流营销组织结构作品制作成 PPT，并进行演示</td></tr>
<tr><td>应具备的知识</td><td colspan="2">物流企业营销组织、营销组织设计的主要依据和基本原则、影响营销组织模式的基本因素、物流企业营销组织的基本模式</td></tr>
<tr><td>应具备的能力</td><td colspan="2">收集信息的能力、从众多信息中准确抽取所需信息的能力、构建物流营销组织结构的能力、制作 PPT 的能力</td></tr>
<tr><td rowspan="4">质量标准</td><td>评价项目</td><td>分值 / 分</td></tr>
<tr><td>1．物流营销组织结构构建准确</td><td>50</td></tr>
<tr><td>2．营销组织设计的基本原则、影响营销组织模式的基本因素把握准确</td><td>40</td></tr>
<tr><td>3．PPT 制作清晰</td><td>10</td></tr>
</table>

<table>
<tr><td>学习任务 5.2</td><td>制定物流客户关系管理策略</td></tr>
<tr><td>要　　求</td><td>1．在制定物流客户关系管理策略前必须对物流市场的需求情况进行充分的调查和分析
2．能准确制定物流客户关系管理策略
3．能将制定物流客户关系管理策略作品制作成 PPT，并进行 PPT 演示</td></tr>
</table>

续表

<table>
<tr><td>学习任务 5.2</td><td colspan="2">制定物流客户关系管理策略</td></tr>
<tr><td>应具备的知识</td><td colspan="2">物流企业的客户、物流客户服务的要素、物流客户服务的标准、物流客户关系管理的基本内容、物流客户关系管理的实施程序</td></tr>
<tr><td>应具备的能力</td><td colspan="2">收集信息的能力、从众多信息中准确抽取所需信息并分析的能力、制定物流客户关系管理策略的能力、制作 PPT 的能力</td></tr>
<tr><td rowspan="3">质量标准</td><td>评价项目</td><td>分值 / 分</td></tr>
<tr><td>1. 物流客户关系管理策略制定准确</td><td>50</td></tr>
<tr><td>2. 物流服务中的质量指标、物流服务质量标准、物流服务质量改进方法把握准确</td><td>50</td></tr>
</table>

任务实施范例

▶ 学习任务 5.1　构建物流营销组织结构

↘ 任务描述

K 公司是一家大型国有货运代理公司的分公司，其母公司是由国家外经贸部（2003 年整合为商务部）、中国民航总局（2008 年改制为中国民航局）、海关总署批准的某大型国际货运代理公司。K 公司于 2001 年在苏州成立，目前 K 公司的业务方向可分为五大板块：内陆卡车运输及报关业务、空海运代订舱业务、门到门业务、仓储业务、其他业务（如报检、保税等）。

K 公司现有员工 38 人，分为八个部门，分别为财务部、综合事务部、进口客服部、出口客服部、综合业务部、操作一部、操作二部、市场部。进口客服部和出口客服部是针对业务类型设立的部门，主要负责客户服务和业务安排；操作一部和操作二部是根据业务网点分布区域划分的两个部门，主要负责报关报检、实物放行等通关事宜；综合业务部负责进口和出口以外的公司相关业务，如仓储业务、保税物流业务等；综合事务部负责行政人事等相关工作；市场部负责新业务开拓。K 公司的组织结构如图 5-1 所示。

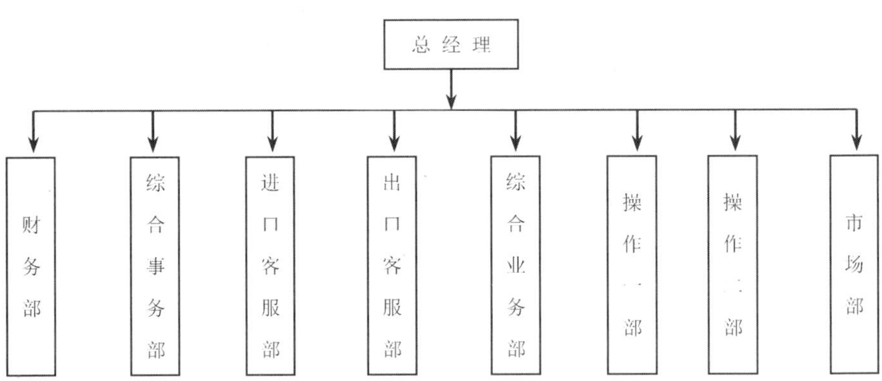

图 5-1　K 公司的组织结构

从图 5-1 可以看出，K 公司的组织结构流程过于简单，特点是决策权比较集中，职能部门独立，这种组织结构存在以下几个方面的问题。

（1）部门分割影响服务质量和协调一致性。目前，K 公司下设的进口客服部和出口客服部分别对应客户的进口业务需求和出口业务需求。同一客户可能涉及进出口以外的业务需求，对同一客户而言可能因为不同业务需求而需要同K公司多个服务窗口联系业务，如此很难保证服务质量的一致性及关联业务的协调性。

（2）过于集权，难以发挥组织成员的积极性，无法创造性地为客户提供服务。从K公司的组织结构看，权力过于集中，公司下设的所有部门统一归总经理管辖。但是个人精力毕竟是有限的，很难使下设部门更多地发挥能动性，以创造性地为客户提供服务，提高客户的满意度。

（3）缺乏关键客户管理团队，不利于客户价值提升。目前，K公司的同一个客户需要与不同部门的服务人员针对不同的业务进行沟通协调，没有专职的客户跟踪服务人员，不能及时掌握客户的需求，客户对服务的感知信息也没有得到有效的收集整理，连客户的投诉都不能全部及时解决，更谈不上持续改善作业流程以实现客户保持，不同客户的差别化服务理念也无法体现。这样的组织结构很难使客户的满意度提高，不利于客户保持。另外，K公司进口客服部、出口客服部及综合业务部基本上都是一人多职，职能交叉，沟通渠道混乱，整体服务效果较差，而且人员的调动或离职会对公司业务顺利进行产生不利影响。

（4）销售功能薄弱，销售模式的个体性过强。目前，K公司通过其市场部发展的销售客户只占公司客户的7%，可见销售功能极其薄弱，公司的发展过度依赖同行货运代理委托业务、个人资源业务及总公司委托业务。而且K公司市场部的销售形式单一，不能形成一套有序的销售策略，容易忽视客户的差异化需求，销售模式个体性很强，这不利于争取业务多样化的客户。

由上可知，只有对K公司目前的组织结构进行调整，才能更好地进行物流产品销售。假设你是K公司的市场营销人员，请你为该公司调整物流营销组织结构。

↘ 任务实施

调整K公司的物流营销组织结构

1. K公司物流营销组织结构调整思路

通过分析，建议K公司从以下几个方面进行物流营销组织结构调整。

（1）对客服部门进行重新设置，改变进口客服部、出口客服部一人多职、职能交叉的现象。将进口客服部、出口客服部及综合业务部合并成客户服务部，下设同行客户组、货主客户组、临时客户组和关键客户组，并增设文件组。针对不同的客户类别提供不同的服务，以保证服务的专业化，同时便于与客户沟通交流。文件组由专人管理客户信息资料，制定服务流程，并建立客户资料数据库，便于K公司其他各部门共享客户资料。

（2）对市场部进行重新设置，改变个体化销售模式。对市场部进行分组管理，分为销售组、市场拓展组和综合测评组，旨在实现市场部在K公司战略方针的指导下进行业务开拓。市场拓展组主要负责了解行业动态，规划销售策略、管理运价等工作；综合测评组主要是结合公司客户细分与定位及公司目前阶段的战略方针对销售客户进行评定，以确定销售策略；销售组主要负责业务承揽。

（3）增设副总经理职位。总经理主要负责企业战略决策，负责企业发展定位、市场开拓和关键大客户高层次运筹管理。综合事务部及财务部划归总经理直接领导。企业业务层面的工作由副总经理负责，既可以分担总经理的工作又可以避免过度集权造成的创造性不足。

2. 调整后的K公司的物流营销组织结构

调整后的K公司的物流营销组织结构如图5-2所示。

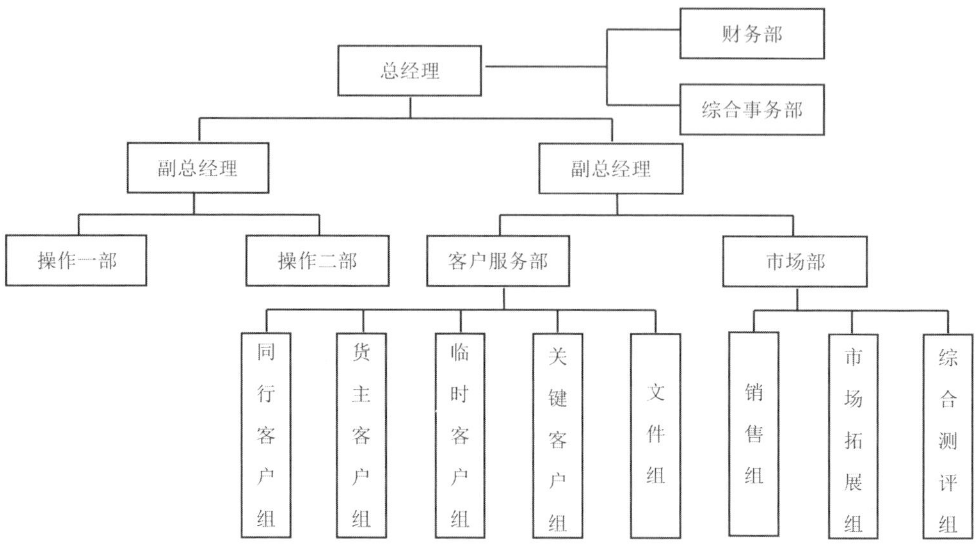

图5-2 调整后的K公司的物流营销组织结构

调整后的K公司的物流营销组织结构客户管理职能突显。针对客户分类对客户服务职能进行了划分，尤其是针对关键客户设立了专门的关键客户组，体现了对关键客户服务的侧重。另外，强化了企业内部信息共享功能，对于持续提高客户价值有很大帮助。

组织结构调整后，每个机构原有的职能中都加入了管理理念，使各项工作能够更加专业化。

（资料来源：庄炳强. K货代公司关键客户管理策略研究[D]. 兰州：兰州大学，2011.）

▶ 学习任务5.2 制定物流客户关系管理策略

↘ 任务描述

背景资料（承学习任务5.1）

1. K公司客户关系管理现状

K公司目前的客户从来源上可以分为同行客户、总公司客户、个人资源客户、销售客户和老客户介绍的客户。由于各方业务特点及其他历史原因，现有客户质量参差不齐，于是K公司根据目前客户群现状、客户与K公司合作项目的利润率及现有业务量将客户分为A、B、C、D四类，并采取不同的管理策略。

（1）A类客户。A类客户是公司目前的核心客户，其业务量和利润在公司整体业务中的比重很大。目前K公司的A类客户主要以泛亚班拿（Panalpina）和哈金森（Hutchinson）为主，其中泛亚班拿是目前总公司的战略合作伙伴之一，K公司主要承担泛亚班拿在苏州段的内陆报关与运输项目。由于A类客户对公司发展的战略意义，K公司的主要资源和精力均集中在A类客户上，最大限度满足客户需求。

（2）B类客户。B类客户是公司的潜力客户，虽然目前业务量有限，但单票贡献的利润率较高，仍具有进一步合作和发展的潜力，对该类客户，公司主要采取悉心维护策略，以待时机进一步拓展与他们的业务往来。这类客户和业务类型主要有翔运和马尔的代订舱等。

（3）C 类客户。C 类客户虽然利润率不高，但其业务量比较大，对保证公司的基础货源起到积极作用。目前，对该类客户，公司主要采取一般的维护策略。这类客户和业务类型主要有新宁仓储及其附属业务等。

（4）D 类客户。D 类客户利润率低，业务量也有限，公司对其投入资源有限，有些属于与大客户有关联的附属业务。K 公司目前代理的货源仍以同行业公司委托的货物居多，双方的报价一般比较透明，利润率相对较低，而在当前 K 公司的 A 类客户中事实上有些是总公司的主要合作对象，K 公司在与其开展的业务中不占主导地位，往往显得较为被动。

2. K 公司关键客户管理现状

在对 K 公司领导班子进行访谈的过程中获悉，K 公司对其关键客户的评价标准主要有货运代理业务量、利润贡献额及支付费用的信用度。这是一种处于粗犷式摸索阶段的评价标准。结合 K 公司实践操作中的标准及目前 K 公司的客户群结构，K 公司目前锁定的关键客户主要有以下几类。

（1）同行货运代理中业务委托量排名靠前的几家大型的全球代理公司。这几家大型的全球代理公司的业务委托量几乎占 K 公司目前业务总量的 40%，如果从利润贡献额的角度来看，这几家大型的全球代理公司也会因为业务委托量巨大而理所当然地成为 K 公司的关键客户。

（2）总公司客户。总公司委托操作的业务量目前也是 K 公司业务结构中的一个重要组成部分，因此如果将总公司作为客户看待，那么总公司也是 K 公司的关键客户之一。

（3）个人客户。K 公司目前的个人客户业务量占到其业务总量的 15%，而且这部分客户大多数为直接货主，单笔业务的利润率也相对较高。因此，个别业务委托量较大的客户也是 K 公司锁定的关键客户。

（4）支付信用度高的客户。符合上述条件且支付费用信用度高的客户也是 K 公司关键且优质的客户。

K 公司针对关键客户的管理策略主要有：最大限度地满足这部分客户的业务需求，保证服务质量；加大人力、财力、物力的投入；强化交流，开展经常性的联谊活动等。

3. K 公司关键客户管理现状中的弊端

K 公司目前关键客户管理策略的优点是实用性强、操作简便。这种关键客户管理策略对于成立时间不长、管理经验匮乏、客户结构单一的公司来说也有一定的价值。但它的缺点也是十分明显的，主要有以下几个方面。

（1）违反全面性原则。现代企业的竞争是全方位的，对于关键客户的评价也应该是全方位的，关键客户评价标准的设立也应该是全方位的，目前 K 公司基于粗犷式的评价标准进行客户分类显然违反了全面性原则。这样的分类方式在企业发展到一定规模时就很难运用了，既不能甄别出关键客户，也不能识别关键客户的关键价值。

（2）违反实用性原则。对客户进行评价、分类的目的是进一步挖掘客户的价值或保持现有高价值，但 K 公司目前的分类只是基于客户当前的重要性，并不能指导 K 公司的长远发展。

（3）违反科学性原则。K 公司通过其设立的粗犷式的评价标准进行客户评价并筛选关键客户缺乏科学性。标准不全面就是不科学的，例如，K 公司认为利润贡献额是关键客户筛选的重要标准，但 K 公司忽略了对其资源投入的考量。如果资源投入过大且利润额不足以补偿，那么这样的客户也不应该成为关键客户。再如，K 公司认为业务委托量是关键客户的评价标准，但这个指标应该结合单笔业务利润率和公司的整体商业策略进行定性。

（4）违反了发展性原则。客户评价标准的设立应该在一定时间内具有稳定性，但也应该体现其发展性。随着时间的推移，企业和客户的情况都会不断地发生变化，评价标准的设立也应该具有发展性。例如，目前 K 公司的一个客户因为业务委托量巨大而成为关键客户，符合 K 公司当前设立的客户评价标准，但该客户单笔业务的利润率很低，且该公司为同行客户，在合作方式上并没有大的突破可能性。K 公司在目前阶段将其作为基础配载货源而纳入关键客户管理范畴是无可厚非的，但如果随着时间的推移，K 公司不再需要这部分货源作为基础配载货源，那么该客户就不应该继续成为关键客户。

假设你是 K 公司的市场营销人员，请你针对以上情况为该公司制定物流关键客户关系管理策略。

↘ 任务实施

制定物流关键客户关系管理策略

1. 大型国际货运代理公司作为关键客户的管理策略

当大型国际货运代理公司被作为关键客户时需要对其做进一步的客户价值评价，要从具体指标细分其价值，尽管被筛选出的关键客户在客户价值评价指标体系中一定能体现出很高的价值评分，但 K 公司在面对该公司时依然有不同的战略选择：其一，将一体化作为战略目标；其二，在一定范围内限制同该公司的业务发展规模，或者尽量调整业务合作模式；其三，虽然在客户价值评价指标体系中未能达到关键客户的评价标准，但在一定阶段内仍可以作为 K 公司的关键客户，享受关键客户的差异化服务。

对于第一种战略选择，K 公司尤其需要关注的是客户的忠诚度、客户能力价值及占用 K 公司的资源成本。如果该客户的忠诚度和客户能力价值都很高且占用 K 公司的资源成本控制在一定范围内，那么 K 公司就应该大力开展与该客户的业务合作关系，努力推进合作模式，向伙伴式及战略联盟式合作阶段发展，即以一体化为该关键客户管理的终极目标。原因是目前 K 公司需要扩展企业规模、实行规模化经营，战略联盟的发展策略是必经之路，绑定上述大型国际货运代理公司，展开联盟体竞争对于抢占市场份额有很大帮助。另外，K 公司的海外网点不齐，借助国际货运代理公司的海外网点建立全球营销网络也是 K 公司的战略选择。

对于第二种战略选择，如果该大型国际货运代理公司的忠诚度不高且能力有限，并占用了公司大量的资源成本，那么 K 公司就应该在一定范围内限制同该公司的业务发展规模，或者尽量调整业务合作模式，以实现 K 公司的长远战略目标。原因在于这样的大型国际货运代理公司虽然在客户价值评价指标体系中能够成为 K 公司的高价值客户，但缺乏忠诚度，不能为 K 公司在全球营销网络建设方面给予强有力的支持。相反由于其业务委托的牵制，从某种程度上甚至限制了 K 公司的战略发展。另外，如果该公司没有表现出很高的客户能力价值，不能在管理经验、推荐价值方面给 K 公司强有力的支持，那么其作为关键客户的含金量会大打折扣。

对于第三种战略选择，主要基于 K 公司的阶段性战略需要。例如，某大型国际货运代理公司在一定时间内业务委托量比较大，频次也比较高，但利润贡献率及利润率都使该客户没有达到关键客户的评价标准，但该公司委托的业务正是K公司某战略项目的基础配载货源，该业务能够为K公司开拓某项业务打下基础，这样的客户理所当然应该享受关键客户的待遇。

大型国际货运代理公司被筛选出来成为关键客户，那么该公司同K公司的合作应该已经进入稳定期，或者说超越了大客户开发的中期阶段合作水平，该公司对K公司提供的产品也有一定程度的依赖。这时K公司应该尝试建立共享机制，让客户参与生产，在协同创新和共同进步中感受到与K公司已成为有机结合体，在情感上产生共鸣。

针对以上战略选择，K公司应该有以下几项具体的一体化管理策略。

第一，以客户为中心，努力提高客户的满意度及忠诚度，降低实现一体化的成本，实现对客户的快速响应等，从而获得竞争优势。

第二，强化多层次合作，信息共享，优化K公司具有核心竞争力的业务，利用核心竞争力的业务作为实现一体化的资本。

第三，在追求一体化的进程中加强同关键客户的平台交流，使合作业务的流程逐步实现标准化、集成化，以及信息技术的集成运用。

第四，时刻关注一体化后联盟体的管理，使联盟体的整体效率和价值创新能力协同提升，如果联盟体出现无法扭转的困局，应果断放弃联盟。

2. 直接货主作为关键客户的管理策略

直接货主作为K公司关键客户的原因暂且不讨论，但对K公司具有长远客户价值是其根本特征。直接货主作为关键客户理论上可以发生在关键客户开发的任何阶段，但一般来说能成为真正意义上的关键客户还会发生在关键客户开发的中期阶段、伙伴式阶段及协作阶段。因此，需要结合客户生命周期理论对直接货主类的关键客户进行管理，准确把握客户所处的生命周期阶段，在不同阶段采取不同的关键客户关系管理策略。

在关键客户开发的孕育阶段和初期阶段，从关键客户关系管理策略来说，主要是关注策略和需求管理策略。在该阶段要紧密关注客户的动态，尽量收集和客户有关的信息，如客户的心理要素、个人要素、社会要素、需求特点等，随时准备满足客户的需求，并对客户的需求进行细分，以了解客户真正的需求，使客户关系成功跨越考察期和形成期。

在关键客户开发的中期阶段和伙伴式阶段应该加大投入、重点关注，实施关键客户的全方位管理。在该阶段，客户受竞争者引诱的可能性依然比较大，必须实行超期望的管理策略以实现客户的持续满意，达到关键客户关系管理的期望效果，进而实现客户忠诚和客户保持。在该阶段K公司应该为锁定的关键客户提供增值服务，尽量满足其个性化需求，并展开与客户的互动，增加感情交流。对处于该客户生命周期的关键客户关系管理，K公司需要特别重视以下几项工作。

（1）对客户关系发展方向进行明确的目标化，用具体的目标和目的描述远景目标，使公司内部员工清楚该客户的定位，便于统一思想。

（2）明确向客户提供哪些产品或服务，制定如何进一步挖掘客户潜力的策略，并明确实施策略所采取的行动步骤。

（3）组建项目团队，即对应关键客户开发的项目小组，使他们为实现目标采取一致行动。

（4）确保关键客户关系管理策略实施行动有合适的人在合适的时间采取。

（5）调动资源，使计划中可投入的资源能高效地用于满足客户的需求。实现客户需求的超期望管理。

在关键客户开发的协作阶段应该采取一体化的管理策略。在这个阶段，K公司可以利用和客户的深入合作关系、高度信任关系及客户的强烈依赖关系推进一体化进程，实现客户关系的终极状态。

（资料来源：庄炳强.K货代公司关键客户管理策略研究[D].兰州：兰州大学，2011.）

本学习情境应掌握的知识点

在制定物流营销组合策略后，物流营销人员就要进行物流产品的销售了。在此阶段，物流营销人员需要构建物流营销组织结构、进行物流服务质量管理，并在此基础上进行物流客户关系管理，以使物流用户能切实得到满意的物流产品，进而使物流企业的客户满意度得到提高，为物流用户以后购买其物流产品建立好良好的客户关系。

5.1 构建物流营销组织结构

5.1.1 物流营销组织结构

1. 物流营销组织结构的含义

物流营销组织结构是物流企业为实现组织目标，在营销工作中进行分工协作，在营销过程中正式确定的使营销工作得以分解、组合和协调的框架体系。物流营销组织结构是物流企业在职（职务范围）、责（责任）、权（权利）方面的动态结构体系，其本质是为实现营销策略目标而采取的能支持和促进员工有效地完成企业营销任务的结构设计方案和一种分工协作体系。

2. 物流营销组织结构设计的主要依据

（1）专职化程度。专职化程度是指根据物流企业营销业务活动的相似性来设立职能部门。

（2）集权与分权。集权是指决策权在物流企业中较高层次的一定程度的集中，分权则是指决策权在物流企业中较低层次的适度的分散。集权的优点是在只有一个或少数几个领导人的管理下，可以保证组织总体政策的统一性，防止政出多门、互相矛盾，决策的制定与执行效率较高；部门间能较好地联系和协调，能从全局和整体最优的角度出发制定最佳方案。分权的优点是基层物流营销人员较上级管理人员更了解客户的需要，对物流市场变化更敏感，由他们做决策效果较好；制定决策快，不需要层层汇报请示，从而有利于抓住物流市场机遇；对基层人员有较大的激励作用，有利于调动他们的工作积极性。

（3）管理跨度与管理层次。管理跨度是指一名营销主管能够直接、有效地领导下属人员的数量。任何主管所能指挥和监督的下属数量总是有限的，需要将其担负的部分管理工作再委托给下属来协助进行，并依此类推下去，由此形成了从最高营销主管到基层推销人员之间的不同的管理层次。有效的管理跨度受到诸多因素的影响，主要包括：上级与下级管理人员的综合素质与工作能力的高低；所需决策问题的多少和复杂程度；物流企业相关职能机构和部门是否健全；物流企业工作标准化程度与授权程度的高低；信息沟通技术与手段是否完善等。

3. 物流营销组织结构设计的基本原则

物流营销组织结构设计的基本原则包括：①有利于物流企业整体经营目标的实现；②有利于各职能部门沟通协调；③有利于对物流市场信息迅速做出反应；④有利于调动各级物流营销人员的工作积极性。

4. 影响物流营销组织结构的基本因素：

影响物流营销组织结构的基本因素包括：①企业经营战略；②物流企业类型；③物流企业规模；④物流市场因素；⑤技术手段；⑥物流产品因素；⑦物流市场环境。

5. 物流营销部门的演变过程

物流营销部门的演变过程为：简单的物流营销部门→带有物流营销职能的销售部门→单独的物流营销部门→现代物流营销部门→现代物流营销公司。

6. 物流营销部门在物流企业中的地位和作用

关于物流营销部门在物流企业中的地位和作用，学术界存在着多种不同的观点，在实践中也存在着不同的倾向，主要表现为五个方面。

（1）物流营销部门与财务、人力资源、生产等部门处于同等地位。在物流企业的战略规划中，各种职能的地位平等，没有主次之分。

（2）物流营销职能是物流企业最重要的职能。

（3）物流市场营销是物流企业的主要职能。

（4）物流用户是物流企业经营管理的中心。

（5）为了正确解释和有效满足物流用户的需求，物流营销部门仍处于公司的中心支配地位。这种思想目前在营销界占据了主导地位。

5.1.2　物流营销组织的基本结构

1. 区域型组织结构

按地区划分营销区域的组织结构是最常见的物流营销组织结构之一。相邻物流营销区域的营销人员由同一名区域经理来领导，而区域经理向更高一级的销售经理负责。区域型组织结构如图 5-3 所示。

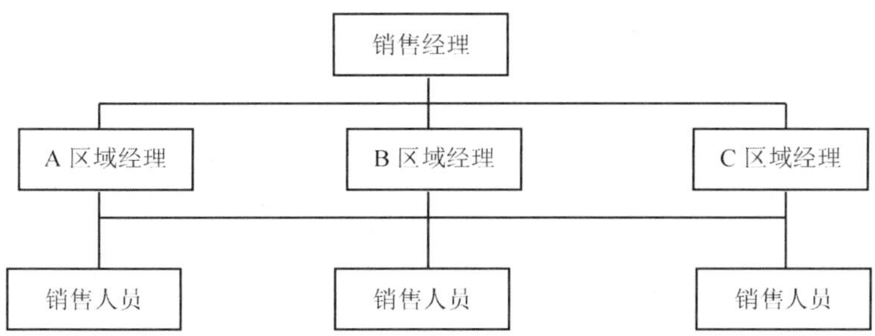

图 5-3　区域型组织结构

区域型组织结构的优点主要表现在如下五个方面。

（1）区域经理权力相对集中，决策速度快。

（2）物流营销人员容易与当地物流用户及渠道客户建立关系网络。

（3）地域集中、费用低。

（4）物流用户集中、容易管理。

（5）物流营销人员与物流用户是一对一接触，物流用户服务比较统一。

区域型组织结构的缺点主要表现在三个方面。

（1）物流营销人员从事所有的营销活动，技术上不够专业，不能适应种类多、技术含量高的物流产品。

（2）不能适应全国性连锁零售企业的需要。

（3）分公司或区域经理权力较大，不易协调与统一。

适用区域型组织结构的物流企业类型主要有如下四种。

（1）物流企业经营的物流产品单一或类似。

（2）物流产品性能不太复杂。

（3）面对的物流用户数量众多。

（4）物流用户分布的地域广阔且分散。

2. 产品型组织结构

产品型组织结构是按一种物流产品或一组相关物流产品来划分的组织结构，如图 5-4 所示。一般情况下，技术含量高的物流产品多采用这种营销组织结构。

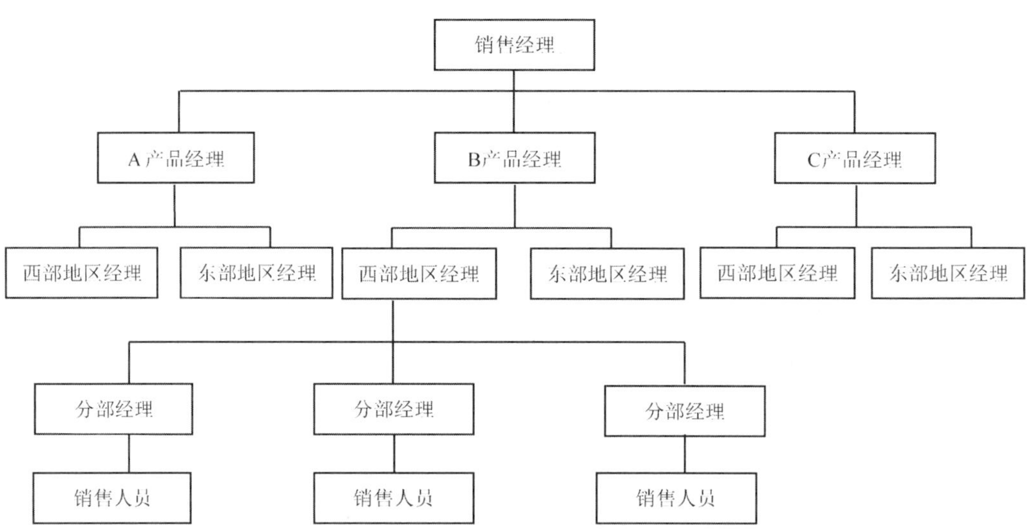

图 5-4　产品型组织结构

产品型组织结构的优点主要表现在两个方面。

（1）物流营销队伍与相关的生产线相联系，便于熟悉与物流产品相关的技术、营销技巧，以及物流产品的使用、维护、保养，有利于培养营销专家。

（2）生产与营销联系密切，物流产品供货及时。

产品型组织结构的缺点主要表现在两个方面。

（1）由于地域重叠，造成工作重复，成本高。

（2）容易出现多名物流营销人员服务同一个客户的情况。

适用产品型组织结构的物流企业类型主要有以下三种。

（1）物流企业经营的物流产品种类较多，且物流产品性能差异很大。

（2）物流产品比较复杂。

（3）物流客户分属不同的行业，行业差异大。

3. 顾客型组织结构

对不同的顾客营销相同的产品，由于顾客的需求不同，物流营销人员需要掌握的知识也不同。物流企业采取按顾客类型规划与设计的顾客型组织结构，便于物流营销人员集中精力服务各种类型的顾客，从而成为服务于某类顾客的专家。顾客型组织结构如图 5-5 所示。

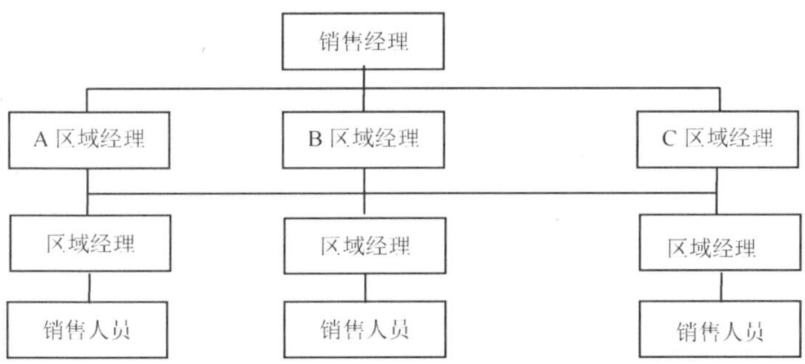

图 5-5 顾客型组织结构

顾客型组织结构的优点主要表现在以下四个方面。

（1）专人负责重要客户，能更好地服务顾客和满足顾客需要。

（2）可以减少营销渠道的摩擦。

（3）有利于建立与客户的紧密联系，培养与客户的战略合作伙伴关系。

（4）为新的物流产品的开发提供思路。

顾客型组织结构的缺点主要表现在以下四个方面。

（1）物流营销人员需要熟悉所有产品，培训费用高。

（2）重要消费者或大客户的减少会对物流企业的发展带来威胁。

（3）营销区域重叠，造成工作重复，营销费用高。

（4）物流营销人员离职容易给物流企业和物流客户带来负面影响。

适用顾客型组织结构的物流企业类型主要有以下两种。

（1）物流产品的营销量集中在一些采购量大的主要客户上。

（2）物流客户的经销网点分散，但采购集中，如连锁超市。

4. 职能型组织结构

物流营销人员不可能擅长所有的营销活动，但有可能是某一类营销活动的专家，基于这种思路，有些物流企业采用职能型组织结构，如图 5-6 所示。由于这种结构管理费用高，因此，经济实力弱的物流企业不宜采用。

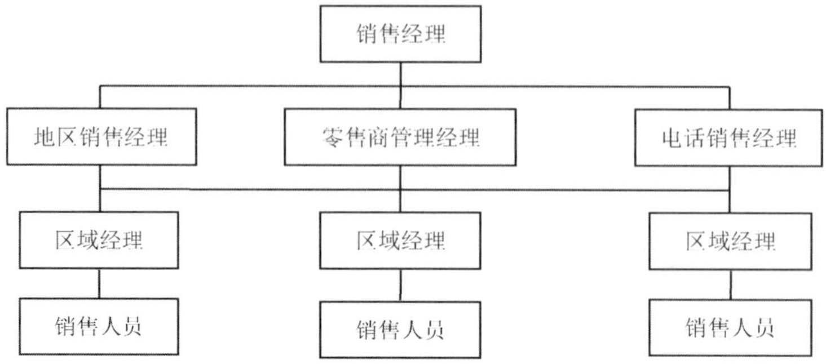

图 5-6　职能型组织结构

职能型组织结构的优点主要是分工明确，有利于培养物流营销专家。

职能型组织结构的缺点主要是管理费用高，物流营销活动缺乏灵活性，责任不明确。

适用职能型组织结构的物流企业类型主要有以下两种。

（1）物流企业所经营的产品需要提供大量的售后服务工作，而售前、售中和售后服务工作所需的工作技能又有所不同。

（2）物流营销工作可以按营销内容进行分解。

5. 围绕大客户规划的营销组织结构

以上四类营销组织结构是最基本的，但随着大客户管理的兴起，围绕大客户规划的营销组织结构受到了越来越多的物流企业的青睐。有些物流企业的经营业绩主要由几个大客户来支撑，因此，这些物流企业便成立专门的机构用大量的时间及专业水准服务于这些大客户，这种营销组织结构针对性强，无须过多的管理和营销费用。图 5-7 是围绕大客户规划的营销组织结构。

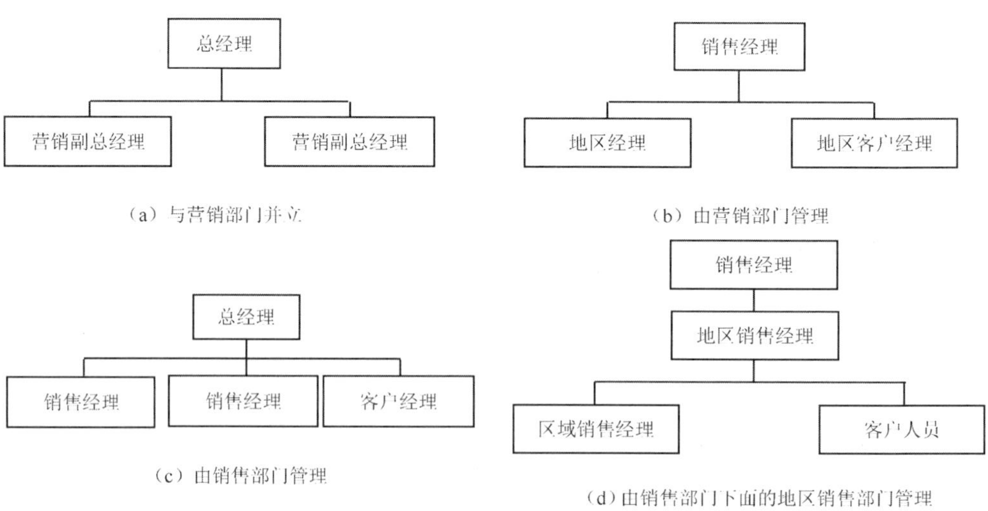

图 5-7　围绕大客户规划的营销组织结构

6. 营销组织结构的综合与集中

当物流企业在一个广阔、复杂的地区向许多不同类型的顾客推销多种产品时，显然，以上各种营销组织结构都不太适用，这时需要综合以上各种营销组织结构。物流企业可以按地区-产品、地区-行业、行业-产品、产品-职能、行业-职能等进行组织结构的设计，其目的是发挥以上各种组织结构的优点，克服其缺点。这类组织结构的灵活性和适应性较强，但稳定性较差，多重领导容易产生冲突，因此需要高超的管理技巧和科学的管理方法才能很好地驾驭。

随着时代的发展，物流营销组织结构也出现了集中的趋势，即营销组织扁平化和营销功能集中化，顾客只需要面对一名物流营销人员就可以得到完全满意的解决方案。

不同物流企业的营销部门可能有不同的物流营销组织结构，但基本结构是相似的。物流营销组织结构应随着物流企业的发展、市场状况的改变进行适当调整，从而适应物流市场发展的需要，以便为顾客提供更好的服务。

5.2 物流服务质量管理

5.2.1 物流服务质量

1. 物流服务质量的定义

物流服务质量是指物流服务固有的特性满足物流客户和其他相关要求的能力的集合。其一般包括运输服务质量、配送服务质量、保管服务质量以及库存服务质量等。对物流服务质量进行管理，是物流客户关系管理的基础。

2. 物流服务质量形成模式

如图 5-8 所示，物流服务质量从设计、供给、关系三个方面的来源着手，在物流客户心目中形成物流技术质量和物流功能质量两个方面的内容，从而使物流企业的企业形象、物流客户对物流服务的质量体验及对物流服务的质量预期发生综合作用，最终形成客户感知的物流服务质量。

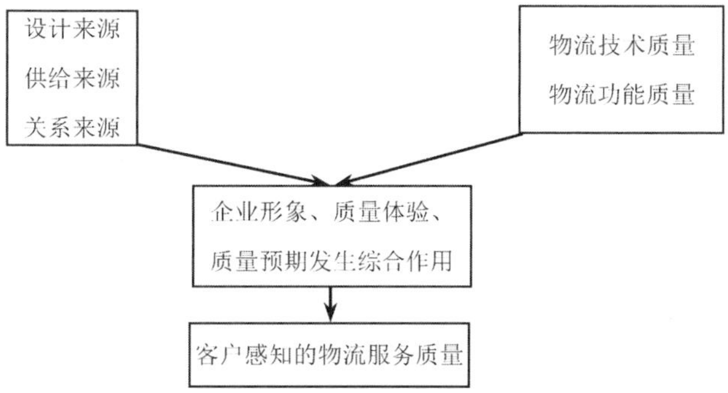

图 5-8　物流服务质量形成模式

（1）物流服务质量的形成主要源于三个方面：设计、供给和关系。其中，设计来源即分析客户类型和客户需求；供给来源即设计好物流服务提供给客户的方式；关系来源即物流服务人员与客户之间的关系。

（2）物流服务质量一般包括两个方面的内容：物流技术质量和物流功能质量。其中，物流技术质量是客观存在的，是物流客户从物流服务中得到的东西，具体指物流服务本身的质量标准、环境条件、网点设置、服务设备及服务项目、服务时间等是否适应和便于满足物流客户的需要。物流技术质量是物流客户服务的结果，满足物流客户的主要需要，对其评估通常能得到客户比较客观的评估，如客户关于物流营销人员的行为、态度、方法、程序、时间、地点等的客观评估。物流企业比较容易控制物流技术质量。物流功能质量则是主观的，是物流客户对服务过程的主观感觉，具体指在提供服务时服务人员的仪态仪表、态度、程序、行为是否满足物流客户的需要。物流功能质量是物流客户服务过程的质量，满足物流客户非主要需要，对其评估与物流客户的个性特点、态度、知识、行为方式等因素有关，还会受到其他客户的消费行为的影响，企业较难控制。物流客户评价物流服务质量的好坏，是根据他们所获得的物流服务效果（物流技术质量）和所经历的服务感受（物流功能质量）做出的，两者综合在一起才能形成完整的物流客户感受。

（3）客户感知的物流服务质量还要受到企业形象、质量体验和质量预期等三个方面的综合作用。具体来说包括如下内容。第一，企业形象。客户在购买物流服务之前，因受到企业所做宣传、其他客户口头传播的影响，以及自己以前接受物流服务的经验，在大脑中已经形成对企业形象的一个初步认识，对自己准备接受的物流服务质量有了比较具体的预期。第二，质量体验。客户在物流服务提供过程中会体验到物流企业的服务质量，体验到的物流服务质量从内容上可分为物流技术质量和物流功能质量。第三，质量预期。客户会把自己在接受物流服务过程中体验到的物流服务质量与预期的物流服务质量相比较，从而得出该企业的物流服务质量是优是劣的结论。

3. 物流服务质量指标

（1）人员沟通质量。人员沟通质量是指负责沟通的物流企业服务人员是否能通过与顾客的良好接触提供个性化的服务。一般来说，物流企业服务人员相关知识丰富与否、是否体谅顾客处境、是否热心于帮助顾客解决问题等会影响顾客对物流服务质量的评价。

（2）订单释放数量。订单释放数量与货物可用性概念相关。一般情况下，物流企业会按实际情况释放（减少）部分订单的订量（出于供货、存货或其他原因）。对于这一点，尽管很多顾客都有一定的心理准备，但是，不能按时完成顾客要求的订量会对顾客的满意度造成影响。

（3）信息质量。信息质量是指物流企业从顾客角度出发提供产品相关信息的多少。这些信息包含了产品目录、产品特征等。如果有足够多的可用信息，顾客就容易做出有效的决策，从而减少决策风险。

（4）订购过程。订购过程是指物流企业在接受顾客的订单、处理订购过程时的效率和成功率。调查表明，顾客认为订购过程的有效性和程序及手续的简易性非常重要。

（5）货品精确率。货品精确率是指物流企业实际配送的商品和订单描述的商品一致的程度。货品精确率应包括货品种类、型号、规格准确及相应的数量正确。

（6）货品完好程度。货品完好程度是指货品在配送过程中受损坏的程度。如果有损坏，那么物流企业应及时寻找原因并及时进行补救。

（7）货品质量。这里的货品质量是指货品的使用质量，包括产品功能与顾客的需求相吻合的程度。货品精确率与运输程序（如货品数量、种类）有关，货品完好程度反映货品的损坏程度及事后处理方式，货品质量则与货品生产过程有关。

（8）误差处理。误差处理是指订单执行出现错误后的处理。如果顾客收到错误的货品，或者货品的质量有问题，都会向物流企业追索更正。物流企业对这类错误的处理方式直接影响顾客对物流服务质量的评价。

（9）时间性。时间性是指货品是否如期到达指定地点。它包括从顾客下订单到订单完成的时间长度，受运输时间、误差处理时间及重置订单的时间等因素的影响。

4. 物流服务质量管理的特点

（1）全员参与。要保证物流服务质量，物流活动的相关环节、部门和人员要紧密配合。物流服务质量管理的全员性是由物流的综合性、物流质量问题的重要性和复杂性决定的。

（2）全程控制。物流服务质量管理是对物品的包装、储存、运输、配送、流通加工等若干过程进行的全过程管理，同时又是对物品在社会再生产全过程中进行全面质量管理的重要一环，具有全程控制的显著特点。在这一过程中，必须一环紧扣一环地进行全过程管理才能保证最终的物流质量，达到目标规定的物流质量。

（3）全面管理。物流服务质量管理不仅管理物流产品本身，而且还管理物流工作质量和物流工程质量，最终对成本及交货期起到管理作用，具有全面管理的特点。因此，必须从系统的各个环节、各种资源及整个物流活动的相互配合和协调做起，只有物流服务质量管理的整体发展才能实现物流管理目标。

5.2.2 物流服务质量标准

确定适当水平的物流服务质量标准对于物流业务外包是至关重要的。不管是作为外包合同的一部分，还是单独签订的一份协议，物流服务质量标准条款都是将物流外包供应商的服务水平同外包客户企业的经营目标密切关联的有效工具。

1. 物流服务质量标准的作用

在物流外包关系中，物流企业需要将其非核心的物流管理、物流作业及物流设施等部分或全部地外包出去，交给第三方服务供应商，以达到利用专业物流公司的专业优势、规模经济及获取外部资源的目的，直到进一步建立市场竞争战略联盟。物流外包方通常会明确知道它想通过外包实现的价值，但它并没有明确规定服务方应该如何操作具体的业务。如果外包方事必躬亲，牢牢掌握控制权，详细规定服务方应该如何操作外包的物流业务，那么它会使服务方丧失本身具有的专业优势。而服务方如果不能充分发挥自身优势，就不能为外包方带来价值，也不能为自己带来收益。

物流服务质量标准在外包协议中可为服务方的服务提供考核标准，也可为服务价格的确定提供重要参考。

2. 物流服务质量标准的类型

物流服务质量标准有三种类型。选用哪种类型，取决于物流外包方希望通过外包达到什么样的目标。

（1）有用型。在这种物流服务质量标准下，如果物流产品服务继续，合作将一切顺利；如果物流产品服务停止，外包方就要补偿停止物流产品服务期间的损失。这类外包的目的不仅仅是降低物流产品的成本，它还追求价值增值。增值的物流外包将对物流企业的发展产生深远的影响。举例来说，某家制造企业为了集中主业、降低成本而将运输服务外包出去，那么它会运用这种“有用型”的物流服务质量标准。但是，如果外包方的目标是改善物流企业产品对市场的反应性、提升客户的满意度，那么基于这种目标的物流业务外包将会产生比降低成本大得多的价值。当外包方的目标是价值增值时，所运用的物流服务质量标准就应该是业务改进型或价值增值型。

（2）业务改进型。如果外包方的目标是改善业务，那么就应该运用这种类型。这类物流服务质量标准经常用于业务流程外包。为了改善业务，所制定的物流服务质量标准最重要的是能够考核物流业务中进行的各种变革措施是否成功。

（3）价值增值型。这种类型的物流服务质量标准必须对真正的价值（即希望得到的绩效）做出描述。以运输为例，服务水平应该包括运输的准时率和运输货物的安全性等，而不是仅仅局限于承运多少货物。好的价值增值型物流服务质量标准可以考核价值增值的效果。外包合同的定价以服务提供方的服务质量为基础，或者定价结构为双方利益共享、风险共担，这些外包往往采用价值增值型的物流服务质量标准。

3. 物流服务质量标准设立时应考虑的基本因素

（1）要考核的物流服务质量内容。外包方在确定物流服务质量标准之前，首先必须明确它想通过外包实现的绩效。一般而言，物流服务质量的考核涉及服务的速度、有效性、可靠性，以及使用方的友好性、及时性、一致性、效率等。

（2）物流服务质量具体的考核内容。外包方在客观地考核各种绩效之前，还必须明确规定外包业务的范围和边界。以外包运输管理为例，外包方需要决定是否包括以下内容：在范围方面，原材料运入工厂仓库、产成品一级配送、产成品二级配送、产成品驳运（从工厂仓库到中央配送中心）等；在边界方面，一级、二级配送装车责任以及驳运时贴标签等增值服务等。每项决策都会在物流服务质量标准中反映出来，并构成了第三方物流公司提供物流产品的成本要素。

4. 物流服务中的质量指标

评估物流服务的质量，需要定义一组具体的质量指标。传统物流服务质量指标的定义采用了三种方式：一是时间方式（如订货至交货的时间）；二是百分比方式（如可靠性和完全性）；三是时间加数量方式（如生产率）。表 5-1 给出了一组传统的物流服务质量指标。

表 5-1　传统的物流服务质量指标

指　　标	含　　义
订货至交货的时间	从客户订单下达至客户获得所订物流产品的时间，主要包括以下活动。 ● 订单传送 ● 订单处理：正式订单控制、客户储付能力控制、仓库有效性控制、运输文书准备、制订交付计划 ● 订单组成：仓储包装材料说明、具体包装方法与其他订单的组合订单传送到生产厂家 ● 物流产品生产 ● 送往仓库 ● 提供给最终用户

续表

指　　标	含　　义
对称性	在“订货至交货的时间”均值周围分布；延迟或提前交货的数量与总订货数量的百分比
可靠性	在规定的时间内可提供的订货数与规定时间内要求提供的总订货数的百分比
完全性	某一时期提交完整订货数的次数与某一时期内总提交订货数次数的百分比
柔性（灵活性）	已处理特别订单、紧急订单数量与客户提供的特别订单、紧急订单数量的百分比。该指标体现了处理异常客户需求的能力
正确度	某一时期派送的错误订单数（含发货单错误、包装单错误）与这一时期派送的订单总数的百分比
伤害度	某一时期派送的货品损坏数与这一时期派送的总订货数的百分比
生产率	在规定时间内提供的订货数量

由表 5-1 可知，这些指标基本覆盖了与物流服务质量有关的各个层面。从物流发展的现状来看，这些指标仍具有一般有效性，它可以与一些特殊的需求建立特别关系。从广义上讲，这些指标经过调整可适用于对各个行业物流质量服务水平的评估。当然，不同的运用领域，指标的意义也存在着许多明显差异，这需要因情况而异。传统物流服务质量指标与某邮政速递物流服务质量指标比较如表 5-2 所示。

表 5-2　传统物流服务质量指标与某邮政速递物流服务质量指标比较

指　　标	含　　义
订货至交货的时间	—
对称性	邮件传送延迟
可靠性	对许诺服务时间的延迟 邮件难以寻找程度 失效管理案例数量
完全性	没有被送达的邮件数，不完全提供的数量
柔性（灵活性）	—
正确度	丢失的邮件数量 目的地错误 票据的正确性
伤害度	被损坏的邮件数量
生产率	—

5. 物流服务质量水平的确定步骤

（1）知道有哪些服务项目。

（2）通过问卷调研、专访和座谈，收集有关物流服务的信息。

（3）根据物流用户的不同需求，归纳成为不同的类型。

（4）分析物流产品服务的满意度。

（5）分析与相互竞争的其他公司相比本公司的情况如何。

（6）按物流用户的类型确定物流服务形式。

（7）建立物流服务运行机制，即为实现上述整套物流服务项目的机制。

（8）对物流服务运行机制进行追踪调查。

5.2.3 物流服务质量的改进方法

物流服务质量表现为产生、形成和实现的过程。这种过程是由按照一定的逻辑顺序进行的一系列活动构成的，因此，物流服务质量的改进是一个循序渐进的过程。一般采用“PDCAR”模式（见图 5-9）来阐述物流企业物流服务质量的改进。“PDCAR”模式运用“PDCAR”管理循环，即计划、实施、检验、吸取教训后再次行动、备案供以后借鉴等方法，推动整个质量工作系统运转。其最基本的特点就是循环的阶梯提升。循环是有前后时间差异的，前一循环的输出往往成为后一循环的输入，在吸取前一循环经验和教训的前提下又开展了新一轮循环。但这种循环的接连滚动并不是在原地进行的，随着每个新循环的开始，质量改进的水平也会跃上一个新的台阶。

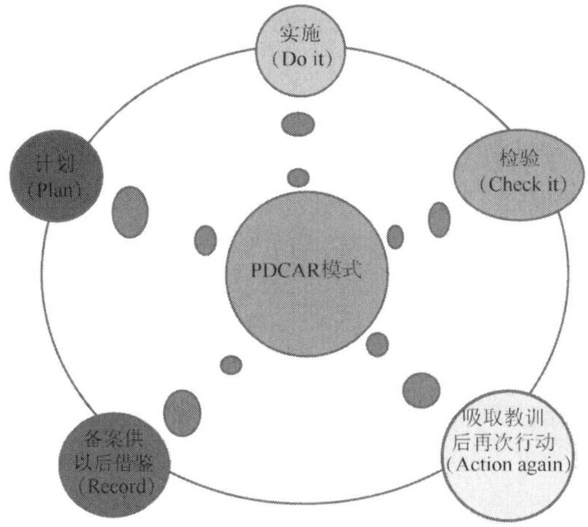

图 5-9 PDCAR 模式

5.3 物流客户关系管理

在市场经济条件下，客户是真正的上帝，客户已成为物流企业竞争的焦点，谁拥有众多的优质客户，谁就能在激烈的竞争中处于领先的地位。因此，如何开发客户资源和保持相对稳定的客户队伍，如何赢得更大的市场份额和更广阔的市场前景，已成为现代物流企业生存和发展的关键问题。

小贴士

美国一家大型的运输公司对其流失的客户进行了成本分析。该公司原有 64 000 个客户，今年由于服务质量问题，公司丧失了 5%的客户，也就是有 3 200 个客户流失。平均每流失一个客户，营业收入就损失 40 000 美元，相当于公司一共损失了 128 000 000 美元的营业收入。假设公司的盈利率为 10%，那今年公司就损失了 12 800 000 美元的利润。

“公司只要降低 5%的顾客流失率，就能增加 25%～85%的利润，而在吸引顾客再度光顾的众多因素中，首先是服务质量的好坏，其次是产品本身，最后才是价格。”

——美国《哈佛商业评论》

5.3.1　物流企业的客户

物流企业的客户与一般的服务行业不同，物流行业服务的客户不仅包括最终消费者，而且还包括各种企业，既有生产领域的企业，也有流通领域的企业。物流企业必须做好如下物流服务工作，以维护原有的物流企业的老客户，并不断争取物流企业的新客户。

（1）在物流活动上，对于为生产型企业的产品销售和流通型企业的产品配送提供服务的物流活动，物流企业必须同时实现如下几点：①快速响应，即及时将产品送达物流用户手中；②最小变异，即在突发情况下采取各种手段，如溢价运输等方式确保物流服务系统表现稳定；③质量改善，即与客户的全面质量管理等经营策略等配合，避免因不正确装运和运输中造成的产品损坏导致客户重新订货而造成的时间延误。

（2）在时间尺度上，为制造商服务的物流企业，要根据物流产品在生命周期所处阶段的不同特点调整物流目标：①在产品的导入期，物流用户的首要目的是使产品在市场上立足，因此物流企业要尽一切努力实现产品可得性与物流的灵活性；②在产品的成长期和成熟期，物流企业要与客户共同实现向物流用户终端提供的服务在质量和成本上的平衡；③在产品的衰退期，厂商会对物流进行新的定位，物流企业要配合客户实现经营风险最小化。

（3）在服务内容上，除了传统的运输、仓储及一般意义上的加工包装等增值服务，物流企业还可以提供订货处理、开票、回收商品处理等独特的物流服务。具体到单个企业，物流活动的个性化特征就更加突出。例如，美国的罗德威物流服务公司除了向 LOF 玻璃公司提供运输服务，还安排其他承运人处理该公司的部分运输业务。一些大型零售商不仅要求物流企业进行货品配送，还要求物流企业提供货品搬运上架、理货、进行二次包装等服务，正如一位超市经理所说：“我不希望看到在顾客走进购物区时，我们的员工却在库房里给促销商品贴胶条。”

5.3.2　物流客户服务的要素

1. 交易前要素

交易前要素主要是为物流企业开展良好的客户服务创造适宜的环境。这部分要素直接影响客户对物流企业及物流产品或物流服务的初始印象，为物流企业稳定持久地开展客户服务活动打下良好的基础。交易前要素主要包括：①客户服务条例；②客户服务组织结构；③物流系统的应急服务；④增值服务。

2. 交易中要素

交易中要素主要是指直接发生在物流过程中的客户服务活动，主要包括：①缺货频率；②订货时间；③订、发货周期的稳定性；④特殊货物的运送；⑤订货便利性。

3. 交易后要素

交易后要素即售后服务，是物流客户服务中非常重要却也最容易被忽略的要素。交易后要素主要包括：①配套服务；②产品跟踪；③客户抱怨。

5.3.3 物流客户服务的标准

物流客户服务的标准可以形象地用“7R”原则来描述，即在合适的时间（Right Time）、合适的场合（Right Place），以合适的价格（Right Price），通过合适的渠道和方式（Right Channel and Way），为合适的客户（Right Customer）提供合适的物流产品和服务（Right Product and Service），使客户的合适的需求（Right Want or Wish）得到满足，价值得到提高。

1. 合适的时间

物流客户的需要是一定时间的需要，要求物流企业能够在物流客户最需要的时候满足物流客户的需要。只有这样，物流企业才能真正实现物流客户服务的目的。

2. 合适的场合

在物流客户需要的地方、合适的情境中为物流客户提供服务，往往会起到事半功倍的效果。

3. 合适的价格

合适的价格应该在一定程度上符合物流客户的愿望，不是越高越好，更不是越低越好，而应该是在考虑双方共同利益的前提下，寻找到物流客户与物流企业之间在价格方面的最佳契合点。

4. 合适的渠道和方式

合适的渠道和方式要适应物流客户的客观情况和满足物流客户的需求。

5. 合适的客户

不是所有的物流用户都是物流企业的客户。物流企业必须对物流用户进行必要的筛选，为物流用户提供有区别的服务。例如，一般物流用户的基本服务、合适物流用户的完善服务、关键物流用户的完美服务、有害物流用户的防御服务等。

6. 合适的物流产品和服务

合适的物流产品和服务是指物流产品是物流客户真正需要的，物流企业能够按照物流客户的要求提供有特色的客户服务。

7. 合适的需求

物流客户的需求有不同种类、不同层次。物流企业寻找到合适的物流客户之后还应该找准物流客户的合适需求，不同的物流产品应该有相对集中的需求对象和需求点。

总之，提供有效而合适的物流产品和服务对物流企业和物流客户而言都是十分重要的。

5.3.4 物流客户关系管理的含义

小贴士

93%的 CEO 认为客户管理是企业成功和更富竞争力的最重要的因素。

——阿伯丁集团

客户满意度如果有了5%的提高，企业的利润将加倍。

——《哈佛商业评论》

一个非常满意的客户的购买意愿将六倍于一个满意的客户。

——施乐公司

2/3的客户离开其供应商是因为关怀客户不够。

——扬基集团

根据对那些成功地实现客户关系管理的企业的调查表明，每个销售员的销售额增加51%，客户的满意度提升20%，销售和服务的成本降低21%，销售周期减少1/3，利润增加2%～20%。

1. 物流客户关系管理的概念

物流客户关系管理是指物流企业为达到其经营目标，通过深入的客户分析和完善的客户服务，主动培养物流企业的最终客户、分销商和其他合作伙伴对本企业及本企业物流产品的更积极的偏爱或偏好，留住他们并以此提升企业业绩的一种营销策略。

小案例 客户关系管理成物流企业 IT 投资热点

根据易观国际《中国物流行业信息化年度综合报告2006》统计数据，物流企业选择管理信息化建设方向最迫切的需求是客户关系管理（Customer Relationship Management，CRM），这类企业占到全部企业的47%以上。

由统计数据可以发现，物流企业信息化建设仍将在其后两年停留在基本建设阶段，物流企业信息化仍然处于较低水平，已不能适应当前竞争环境的需要。其中客户关系管理需求最为迫切，原因有以下几点。

（1）物流企业越来越重视以客户为中心的经营理念。

（2）客户需求的多样化特征突出。

（3）客户希望与物流企业展开实时的良性互动，物流企业也需要对客户的需求表现出快速有效的反应。

由于我国物流行业IT基础较差，物流企业对客户关系管理的需求虽然强烈，但仍然集中在浅层次的阶段：一部分是对客户数据挖掘的需求，以建立客户数据为前提；另一部分则是加强前端系统构建及客户交互系统的开发的需求。对于急于上线客户关系管理的物流企业而言，对具体工作程序的流程化是事先必须做好的功课，如目标客户管理流程、客户维护流程等。

（资料来源：马文祥. 物流服务营销[M]. 上海：上海交通大学出版社，2010年。）

小案例 联邦快递的客户关系管理体系

电子商务的兴起为快递业提供了良好的机遇。在电子商务体系中，很多企业间可通过网络的连接快速传递必要信息，但对一些企业来讲，运送实体的物品是一个难以解决的问题。例如，对于产品周期短、跌价风险高的计算机硬件产品，在接到客户的订单后，快速取得物料、组装、配送，以降低库存风险及掌握市场先机，是非常重要的课题。因此对通过网络大量直销的戴尔计算机来讲，如果借助联邦快速的及时配送服务来提升整体的运作效率，可为规避经营风险做出贡献。有一些小企业，由于经费、人力的不足，往往不能建立自己的配送体系，这时就可借助联邦快递。

要成为企业运送货物的管家，联邦快递需要与客户建立良好的互动与信息流通模式，使企业能掌握自己的货物配送流程与状态。在联邦快递，所有客户都可借助其网上平台同步追踪货物配送流程与状况，还可以免费下载实用软件，进入联邦快递协助建立的亚太经济合作组织关税资料库。它的线上交易软件 Business Link 可协助客户整合线上交易的所有环节，从订货到收款、开发票、库存管理一直到将货物交到收货人手中。这个软件能使无店铺零售企业以较低成本比较迅速地在网络上进行销售。另外，联邦快递特别强调，要与顾客配合，针对顾客的特定需求，如公司大小、生产线地点、业务办公室地点、客户群科技化程度、公司未来目标等，来制定配送方案。

联邦快递还有一些高附加值的服务，主要体现在以下三个方面。

（1）提供整合式维修运送服务。联邦快递提供货物的维修运送服务，如将已坏的计算机或电子产品送修或送还所有者。

（2）扮演客户的零件或备料银行。扮演零售商的角色，提供诸如接受订单与客户服务处理、仓储服务等功能。

（3）协助客户简化并合并营销业务。帮助客户协调数个地点之间的产品组件运送流程。过去是由客户自己设法将零件由制造商送到终端客户手中，现在联邦快递可以完全代劳。

联邦快递的客户服务信息系统主要有两个：一是一系列的自动运送软件，如 Power Ship、FedEx Ship 和 FedEx InterNetShip；二是客户服务线上作业系统（Customer Operations Service Master On-line System，COSMOS）。

（1）自动运送软件。为了协助客户上网，联邦快递向客户提供了自动运送软件，有三个版本：DOS 版的 Power Ship、视窗版的 FedEx Ship 和网络版的 FedEx InterNetShip，利用这套系统，客户可以方便地安排取货日程、追踪和确认运送路线、打印条码、建立并维护寄送清单、追踪寄送记录。而联邦快递则可以通过这套系统了解客户打算寄送的货物，预先得到的信息有助于运送流程的整合、货舱机位和航班的调派等。

（2）客户服务线上作业系统（COSMOS）。这个系统可追溯到 20 世纪 60 年代，当时航空业所用的计算机定位系统备受瞩目，联邦快递受到启发，从 IBM 公司、Avis 出租汽车公司和美国航空公司等处组织了专家，成立了自动化研发小组，建立了 COSMOS，作为一种工程分析工具。1980 年，系统增加了主动跟踪、状态信息显示等重要功能，1997 年又推出了网络业务系统 VirtualOrder。

联邦快递通过这些信息系统的运作，建立起了全球的电子化服务网络，目前有 2/3 的货物量是通过 Power Ship、FedEx Ship 和 FedEx InterNetShip 进行的，主要利用它们的订单处理、包裹追踪、信息储存和账单寄送等功能。

联邦快递非常重视对员工进行管理以提高客户满意度，在这方面主要有三个具体方案。

（1）建立呼叫中心，倾听客户的声音。联邦快递在中国台湾的分公司有 700 名员工，其中 80 人在呼叫中心工作，主要任务除了接听成千上万的电话，还要主动打出电话与客户联系，收集客户信息。

呼叫中心的员工是绝大多数客户接触联邦快递的第一个媒介，因此他们的服务质量很重要。呼叫中心的员工要先经过一个月的培训，然后接受两个月的操作训练，学习与客户打交道的技巧，考核合格后，才能正式接听客户来电。

另外，这家分公司为了了解客户需求，有效控制呼叫中心服务质量，每月都会从每个接听电话员工负责的客户中抽取5位，打电话询问他们对服务品质的评价，了解他们潜在的需求和建议。

（2）提高第一线员工的素质。为了使与客户密切接触的服务人员符合企业形象和服务要求，联邦快递是中国台湾少数在招收新员工时做心理和性格测验的公司。对新入职员工的入门培训强调企业文化的灌输，先接受两周的课堂训练，接下来是服务站的训练，然后让正式的服务员指导半个月，最后才独立工作。

（3）运用奖励制度。联邦快递最主要的管理理念是，只有善待员工，才能让员工热爱工作，不仅做好自己的工作，而且主动提供服务。例如，联邦快递在中国台湾的分公司每年会向员工提供平均2 500美元的经费，让员工学习自己感兴趣的新事物，如语言、信息技术、演讲等，只要对工作有益即可。

另外，在联邦快递，当公司利润达到预定指标后，会加发红利，这笔钱甚至可达到年薪的10%。值得注意的是，为避免各区域主管的本位主义，各层主管的分红数额以整个集团是否实现预定计划为根据，他们不参加员工的红利加发，以增强他们的全局观念。

联邦快递还针对20 000多名与公司关系稳定的客户建立了一个客户数据库系统，为了避免客户流向竞争者，他们实施了一项权利关系计划，联邦快递向他们赠送一台与公司总部联网的计算机，可自行寻找自己所需货品的足迹，这一权利关系计划的实施，使联邦快递的客户忠诚度得到了很大的提高。

（资料来源：郭伟业，郭景春．物流服务营销[M]．北京：北京师范大学出版社，2011. 原文经过改写。）

2. 物流企业进行物流客户关系管理的意义

物流客户关系管理有助于物流企业了解自身的经营情况，帮助物流企业准确发现本企业的盈利物流客户和具有盈利潜力的物流客户，帮助物流企业分析物流客户所需服务倾向、开发适应物流客户需求的新服务，为物流企业争取物流客户提供有力的保障。

1）提升物流客户满意度，有效满足物流客户需求，促进利润增长

通过实施物流客户关系管理，物流企业能将物流客户的所有信息、企业销售人员状况统一纳入管理，并通过积极主动的方式获取完整、准确、及时的物流客户信息，可以为企业各级管理人员和业务人员提供分析和工作支持，建立销售人员的管理体系，实现横、纵向之间的物流客户信息沟通，使任何营销人员都可以轻松地接手其他营销人员的后续工作；可以根据物流客户生命周期分类管理物流客户资源，为物流企业制定相应的销售管理策略、技术准备等提供支持；有利于物流企业充分分析新物流客户带来的销售机会和老物流客户的潜力，促进利润的增长。例如，世界著名的思科公司（Cisco）的物流部门在物流客户服务领域中实施了CRM之后，使通过Internet的在线支持服务占了全部支持服务的70%，还使Cisco能够及时和妥善地回应、处理、分析每个通过Web、电话或其他方式来访的新老物流客户的要求。实施CRM使Cisco创造了两个奇迹：一是公司每年节省了3.6亿美元的物流客户服务费用；二是公司的满意度由原来的3.4分提升到了4.17分（满分为5分），货物的发货时间由最初的3周减少到了3天，在新增员工不到1%的情况下，利润增长了500%。

小案例　联邦快递的客户关系管理

1. 公司概况

联邦快递公司（FedEx）是全球快运业巨擘。在美国联合包裹运送服务公司（UPS）和美国运通公司等同行巨头的前后夹击下，其从零开始，迅速成长为在小件包裹速递、普通快递、非整车运输、集成化调运管理系统等领域占据大量市场份额的行业领袖，并跃入《财富》世界 500 强排行榜行列。

联邦快递现有全球员工总数 14.5 万人，开展业务的国家和地区 211 个，全球业务空港 366 座，备有各类型运输飞机达 624 架，日出车数近 4 万辆，处理超过 2 百万磅的空运货物。

2. 联邦快递的客户关系管理

（1）联邦快递每月提供两次机会供客户参观，一批批客户也愿意支付 250 美元的票价，来到其位于田纳西州孟菲斯的超级调运中心，亲身感受它的恢宏气度、高速繁忙而精确的作业现场，领略其非凡的竞争力。

（2）联邦快递网站于 1995 年开通。“联邦快递=新的领先者品牌”，联邦快递开创了快递产业中的“基地源泉”，史无前例地将智能化系统引入了物流行业。

（3）联邦快递主推“服务、技术、与客户协同拓展市场”的营销理念，成为在当今快速、竞争、全球一体化市场上，少数能向客户提供其需要的“综合性物资调运解决方案”的企业。

（4）联邦快递将其卖点建立在智能化服务体系上，深度介入客户的物资调运业务，提供能与之协同运作的“整体解决方案”，完美地满足客户与股东的需求，在强大的对手面前领先一步而发展壮大起来。

在网站定位方面，联邦快递网站注重的是它与客户，尤其是与企业客户间的亲和力，这对其发挥智能化运输管理系统作用而言是至关重要的。所以，网站定位于宣传“整体大于部分之和”的营销理念，力求与客户协同运作，共谋最佳效益。

在网站结构方面，联邦快递网站共 3 000 多页，功能强大。页面大致分为两类，一类是业务页面，以国别为页簇平行组织；另一类是宣传页面，按企业介绍及业务进程组织。两类页面互相链接，便于切换。所有页面均以清亮简洁为风格，页面间脉络清楚，链接关系简单。这些都是面向作业、面向流程的服务性网站所应具备的特征。否则，到处设活动区、链接关系复杂、不能按业务进程组织的页面，必然给客户造成许多麻烦。

网站设有“新用户欢迎中心”和“在线服务中心”。新用户欢迎中心在简单的欢迎词后对服务项目（国内、国际的包裹航运及陆运）、接货及送达（核实与接收代送货品、文件、包装、处理、送达等）、运输及管理工具（互联网、专用软件、硬件、解决方案、运输进程的费用与时间优化等）、运输示例（演示、介绍联邦快递系统的简单步骤、申请和提交业务表的填发等）等做了逐栏介绍。

在线服务中心功能也大致相似，只不过页面增加了实际作业按钮，故其除了向客户介绍产品与服务，主要是对实际操作提供指导。

在网站商业竞争力分析方面，联邦快递网站上述页面属常规部分，与其他快递公司相同。联邦快递能在短期内快速崛起，自有多个原因，其中之一是它旺盛的竞争力。近几年来，联邦快递的竞争力就体现在它在互联网上构建的智能化运输管理系统，其核心竞争力在于对企业用户和个体用户的强大吸引力上。

对于企业用户，联邦快递的智能系统能与用户企业网无缝链接，或者通过 Web 页面直接介入用户物资运输中去。这样的好处是，任何公司在逻辑上都可直接将联邦快递庞大的空运阵容和陆地车队当作自己的运输资源；而且联邦快递智能系统还告诉他们，一切最快并非一切最佳，明智的运输方案应是各种代运物资送抵目的地总体等待时间最短或最实时的解决方案。

一般企业不具备智能物资排运系统，也没有建立的必要。联邦快递知道其系统对它们有独特吸引力，就主推“整体大于部分之和”的协作化、智能化货运解决方案，深受各类企业欢迎，大小公司竞相使用。

联邦快递的杰作之一，是其向计算机直销巨头戴尔公司提供的“全球一体化运输解决方案”。它将戴尔在马来西亚和美国本土总部分为两大整机及零部件制造与供应中心，对于世界任何一地、任何单位数量的零件或整机需求，均由 FedEx InterNetShip 系统排出总体成本最低、最快捷的优化递送方案，以“展示戴尔对其客户的那种‘成功、质量和服务’的独具魅力的承诺”。而它在介入另一行业领袖——优利系统（Unisys）的供货业务时，更显示出该系统在处理不确定、突发性紧急需求时的非凡能力。

对于个人用户，联邦快递网站的规范化作业流能使它们方便地进行自我服务，可以接发订单、提交运输业务、跟踪包裹、收集信息和开账单等。

联邦快递网站每月有 300 多万次的访问，所有数据都同时进入公司内部网。具体而言，有约 2/3 的运输通过该系统自动处理，极大地降低了用户咨询联邦快递电话应答中心时的巨额查询费用，从而为广大用户节省了数百万美元，成本的降低就意味着竞争力的增强。

（资料来源：叶青，谢舸燕. 物流营销[M]. 北京：化学工业出版社，2009.原文经过改写。）

2）建立良好的客户关系，降低物流成本

与一般的服务行业不同，物流行业服务的客户不是商品或服务的最终消费者，而是各种物流企业，既有生产领域的物流企业，也有流通领域的物流企业。物流企业与客户建立良好关系，不仅意味着物流企业可以拥有稳定的客户资源，也意味着物流企业将拥有更可观的利润空间。当物流企业与客户间形成紧密的战略合作伙伴关系时，它们在物流服务方面就不仅要求运输仓储的可靠性、存货可得性等达到最高，还要求物流成本与客户的生产、营销等成本的总和，即总成本达到最小。两方面的因素促使物流企业与客户间必须形成紧密合作、相互依存的关系，这就无形中降低了物流企业的成本，提高了利润率。

3）维护客户，获得长期利润

争取一个新客户的成本是维持一个忠诚老客户的成本的 5～7 倍。更重要的是，长期的业务关系也能够给企业带来长期稳定的巨大利润，联邦快递的实践就是很有说服力的例子。在联邦快递看来，虽然公司的一个物流客户一个月只能为公司带来 1 500 美元的收入，但如果从长期着眼的话，假如物流客户的生命周期是 10 年，那么这个物流客户可以为公司带来 1 500 美元×12×10＝180 000 美元的收入。如果考虑到口碑效应，一个满意的、愿意和公司建立长期稳定关系的物流客户给公司带来的收益还要更多。

小案例　首都国际机场的客户关系管理

2003 年，首都国际机场（简称“首都机场”）接受了一次 IBM/PWC 的咨询。咨询的目标是让首都机场能够做好 2008 年北京奥运会的“大门”，了解首都机场与国际先进机场的差异。咨询的结果有些出乎意料，这家国际著名咨询公司认为，首都机场的硬件环境与国际一流机场相比已相差无几，但在服务意识、服务能力方面还远没有达到目标。为了进一步提升首都机场的服务能力，应当引进客户关系管理（CRM）。在这样的指导思想下，以运营管理部为首，首都机场开始考察市场上有足够经验和知名度的 CRM 厂商，最后确定了 TurboCRM 作为首都机场的 CRM 系统提供商。并确定了首都机场的 CRM 项目和首期目标：树立“以客户为中心”的工作意识；将客户意识贯穿在日常工作中；探索出符合机场特色的客户关系管理方法。

在接下来的实践过程中，项目组发现，首都机场内部的规范性比较强，相关部门众多，每件事的完成都需要大量的事务协调。因此，项目组在设计实施方案的时候，针对这样的现状，将工作协同作为了实施重点，实现了利用系统将多部门的多个工作串联起来，让领导能够一目了然地知道执行的过程，同时也能够及时地将信息反馈给客户部门。经过多次培训，首都机场开始应用这个协同平台。从开始的客户信息到后来的合同，越来越多的信息被纳入 CRM 系统中，当各种工作日志也被收录进来之后，越来越多的工作中的问题凸显了出来。相应地，用于解决这些问题的 CRM 功能就被开发出来。

（资料来源：马文祥. 物流服务营销[M]. 上海：上海交通大学出版社，2010.）

4）有利于提高物流服务水平，提升客户满意度

物流活动的目的在于向物流用户提供及时准确的产品递送服务，是一个广泛满足物流客户时间效用和空间效用需求的过程。接受物流服务的物流客户始终是形成物流需求的核心和动力，如果物流客户的期望得不到充分满足，物流工作也就没有意义可言，更没有存在的必要。所以物流客户是物流企业的上帝，物流客户的好恶决定着物流企业的未来，物流企业必须为物流客户提供高品质的服务，让物流客户满意。而物流客户关系管理的出现，为提高物流服务水平，提升客户满意度提供了条件。

小案例　联邦快递企业客户关系管理

在联邦快递，CRM 被称为 ECRM（企业客户关系管理）。之所以称为 ECRM，是强调客户关系管理不仅仅是客户服务部门专用的方法，也不仅仅是简单的跨部门小组协作，而是依靠公司的整体协作来服务客户的方法。客户关系管理是涉及公司整体战略层面、从上而下的一种策略。客户的每次交易记录都会记录在客户关系管理系统中。联系快递分析这些数据，并根据需求和行为方式对客户进行细分，对不同的客户采用不同的营销方式，向不同的客户群体提供不同的服务。

1. 客户关系管理的流程

作为一个服务性的企业，从客户开始和联邦快递接触的那一刻起，客户关系管理就体现出来了。

当物流客户打电话给联邦快递的时候，只要报出发件人的姓名和公司的名称，物流客户的一些基本资料和以往的交易记录就会显示出来。当物流客户提出寄送某种类型的物品

时，联邦快递会根据物品的性质向物流客户提醒寄达当地海关的一些规定和要求，并提醒物流客户准备必要的文件。在售前阶段，联邦快递就已经为物流客户提供了一些必要的支持，以减少服务过程中的障碍。

联邦快递的快递员在上门收货时，采用手提追踪器扫描货件上的条码，而这些条码是用 FedEx Powership 自动付运系统或 FedEx Ship 软件编制的，其中包含服务类别、送货时间和地点等。所有包裹在物流服务的周期内，至少要在货件分类点扫描六次，而每次扫描后的资料将传送到孟菲斯总部的中央主机系统。物流客户或物流客户服务人员利用 FedEx Powership 自动化系统及 FedEx Ship 软件发出电子邮件后查看互联网上联邦快递的网页，即时得到有关货件的行踪资料。这项技术不仅方便了公司的内部管理，而且大大提升了物流客户的满意度和忠诚度。

售后服务主要包括两个方面：一方面是解决物流客户遇到的问题；另一方面是调查物流客户的满意度，寻找内部改进的办法。2003 年 9 月联邦快递开始实施“真心大使”计划，整个计划借助物流客户对联邦快递服务给予的意见，表扬有突出表现的一线员工，从而鼓励他们迈向更高的服务水平。这个计划不仅加强了一线员工和物流客户之间的联系，而且让员工得到了一种被尊重的感觉，从而激励员工提供更出色的服务。值得指出的是，售前、售中、售后服务这三个阶段不是截然分开的，在公司对物流客户服务的过程中，这三者是不断循环的。

2. 实施客户关系管理的部门

客户关系管理不仅贯穿于服务的每个流程环节，而且也与公司内部的大多数部门有关，并体现在员工的绩效考核指标中。在联邦快递，直接和物流客户打交道的人是快递员，但在整个服务过程中，还涉及物流客户服务人员和清关部文件人员。除此之外，销售部门和市场部门的活动也会影响物流客户的满意度。

“配合服务”是联邦快递内部协作的一条准则，每个环节的工作人员都承担着了解和满足物流客户需求的任务，这种多渠道的客户关系管理策略被联邦快递中国区市场总经理陆文娟称为“无缝互动”。

当这一切都配合得非常好的时候，在很大程度上来说，客户关系管理已经开始发挥效力。在此基础上的客户关系管理软件就是在技术上支持大规模的客户管理高效运行。

相应地，联邦快递的大多数部门的绩效考核指标都分为两类：反映运行效率的内部指标和反映客户满意度的外部指标。以联邦快递市场部门为例，与客户满意度有关的指标在绩效考核中间所占的比重超过了 50%。

联邦快递的客户关系管理提升了物流客户的满意度和忠诚度，并给公司带来了丰厚的利润。此外，客户关系管理对于公司的品牌推广也起到了一个积极的推动作用。客户关系管理是一个“合理有效的策略方案”，它包括了解物流客户需求、培训和激励员工、有效的物流客户细分和适当的技术支持，软件只是其中很小的一部分。

（资料来源：马文祥. 物流服务营销[M]. 上海：上海交通大学出版社，2010.）

5）有利于改进和完善物流企业内部文化

物流客户关系管理作为一种新型管理思想和理念的代表，要求物流企业确实贯彻以客户为中心的企业战略。它强调以人为本的理念，使企业全体员工围绕着客户这一中心协调合作，并强调集成的团队精神，从而使企业管理流程和机制实现重大的改进，进而突出管理者和员工的能动性、积极性和创造性，有利于企业树立追求超越、不断前进的企业精神。着眼于满足客户需求、尊重客户、对客户负责、精益求精的企业内部文化重塑，将带动物流企业长期、稳定、快速地发展。

5.3.5 物流客户关系管理的基本内容

物流客户关系管理的基本内容包括客户信息管理、联系人管理、时间管理、潜在客户管理、销售管理、电话营销和电话销售管理、客户服务管理、呼叫中心管理、电子商务管理等。

1. 客户信息管理

客户信息管理包括客户信息资料的搜集和分析管理。这些信息包括：客户基本信息、与此客户相关的基本活动和活动历史、联系人的选择、订单的输入和跟踪、建议书和销售合同的生成、客户产品生命周期管理、客户的分类、客户数据管理、与客户服务相关的资料、客户信用限度的分析与确定等。

2. 联系人管理

联系人管理包括：联系人概况的记录、存储和检索；跟踪企业同客户的联系，如时间、类型、简单的描述、任务等，并可以把相关的文件作为附件；客户的内部机构的设置概况等。

3. 时间管理

时间管理包括以下内容：日历、设计约会、活动计划；进行事件安排，如约见、会议、电话、电子邮件、传真；备忘录；进行团队事件安排；查看团体中其他人的安排，以免发生冲突；把事件的安排通知相关的人；任务表；预告 / 提示；记事本；电子邮件；配送安排等。

4. 潜在客户管理

潜在客户管理包括：业务线索的记录、升级和分配；销售机会的升级和分配；潜在物流客户的跟踪。

5. 销售管理

销售管理包括以下内容：组织和浏览销售信息，如物流用户、业务描述、联系人、时间、销售阶段、业务额、可能结束的时间等；产生各销售业务的阶段报告，并给出业务所处阶段、成功的可能性、历史销售状况评价等信息；对销售业务给出战术、策略上的支持；对地域（省市、邮编、地区、行业、相关物流用户、联系人等）进行维护；把销售人员归入某一地域并授权；地域的重新设置；根据利润、领域、优先级、时间、状态等标准，用户可定制关于将要进行的活动、业务、物流用户、联系人、约见等方面的报告；提供类似 BBS（公告牌服务）的功能，用户可把销售秘诀贴在该系统上，进行某一方面销售技能的查询；销售费用管理；销售佣金管理；应收账款管理等。

6. 电话营销和电话销售管理

电话营销和电话销售管理包括以下内容：电话本；电话列表，并把它们与物流用户、联系人和业务建立关联；把电话号码分配到销售人员；记录电话细节，并安排回电；电话内容草稿；电话录音，电话统计和报告；自动拨号等。

7. 客户服务管理

客户服务管理包括：服务项目的快速录入；服务项目的安排、调度和重新分配；事件的升级；搜索、跟踪与某一业务相关的事件；生成事件报告；服务协议和合同；订单管理和跟踪；问题及其解决方法的数据库等。

8. 呼叫中心管理

呼叫中心管理包括：呼入、呼出电话处理；互联网回呼；呼叫中心运行管理；电话转移；路由选择；报表统计分析；管理分析工具；通过传真、电话、电子邮件、打印机等自动进行资料发送；呼入、呼出调度管理；客户投诉管理等。

9. 电子商务管理

电子商务管理包括：个性化界面、服务；网站内容管理；店面；订单和业务处理；销售空间拓展；客户自助服务；网站运行情况的分析和报告等。

5.3.6 物流客户关系管理的实施程序

1. 了解物流服务现代化的特征

科学技术的进步是提高物流效率、促进物流服务现代化的主要手段。物流服务现代化的特征具体可归纳为信息化、自动化、网络化、智能性、柔性化。

（1）信息化。现代社会已经进入了信息化时代，物流服务信息化是整个社会信息化的必然需求。物流服务信息化体现了物流产品信息的商品化，物流产品信息收集的数据库化和代码化，物流产品信息处理的电子化和计算机化，物流产品信息、传递的标准化和实时化，物流产品信息存储的数字化等。因此，条码技术、数据库技术、电子订货系统、电子数据交换、有效的物流用户反应等技术与观念在未来的物流行业中将会得到普遍采用。信息化是一切的基础，没有物流服务的信息化，任何先进的技术装备都不可能用于物流产品领域。信息技术及计算机技术在物流产品信息中的应用将会彻底改变世界物流行业的面貌，极大地提高物流效率。

（2）自动化。自动化的基础是信息化，自动化的核心是机电一体化，自动化的外在表现是无人化，其效果是省力化。物流服务自动化的效果包括扩大物流作业能力、提高劳动生产率、减少物流作业的差错等。物流服务自动化的设施非常多，如条码、语音、射频自动识别系统、自动分拣系统、自动存取系统、自动导向车、货物自动跟踪系统等。这些设施在发达国家已经普遍使用于物流配送服务中，对降低成本、提高效率和提升服务质量起到了很好的作用。

（3）网络化。物流服务网络化的基础也是信息化，这里指的是网络化趋势，包含以下两层含义。

物流配送系统的计算机通信网络，包括物流配送中心与供应商或制造商的联系需要通过计算机网络；另外，与下游客户之间的联系也需要通过计算机网络。例如，物流配送中心向供应商提出订单的过程，就可以借助网络订货系统和电子数据交换来自动实现，物流配送中心通过计算机网络收集下游客户订货信息的过程也可自动进行。

组织的网络化。例如，中国台湾的 IT 业在 20 世纪 90 年代创造出的“全球运筹式产销模式”，这种模式按客户订单组织生产，生产采取分散形式，即将全世界的计算机制造资源都利用起来，采取外包的形式将一台计算机的所有零部件、元器件、芯片外包给世界各地的制造商去生产，然后通过全球的物流网络将这些零部件、元器件、芯片发往同一个物流配送中心进行组装，由该物流配送中心将组装的计算机迅速发送给客户。这一过程需要有效的物流网络支持。

物流服务网络化是物流服务信息化的必然，当今世界互联网等全球网络资源的可用性、网络技术的普及为物流服务网络化提供了良好的外部环境，物流产品的网络化也不可阻挡。

（4）智能化。这是自动化、信息化的一种高层次应用，物流作业过程涉及大量的运筹和决策，如库存水平的确定，运输、搬运路径的选择，自动导向车的运行轨迹和作业控制，自动分拣系统的运行，物流配送经营管理的决策支持等问题都需要借助大量的知识才能解决。在物流服务的自动化进程中，物流服务的智能化是不可回避的技术难题。为了提高物流服务自动化的质量，物流服务的智能化势在必行。物流服务的智能化已经成为物流发展的一个新趋势。

（5）柔性化。柔性化本来是生产领域提出来的，但要真正做到柔性化，即根据消费需求的变化来灵活调整生产工艺，没有配套的柔性化的物流系统是不可能达到的。20 世纪 90 年代，国际生产领域纷纷推出弹性制造系统、制造资源系统及供应链管理等技术和概念。这些技术和概念的实质是要将生产、流通进行集成，根据需求端的要求组织生产、安排物流活动。因此，物流服务的柔性化正是适应生产、流通与消费的需求而表现出的一种发展趋势。这就要求物流配送中心要根据消费需求“多品种、小批量、多批次、短周期”的特色，灵活组织和实施物流作业。

2. 确定物流客户服务水平

随着市场竞争的日益加剧，许多企业都把提高物流客户服务水平作为提升竞争优势的重要手段，但物流企业应该为物流客户提供怎样的服务水平呢？尽管一些企业认为应该不惜一切代价达到 100%的服务水平，但要首先确定不同水平的物流客户服务对销售收入的影响，然后计算现有物流客户服务水平的成本，最后从销售收入中减去成本，盈余最大的就是最优的物流客户服务水平。

小案例　中外运空运公司为摩托罗拉公司提供的物流服务质量

1. 摩托罗拉公司的物流服务要求和考核标准

（1）提供 24 小时的全天候准时服务。该服务主要包括：保证摩托罗拉公司与中外运空运公司业务人员、天津机场和北京机场两个办事处及双方有关负责人的通信联络 24 小时通畅；保证运输车辆 24 小时运转；保证天津机场与北京机场办事处能够 24 小时提货、交货。

（2）服务速度快。摩托罗拉公司对提货、操作、航班、配送都有明确的规定，时间以小时计算。

（3）服务的安全系数高。要求中外运空运公司对运输的全过程负全责，要保证航空公司处理货物的各个环节都不出问题。一旦某个环节出了问题，将由服务商承担责任，赔偿损失，而且当损失达到一定程度时，服务商将被取消代理资格。

（4）信息反馈快。要求中外运空运公司的计算机与摩托罗拉公司联网，做到货物的随时跟踪、查询，能够掌握货物运输的全过程。

（5）要求服务项目多。根据摩托罗拉公司货物流转的需要，中外运空运公司通过发挥系统的网络综合服务优势，提供包括出口运输、进口运输、国内空运、国内陆运、国际快运、国际海运和国内提供的配送等全方位的物流服务。

2. 摩托罗拉公司选择中国运输代理企业的基本做法

首先，通过多种方式对备选的运输代理企业的资信、网络、业务能力等进行周密的调查，并对初选的企业进行少量业务试运行，以实际考察这些企业的服务能力与质量。对不合格者，取消代理资格。

摩托罗拉公司对获得运输代理资格的企业进行严格的月季度考评。主要考核内容包括运输周期、信息反馈、单证资料、财务结算、货物安全和客户投诉。

3. 中外运空运公司的主要做法

（1）制定科学规范的操作流程。为满足摩托罗拉公司的服务要求，中外运空运公司不断完善业务操作规范，并纳入公司的程序化管理。对所有业务操作都按照服务标准设定工作和管理程序，先后制定了出口、进口、国内空运、国内陆运、仓储、信息查询、反馈等工作程序，每位员工、每个工作环节都按照设定的工作程序进行，使整个操作流程井然有序，提高了服务质量，减少了差错。

（2）提供 24 小时的全天候服务。

（3）提供门到门的延伸服务。虽然对摩托罗拉公司的普通货物是按普货标准收费的，但提供的却是门到门、库到库的快件服务，这样既提高了摩托罗拉公司货物运输的及时性，又保证了安全。

（4）提供创新服务。中外运空运公司为避免摩托罗拉公司的货物在运输中发生被盗事件，在运输中增加了打包、加固的环节；为防止货物被雨淋湿，增加了塑料袋包装；为保证急货按时送到货主手中，增加了手提货的运输方式，解决了客户的急、难问题。

（5）充分发挥中外运空运公司的网络优势。中外运空运公司网络在国内为摩托罗拉公司提供的网点已覆盖 98 个城市，实现了提货、发运、对方派送全过程的定点定人、信息跟踪反馈，满足了客户的要求。

（6）对客户实行全程负责制。作为摩托罗拉公司的主要货运代理之一，中外运空运公司对运输的全过程负全责。对于出现的问题，积极主动协助客户解决，并承担责任和赔偿损失，确保了货主的利益。

回顾中外运空运公司多年来为摩托罗拉公司服务的历程，从开始的少量业务试运行到成为主要货运代理之一，双方在共同的合作与发展中，建立了相互的信任和紧密的业务联系。

（资料来源：马文祥. 物流服务营销[M]. 上海：上海交通大学出版社，2010.）

要确定最优的物流客户服务水平，重要的是要确定物流客户服务水平与销售收入之间的关系，以及物流客户服务水平与经营成本之间的关系。

（1）物流客户服务水平与销售收入。物流客户服务从无到有，从低水平到高水平，对销售的影响可以分成以下四个阶段。

① 无物流客户服务阶段，即物流客户服务为零。因为此时无法实现产品的空间效用与时间效用，所以销售不可能完成。

② 入门期。由于竞争的压力，同行企业纷纷提供各种形式的物流客户服务来促进销售的增长。以大型家电企业为例，各零售企业普遍提供送货、安装服务，这已成为行业内的习惯做法。假如某家企业没能达到行业的平均服务水平，那么它继续提高服务质量虽然会带来需求的增加，但由于它仍然处于行业平均服务水平之下，所以它的市场反应仍然不会太大，销售量增加有限。

③ 适应期。企业在提供同行业基本物流客户服务的同时，还提供有特色的、物流客户所需的其他服务，如缩短交货日期，有助于物流客户减少库存、降低成本。这样会使销售量有更大幅度的增长，但销售收入的增长随着物流客户服务水平的提高呈现出明显的边际收益递减趋势。

④ 下降期。此时，物流客户服务水平的提高不但不能带动销售量的增长，反而会引起物流客户的反感，导致销售量下降。这种局面并不常见，可以理解为企业为物流客户提供的服务过于周到，超出了目标市场的一般需要，物流客户非但没有享受到购买的便利，反而需要为被迫享受的众多服务支付额外费用，因此望而却步。

（2）物流客户服务水平与经营成本。物流客户服务水平与经营成本呈正向关系，更多、更完善的物流客户服务，如更快捷的运输服务、更短的订货周期、更准确的单证等都涉及更多的人员培训、更严格的管理制度，有的还需要额外的设备投入、网络设施的建设。因此，提高物流客户服务水平往往首先引起成本的提高，其次才是得到市场的认可，增加销售量。

因此，企业需要考察物流客户服务水平的变化对销售收入与经营成本的影响，平衡两者之间的关系，找到使利润最大化的最优物流客户服务水平。

（3）企业确定物流客户服务水平时必须避免的问题。在确定物流客户服务水平时，企业必须避免以下问题的发生。

① 只是把物流客户服务水平看作一种销售竞争手段而不做出清晰的规定。如果只是把物流客户服务水平看作一种销售竞争手段而不做出清晰的规定，那么批发商和零售商的要求必将升级，以致企业无法应对。批发商和零售商或者由于销售情况不稳定，或者由于没有存放货物的地方，或者为了避免商品过时，都在极力减少库存。如果它们无节制地要求多批次、小批量配送，或者进行多批次的库存补充，物流工作量将大大增加，物流成本必然提高。为防止这种物流客户服务水平的升级，企业必须建立新的物流客户服务机制，制定新的物流客户服务决策。

② 用同一水平的物流客户服务对待不同的客户或不同的商品。企业应当把物流客户服务当作有限的经营资源，在决定分配时，要调查客户的需求，根据对公司销售贡献的大小，将客户分成不同的层次和类型，按客户的不同层次和类型，制定基本方针，确定不同的物流客户服务水平。

③ 物流部门没有定期对物流客户服务进行评估。物流部门应定期检查物流客户或销售部门有没有索赔、有没有误赔、晚赔、事故、破损等。通过征求物流客户意见等办法了解物流客户服务水平是否已达标、成本的合理程度、是否有更合理的办法等。

④ 物流客户服务水平没有根据情况的变化而变化。物流客户服务水平应根据市场形势、竞争者的情况、商品特征和季节等因素的变化而变化。物流部门应有掌握这种变化的情报系统。

⑤ 为了扩大销售量，无限地接受物流客户对于物流的要求。很多销售部门认为，为了扩大销售量，应无限地接受物流客户对物流的要求。这是物流系统无法承受的，应该从盈亏角度考虑接受物流客户的需求是否合算。

对于这类问题，物流企业可以通过物流客户关系价值，将物流客户按 ABC 分类法进行划分，将其分为 A 类客户、B 类客户和 C 类客户并区别对待，如表 5-3 所示。

表 5-3 按 ABC 分类法对物流客户进行分类

客户层次	客户数量比重 / %	创造业绩比重 / %	服务档次
A 类客户（关键客户）	5	65	高
B 类客户（合适客户）	15	15	中
C 类客户（一般客户）	80	20	低

A 类客户，又称重点客户或关键客户。这类客户的数量一般仅占物流企业客户总数的 5%左右，而为物流企业创造的业绩（销售额、利润额）占物流企业总业绩的比重为 65%左右。此类客户的特点是：业务量大，是本企业的高价值客户，为本企业带来的利润高、价值大。企业要重点关注这类物流客户，为其提供 VIP 服务，尽量满足其需求。

B 类客户，又称合适客户。这类客户的数量一般仅占物流企业客户总数的 15%左右，而为物流企业创造的业绩（销售额、利润额）占物流企业总业绩的比重也为 15%左右。此类客户的特点是：业务量中等，对于本企业的价值尚可。企业要适当关注这类物流客户，为其提供会员制服务，在现有条件下满足其需求。

C 类客户，又称一般客户。这类客户的数量一般占物流企业客户总数的 80%左右，而为物流企业创造的业绩（销售额、利润额）占物流企业总业绩的比重则为 20%左右。此类客户的特点是：业务量少，对于本企业的价值低。企业应为这类物流客户提供标准化服务，为其提供和维持一般的服务即可。

3. 把握物流客户的个性特征

小案例 UPS 的客户服务

UPS 的客户经常使用 Web 站点跟踪包裹，但客户仍希望能与工作人员交谈以便得到确认，于是客户使用数据网络进行 Web 交易，并使用语音网络进行电话交谈。UPS 正在将这两种并行通信系统集成，以便改进客户服务并节省运营成本。UPS 提供预先包裹可见服务，让客户能够查看成千上万件出入境货物的状态。

（资料来源：郭伟业，郭景春. 物流服务营销[M]. 北京：北京师范大学出版社，2011.）

物流企业应该把握物流客户的个性特征。一般来说，可以从以下几个方面分析物流客户的个性特征。

（1）是组织物流客户还是个人物流客户。生产资料产品的物流客户通常是组织（团队）；生活资料产品的物流客户通常是消费者个人；中间物流客户通常是组织；最终物流客户通常是个人。物流企业与组织物流客户一般处于合同环境，与个人物流客户一般处于非合同环境。

在合同环境中，物流客户可以比较明确地提出自己的物流服务要求，并有必要的合同条款对其加以保障，降低物流服务风险。一般来说，只要满足了合同规定，物流客户就不会产生过多的不满意。

在非合同环境中，物流客户往往是分散的个人，对物流服务的要求往往不一致，并且不明确，需要组织去调查、分析和把握。如果个人物流客户对物流服务不满意，其通常的做法就是传播物流服务问题，这会影响其他物流客户的购买行为。因此，不能轻视个人物流客户的影响力。

（2）是成熟物流客户还是不成熟物流客户。组织生产的物流产品面对的可能是成熟物流客户，也可能是不成熟物流客户。通常当地经济社会发展程度越高，物流客户也越成熟。对成熟物流客户来说，要使其满意或要提高其满意度可能比较难，需要组织更加小心慎重。但成熟物流客户一般较为理性，只要物流企业提供的物流产品能真正为他们带来效益，就会极大地提高他们的满意度。

不成熟物流客户往往是新物流客户。所谓不成熟，仅仅是暂时的状态，因此，物流企业不能采用欺骗手段对待不成熟物流客户。不成熟物流客户作为新物流客户更应是物流企业争取的对象，物流企业更要让他们满意，更要让他们成为成熟物流客户，成为物流企业的忠诚物流客户。

（3）是长期固定物流客户还是一次性物流客户。对长期固定物流客户，物流企业要想方设法将他们留住，提升他们对企业的忠诚度。为此，物流企业应建立与他们的固定关系，按时考查他们的满意度，并不断改进物流服务以提升他们的满意度。这部分物流客户一旦流失，将给物流企业带来重大损失。

一次性物流客户并非可以忽视。一般来说，一次性物流客户往往都是新物流客户。他们对物流服务满意，便可能由一次性物流客户转变为长期固定物流客户。他们对物流服务不满意，就可能流失，物流企业对他们应多加关注。

对那些物流客户可能只购买一次物流产品的物流企业来说，面对的最终物流客户可能都是一次性物流客户。对生产这种物流产品的物流企业来说，更要使物流客户满意，通过物流客户的口碑宣传企业的品牌，以吸引潜在的物流客户。物流客户满意后对物流企业的回报并不全是直接的，急功近利只为获得物流客户回报而使物流客户满意，往往适得其反。

4. 以良好的工作态度面对物流客户

（1）物流企业要确立“客户第一”的战略思想。要教育和培训员工树立“以客户为关注焦点”的观念，站在物流客户的立场，设身处地为物流客户着想。认真倾听物流客户意见，积极解决和处理物流客户的建议和反馈信息，做到信任、尊重、关心和体谅物流客户，积极主动地帮助物流客户并满足他们的要求。

（2）充分收集物流客户信息。充分收集物流客户信息包括建立物流客户档案，调查各类物流客户建议，收集关于物流产品的发展历史、产品开发动向、竞争者信息、物流客户满意度、物流客户爱好和偏爱、家庭特点、生活时尚和社会消费动向等方面的资料，从物流客户信息中分析、掌握和理解物流客户的需求。

（3）与物流客户建立相互信任的个人关系。以朋友和伙伴相待，关照每位物流客户，使物流客户感受到充分的信任感和真诚感。当他们愿意把他们的心声和建议告诉物流企业时，物流企业便可以获得更为真实的信息。

（4）善待和尊重每位物流客户。把物流客户当作尊贵的个体进行特殊交流，提供热情的服务。例如，乘坐飞机的乘客，空姐会走到乘客的座席旁边，有礼貌地询问："先生，您好，请问您有什么需要?"这常常会使乘客感动，感到一种对他们个人的特殊关怀。善待和尊重每位物流客户，并提供有针对性的服务和做法，使物流客户愿意吐露心声，感到愉快。

（5）要理解物流客户的价值取向。所有的物流客户在购买和使用物流产品时都有其价值取向，组织提供的服务应与之相适应。应该理解和掌握物流客户需要的物流产品的功能、档次、等级及品味、物流产品能为物流客户带来的好处及每位物流客户个性化的隐含需求，要分析和理解每位物流客户的身份、地位与价值观念，使每位物流客户都得到与其价值取向一致的、满意的物流产品。

（6）理解和满足不同物流客户的不同需求。既要了解物流客户群体的普遍需求，还要理解每位物流客户的不同需求。每位物流客户都很重要，都希望他的需求和意见受到重视，物流企业应珍惜物流客户提出的每个需求和建议，细心体察物流客户的感受和愿望，认真研究和采取措施去满足每位物流客户的需求，要教育员工克服漠视物流客户、态度冷淡、漫不经心、敷衍应付、傲慢待客的行为和作风，要使每位提出需求的物流客户对物流企业充满信心。

（7）派出业务人员去体验物流客户的需求。可以采用多种方式，让组织的营销、设计、生产、服务和维修人员到物流客户处或使用现场进行观察、体验、调查，感受物流客户的实际需求、环境和使用条件等。组织工作人员通过充当物流客户或现场体察，将会进一步了解物流客户的信息，而且还可能收集到物流客户没有表述的需求信息，甚至有可能发现新的市场或开发新产品的机会。

5. 推进物流客户服务合理化

物流客户服务合理化是指依据物流效率化计划，为了达到物流目的而设计的各机能要素的统一体的合理化。

推进具有特色的物流客户服务合理化的方法包括以下三个方面。

（1）依据现状分析把握问题点，进而根据改善策略建立物流处理机构。

（2）把问题点分类整理，按其重要性进行排列，定出分析范围及目的。

（3）对所有改革方案进行研究、评价，最后在物流系统中实施合理化措施。

6. 建立物流客户服务共同化体系

物流客户服务共同化体系（又称共同物流体系，物流共同化体系）的建立是指以系统论的观点，科学全面地加以分析、规划和设计，以期建成一个行之有效、完善合理的共同配送系统。具体来说，物流客户服务共同化体系的构筑可以分为以下几个步骤。

（1）可能性的研究。在物流客户服务共同化可能性的研究中，一个最主要的问题是能否找到适当的物流合作者，而要寻找到比较满意的物流合作者，首先必须明确参与成员应具备的条件，如配送圈的密度、服务水平、配送车辆的特性、取得商品的运输特性、物流设施的状况、物流系统的独立性等。

（2）参与成员的决策统一。在明确物流客户服务共同化（共同物流）的可能性后，参与成员在充分认识共同物流价值的基础上，应做到物流决策的统一。这一步是构筑共同物流体系最为关键的活动。决策的非统一性往往是日后共同物流开展的障碍，这是因为决策过程的分散使货主企业间在商品集中、管理、配送等物流活动上无法保证相互的协调与统一，也就不能获得共同物流带来的利益，使共同物流体系面临解散的危险。因此可以说，没有决策的统一性就不可能产生共同物流。具体来讲，要实现参与成员的决策统一，除了参与成员在思想认识上达到一致，还必须在组织制度建立上明确物流决策的统一，即确立管理主体。

（3）管理主体的确立和运作。在确立管理主体时，应该考虑的是这种管理主体在组织结构上究竟采取什么样的形式。一般来讲，共同物流管理主体的确立和运作有两种形式。

① 参与企业共同出资，建立一个新的共同物流公司，由该公司来协调、运作各货主企业的物流。

② 由各企业参与形成一个合作管理组织，由该组织在外部寻找并委托一家物流公司，代为从事货主企业的物流。

当然，这两种形式各有千秋，前者能较为容易地对物流活动的整体进行管理和控制，物流活动也较为稳定，但各成员企业的投入也较大；后者管理活动较为灵活、松散，组织设立的成本也较低，但在物流活动的整体把握上较差。

（4）系统设计。系统设计就是要规划一种能削减成本、维持和提高物流客户服务水平、扩大销售额的共同物流体系。规划的内容主要有服务水平的确定，保管、装卸、备货、集配方式的确定，设施、机械、车辆、人员的确定，等等。此外，在系统设计的过程中，建立什么样的共同物流形式作为共同物流体系建立的前提是需要明确的。

小贴士　博科资讯订单管理系统

博科资讯作为中国最大的物流信息软件供应商，其订单管理系统极具特色，以简单清晰的管理链条覆盖订单管理的各个环节，满足物流企业信息化的需求。博科资讯订单管理系统的主要功能模块及内容如表 5-4 所示。

表 5-4　博科资讯订单管理系统的主要功能模块及内容

功能模块	内　容
订单类型	将客户发来的指令生成各子系统对应的订单
订单分配	对业务订单进行汇总分配和管理，同时下达任务单给相应的业务部门子系统
订单处理	将订单处理为具体业务的作业单据
订单确认	对已完成的订单做最终确认，确认内容包括订单数量、实收实发数量、业务部门完成确认、商户确认等
订单打印	根据客户需要设计不同打印单据，进行打印
订单跟踪查询	可按日期、订单号、订单类型、业务部门、消费者信息、配送区域等条件对订单进行查询，并可对未确认的订单进行修改。订单跟踪可反馈订单所在的作业环节

（5）行政手续的办理。物流效率化计划完成以后，需要向有关管理部门提出申请，取得共同物流体系建立的许可。

（6）筹资。为了进行共同物流设施的组建及系统的运营，需要从事筹资活动。这是共同物流体系的金融保证，筹资方法可以有从银行贷款、招股集资或参与成员共同出资等多种。目前一些大型企业建立共同物流体系的方法是在资金上全部或绝大部分由母公司投资来建立一个独立物流公司或系统，这样既能保证物流系统的资金来源、共同物流体系在各分公司的物流上的协调作用、提高物流效率，又能有效控制物流公司的运营，发挥母公司在战略上的指导作用和主导地位。

（7）系统的成立与运行。在系统规划的基础上，建立相应的机构和管理程序，并从事实际的共同物流活动。

（8）实施后的检查与改善。共同物流体系建立并实施以后，应定期对绩效进行检查，以便及时发现问题，并不断加以改善，以确保共同物流体系顺利、有效地运行。在这一过程中，应当不断检查并注意以下几个方面。

① 确保企业机密不泄漏。交易条件、物流客户名单、销售规模等企业机密的泄漏会对企业经营战略造成十分不利的影响，因此，如何建立预防、处置企业机密泄漏和保护企业机密的机制与措施是共同物流体系控制管理的重要内容之一。

② 物流管理系统的领导与协调作用。实行共同物流配送时并不是集中所有参与企业的意见并全部加以实施，而是在集中各方意见的基础上，由物流管理系统进行综合分析、合理取舍决策，找出最优方案加以实施。所以，物流管理系统的领导与协调作用十分重要，特别是其在大型厂商、大型批发商、大型零售商之间的统一协调能力决定了共同物流体系的效率甚至存续。

③ 物流客户服务水平的维持。随着时间的推移，应确保物流客户服务水平不低于系统设计时的标准。

④ 始终保持物流成本上的优势。物流成本优势是共同物流体系形成的根本动因，只有不断保持这种优势，才能使共同物流体系持续稳定地发展。

⑤ 有效的商品管理。多数企业商品库存的统一化使得它们容易在库存管理、订货方式、断货管理等各方面产生较复杂的问题，在这种情况下，有效的商品管理如订货信息的处理时间、账单、条码、流程等条件的具备与标准化变得十分重要。

⑥ 共同物流配送利益的公平分配。即保证因共同物流配送所实现的利益在各参与企业之间合理、公平地分配，特别是在大型企业与小型企业之间，应真正做到利益上的均衡。

⑦ 防止共同物流设施费用或管理费用的增加。

7. 提高购买决策中的客户满意度

购买决策中客户与组织发生关系是从收集相关信息开始的。下文内容主要分析企业的服务行为如何影响购买决策中的客户满意度。

（1）向客户提供相关信息。相关信息包括：①是否有满足其需求和期望的产品；②有哪些产品；③这些产品的质量、价格如何；④在何处可以购买这些产品；⑤相同或相似的产品中哪种更划算；⑥产品生产厂家及销售商的信誉如何；⑦自己或他人是否有购买和使用该产品的经验教训；⑧自己是否有能力购买和使用该产品；等等。

物流企业针对物流客户的购买决策需要，应及时向物流客户提供必要的信息。当然，物流企业只能提供本物流企业产品的信息，而一般不能提供其他物流企业的信息，特别不能提供有损其他物流企业形象和声誉的信息，否则就可能造成侵权或被列为不正当竞争。物流企业提供的这种信息，实际上就是广告。

为了使物流客户满意，物流企业提供的信息不仅要及时、全面，更重要的是要真实。做虚假广告、夸大质量功能、假冒名牌，只能引起物流客户的不满。

物流企业不提供相关信息，物流客户也会不满意。从物流客户角度看，对物流企业及其产品满意与否，是第一印象。事实上，一些企业的广告做得不好或使用的画面、人物、形象、语言失误，都会引起物流客户不满意，从而影响物流客户的购买决策。当然，向物流客户提供信息不仅仅是通过广告。在不同的情况下，标书和上门介绍等形式都可以使用。

（2）为物流客户评价选择方案提供咨询。物流客户在进行选择时，即是在具有相同功能的不同产品之间，或者相同产品的不同物流企业之间进行对比分析。除非该产品是垄断经营的或非常短缺的，物流客户都有自己的选择权。在市场经济条件下，特别是在经济全球化情况下，物流客户的选择是多种多样的，任何一种产品或任何一个组织都有被物流客户选中的机会。为了提高本企业被物流客户选中的概率，在物流客户评价选择方案时，物流企业应尽可能向他们提供必要的咨询。

物流企业提供的咨询包括宣传材料和直接讲解，必须将本物流企业产品的优点和缺点、价格和性能等如实告诉物流客户。那种只讲优点，而不讲缺点，或者只讲自己产品的价格低，而不讲自己产品的质量水平，或者只讲自己产品的质量水平，而不讲物流客户需要付出的成本的行为，都可能引起物流客户的不满。现代经济社会中，物流客户往往并不了解产品的大部分功能、作用和使用方法，这也需要物流企业为物流客户提供咨询服务。

（3）为物流客户的购买行为提供帮助。物流客户经过一番比较后决定购买，就进入了购买过程。物流客户的购买过程实际上也是企业的销售过程，双方进行商品交易。对物流客户来说，决策过程可能是慎重的，而一旦决定购买了，又希望购买过程简单、顺利。这中间涉及付款、提货、运输、安装和调试等一系列环节，对相当多的产品来说，只有经过这些环节，物流客户才能真正进入使用过程。服务的购买过程和使用过程是同时进行的，只要有一个环节处理不当，就会引起物流客户的不满。

如果说在物流客户实际购买之前，物流企业提供的还只是一种售前服务，那么为物流客户购买行为提供帮助就是一种售中服务，售中服务往往是影响物流客户满意度的一个重要内容。产品质量再好，售中服务不好，物流客户仍然不会满意。竞争者之间，在产品质量大致相当的情况下，提高物流客户满意度主要还得从售前、售中、售后服务方面去竞争。

（4）为物流客户提供售后服务，以增强物流客户对购买决策事后评价的正面效应。物流客户对购买决策的事后评价就是评价自己满意或不满意，一般来说，这种评价建立在以下几种事项之一的基础上。

① 购买的产品是否满足自己需求的期望程度。

② 在整个购买和使用过程中获得的服务是否减少了预期的各种支出（包括劳务支出）。

③ 与他人比较，自己是否获得了更高的质量效益，包括提高收益和降低成本。

对组织来说，物流客户购买行为完成后，自身的物流目的已经达到，似乎可以不再过问。但是，任何产品都存在质量风险，哪怕这种风险只有万分之几。产品本身的缺陷或质量问题，产品在物流客户使用过程中产生的毛病或质量缺陷，以及不可抗力造成的问题等，都可能使物流客户产生不满意。有些不满意的产生可能并不在于物流企业，但不论什么原因，物流企业均应给物流客户提供必要的售后服务，以减少其不满意的次数，提高其满意度。物流企业的售后服务很可能使物流客户了解了问题的原因，即使责任属于物流企业，物流客户也可能予以谅解。如果责任不在物流企业，物流客户可能因此成为物流企业的忠诚客户。

8. 物流客户服务的绩效评估

物流客户服务的绩效评估方法分为定性和定量两种。定性分析指标主要有以下五个。

（1）可靠性——物流企业是否按照国家标准、行业标准和承诺标准提供服务。

（2）反应性——物流企业是否对物流客户需求有迅速反应的能力，是否对物流客户需求进行了快速反应。

（3）权威性——物流企业是否因为提供服务而使物流客户信任。

（4）体贴性——物流企业能否为物流客户设身处地地设想和服务。

（5）有形证据——物流企业是否有证据表明物流企业为物流客户提供了良好服务。物流客户是否感受到享受服务的快乐。

定量分析指标主要包括以下五个。

（1）仓库管理和操作指标：①库存准确率；②入库准确率；③出库准确率。

（2）运输服务指标：①发货及时率；②到货及时率；③返单及时率；④客户投诉率；⑤客户满意度；⑥破损频率；⑦破损率；⑧订单完成率；⑨急单完成率。

（3）数据录入工作评价指标：①数据录入及时性；②数据录入准确性。

（4）进出口业务评价指标：①报关及时率；②单证处理及时率。

（5）费用结算评价指标：①费用结算及时率；②费用结算准确率。

以上各项指标，各物流企业根据实际情况规定考核时间和考核参数。

9. 物流客户投诉的处理

在物流客户服务过程中，发生差错和意外是不可避免的，对这些差错和意外的管理水平，有时候比正常的物流客户服务更能显示企业的能力和素质。

1）客户服务部门的职责

为了处理物流客户服务过程中的意外情况，一般物流公司都设有专门的客户服务部门，对意外情况进行处理。

客户服务部门一般负责以下工作：①记录、处理、跟踪一般性客户投诉；②客户满意度调查；③组织召开客户服务协调会；④建立并完善客户服务体系。

2）客户服务部门的投诉处理程序

① 投诉受理。在《客户投诉登记表》上登记受理时间、投诉事项。

② 投诉调查。在客户投诉发生后，即刻对投诉进行调查，填写《客户投诉处理表》，写明客户投诉的事项和初步调查的原因。

③ 处理意见。一般投诉由客户服务经理在《客户投诉处理表》上填写处理意见，对于引起严重后果的投诉，将填写好的《客户投诉处理表》交给项目经理，填写处理意见。处理意见一般包括消除影响的各种补救措施。填写完毕后，交相关人员处理。

④ 处理结果。在跟踪处理的基础上，在《客户投诉处理表》上填写事故的处理结果。

⑤ 客户反馈。客户投诉处理完毕后，通过电话或现场走访的方式，调查客户对处理结

果的意见，并如实填写《客户投诉处理表》上的客户反馈栏。

⑥ 项目经理签字。投诉处理完毕后，交项目经理审核《客户投诉处理表》，填写对处理结果的意见，意见必须对处理结果是否达到要求做出明确的评价，此意见结合客户的反馈意见，将作为客户服务经理绩效考核的基础。

在客户投诉处理的每个阶段，都需要在《客户投诉处理表》上登记投诉处理的进程。

学习情境小结

本学习情境的知识点部分对物流企业如何构建物流营销组织结构来组织物流产品销售，以及如何在进行物流服务质量管理的基础上进行物流客户关系管理进行了介绍。其中，在构建物流营销组织结构部分对物流营销组织结构设计的主要依据、基本原则，以及影响物流营销组织结构的基本因素、物流营销部门的演变过程、物流营销部门在物流企业中的地位和作用、物流营销组织的基本结构进行了阐述；在物流服务质量管理部分对物流服务质量的含义、物流服务质量标准、物流服务质量的改进方法进行了分析；在物流客户关系管理部分对物流客户关系管理的含义、物流客户关系管理的基本内容、物流客户关系管理的实施程序等进行了阐述。这些知识为物流营销人员在销售物流产品后提高客户满意度、争取回头客方面提供了有益思路。

练 习 题

▶ 基础训练

一、单项选择题

1.（　　）是指一名营销主管能够直接、有效地领导下属人员的数量。

A．专职化程度　　B．集权与分权　　C．管理跨度　　D．管理层次

2．关于物流营销部门在物流企业中的地位和作用，学术界存在着多种不同的观点，（　　）目前在营销界占据了主导地位。

A．物流营销部门与财务、人力资源、生产等部门处于同等地位。在物流企业的战略规划中，各种职能的地位平等，没有主次之分

B．物流营销职能是物流企业最重要的职能

C．物流市场营销是物流企业的主要职能

D．物流用户是物流企业经营管理的中心

E．为了正确解释和有效满足物流用户的需求，物流营销部门仍处于公司的中心支配地位

3.（　　）即分析客户类型和客户需求。

A．设计来源　　B．供给来源

C．关系来源　　D．物流功能质量

4．物流（　　）是指物流企业通过主动培养物流企业的最终客户、分销商和其他合作伙伴对本企业及本企业物流产品的更积极的偏爱或偏好，留住他们并以此提升企业业绩的一种营销策略。

A．CRM　　B．SCM　　C．ERP　　D．ECR

5．（　　）是指物流服务质量管理必须从系统的各个环节、各种资源及整个物流活动的相互配合和协调做起，只有质量管理的整体发展才能实现物流管理目标。

A．全员参与　　B．全程控制

C．全面管理　　D．获得领导支持

二、多项选择题

1．物流营销组织结构设计的主要依据有（　　）。

A．专职化程度　　B．集权与分权　　C．管理跨度　　D．管理层次

2．物流营销组织结构设计的基本原则有（　　）。

A．有利于物流企业整体经营目标的实现

B．有利于各职能部门沟通协调

C．有利于对物流市场信息迅速做出反应

D．有利于调动各级物流营销人员的工作积极性

3．物流服务质量的形成主要来源于（　　）。

A．设计　　B．供给

C．关系　　D．物流功能质量

4．传统物流服务质量指标的定义采用了（　　）。

A．时间方式　　B．百分比方式

C．时间加数量方式　　D．费用率方式

5．物流客户服务的交易前要素包括（　　）。

A．客户服务条例　　B．客户服务组织结构

C．物流系统的应急服务　　D．增值服务

E．缺货频率

三、判断题

1．对物流服务质量进行管理，是物流客户关系管理的基础。（　　）

2．物流技术质量是主观的，是物流客户对服务过程的主观感觉，具体指在提供服务时服务人员的仪态仪表、态度、程序、行为是否满足物流客户的需求，它是物流客户服务过程的质量。（　　）

3．物流服务质量管理具有全员参与和全程控制的特点。（　　）

4．物流企业的客户与一般的服务行业不同，物流行业服务的客户不是商品或服务的最终消费者，而是各种企业，既有生产领域的企业，也有流通领域的企业。（　　）

5．物流客户关系管理的基本内容包括客户信息管理、联系人管理、时间管理、潜在客户管理、销售管理、电话营销和电话销售管理、客户服务管理、呼叫中心管理、电子商务管理等。（　　）

6．物流企业可以通过物流客户关系价值，将物流客户按ABC分类法进行划分，将其

分为 A 类客户、B 类客户和 C 类客户并区别对待。物流企业要重点关注 C 类客户，尽量满足其需求。（　　）

四、简答题

1．影响物流营销组织结构的基本因素有哪些？

2．物流服务质量水平的确定步骤有哪些？

3．物流服务质量的改进方法一般采取什么模式？请具体说明。

4．物流客户服务的标准有哪些？请具体说明。

5．什么叫物流客户关系管理？其意义和实施程序各是怎样的？

▶ 实操训练——课后学习任务演练

实训一　学习任务　构建物流营销组织结构（同学习任务 5.1）

任务描述

假设你是××物流公司的市场营销人员，请你为该公司构建（调整）物流营销组织结构。

实训二　学习任务　制定物流客户关系管理策略（同学习任务 5.2）

任务描述

假设你是××物流公司的市场营销人员，请你为该公司制定物流关键客户关系管理策略。

实训三　玉林创新物流有限公司如何进行物流客户服务

背景资料

1．玉林创新物流有限公司简介

（1）公司概况。玉林创新物流有限公司（以下简称“创新物流”）创建于 2006 年 6 月 1 日，公司总部设在广西著名旅游城市玉林市，现有职员 100 多人，拥有各种车辆 50 多辆，仓储面积达 1.5 万平方米，在广西各大、中城市设有下属分公司 20 多家，服务网点辐射广西全区。

公司引进了先进的现代物流管理观念，以“为客户提供优质、全方位的物流服务”为服务宗旨。

（2）公司业务范围。创新物流的业务范围包括：全国整车／零担货物专线直达往返运输；中转全国各地货物运输；代垫运费、代收代付货款、仓储服务、货物信息交流。公司设置了客服、货运、仓储配送、调度、财务、市场推广、信息等部门。

（3）创新物流重视物流客户服务的情况。物流客户服务是指物流企业为促进其产品或服务的销售，发生在客户与物流企业之间的相互行为，在向客户提供服务的过程中把价值附加到交换的产品和服务中去。

在过去的时间里，创新物流致力于开展物流客户服务工作，公司在业务拓展、市场推广、品牌打造等方面都取得了很大的成就，为此公司决定通过不断提高物流客户服务水平，继续为客户提供最优质、最有效的物流服务，以此创建服务品牌，打造一支优秀的服务团队，在玉林市、广西全区乃至全国树立起广泛的品牌形象，实力打造一个优秀的物流企业形象。

2. 创新物流客户服务中存在的问题

创新物流由于是一家建立时间不长的物流公司，还未形成良好的管理体系，客户来源少，公司知名度低，也未在市场中形成一定的影响力。由于该公司正处于发展的初级阶段，在物流客户服务这一环节未形成良好的客户服务意识，在向客户提供服务时存在着许多问题和不足。

（1）售后服务存在问题。企业要想长期盈利，走向强盛，就要赢得永久客户，保持客户忠诚度，提高客户满意度，满意的售后服务便是实现这些目标的法宝之一。海尔、联想、长虹、格兰仕等之所以成为受消费者欢迎的品牌，有一个很重要的原因，就是包括售后服务在内的客户服务做得好。创新物流的售后服务做得还是不够，没能牢固地保持客户；客户信息管理混乱，信息不统一和不共享；另外，公司不能及时地想客户之所想，它的快速反应能力比较差，不能及时提供客户所需的服务。

（2）不理解与客户之间的关系。物流客户服务在短期内可以看作一种单一的交易行为，长期则是一种契约关系。作为一个物流服务供应商，如果没有长期的客户将是一件很可怕的事情。创新物流没能真正理解自己与客户之间的关系，在交易完成后只把其当作单次交易，没有意识到应该与客户进行长期合作，也就是公司缺少与客户建立良好战略同盟关系的意识。

（3）客服部门与客户之间缺少沟通。当一次交易结束后，企业应该及时了解客户的态度，如客户是怎样看待企业的服务的？好在哪里？不足之处又是哪些？哪些环节需要改进？创新物流的客服部门缺少工作主动性，不主动与客户进行沟通，不能及时了解客户的心声，导致了一些客户的流失。例如，有一次小额交易，工作人员与客户发生了一些小误会，当工作人员把情况反馈到客服部门时，客服人员认为交易额太小，没有必要进行回访，因此没有与客户进行沟通。后来才发现对方是一个需求极大的客户，但为时已晚，客户已经选择了别的公司。

另外，由于没有建立起完善的客户调查机制，创新物流并不知道客户是否对服务满意，不能及时发现客户的购买意向，甚至某些客户已经流失，他们已经选择了其他服务商，公司却仍然没有发现问题所在。

（4）公司内部缺乏客户服务意识。由于这是一家创立时间不长的物流公司，公司内部不可避免地存在许多问题，还未在物流客户服务方面形成良好的意识。公司高层管理者未能及时发现问题所在，认为自己只要提出公司的发展方针，公司就会按照自己的预想方向发展，而没有真正投身到公司的整体的经营活动中去。另外，高层管理者与一线、二线工作人员之间仍存在一些矛盾和问题，没有意识到员工其实也是公司的“客户”。

但是，随着行业观念的转变，再加上市场竞争的日益激烈，如何提高客户的满意度，如何提高物流企业的客户服务水平，已经成为创新物流迫切需要研究和解决的重要课题。

问题：

思考并通过学习本学习情境内容来帮助玉林创新物流有限公司解决以上问题。

（资料来源：叶青，谢舸燕．物流营销[M]．北京：化学工业出版社，2009.）

实训四　按照 ABC 分类法对物流客户关系管理进行创新

实训内容

1. 模拟物流公司的物流客户关系管理实训：请你按照 ABC 分类法尝试为玉林创新物流有限公司进行物流客户关系管理。

2. 分析物流服务利润链的作用：请你为联邦快递公司策划一些公共关系活动，以便发挥物流服务利润链的更大作用。

3. 请尝试应用物流服务营销策略，为你身边的某家小型物流公司设计物流服务营销方案，争取改善该公司的经营状况。

4. 请你为某物流公司设计一项物流服务方案，时间是在国庆节前夕，以便能提高该公司的客户满意度。

实训步骤

（1）全班同学自由分组，每组 6～8 人。

（2）各组分别进行集体讨论，明确组内分工。

（3）按照分工进行资料收集、整理、讨论并设计调查问卷。

（4）提交自行设计的调查问卷。

（5）各组分别选一代表在班级内展示本小组的调查问卷。

作业展示及点评

考核评分表

考评班级		考评时间	
考评小组		被考评小组	
考评内容	按照 ABC 分类法对物流客户关系管理进行创新		
考核标准	内　　容	分值 / 分	实际得分 / 分
	工作分工	20	
	工作演示	40	
	工作成果	40	
合　　计		100	

注：考评满分为 100 分，60～74 分为及格，75～84 分为良好，85 分及以上为优秀。

实训五　了解马士基或其他物流企业的物流客户关系管理

实训形式

学生课堂分组讨论，一般 6～8 人为一组；各小组根据事先准备好的案例思考题进行讨论。

实训时间

20 分钟。

实训道具与场景

以下面的案例作为讨论用的基本素材，或者根据实际需要，由授课教师提供更丰富的素材。

实训场地

教室。

实训目的

（1）进一步理解物流客户关系管理。

（2）了解企业应如何应用物流客户关系管理。

（3）从案例中理解有关物流客户关系管理的应用。

实训程序

（1）每位学生事先必须写好发言稿，讨论后作为作业上交。

（2）分组讨论，要求人人发言，各组长对发言做简要记录。

（3）最后 8 分钟左右，每个小组派一人向全班汇报讨论情况。

（4）教师总结。

实训资料内容

马士基的客户关系管理

全球著名的家居产品供应商瑞典宜家（IKEA）是马士基极其看重的一个全球协议伙伴。马士基承揽着宜家在全球 29 个国家、2 000 多家供应商、164 家专卖店、10 000 多种家具材料的物流任务。宜家和马士基有牢不可破的“纽带关系”，因为宜家的“供应商家族”多年前就一直在和马士基合作。两家公司有着长期交好的合作，彼此在生意模式、价值观、商业目的等方面多有相似之处。

1995 年，宜家在中国设立办事机构，那时只是从中国采购少量的原材料，并不在中国生产销售。不过，即便当时那么小的物流业务也曾让宜家感到棘手。宜家对物流服务提供商要求苛刻：对方必须在透明度、成本、物流能力、效率、质量控制等方面满足其条件；还必须有“环保意识”——选择不污染环境的设备、机器、物流工具和燃料等，而且在运输过程中，还要科学地处理污水和气体排放问题。

此时，宜家更加“怀念”马士基。当时，马士基仅仅在上海注册有一个“有利集运”中国办事处。不过马士基仍然快速部署了宜家在中国市场的原料出口物流计划。马士基通过“有利集运”，经中国香港、新加坡等地为宜家提供物流代理服务。同时，马士基在中国大陆的办事处扩充到了 9 个。

1998 年，宜家的亚太战略重心开始向中国转移。同年，宜家在上海开了第一家家居商场，1999 年又在北京开了第二家。随后，宜家产品风行中国，两年内在中国的销售额上涨了 43.6%，全球采购量的 10%也转移到了中国。这时，供应商的数量增加，地域分布拓宽，宜家也部署了在中国的生产网络和销售网络，使得物流业务量快速膨胀，包括原料采购、原料进口、产品和原料出口、国内运输、仓储、配送等，这显然需要物流服务提供商能够针对供应链做出整体计划。马士基在中国的办事处显然已经不能满足宜家在中国的需求了。

就在宜家火爆中国的时候，马士基也经过层层努力，终于将“有利集运”注册成了独资公司。权限扩大后，该独资公司接着又在中国沿海城市设立分公司和办事处，迅速扩张网络。2000 年 4 月，有利集运正式改名为“马士基物流中国有限公司（独资）”，在 13 个城市设立了 8 家分公司和 5 家办事处，网络由中国沿海向内陆扩张。有人笑言：“马士基的物流服务几乎是随着宜家的扩张而扩张的。只要宜家在新的地区找到供应商，马士基就尽量扩张到那里。”马士基和宜家在物流领域的合作是经典的“点对点”链条关系。这种链条关系并不仅是业务需求，更关键的是，它们长期的合作使彼此相互促进。

当然，在马士基的“跨国链条”上，不可能只有宜家一个伙伴，这个链条上源源不断地连接着马士基的全球协议伙伴，如耐克、米其林轮胎、阿迪达斯等公司。马士基伴随它们开拓全球市场。

这种点对点的链条现象在各个行业的跨国公司中是普遍存在的，跨国公司显然更愿意携着自己的伙伴来中国开拓市场。

（资料来源：郭伟业，郭景春. 物流服务营销[M]. 北京：北京师范大学出版社，2011. 原文经过改写。）

任务实施

（1）以马士基或其他物流公司物流服务为例，组织引导学生以组为单位确认调查对象并建立客户满意度评价指标。

（2）制订详细的调研方案（包括调研目的、调研内容、调研对象、样本规模、调研方法、调研时间等），并组织学生进行实地调研。

（3）根据调研情况，撰写调研报告，指出客户对物流企业或物流服务产品的哪些方面很满意，哪些方面比较满意，哪些方面不满意，并提出改进意见。

实训六　看 DHL 如何成功应用 CRM

作为一家知名快递公司，DHL 的网络遍布全球 220 个国家和地区，向各种客户提供他们所需的物流解决方案。

DHL 最早的业务是递送旧金山和夏威夷地区的海运提单。随后慢慢在日本和菲律宾打响了知名度，将公司的物流业务提升到了国际水准。经过多年的发展，DHL 最终成了全球物流行业的龙头企业之一。

如今，DHL 在全球 220 个国家和地区设立了 4 400 多家分支机构和 120 000 余个网点，并配备了高素质的专业人员。在这些分支机构中，有 2/3 是由 DHL 自己管理经营的。只要是 DHL 的业务能抵达的地方，几乎都有其分支机构。这帮助 DHL 进一步缩短了运输时间，提高了账单处理的效率，也更容易进行货物及包裹追踪。该公司有超过 400 架飞机可以用来执行快速运输任务，为超过 400 万个客户提供了高效、可靠的服务。除此之外，DHL 也是一个成功部署客户关系管理（CRM）的企业。

1. DHL 与 CRM

鉴于自己的业务范围，DHL 需要根据其遍布全球的物流网络来选择一套创新的、具有成本效益的 CRM 解决方案，向员工提供一种全面的客户视角，帮助他们了解并满足每位客户的需求。经过多番比较尝试，再加上来自欧洲和亚洲公司的使用反馈，以及对解决方案的成本效益与灵活性的评估，DHL 最终选择了 Salesforce.com 的 CRM 系统作为公司的 CRM 平台。

这套系统的选择为 DHL 在 CRM 方面的长期成功奠定了基础。相比之下，Salesforce.com 的 CRM 解决方案为 DHL 提供了定制的优势，可以灵活满足客户的需求。而采用其他 CRM 解决方案则要耗费更多的实施时间。在 6 个月内，Salesforce.com 的 CRM 解决方案在 DHL 全球公司中同步安装，并顺利切换到了其他现有系统中，确保了数据控制的集中化。Salesforce.com 的 CRM 解决方案进一步缩短了 DHL 的实施时间，使 DHL 更加专注于客户需求，并持续为 DHL 的全球化经营贡献力量。

2. DHL 的 Partnership CARE 计划

DHL 推出的 Partnership CARE（Customer Activation Resolution and Enhancement，客户

激活、确定与增进）计划提供了卓越的客户服务。该计划的主要目标是根据各客户公司的需要来提供适合的解决方案，向那些物流要求复杂的客户提供专家支持，并在整个客户关系周期中持续这一流程。在这套计划中，DHL 的每支团队都向客户提供了单一的触点来进行相关服务，因此每名 DHL 客户都能获得最全面的支持。Partnership CARE 计划不仅向 DHL 的客户输送了专业经验，而且还提高了它们的效率、责任、价值与客户满意度。通过这套计划，DHL 可以先评估客户的运输要求，然后制订相应的计划，提出能够满足客户需求的最佳运输服务方式，并确保对客户后续要求做出及时响应。

一直以来，Salesforce.com 的 CRM 解决方案始终在协助 DHL 贯彻、实现其目标，也让 DHL 成了 CRM 部署的一个成功案例。

（资料来源：王桂姣. 物流营销[M].重庆：重庆大学出版社，2009.）

问题：

通过阅读该案例，请大家尝试总结 DHL 是如何针对本行业的特征展开客户关系管理的？

提示：

1. 通过鉴别，DHL 选择了 Salesforce.com 的 CRM 系统作为公司的 CRM 平台。
2. DHL 推出的 Partnership CARE 计划提供了卓越的客户服务。

↘ 实训七　化解经营中的尴尬

在一家街头的零售店里，某物流企业的一位理货员来给店里送货，以下是他和零售店老板之间的对话。

企业理货员：“张老板，我来给您送货。”

零售店店主：“你们公司送货怎么这么慢呢？我订的货应该在昨天就送到！可你现在才来，你看，我的客户都跑掉了！”

企业理货员：“对不起，我们公司那边有点问题。”

零售店店主：“怎么你们送来的货与我的订单内容不一样啊？”

企业理货员：“是吗？”

零售店店主：“这个产品不对，我要的是 150ml 的饮料，你送的是 500ml 的；这个产品也不对，我要 30 瓶，你们只拿了 20 瓶！真是乱七八糟！像你们这样送货，客户全都得跑光了。产品不对！时间也不对！我要退货，真是受不了你们，我不会再和你们打交道了！”

（资料来源：叶青，谢舸燕. 物流营销[M]. 北京：化学工业出版社，2009.）

请结合本章所学知识，根据案例中出现的状况，从物流营销的角度分析，该物流企业的经营中存在什么问题？应该如何化解？

实训步骤

（1）全班同学自由分组，每组 6～8 人。

（2）各组分别进行集体讨论，明确组内分工。

（3）按照分工进行资料收集、整理、讨论并总结。

（4）提交方案。

（5）各组分别选一名代表在班级内宣读本小组方案。

作业展示及点评

考核评分表

考评班级		考评时间	
考评小组		被考评小组	
考评内容	化解经营中的尴尬		
考核标准	内　　容	分值 / 分	实际得分 / 分
	工作分工	20	
	工作演示	40	
	工作成果	40	
合　　计		100	

注：考评满分为 100 分，60～74 分为及格，75～84 分为良好，85 分及以上为优秀。

参考文献

[1] 迈克尔•波特. 竞争战略 分析行业和竞争者的技术[M]. 北京：生活·读书·新知三联书店，1988.

[2] 曹礼和. 服务营销[M]. 武汉：湖北人民出版社，2000.

[3] 王华清，周朝富. 市场调查研究[M]. 徐州：中国矿业大学出版社，2003.

[4] 郭国庆. 市场营销学[M]. 武汉：武汉大学出版社，2004.

[5] 刘北林. 流通加工技术[M]. 北京：中国物资出版社，2004.

[6] 王红. 推销技巧[M]. 武汉：武汉大学出版社，2004.

[7] 王海斌. 市场营销管理[M]. 武汉：武汉理工大学出版社，2004.

[8] 张远昌. 销售物流与渠道建设[M]. 北京：中国纺织出版社，2004.

[9] 吴丰. 市场营销管理[M]. 成都：四川大学出版社，2004.

[10] 斯蒂芬•P. 罗宾斯，玛丽•库尔特. 管理学[M]. 孙健敏，等，译. 北京：中国人民大学出版社，2004.

[11] 李雅芬，郑磊. 物流客户服务业务管理模板与岗位操作流程[M]. 北京：中国经济出版社，2004.

[12] 万建中. 中国民间禁忌风俗[M]. 北京：中国电影出版社，2005.

[13] 陈立新. 物流市场营销[M]. 北京：人民交通出版社，2005.

[14] 王少愚. 物流与市场营销学[M]. 北京：对外经济贸易大学出版社，2005.

[15] 魏农建. 物流营销与客户关系管理[M]. 上海：上海财经大学出版社，2005.

[16] 菲利普•科特勒，等. 营销管理（亚洲版•第 3 版）[M]. 梅清豪，译. 北京：中国人民大学出版社，2005.

[17] 王一心. 读故事 学营销[M]. 北京：海潮出版社，2005.

[18] 中国就业培训技术指导中心. 营销师国家职业资格培训教程基础知识[M]. 北京：中央广播电视大学出版社，2006.

[19] 王秀琳. 海外旅游禁忌[M]. 北京：旅游教育出版社，2006.

[20] 沈默. 现代物流案例分析[M]. 南京：东南大学出版社，2006.

[21] 兰苓. 市场营销学[M]. 北京：中央广播电视大学出版社，2006.

[22] 刘金兰. 顾客满意度与 ACSI[M]. 天津：天津大学出版社，2006.

[23] 郑一群. 现代物流运作实务与案例[M]. 北京：对外经济贸易大学出版社，2007.

[24] 王进. 物流服务营销[M]. 北京：人民交通出版社，2007.

[25] 牛鱼龙. 欧洲物流经典案例[M]. 重庆：重庆大学出版社，2007.

[26] 陈向红. 物流市场营销[M]. 重庆：重庆大学出版社，2007.

[27] 王骏. 物流服务营销[M]. 武汉：华中科技大学出版社，2007.

[28] 刘丽娟，贺安黎. 经营谋略全书[M]. 太原：山西经济出版社，2008.

[29] 吴健安. 现代推销理论与技巧[M]. 北京：高等教育出版社，2008.

[30] 谭蓓. 市场营销[M]. 北京：中国经济出版社，2008.

[31] 曹霁霞. 物流服务营销[M]. 北京：北京理工大学出版社，2009.

[32] 国家发展和改革委员会经济运行调节局，南开大学现代物流研究中心. 中国现代物流发展报告（2013 年）[M]. 北京：北京大学出版社，2013.

[33] 熊梅，李严锋. 物流营销[M]. 重庆：重庆大学出版社，2009.

[34] 王桂姣. 物流营销[M]. 重庆：重庆大学出版社，2009.

[35] 叶青，谢舸燕. 物流营销[M]. 北京：化学工业出版社，2009.

[36] 龙丁玲，何丰如. 物流企业市场营销[M]. 武汉：华中科技大学出版社，2010.

[37] 孙春华. 物流服务营销[M]. 北京：对外经济贸易大学出版社，2010.

[38] 马文祥. 物流服务营销[M]. 上海：上海交通大学出版社，2010.

[39] 郭伟业，庞英智. 物流服务营销[M]. 北京：高等教育出版社，2010.

[40] 陈玲，王爽. 物流服务营销[M]. 上海：立信会计出版社，2010.

[41] 郭伟业，郭景春. 物流服务营销[M]. 北京：北京师范大学出版社，2011.

[42] 曲建科. 物流市场营销[M]. 北京：电子工业出版社，2011.

[43] 董千里，陈树公，朱长征，等. 物流市场营销学[M]. 北京：电子工业出版社，2015.

[44] 纪鹏程. 高端物流服务提供商的核心竞争能力的比较研究[D]. 上海：上海海事大学，2006.

[45] 叶刚. UPS 中国第三方物流市场的发展战略与实施方案[D]. 上海：上海海事大学，2006.

[46] 唐华. AC 航空公司主流旅客服务营销策略研究[D]. 成都：四川大学，2007.

[47] 廖怡. 基于客户需求的第三方物流市场细分策略研究[D]. 成都：西南交通大学，2007.

[48] 尹燕. PDCA 循环在企业绩效管理中的应用[D]. 北京：首都经济贸易大学，2007.

[49] 唐欣颖. 我国第三方物流企业客户关系管理研究[D]. 西安：长安大学，2007.

[50] 马法洲. 物流服务定制营销研究[D]. 兰州：兰州大学，2008.

[51] 谢妍. 中外运集装箱运输有限公司厦门分公司市场营销分析[D]. 厦门：厦门大学，2008.

[52] 陈鹰. 广铁集团运输产品蓝海战略研究[D]. 湖南大学工商管理硕士论文，2009.

[53] 刘东林. 绿色物流的制度研究[D]. 武汉：武汉理工大学，2010.

[54] 刘波. 东方航空公司产品营销策略研究[D]. 西安：西北大学，2011.

[55] 庄炳强. K 货代公司关键客户管理策略研究[D]. 兰州：兰州大学，2011.

[56] 张滨. 发达国家绿色物流的发展及其对中国对外贸易的影响[D]. 长春：吉林大学，2015.

[57] 宁国富. 宝供物流信息化大跨步[N]. 中国邮政报，2003-12-16.

[58] 张良. 宅急送欲叫板邮政 EMS[N]. 上海青年报，2004-06-28.

[59] 朱美环. 中外运与世界轮胎“巨人”合作升级[N]. 中国交通报，2004-10-19.

[60] 陈晓林. 邮政物流成本定价和经济型分析[N]. 中国邮政报，2006-02-27.

[61] 李雪峰. 赠予自己财富[J]. 思维与智慧，2001（5）.

[62] 沈青. 76 PDCAR [J]. 经理人，2002（11）.

[63] 黄瑞敏. 科特勒：让销售变得多余[J]. 网际商务，2003（9）.

[64] 方怀银. 联邦快递的客户关系管理[J]. 中国邮政，2004（7）.

[65] 聪明地工作[J]. 中国乡镇企业技术市场，2005（7）.

[66] 张晓辉. 国际商务谈判中的禁忌[J]. 商业研究，2006（7）.

[67] 任晓园. 从“小岛卖鞋”看市场营销[J]. 合作经济与科技，2007（7）.

[68] 卡洛琳·李. 犹太人的智慧两则[J]. 农村财务会计，2010（9）.

[69] 中共马鞍山市委党校第 44 期处干班工业转型专题班调研组. 马鞍山市现代物流业发展调研报告[J]. 中共马鞍山市委党校学报，2014（2）.

[70] 马红丽. 物流亟需绿色发展[J]. 中国信息界，2019（10）.

[71] 徐厚广，彭燕. 毛惠明. “零运价”“负运价”不等于零收入[N]. 中国交通报，2006 -10-24.

[72] 杨紫. TNT 物流公司更名为 CEVA 物流公司[N]. 现代物流报，2006-12-14.

[73] 柴莹辉. 宅急送转型：大转身还是大手术[N]. 中国经营报，2008-12-08.

[74] 吴新春. 在“互联网+”风口，邮政速递物流如何立足[N]. 中国邮政报，2015-09-01.

[75] 国家质检总局. 第三方物流服务质量要求[S]. 中国标准，2009.

附录A

第三方物流服务质量要求

GB/T 24359—2009

（中华人民共和国国家质量监督检验检疫总局、中国国家标准化管理委员会发布，2009年9月30日发布，2009年12月1日实施）

1 范围

本标准规定了第三方物流服务质量的基本要求，以及方案设计、信息服务、作业服务、风险控制与应急管理、投诉处理的质量要求，并给出第三方物流的重要服务质量指标。

本标准适用于提供第三方物流服务的企业，也可作为客户对第三方物流企业进行选择、和评价的依据。

2 规范性引用文件

下列文件中的条款通过本标准的引用而成为本标准的条款。凡是注日期的引用文件，其随后所有的修改单（不包括勘误的内容）或修订版均不适用于本标准，然而，鼓励根据本标准达成协议的各方研究是否可使用这些文件的最新版本。凡是不注日期的引用文件，其最新版本适用于本标准。

GB/T 18354—2006　物流术语

3 术语和定义

GB/T 18354—2006 中确立的以及下列术语和定义适用于本标准。为方便使用，下面列出了 GB/T 18354—2006 中的一些术语及其定义。

3.1

第三方物流 third party logistics（TPL，3PL）

独立于供需双方，为客户提供专项或全面的物流系统设计或系统运营的物流服务模式。

[GB/T 18354—2006，定义 2.9]

3.2

物流服务 logistics Service

为满足客户需求所实施的一系列物流活动过程及其产生的结果。

[GB/T 18354—2006，定义 2.7]

3.3

第三方物流服务质量 third party logistics service quality

第三方物流服务满足明示的、通常隐含的或必须履行的需求与期望的程度。

3.4

物流企业 logistics enterprise

从事物流基本功能范围内的物流业务设计及系统运作，具有与自身业务相适应的信息管理系统，实行独立核算、独立承担民事责任的经济组织。

[GB/T 18354—2006，定义 2.16]

3.5

物流网络 logistics network

物流过程中相互联系的组织、设施与信息的集合。

[GB/T 18354—2006，定义 2.22]

4　基本要求

4.1　总则

4.1.1　贯彻以客户为中心的服务理念。

4.1.2　以合法、规范的服务合同为依据。

4.2　企业基本条件

4.2.1　具有从事物流业务的营业资质。

4.2.2　具备健全的质量管理体系。

4.2.3　特殊岗位从业人员应具备相应的资格证书。

4.2.4　具有满足客户需求的物流资源整合能力。

4.3　社会责任

4.3.1　遵守安全、环保、卫生等方面的法律、法规的规定。

4.3.2　提高资源的利用率。

4.4　服务内容

第三方物流服务内容包括方案设计、信息服务、作业服务、风险与应急管理等。

5　方案设计

5.1　根据客户物流 业务需求，制定物流服务总体方案。

5.2　制定物流服务网络规划。

5.3　制定运输、仓储、流通加工、配送、信息处理等物流活动的运行方案。

5.4　制定支持物流业务运作的信息系统解决方案。

5.5　制定应对不同风险类型的解决方案。

5.6　制定物流服务流程与物流作业程序。

5.7　制定 物流成本核算和测控的方案。

5.8　制定物流服务质量的考核方案。

5.9　制定与客户沟通及持续改进的方案。

6　信息服务

6.1　采用适宜的信息技术，满足客户对物流信息服务的需求。

6.2 提供给客户的信息应按时、准确、完整。

6.3 应符合相关信息技术标准的要求。

6.4 应防止客户信息的泄漏及不正当使用。

7 作业服务

7.1 仓储

7.1.1 对入、出库物品按规定程序履行检查，各环节交接职责明确，交接记录清晰、易于识别和检索。

7.1.2 仓储作业应符合物品理化性质要求。

7.1.3 对在库物品进行定期或不定期检查、养护。

7.1.4 对非正常物品做好记录并单独存放或按合同约定处理。

7.1.5 按规定要求进行盘点。

7.1.6 准确、完整地向客户提供物品入库、出库及在库数据。

7.1.7 单证反馈按时、准确、完整。

7.2 运输与配送

7.2.1 根据规定要求和具体条件制定合理的运输与配送计划。

7.2.2 采用适当的设施、设备及措施，保障货物安全。

7.2.3 货物应按时送达并完成交接手续。

7.2.4 货损、货差应控制在合同约定的允许范围之内。

7.2.5 应按时、准确填写运输与配送单证。

7.2.6 必要时，提供运输与配送的统计分析信息。

7.3 装卸与搬运

7.3.1 采用适当的设施、设备及措施，保障作业安全。

7.3.2 装卸与搬运作业应符合货物包装件上的标志要求，无标志要求的应不损坏物品和物品外包装。

7.3.3 选择合理的装载、卸载流程及加固货物措施，保障货物安全。

7.4 包装与流通加工

7.4.1 符合相关标准的技术要求。

7.4.2 符合合同约定的工艺要求或流程。

7.4.3 应保障货物安全、卫生，且不危害环境。

7.4.4 按时完成包装与流通加工服务，服务过程的控制与结果应在合同约定的允许范围之内。

7.5 其他服务

7.5.1 根据客户要求，提供代理、咨询、物流金融等其他物流服务。

7.5.2 服务质量应符合合同约定或相关标准的要求。

8 风险与应急管理

8.1 风险与应急管理应贯穿于服务全过程，使风险得到有效控制。

8.2 对潜在风险进行分析、识别，针对不同的风险类型制定相应的解决方案。

8.3 发生意外事件时，及时采取应急措施，主动和客户进行沟通或按合同约定进行处理。

9 投诉处理

9.1 应给客户提供方便、可靠的投诉渠道。

9.2 投诉应在合同约定的期限内进行处理，无法有效处理的，应及时同客户进行沟通。

9.3 所有投诉应有记录，并提供投诉处理的进度查询。

9.4 投诉处理的结果应在合同约定的期限内反馈给客户，并采取预防措施防止类似事件再次发生。

10 若干量化指标

10.1 订单按时完成率

指统计期内按时完成客户订单数占订单总数的比率。按式(1)计算：

$$订单按时完成率=\frac{按时完成订单数}{订单总数}\times 100\% \tag{1}$$

10.2 订单满足率

指统计期内实际交货数量与订单需求数量的比率。按式(2)计算:

$$订单满足率=\frac{实际交货数量}{订单总订单需求总数量数}\times 100\% \tag{2}$$

10.3 订单处理正确率

指统计期内无差错订单处理数占订单总数的比率。按式(3)计算:

$$订单处理正确率=\frac{无差错订单处理数}{订单总数}\times 100\% \tag{3}$$

10.4 货损率

指统计期内交货时损失的物品数量与应交付的物品数量的比率。按式(4)计算:

$$货损率=\frac{损失数量}{应提交总数量}\times 100\% \tag{4}$$

10.5 货差率

指统计期内货物累计差错数量占总数量的比率。按式(5)计算:

$$货差率=\frac{差错数量}{总数量}\times 100\% \tag{5}$$

10.6 账货相符率

指经盘点,库存物品账货相符的笔数占储存物品总笔数的比率。按式(6)计算:

$$货账相符率=\frac{账货相符笔数}{储存物品总笔数}\times 100\% \tag{6}$$

10.7 有效投诉率

指统计期内客户有效投诉涉及订单数占订单总数的比率。按式(7)计算:

$$有效投诉率=\frac{有效投诉涉及订单数}{订单总数}\times 100\% \tag{7}$$

注：有效投诉指因第三方物流服务供方引起,经查证确属供方过失的客户投诉。